Berufsfelder und Perspektiven im Tourismus

Sabine Bösl · Simon Werther
(Hrsg.)

Berufsfelder und Perspektiven im Tourismus

Wegweiser für eine erfüllte Karriere

Hrsg.
Sabine Bösl
Universität Innsbruck
Innsbruck, Österreich

Simon Werther
Hochschule München University of Applied Sciences
München, Deutschland

ISBN 978-3-658-44932-2   ISBN 978-3-658-44933-9 (eBook)
https://doi.org/10.1007/978-3-658-44933-9

Die Deutsche Nationalbibliothek verzeichnet diese Publikation in der Deutschen Nationalbibliografie; detaillierte bibliografische Daten sind im Internet über https://portal.dnb.de abrufbar.

© Der/die Herausgeber bzw. der/die Autor(en), exklusiv lizenziert an Springer Fachmedien Wiesbaden GmbH, ein Teil von Springer Nature 2024

Das Werk einschließlich aller seiner Teile ist urheberrechtlich geschützt. Jede Verwertung, die nicht ausdrücklich vom Urheberrechtsgesetz zugelassen ist, bedarf der vorherigen Zustimmung des Verlags. Das gilt insbesondere für Vervielfältigungen, Bearbeitungen, Übersetzungen, Mikroverfilmungen und die Einspeicherung und Verarbeitung in elektronischen Systemen.
Die Wiedergabe von allgemein beschreibenden Bezeichnungen, Marken, Unternehmensnamen etc. in diesem Werk bedeutet nicht, dass diese frei durch jede Person benutzt werden dürfen. Die Berechtigung zur Benutzung unterliegt, auch ohne gesonderten Hinweis hierzu, den Regeln des Markenrechts. Die Rechte des/der jeweiligen Zeicheninhaber*in sind zu beachten.
Der Verlag, die Autor*innen und die Herausgeber*innen gehen davon aus, dass die Angaben und Informationen in diesem Werk zum Zeitpunkt der Veröffentlichung vollständig und korrekt sind. Weder der Verlag noch die Autor*innen oder die Herausgeber*innen übernehmen, ausdrücklich oder implizit, Gewähr für den Inhalt des Werkes, etwaige Fehler oder Äußerungen. Der Verlag bleibt im Hinblick auf geografische Zuordnungen und Gebietsbezeichnungen in veröffentlichten Karten und Institutionsadressen neutral.

Planung/Lektorat: Angela Meffert
Springer Gabler ist ein Imprint der eingetragenen Gesellschaft Springer Fachmedien Wiesbaden GmbH und ist ein Teil von Springer Nature.
Die Anschrift der Gesellschaft ist: Abraham-Lincoln-Str. 46, 65189 Wiesbaden, Germany

Wenn Sie dieses Produkt entsorgen, geben Sie das Papier bitte zum Recycling.

Grußwort des DEHOGA Bundesverbands

Willkommen in der faszinierenden Welt des Tourismus, in der Branche der unvergesslichen Erlebnisse und der Vielfalt!
Liebe Leserinnen und liebe Leser,
Ihr Herz schlägt für Menschen? Sie wollen als Gastgeber besondere Momente kreieren, haben Lust auf Abenteuer, interessieren sich aber auch für innovative Technologien und Kommunikation? Sie wollen entwickeln, gestalten und tatkräftig anpacken? Dann sind Sie im Tourismus richtig.

Engagierte und motivierte Mitarbeiterinnen und Mitarbeiter werden hier gebraucht und haben beste Zukunftsaussichten. Der Tourismus und in ihm seine Hauptleistungsträger Gastronomie und Hotellerie bieten vielseitige Arbeitsplätze mit besten Entfaltungs- und Aufstiegsmöglichkeiten. Kaum eine andere Branche ist internationaler, abwechslungsreicher und hat mehr Facetten. Weltweit gehört der Tourismus zu den größten und dynamischsten Branchen und wird weiter wachsen. Menschen werden immer reisen wollen. Auch in Deutschland ist der Tourismus ein bedeutender Wirtschaftsfaktor. Die Branche steht für vier Prozent der Wertschöpfung Deutschlands und befindet sich so auf Augenhöhe mit der Automobilindustrie oder dem Maschinenbau. Rund 2,8 Millionen Beschäftigte arbeiten im Tourismus, davon zwei Millionen im Gastgewerbe. Tourismus ist vieles – aber langweilig ist er nie. Wandel ist Normalität: Gästewünsche ändern sich, Reisetrends entstehen, Innovationspotenziale wollen ausgeschöpft werden.

Für professionelle Gastgeber und Reiseexperten mit Weitblick geht es deshalb nicht ohne fundierte Qualifikation. Das gilt in einer Zeit gewaltiger Transformationsprozesse z. B. bei Digitalisierung und Nachhaltigkeit sowie wachsender wirtschaftlicher und globaler Herausforderungen noch einmal mehr. Die Fach- und Führungskräfte von morgen sehen sich dabei einer immer größer werdenden Bandbreite an Ausbildungs-, Studien- und Weiterbildungsangeboten gegenüber. Nicht einfach, da den Überblick zu behalten. Hier setzt der vorliegende Wegweiser an.

Fakt ist: Eine qualifizierte Ausbildung – ob über die Berufsausbildung zur Hotelfachfrau, einen Bachelorstudiengang zum Hospitality- oder Eventmanager oder einen Master im Sporttourismus – ist das Fundament für ein erfolgreiches Berufsleben in der Tourismusbranche und bietet hervorragende Perspektiven. Und das überall auf der Welt, denn das internationale Renommee in Deutschland ausgebildeter Tourismusexperten ist groß.

Dabei zeigt sich, dass der formal höchste Abschluss nicht immer und für jede und jeden der beste sein muss. Vielmehr kommt es auf die Praxisnähe und die konkreten Inhalte des Bildungsweges an. So befindet sich die gastgewerbliche duale Berufsausbildung nach schwierigen Corona-Jahren wieder voll auf Erfolgskurs. Grund dafür sind nicht zuletzt die umfassend modernisierten nun sieben Ausbildungsberufe, die aktuelle Themen wie Nachhaltigkeit, Digitalisierung und Teamwork in den Fokus rücken. Nicht umsonst werden wir um unser System der dualen Ausbildung made in Germany von vielen Ländern beneidet. Fortbildungen wie Meister oder Hotelfachschule sind anerkanntermaßen auf gleichem Niveau wie ein Bachelor. Vom Azubi zum Chef, bereits in jungen Jahren Küchenchef oder Hoteldirektor – das gelingt im Tourismus mit einer guten Berufsausbildung oft besser als nach jahrelangem Studium.

In diesem Sinne: Nutzen auch Sie Ihre Chance, Teil dieser großartigen und dynamischen Zukunftsbranche Tourismus zu werden! Möge Ihnen das vorliegende Werk dabei eine wertvolle Unterstützung sein.

Ich danke allen Autorinnen und Autoren, die mit ihren Beiträgen das Interesse am Tourismus und an seinen Akteuren fördern!

Allen Interessierten wünsche ich eine informative, anregende und in jeder Hinsicht bereichernde Lektüre sowie viel Freude und Erfolg!
Die Welt steht Ihnen offen!

Sandra Warden
Geschäftsführerin im DEHOGA Bundesverband

Grußwort der Deutschen Industrie- und Handelskammer

Liebe Leserinnen und Leser,
die Unternehmen im Tourismus suchen – teilweise händeringend – nach qualifizierten Fachkräften und Nachfolgern. Laut aktuellem DIHK Fachkräftereport können beispielsweise 59 Prozent der gastgewerblichen Unternehmen offene Stellen nicht besetzen.

Sorgen macht den Betrieben dabei nicht allein die Bewältigung des Tagesgeschäfts. Die Betriebe wissen: Um die Entwicklungen in der Branche mit zu formen und Impulse für die Zukunft zu setzen, brauchen sie gut ausgebildetes Fachpersonal. Die Zukunft vieler Tourismusbetriebe ist eng mit der Frage verbunden, ob es gelingt, ausreichend Fach- und Arbeitskräfte zu gewinnen.

Welche unterschiedlichen Arbeitsfelder, spannenden Berufsbilder und Perspektiven gibt es für mich im Tourismus? Welche Qualifikationen und welchen Abschluss muss ich dafür mitbringen? In einer Welt, die sich ständig weiterentwickelt, bietet der Tourismussektor eine Fülle von Möglichkeiten für Menschen mit unterschiedlichen Interessen und Fähigkeiten. Neben allgemein bekannteren Berufsfeldern in Hotels, Gastronomie und bei Reiseveranstaltern gehören dazu auch touristische Tätigkeitsgebiete bei Airlines, Kreuzfahrtschiffen und in Tourismusorganisationen, die darauf warten, von Ihnen entdeckt zu werden.

Dabei ist die duale Ausbildung einer der zentralen Bausteine bei der Entwicklung von Fachkräften für die Tourismusbranche. Durch die enge Zusammenarbeit von Unternehmen und Berufsschulen werden Theorie und Praxis verknüpft und berufliche Handlungskompetenz systematisch aufgebaut – eine Win-win-Situation für Betriebe und Auszubildende. Die Industrie- und Handelskammern beraten und unterstützen Ausbildungsbetriebe und Auszubildende zu allen Fragen rund um die berufliche Erstausbildung, um gemeinsam einen erfolgreichen Einstieg in den Tourismussektor sicherzustellen.

Wir laden Sie ein, einen Blick hinter die Kulissen dieser vielseitigen Branche zu werfen und sich inspirieren zu lassen. Erfahren Sie mehr über die unterschiedlichen Karrierewege, die der Tourismus bietet.

Lebenslanges Lernen begleitet uns durch Beruf und Alltag. Egal, ob Sie also bereits in der Tourismusbranche tätig sind oder darüber nachdenken, Ihren beruflichen Weg in diesem Bereich zu starten – genießen Sie die Lektüre und möge sie Sie auf Ihrem individuellen Weg zu neuen beruflichen Horizonten gut begleiten!
Leiter des Bereichs Digitale Wirtschaft, Infrastruktur, Regionalpolitik
DIHK | Deutsche Industrie- und Handelskammer

Dirk Binding
Leiter des Bereichs Digitale Wirtschaft,
Infrastruktur, Regionalpolitik, DIHK | Deutsche Industrie- und Handelskammer

Grußwort der Gewerkschaft NGG im Tourismus

Liebe Leser:innen,

wir freuen uns, dass wir zu Beginn des Buches als Gewerkschaft Nahrung-Genuss-Gaststätten (NGG) im Tourismus zu Wort kommen dürfen. Der Tourismus bietet vielfältige Berufsfelder, wie Sie in diesem Buch sehen werden. Wir als NGG sind in Deutschland die Interessenvertretung für die Beschäftigten in Berufsfeldern „rund um's Essen und Trinken", also zum Beispiel solche in Hotellerie und Gastronomie. Als Arbeitnehmer:in in diesen Berufsfeldern können Sie – wie 200.000 andere Beschäftigte in Deutschland – freiwillig Mitglied werden. Denn: Vieles lässt sich nur gemeinsam schaffen.

Unsere Tarifverträge und unsere Expertise in der betrieblichen Mitbestimmung sind der Grundpfeiler für gute Arbeitsbedingungen im Hotel- und Gaststättengewerbe. Mit diesen Standards möchten wir für eine höhere Attraktivität der Branche sorgen und dem Arbeits- und Fachkräftemangel entgegenwirken.

Die NGG ist Ihr kompetenter Ansprechpartner zu allen Fragen der Arbeitswelt. Wir beraten Sie gerne auch zu Ihrem Arbeitsvertrag, der Lohnabrechnung, dem Arbeitszeugnis oder allen anderen Fragen des Arbeitsrechts. Außerdem haben wir ein großes Netzwerk von Expertinnen und Experten im Gastgewerbe und bieten hervorragende Möglichkeiten zur branchenbezogenen, aber auch branchenübergreifenden Vernetzung.

Die Gewerkschaft NGG ist deutschlandweit mit 48 Regionsbüros sehr gut in den 16 Bundesländern vertreten. Unterstützt werden die Regionen durch die fünf Landesbezirke und unsere Bundeszentrale in Hamburg.

Bei Fragen rund um die Arbeitswelt stehen wir Ihnen als NGG gerne zur Verfügung – egal, ob Sie bereits im Tourismus arbeiten oder erst eine Karriere erwägen.

Mustafa Öz
Landesbezirksvorsitzender NGG Bayern

Grußwort der ver.di Vereinte Dienstleistungsgewerkschaft

Liebe Leser:innen,

Sie fragen sich: ver.di und die Tourismusbranche – passt das zusammen? Wir sagen: unbedingt. Denn so vielfältig, wie der Tourismus ist, so vielfältig ist unsere Gewerkschaft. ver.di ist für viele Kolleg:innen aus dem Bereich Touristik die Gewerkschaft, die ihnen in der Öffentlichkeit, der Politik und auch gegenüber den Arbeitgebern eine Stimme verleiht. In ver.di organisieren sich nicht nur Beschäftigte aus dem Reisebüro- und Veranstalterbereich sowohl für touristische Reisen als auch für Geschäftsreisen, sondern auch aus der Transport- und Verkehrsbranche, dem Luftverkehr, der Luftsicherheit und den Flughäfen, aus dem Kongress-, Messe- und Eventwesen, aus Bädern, Saunen, Freizeitparks, Zoos, Freizeiteinrichtungen und Tourismusinformationen. Alle diese Bereiche werden Sie in diesem Buch kennenlernen. Wir wünschen Ihnen viel Spaß beim Lesen und freuen uns, wenn die Neugier für den einen oder anderen – bisher vielleicht unbekannten – Fachbereich im Tourismus geweckt wird.

Was macht ver.di für die Mitarbeiter:innen im Tourismus?

Dort, wo sich die Kolleg:innen zusammenschließen und ihre Arbeitsbedingungen verbessern möchten, bietet ver.di das Know-how, die Strukturen und Unterstützung, um deren Interessen durchzusetzen und Tarifverhandlungen zu führen. Tarifverträge werden von Tarifkommissionen verhandelt, die sich aus Mitgliedern in den jeweiligen Bereichen zusammensetzen. Damit sie nicht um einen guten Abschluss betteln müssen, sind sie auf die Beteiligung ihrer Kolleg:innen bei Aktionen und Streiks in Tarifrunden angewiesen. Nur so können ihre Forderungen und Interessen durchgesetzt werden, nur so kann es zu akzeptablen Kompromissen kommen und nur so werden für viele Kolleg:innen die Gehälter und Arbeitsbedingungen über Tarifverträge abgesichert.

In den Selbstverwaltungsorganen der Berufsgenossenschaften, Krankenkassen, Rentenversicherungen und weiteren Sozialversicherungen reden ver.di-Vertreter:innen mit und können auch dort die Interessen der Kolleg:innen aus den vielfältigen Branchen der Touristik u.a. in Fragen des Arbeits- und Gesundheitsschutzes vertreten.

Aber auch auf der internationalen Ebene arbeitet ver.di mit anderen Gewerkschaften aus dem touristischen Bereich zusammen. Themen, die hier eine Rolle spielen, sind z. B. die Umsetzung des Lieferkettensorgfaltspflichtengesetzes, die Bildung und Unterstützung Europäischer Betriebsräte oder die kritische Begleitung der politischen Diskussion über noch mehr Deregulierung und Wettbewerb in der EU mit dem Blick der Beschäftigten. Lassen Sie uns gemeinsam an der Zukunft des Tourismus arbeiten.

Sonja Austermühle
Bundesfachgruppenleiterin Besondere Dienstleistungen bei ver.di

Sven Bergelin
Bundesfachgruppenleiter Maritimes und Luftverkehr

Vorwort

Liebe Leser:innen,
herzlich willkommen zu einer Erkundungstour der besonderen Art – wir laden Sie ein, die Vielfalt von Berufsfeldern und Tätigkeiten im Tourismus zu entdecken. Dieser Herausgeberband „Berufsfelder und Perspektiven im Tourismus – Wegweiser für eine erfüllte Karriere" hat es sich zur Aufgabe gemacht, Sie durch die spannenden und facettenreichen Karrieremöglichkeiten zu führen, die dieser faszinierende Wirtschaftszweig zu bieten hat.

Die Idee zu diesem Buch wurde aus der Erkenntnis geboren, dass es an einer zentralen Quelle mangelt, die Interessierten, Studierenden und Berufsanfänger:innen eine übersichtliche und praxisnahe Darstellung der zahlreichen Tätigkeiten und der vielfältigen Möglichkeiten im Tourismus bietet.

Wir wollten ein Werk schaffen, das nicht in erster Linie theoretisches Wissen vermittelt, sondern vor allem von den persönlichen Erfahrungen und Erkenntnissen derer lebt, die in den verschiedensten Sektoren der Tourismusbranche tätig sind oder tätig waren.

Unsere Intention ist es, Ihre Neugier zu wecken und Sie dabei zu unterstützen, den für Sie passenden Karriereweg im Tourismus zu identifizieren. Wir möchten Ihnen mit diesem Wegweiser zur Seite stehen, ohne dass wir damit einen Anspruch auf Vollständigkeit verfolgen. Durch die Breite und Tiefe aller touristischer Teilbranchen ist eine Schwerpunktsetzung notwendig. Wir hoffen, dass Sie hier eine vielschichtige Auswahl finden, die Ihr Interesse weckt und die Sie dazu anregt, eigene Wege und Möglichkeiten im Tourismus zu erkunden. Wenngleich die Autor:innen an vielen Stellen „typische Karrierewege" skizzieren, möchten und können wir auf keinen Fall Patentrezepte für eine erfolgreiche Karriere vorgeben. Wir sind ganz im Gegenteil davon überzeugt, dass individuelle Interessen und authentisches Engagement der Schlüssel zum persönlichen Karriereerfolg sowohl im Tourismus als auch in allen anderen Branchen sind. Natürlich stellen Sie bereits mit der Wahl Ihrer Ausbildung und Ihres Studiums sowie mit inhaltlichen Vertiefungen und Schwerpunkten gewisse Weichen für Ihren weiteren Karriereweg. Dennoch stehen Ihnen gerade im Tourismus viele Wege offen, die über Ihre ursprüngliche Ausbildung und Ihr

Studium sowie die darin enthaltenen Vertiefungen und Schwerpunkte hinausgehen. Vielfältige Erfahrungen, Offenheit für Neues und eine beeindruckende Leidenschaft für das Fachgebiet prägen die Wege derjenigen, die diese faszinierende Branche mit Leben und Leidenschaft füllen.

Wir als Herausgeber:innen arbeiten und leben in Deutschland (Simon Werther) und Österreich (Sabine Bösl). In beiden Ländern stellt der Tourismus einen wichtigen Wirtschaftszweig dar, Ausbildungssysteme und Betriebsstrukturen sind in vielen Fällen ähnlich. Mehr als 20 Autor:innen geben Ihnen daher Einblicke in die „Arbeitswelt Tourismus" in Deutschland und Österreich. Wo wir eine Unterscheidung zwischen beiden Ländern für nötig halten, machen wir dies deutlich. Viele Einblicke sind auch auf andere Länder in Europa übertragbar, doch würde eine Vertiefung in diese Richtung den Rahmen dieses Buches sprengen. Wir haben als Herausgeber:innen die Autor:innen darum gebeten und während unserer intensiven Review-Schleifen besonderen Wert darauf gelegt, dass die Tätigkeiten möglichst objektiv und realistisch beschrieben werden. Das ist sicherlich auch deshalb ein Spannungsfeld, weil viele Autor:innen sehr für ihre Branche und ihre Unternehmen brennen, sodass der Wechsel zwischen Innen- und Außenperspektive nicht immer leicht ist. Bilden Sie sich deshalb bitte immer ein eigenes Urteil aufbauend auf den Darstellungen in den Beiträgen und nutzen Sie unser Buch als Ausgangsbasis für weitere Kontaktpunkte mit den einzelnen Berufsfeldern (z.B. zusätzliche Informationen sammeln, persönliche Kontakte herstellen, auf Branchenveranstaltungen und -messen tiefer eintauchen).

Uns ist eine geschlechtergerechte Sprache sehr wichtig, um die Werte von Diversität und Inklusion, die auch in der Tourismusbranche eine zentrale Rolle spielen, zu betonen. Wir bitten um Verständnis, dass eventuelle Unterschiede im Sprachgebrauch den individuellen Präferenzen oder Gewohnheiten der einzelnen Autor:innen zuzuordnen sind, auf die wir als Herausgeber:innen nur bedingt Einfluss nehmen konnten.

Wir bedanken uns ganz herzlich bei allen Mitwirkenden, die mit ihrer Fachkompetenz und ihren wertvollen Beiträgen diesen Wegweiser bereichert haben. Ein herzliches Dankeschön geht auch an unsere studentischen Mitarbeiterinnen Melina Le Caldare und Alessandra Moser, die uns an vielen Stellen im Prozess tatkräftig unterstützt haben. Ein besonderer Dank geht auch an das Team des Springer Verlags um Angela Meffert für die hervorragende Unterstützung und für die angenehme Zusammenarbeit.

Wir wünschen Ihnen eine inspirierende Lektüre sowie eine erfüllte Karriere im Tourismus!

Sabine Bösl
Simon Werther

Inhaltsverzeichnis

1	Der Aufbau dieses Buches	1
	Sabine Bösl und Simon Werther	

Teil I Einführung in die Arbeitswelt Tourismus

2	Berufsausbildung, Studium und Weiterbildung	9
	Sabine Bösl, Caroline Gmachl und Simon Werther	
3	Interview: Duales Studium	21
	Sarita Benz	
4	Karriereforschung und Gestaltung der Karriere	25
	Petra Eggenhofer-Rehart	

Teil II Inspiration, Planung und Buchung

5	Arbeiten bei kleinen und mittelgroßen Reiseveranstaltern	39
	Andreas Damson	
6	Arbeiten bei großen Reiseveranstaltern	57
	Christiane Klarmann	
7	Arbeiten im Account-Management bei Online Travel Agencies	67
	Daniela Patzelt	
8	Arbeiten in Marketing- und PR-Agenturen	75
	Lena Kleininger	

Teil III Anreise, Abreise und Mobilität vor Ort

9	Arbeiten in Bus- und Bahnunternehmen	87
	Verena Klumaier	

10   Arbeiten an Flughäfen und bei deren Betreibergesellschaften   95
     Hanno Haiber und Sebastian Ibel

11   Arbeiten im Performance-Management bei Airlines   109
     Niklas Schäfer

12   Arbeiten in Kreuzfahrtunternehmen   117
     Steffen Spiegel

13   Arbeiten in Autovermietungen   129
     Barbara Norz

Teil IV   Übernachtung und Kulinarik

14   Arbeiten in der Individualhotellerie   143
     Alexander Thurm

15   Arbeiten in der Kettenhotellerie   155
     Sascha Dalig

16   Arbeiten im F&B und F&B-Management   169
     David Serenus Schad

17   Arbeiten im Revenue-Management   181
     Matthias Heel

18   Interview: Business Development Director einer internationalen
     Hotelkette   189
     Verena Wogatai

Teil V   Freizeit, Erholung und Aktivitäten vor Ort

19   Arbeiten in der Freizeitwirtschaft   197
     Torsten Widmann

20   Arbeiten im Sales-Management bei Freizeitattraktionen   211
     Judith Günther

21   Arbeiten im Destinationsmanagement   219
     Daniel Sebastian Menzel

Teil VI   Weitere Berufsfelder im Tourismus

22   Arbeiten in der Messewirtschaft   229
     Thomas Bauer und Stefan Luppold

23   Arbeiten im Eventmanagement   241
     Theresa Troglauer

24 Arbeiten in Tourismuslobbying und Tourismuspolitik 251
    Markus Pillmayer

25 Arbeiten in touristischen Unternehmensberatungen 261
    Isabell Decker

26 Arbeiten in der Hotelimmobilienbewertung 271
    Antonia Rothmund

27 Arbeiten im Gesundheitstourismus 275
    Erik Lindner

28 Arbeiten in der Lehre an Berufs-, Berufsfachschulen und
    Bildungsinstituten 295
    Hans-Peter Sattler

Teil VII Hilfreiche Themen rund um den Berufseinstieg

29 New Work im Tourismus 307
    Simon Werther und Sabine Bösl

30 Praxistipps für die Bewerbung bis zum Vorstellungsgespräch 313
    Sophia Frei

31 Interview: Praxistipps zur Selbstständigkeit im Tourismus 321
    Laura Schmidt

Teil VIII Fazit und Ausblick

32 Tourismus im Wandel 331
    Sabine Bösl und Simon Werther

Herausgeber- und Autorenverzeichnis

Über die Herausgeber

Sabine Bösl ist Universitätsassistentin am Arbeitsbereich Human Resource Management und Employment Relations an der Universität Innsbruck. Dort promoviert sie zu der Frage, wie neue Technologien eingesetzt und entwickelt werden können, um Nachhaltigkeitsziele wie Gleichstellung und Kompetenzentwicklung am Arbeitsplatz zu verwirklichen. Das Bundesministerium für Bildung, Wissenschaft und Forschung in Wien hat sie 2024 mit dem Würdigungspreis für hervorragende Studienleistungen ausgezeichnet. Bevor sie sich auf den Personalbereich spezialisierte, sammelte sie einige Jahre Berufserfahrung in der Hotellerie und touristischen Unternehmensberatung. Nach dem Abitur machte sie eine Berufsausbildung zur Hotelfachfrau bei den Hilton Hotels in München, bevor sie Tourismusmanagement (B.A.) an der Hochschule München und Organization Studies (M.Sc.) an der Universität Innsbruck und Universität Stockholm studierte. Ihre Familie führt in fünfter Generation einen Gastronomie- und Hotelleriebetrieb bei Regensburg (Landgasthof Spitzauer in Penk).

Prof. Dr. Simon Werther (Dipl.-Psych.) ist Professor für Leadership an der Hochschule München. Davor war er Professor für Innovationsmanagement an der Hochschule der Medien Stuttgart. Vor zehn Jahren hat er das erfolgreiche Start-up HRinstruments mitgegründet, das Employee Engagement, People Analytics und organisationale Feedbacklösungen für Mittelstand bis Großkonzern anbietet, und mehrere Jahre als Geschäftsführer geleitet. Aktuell ist er wissenschaftlicher Beirat von HRinstruments. Mit 16 Jahren hat er während seiner Schulzeit sein erstes Unternehmen gegründet. 2017 wurde Simon Werther vom Personalmagazin als einer der 40 führenden HR-Köpfe im deutschsprachigen Raum ausgezeichnet. Darüber hinaus ist er Co-Vorsitzender der Jury des HR Innovation Awards. Er publiziert regelmäßig im Rahmen der Forschungsgruppe New Work an der Hochschule München und darüber hinaus in renommierten nationalen und internationalen Verlagen und veröffentlicht Fachbeiträge in Zeitschriften wie dem Personalmagazin oder der Personalwirtschaft. Er ist außerdem als Senior Berater und Keynote Speaker zu Themen rund um New Work, Leadership, Kulturwandel, Organisationsentwicklung sowie People Analytics und HR Tech tätig.

Autorenverzeichnis

Prof. Dr. Thomas Bauer Duale Hochschule Baden-Württemberg (DHBW) Ravensburg, Ravensburg, Deutschland

Sarita Benz München, Deutschland

Sabine Bösl Universität Innsbruck, Innsbruck, Österreich

Sascha Dalig HotelPartner Deutschland GmbH, Garbsen, Deutschland

Andreas Damson Travel To Life, Stuttgart, Deutschland

Isabell Decker Saint Elmo's Tourismusmarketing GmbH, München, Deutschland

Dr. Petra Eggenhofer-Rehart IMC Hochschule für Angewandte Wissenschaften Krems, Krems/Donau, Österreich

Sophia Frei München, Deutschland

Caroline Gmachl Mag. FH, BEd Obertrum, Österreich

Judith Günther Kundl, Österreich

Prof. Dr. Hanno Haiber Hochschule München University of Applied Sciences, München, Deutschland

Matthias Heel Hotellistat, München, Deutschland

Dr. Sebastian Ibel München, Deutschland

Dr. Christiane Klarmann TUI Deutschland GmbH, Hannover, Deutschland

Lena Kleininger MMGY Lieb, München, Deutschland

Verena Klumaier ÖBB, Innsbruck, Österreich

Prof. Dr. Erik Lindner ECRI Pfarrkirchen TH Deggendorf, Riemerling, Deutschland

Stefan Luppold Duale Hochschule Baden-Württemberg (DHBW) Ravensburg, Ravensburg, Deutschland

Daniel Sebastian Menzel Tourismusverband Fläming e.V., Beelitz, Deutschland

Barbara Norz Sixt SE, München, Deutschland

Daniela Patzelt Innsbruck, Österreich

Prof. Dr. Markus Pillmayer Hochschule München University of Applied Sciences, München, Deutschland

Antonia Rothmund München, Deutschland

Dr. Hans-Peter Sattler Städtische Berufsschule für das Hotel-, Gaststätte- und Braugewerbe, Kermess Berufsfachschule für Hotel- und Tourismusmanagement, München, Deutschland

David Serenus Schad 25hours Hotels, Kopenhagen, Dänemark

Dr. Laura Schmidt elevatr / Hospitality Ne(x)twork GmbH, München, Deutschland

Niklas Schäfer Condor Flugdienst GmbH, Frankfurt am Main, Deutschland

Prof. Dr. Steffen Spiegel IU Internationale Hochschule, Campus Bremen, Bremen, Deutschland

Alexander Thurm Das Rübezahl | Romantic Hideaway & Boutique Spa, Schwangau, Deutschland

Theresa Troglauer München, Deutschland

Prof. Dr. Simon Werther Hochschule München University of Applied Sciences, München, Deutschland

Prof. Dr. Torsten Widmann Ravensburg, Deutschland

Verena Wogatai München, Deutschland

Abkürzungsverzeichnis

AEVO	Ausbildereignungsverordnung (IHK-Ausbildereignungsprüfung)
AHS	Allgemeinbildende höhere Schule (in Österreich)
AKTF	Arbeitskreis Tourismusforschung in der Deutschen Gesellschaft für Geographie (DGfG) e.V.
AR	Augmented Reality (von engl. „erweiterte Realität")
ASR	Allianz Selbstständiger Reiseunternehmen – Bundesverband e.V.
AUMA	Ausstellungs- und Messe-Ausschuss der Deutschen Wirtschaft e.V.
BA	Bundesagentur für Arbeit
BBiG	Berufsbildungsgesetz
BFI	Berufsförderungsinstitut (in Österreich)
BHS	Berufsbildende höhere Schule (in Österreich)
BIBB	Bundesinstitut für Berufsbildung
BMAW	Bundesministerium für Arbeit und Wirtschaft (in Österreich)
BMS	Berufsbildende mittlere Schule (in Österreich)
BMWK	Bundesministerium für Wirtschaft und Klimaschutz
BMBWF	Bundesministerium für Bildung, Wissenschaft und Forschung
BTG	Bayern Tourist GmbH (u.a. Durchführung von Klassifizierungen und Weiterbildungen)
BTW	Bundesverband der Deutschen Tourismuswirtschaft e.V.
B2B	Business-to-Business (Geschäftsbeziehung zwischen Unternehmen)
B2C	Business-to-Consumer (Geschäftsbeziehung zwischen Unternehmen und Privatpersonen)

COO	Chief Operating Officer (Leiter:in des operativen Geschäfts)
CPA	Cost per Acquisition/Action (Kennzahl im Marketing für die „Kosten pro Aktion", z.B. Kosten, um einen Neukunden zu gewinnen)
CPC	Cost per Click (Kennzahl im Marketing für die „Kosten pro Klick" auf eine Werbeanzeige)
CR	Conversion Rate (Kennzahl im Marketing für das Verhältnis von Besucher:innen einer Website und den daraus generierten Buchungen)
CRM	Customer Relationship Management (Kundenbeziehungsmanagement)
CRME	Certified Revenue Management Executive (Zertifizierung für Revenue Manager:innen)
CRS	Central Reservation System (zentrales Reservierungssystem)
CSR	Corporate Social Responsibility (gesellschaftliche Verantwortung von Unternehmen)
CSRD	Corporate Sustainability Reporting Directive (EU-Richtlinie zur Unternehmens-Nachhaltigkeitsberichterstattung)
CX	Customer Experience (von engl. „Kundenerfahrung")
DAV	Deutscher Alpenverein e.V.
DEHOGA	Deutscher Hotel- und Gaststättenverband e.V.
DGT	Deutschen Gesellschaft für Tourismuswissenschaft e.V.
DHA	Deutsche Hotelakademie (als Teil der Deutschen Gesellschaft für berufliche Bildung GmbH)
DIHK	Deutsche Industrie- und Handelskammer (Bundesebene)
DMC	Destination Management Company (Partner, die in der Destination Leistungen für Reiseunternehmen übernehmen)
DMO	Destinationsmanagementorganisation
DQR	Deutscher Qualifikationsrahmen (Instrument zur Einordnung der Qualifikationen des deutschen Bildungssystems)
DRV	Deutscher Reiseverband e.V.
DTV	Deutscher Tourismusverband e.V.
DZT	Deutsche Zentrale für Tourismus e.V.
EQR	Europäischer Qualifikationsrahmen (Instrument zur Herstellung von Vergleichbarkeit europäischer Bildungsabschlüsse)

EWA	European Waterpark Association e.V.
FH	Fachhochschule
FITUR	Feria Internacional de Turismo (Tourismusmesse in Spanien)
FMG	Flughafen München GmbH
FVW	Fremdenverkehrswirtschaft (Fachzeitschrift)
F&B	Food & Beverage (von engl. „Essen und Trinken")
F&E	Forschung und Entwicklung
GM&E (siehe auch „MICE")	Group, Meetings & Events
HACCP	Hazard Analysis and Critical Control Points (Hygienemanagement im Lebensmittelbereich)
HAW	Hochschule für angewandte Wissenschaften
HBLAT	Höhere Bundeslehranstalt für Tourismus (in Österreich)
IBTM	Incentives, Business, Travel and Meetings Expo (Tourismusmesse)
ICAO	Internationale Zivilluftfahrtorganisation (Sonderorganisation der Vereinten Nationen)
IHK	Industrie- und Handelskammer (Länderebene)
ISM	International School of Management
ITB	Internationale Tourismusbörse Berlin (Tourismusmesse)
KI	Künstliche Intelligenz
KPI	Key Performance Indicator (Kennzahlen zur Erfolgsmessung)
KUR	Kosten-Umsatz-Relation
MICE/M.I.C.E.	Meetings, Incentives, Conventions/Conferences, Exhibitions/Events (Geschäftsreisesegment, im Unterschied zu Freizeitreisen)
NC	Numerus Clausus (Zugangsbeschränkung zum Studium)
NGG	Gewerkschaft Nahrung-Genuss-Gaststätten
NQR	Nationaler Qualifikationsrahmen (Instrument zur Einordnung der Qualifikationen des österreichischen Bildungssystems)
OEAD	Agentur für Bildung und Internationalisierung (früher: Österreichischer Austauschdienst)
ÖBB	Österreichische Bundesbahnen
ÖHV	Österreichische Hoteliervereinigung (Interessenvertretung im Tourismus)
ÖPNV	Öffentlicher Personennahverkehr
ÖW	Österreich Werbung (Tourismusmarketing-Organisation)
OPS	Operations Performance Management

OTA	Online Travel Agency (von engl. „Online-Reiseagentur")
PCO	Professional Conference Organiser (von engl. „professionaler Tagungsveranstalter")
PMS	Property Management System (Hotelsoftware, z.B. an der Rezeption)
PR	Public Relations (Öffentlichkeitsarbeit)
QZVE	Qualitätszirkel Veranstaltungs- und Eventstudium (Zusammenschluss von Hochschulen mit ausgewiesenen Eventstudiengängen)
ROAS	Return on Advertising spent (Kennzahl im Marketing für die Kosten, die für Werbung ausgegeben wurden)
SaaS	Software as a Service (Softwarevertriebsmodell)
SEM	Search Engine Marketing (von engl. „Suchmaschinenmarketing")
SEO	Search Engine Optimization (von engl. „Suchmaschinenoptimierung")
TOM	Tourismus Oberbayern München e.V.
TTM	Traditionelle Thai-Medizin
TVL	Tarifvertrag für den öffentlichen Dienst der Länder
TVöAD	Tarifvertrag für Auszubildende des öffentlichen Dienstes
TVöD	Tarifvertrag für den öffentlichen Dienst
UNWTO	World Tourism Organization (Welttourismusorganisation der Vereinten Nationen)
VDFU	Verband Deutscher Freizeitunternehmen e.V.
Ver.di	Vereinte Dienstleistungsgewerkschaft
Vida	Verkehrs- und Dienstleistungsgewerkschaft (in Österreich)
VKA	Vereinigung kommunaler Arbeitgeberverbände e.V.
VR	Virtual Reality (von engl. „virtuelle Realität")
WIFI	Wirtschaftsförderungsinstitut (in Österreich)
WKO	Wirtschaftskammer Österreich
WTM	World Travel Market Events (Veranstalter internationaler Tourismusmessen)

Der Aufbau dieses Buches

Sabine Bösl und Simon Werther

Zusammenfassung

Dieses Kapitel erklärt den Aufbau des Buches anhand der Wertschöpfungskette im Tourismus, beginnend bei der Inspiration und Buchung von Reisen bis hin zu Aktivitäten im Zielgebiet. Jedes Kapitel beleuchtet spezifische Aufgaben und Anforderungen in den entsprechenden Berufsfeldern sowie Aspekte wie Arbeitszeit, Weiterbildung, Einkommen und Selbstständigkeit. Durch Exkurse werden zusätzliche Themen wie Aus- und Weiterbildung, Bewerbungstipps und die Entwicklung von New Work im Tourismus behandelt. Durch die Einblicke in die Vielfalt der Möglichkeiten innerhalb der Branche, bietet dieser Herausgeberband somit eine umfassende Orientierung für Leser:innen, die eine Karriere im Tourismus anstreben.

Der Aufbau dieses Buches orientiert sich an der Wertschöpfungskette im Tourismus (vgl. Abb. 1.1), beginnend mit der Stufe der Inspiration, Planung und Buchung von Reisen im touristischen Quellmarkt, Anreise und Abreise bzw. Mobilität am Reiseziel, Übernachtung und Kulinarik sowie Freizeit- und Erholung. Aus Sicht der Anbieter touristischer Leistungen sprechen wir von touristischen Wertschöpfungsstufen, aus Gäste-Sicht von der

S. Bösl (✉)
Universität Innsbruck, Innsbruck, Österreich
E-Mail: sabine.boesl@uibk.ac.at

S. Werther
Hochschule München University of Applied Sciences, München, Deutschland
E-Mail: simon.werther@hm.edu

© Der/die Autor(en), exklusiv lizenziert an Springer Fachmedien Wiesbaden GmbH, ein Teil von Springer Nature 2024
S. Bösl und S. Werther (Hrsg.), *Berufsfelder und Perspektiven im Tourismus*,
https://doi.org/10.1007/978-3-658-44933-9_1

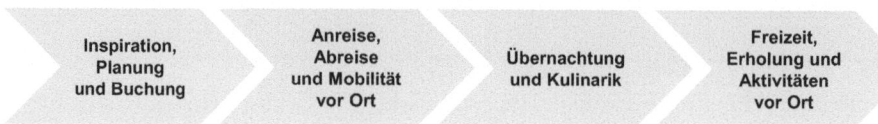

Abb. 1.1 Wertschöpfungskette im Tourismus

„Customer Journey" (von engl. „Kunden" und „Reise") (Kolbeck & Rauscher, 2020). Uns ist bewusst, dass sich einige Berufsfelder nicht eindeutig einer Stufe zuordnen lassen. Beispielsweise spielen Marketing und Sales als Funktionen für sämtliche Unternehmen der verschiedenen Stufen eine Rolle. Ebenso stellen Destinationsmanagementorganisationen (DMOs) als Arbeitgeber im Tourismus das erfolgreiche Zusammenwirken von touristischen Akteuren entlang der gesamten Wertschöpfungskette sicher, um touristische Orte und Regionen zu entwickeln. Trotz dieser Einschränkungen haben wir uns dafür entschieden, dass wir im Sinne einer strukturierten Perspektive und des roten Fadens eine Zuordnung in eine der Stufen vornehmen.

Im Folgenden erläutern wir die einzelnen Stufen der Wertschöpfungskette vor dem Hintergrund unserer Buchteile:

- **Inspiration, Planung und Buchung:** In der ersten Stufe der Wertschöpfungskette im Tourismus liegt der Fokus auf den Prozessen von Inspiration, Planung und Buchung einer Reise. Dabei beleuchten wir eine Vielzahl an Unternehmen, die Kunden gewinnen, Reisen planen und Buchungen abwickeln. Digitalisierung und technologische Fortschritte verändern diese Prozesse grundlegend, sodass sich hier neue und abwechslungsreiche Betätigungsfelder auftun.
  – Arbeiten bei kleinen, mittleren und großen Reiseveranstaltern
  – Arbeiten bei Online Travel Agencies (OTAs)
  – Arbeiten in Marketing- & PR-Agenturen
- **Anreise, Abreise und Mobilität vor Ort:** In der zweiten Stufe der Wertschöpfungskette stehen Mobilität und der sichere und komfortable Transport der Kunden – z.B. vom Quellmarkt in das Zielgebiet – im Mittelpunkt, bei gleichzeitiger Ertrags- und Auslastungsoptimierung. Wir beschäftigen uns mit verschiedenen Verkehrsträgern, darunter Flugzeuge, Bus, Bahn und Kreuzfahrtschiffe, und betrachten die Rolle von Autovermietungen. Insbesondere auf Kreuzfahrtschiffen zeigt sich, dass Mobilität zunehmend mehr ist als Mittel zum Zweck, sondern bedeutender Teil des Gesamterlebnisses. So wächst auch die Bedeutung von nicht-verkehrsbezogenen Aufgaben, wie an Flughäfen.
  – Arbeiten an Flughäfen und bei deren Betreibergesellschaften
  – Arbeiten bei Airlines am Beispiel des Operations-Performance-Managements einer Ferienfluggesellschaft
  – Arbeiten in Bus- und Bahnunternehmen
  – Arbeiten in Kreuzfahrtunternehmen

1 Der Aufbau dieses Buches

- Arbeiten in Autovermietungen
- **Übernachtung und Kulinarik:** Aufbauend auf der dritten Stufe der Wertschöpfungskette beleuchten wir in diesem Teil des Buches die Wichtigkeit von Beherbergungsmöglichkeiten und kulinarischen Angeboten für das Gesamterlebnis einer Reise. Dabei ist die Bandbreite an Berufsfeldern von der Individualhotellerie über die Kettenhotellerie bis hin zu Tätigkeiten rund um Food & Beverage (von engl. „Essen" und „Getränke") sehr groß. Auch im Beherbungssektor spielt die Ertrags- und Auslastungsoptimierung eine große Rolle, sodass wir das Berufsfeld Revenue-Management gesondert betrachten.
  - Arbeiten in der Hotelbranche
  - Arbeiten im Food & Beverage (F&B) und F&B-Management
  - Arbeiten im Revenue-Management
- **Freizeit, Erholung und Aktivitäten vor Ort:** Die letzte Stufe der Wertschöpfungskette fokussiert sich auf die zahlreichen Möglichkeiten, welche die Tourismusindustrie für Freizeit und Erholung bereithält. Es wird aufgezeigt, wie lokale Erlebnisanbieter, Attraktionen gestalten, managen und vermarkten. Ebenso beleuchten wir Tourismusorganisationen, die gemeinsam mit den lokalen touristischen Leistungsträgern und Kommunen Orte und Destinationen entwickeln.
  - Arbeiten in der Freizeitwirtschaft
  - Arbeiten im Sales-Management bei Freizeitattraktionen
  - Arbeiten im Destinationsmanagement
- **Weitere Berufsfelder:** Darüber hinaus gibt es zahlreiche Berufsfelder im Tourismus, für die nicht-touristische Wirtschafts- und Gesellschaftsbereiche eine wesentliche Rolle spielen (Kolbeck & Rauscher, 2020). Als Beispiele sind Tätigkeiten im Gesundheitstourismus, der Messewirtschaft und Eventmanagement sowie in der Tourismusberatung und beruflichen Bildung zu nennen. Diese Tätigkeiten finden Sie deshalb in diesem Teil des Buches.

Alle Kapitel folgen in der Regel dem folgenden Aufbau, damit Sie als Leser:innen eine bessere Vergleichbarkeit zwischen den einzelnen Kapiteln und Berufsfeldern herstellen können.

- **Aufgaben:** Die Aufgaben stellen in der Regel einen der größten und wichtigsten Abschnitte im Kapitel dar. Kurzum: Was macht man eigentlich in diesem und jenem Berufsfeld? Können Sie sich vorstellen, dass Ihnen die Aufgaben Freude bereiten?
- **Anforderungen:** Hier soll dargestellt werden, welche Anforderungen und Voraussetzungen an Mitarbeiter:innen in einem Berufsfeld gestellt werden. Dazu gehören zum Beispiel fachliche Kenntnisse und Fertigkeiten, Berufs- und Studienabschlüsse sowie persönliche und soziale Kompetenzen.
- **Arbeitszeit:** Die Arbeitszeiten können von Berufsfeld zu Berufsfeld variieren. Einige Tätigkeiten bringen zum Beispiel Schicht- und Wochenenddienst, Teilnahme an Veranstaltungen, Messen und Events oder Reisetätigkeiten mit sich. Wie sieht dies in den einzelnen Berufsfeldern aus?

- **Weiterbildung und Karriere**: Für viele (künftige) Mitarbeiter:innen im Tourismus sind Karriereperspektiven nehmend wichtig bei der Wahl eines Berufsfelds. Was haben die einzelnen Berufsfelder hier zu bieten? Was sind typische Karrierewege und wie können Sie sich dorthin entwickeln?
- **Einkommen:** Über Einkommens- und Verdienstmöglichkeiten besteht insbesondere bei Berufsanfänger:innen oft große Unklarheit. Gleichzeitig kann das zu erwartende Gehalt eine Rolle bei der Berufswahl spielen und ein Berufsfeld mehr oder weniger attraktiv erscheinen lassen. Während in Österreich in Stelleninseraten Angaben zum Mindestentgelt gemacht werden müssen, finden sich solche Informationen in Deutschland nur selten. Wir haben unsere Autor:innen gebeten, möglichst transparent zu sein in Bezug auf Einkommensperspektiven und Ihnen eine erste Orientierung zu geben. Zusätzlich berichten die Autor:innen, welche Zusatzleistungen („Benefits") Unternehmen in einem Berufsfeld anbieten.
- **Selbstständigkeit:** Eine selbständige Tätigkeit ist für viele ein Traum, der mit Freiheit und Selbstverwirklichung assoziiert wird. Wir zeigen, welche Berufs- und Tätigkeitsfelder sich dafür eignen und was dabei zu beachten ist, um Risiken zu minimieren und die eigenen Erfolgschancen zu verbessern.

- **Weitere Themen rund um den Berufseinstieg im Tourismus:** Schließlich sollen Ihnen unsere Exkurs-Kapitel zusätzliche hilfreiche Informationen zum Thema Aus- und Weiterbildung im Tourismus, Bewerbungstipps, Selbständigkeit und Co. geben. Als Beispiel für die positiven Veränderungen innerhalb der Branche stellen wir Ihnen auch das Konzept New Work vor, dessen Umsetzung im Tourismus keine Seltenheit mehr darstellt (Chang et al., 2024).

Literatur

Chang, C., Gardini, M. A., & Werther, S. (Hrsg.). (2024). *New work, leadership and human resources management im Tourismus*. Springer Gabler.

Kolbeck, F., & Rauscher, M. (2020). *Tourismus-Management. Die betriebswirtschaftlichen Grundlagen* (3. Aufl.). Vahlen.

Sabine Bösl ist Universitätsassistentin am Arbeitsbereich Human Resource Management und Employment Relations an der Universität Innsbruck. Sie studierte Tourismusmanagement an der Hochschule München, ist ausgebildete Hotelfachfrau und arbeitete mehrere Jahre in der Individual- und Kettenhotellerie.

Prof. Dr. Simon Werther (Dipl.-Psych.) ist Professor für Leadership an der Hochschule München. Darüber hinaus ist er Mitgründer und wissenschaftlicher Beirat des People Tech Start-ups HRinstruments und Co-Vorsitzender der Jury des HR Innovation Awards. Er publiziert regelmäßig und ist als

Senior Berater und Keynote Speaker zu Themen rund um New Work, Leadership, Kulturwandel, Organisationsentwicklung sowie People Analytics und HR Tech tätig.

Teil I
Einführung in die Arbeitswelt Tourismus

In diesem Teil des Buches widmen wir uns zu Beginn von Kap. 2 einigen Zahlen und Fakten zur aktuellen Arbeitsmarktsituation im Tourismus. Danach werden die **Ausbildungslandschaften in Deutschland und Österreich** vorgestellt, ergänzt durch ein **Interview** (Kap. 3). Dabei wird deutlich, dass es neben zahlreichen Gemeinsamkeiten wie dem dualen Ausbildungssystem durchaus wichtige Unterschiede in der Ausbildungslandschaft der beiden Länder gibt. Im **Interview** sprechen wir mit Sarita Benz, die sowohl ein duales Studium (Bachelor) als auch ein nicht-duales Studium (Master) absolviert hat, und damit unterschiedliche Erfahrungen zum Thema Studium sammeln konnte. In Kap. 4 teilt Petra Eggenhofer-Rehart Einblicke in die **Karriereforschung** und zur **Gestaltung der eigenen Karriere.** Diese Einblicke sollen Ihnen eine Inspiration bieten, sich proaktiv mit der Gestaltung Ihrer eigenen Karriere zu beschäftigen und alle Anregungen sowie Einblicke in diesem Buch als hilfreiche Anregung, aber keineswegs als Blaupause für eine erfolgreiche Karriere zu verstehen.

Berufsausbildung, Studium und Weiterbildung

2

Sabine Bösl, Caroline Gmachl und Simon Werther

Inhaltsverzeichnis

2.1 Ausbildungen der Sekundarstufe 12
2.2 Ausbildungen der Tertiärstufe 13
2.3 Weiterbildungen 15
Literatur 17

Zusammenfassung

In diesem Kapitel wird ein Überblick über die touristischen Bildungssysteme in Deutschland und Österreich gegeben. Wichtige Inhalte sind die Beschreibung der Ausbildungsstrukturen, Zugangsvoraussetzungen, Abschlüsse sowie die Rolle von Weiterbildungen für die Fachkräfteentwicklung und die Wettbewerbsfähigkeit der Branche. Das Kapitel behandelt die Ausbildungen auf der Sekundar- und Tertiärstufe sowie Weiterbildungsmöglichkeiten in beiden Ländern. Dabei werden Gemeinsamkeiten wie das duale Ausbildungssystem und Unterschiede wie die Vielfalt der schulischen Ausbildungsmöglichkeiten (in Österreich) aufgezeigt. Besondere Aufmerksamkeit wird

---

S. Bösl (✉)
Universität Innsbruck, Innsbruck, Österreich
E-Mail: sabine.boesl@uibk.ac.at

C. Gmachl
Obertrum, Österreich

S. Werther
Hochschule München University of Applied Sciences, München, Deutschland
E-Mail: simon.werther@hm.edu

© Der/die Autor(en), exklusiv lizenziert an Springer Fachmedien Wiesbaden GmbH, ein Teil von Springer Nature 2024
S. Bösl und S. Werther (Hrsg.), *Berufsfelder und Perspektiven im Tourismus*,
https://doi.org/10.1007/978-3-658-44933-9_2

auf die Weiterbildungsangebote und die Bedeutung von lebenslangem Lernen gelegt, einschließlich neuer Trends wie „Microcredentials".

Der Tourismus stellt in Deutschland und Österreich einen wichtigen Wirtschaftszweig dar. Beide Länder zählen zu den Top 10 der wichtigsten Tourismusdestinationen weltweit (BMAW, 2023). Als beschäftigungsintensive Branche schafft der Tourismus Arbeitsplätze und trägt zur Wertschöpfung bei, in Österreich rund 6 % vom Bruttoinlandsprodukt (BMAW, 2023), in Deutschland rund 4 % (BMWK, 2024). Diese Wertschöpfung wird von rund 2,8 Mio. Beschäftigen in Deutschland (BMWK, 2024) und rund 350.000 Beschäftigen in Österreich (BMAW, 2022) erbracht. Die meisten von ihnen sind im Gastgewerbe beschäftigt (Lehmann Friedli & Bandi, 2016). Nachdem die Branche von der Corona-Krise schwer getroffen wurde, erreichte die Anzahl an Übernachtungen im Jahr 2023 wieder fast das Vor-Corona-Niveau (−1,7 % zu 2019 in Deutschland laut Statistisches Bundesamt, 2024; −1 % zu 2019 in Österreich laut Statistik Austria, 2024). Aus Arbeitgebersicht ist die Fachkräftesituation angespannt, aus Arbeitnehmersicht sind die Aussichten entsprechend positiver. Qualifizierte Fachkräfte sind stark nachgefragt im Tourismus, denn sie stellen die Leistungs- und Zukunftsfähigkeit der Branche sicher. Gleichzeitig werden aufgrund der ausgeprägten Beschäftigungsintensität im Vergleich zu anderen Branchen überdurchschnittlich viele „Helfer:innen" benötigt (Lehneis & Storch, 2022). Die Branche eignet sich also auch besonders für Quereinsteiger:innen, die sich dann in andere Positionen weiterentwickeln können.

Qualifizierte Mitarbeiter:innen sind essenziell, um touristische Leistungen auf einem hohen Niveau erbringen zu können. Investitionen in Bildung werden dabei als wichtiger Schlüssel gesehen, um das „Humankapital" aufseiten der Beschäftigten zu erhöhen (Lehmann Friedli & Bandi, 2016). Damit gemeint sind Wissen, Fähigkeiten und Erfahrungen der Mitarbeiter:innen im Tourismus. Wissen und Fähigkeiten können informell (z.B. durch Lernen von Kolleg:innen am eigenen Arbeitsplatz) und formell (z.B. durch anerkannte Ausbildungen und Abschlüsse) erworben werden (Livingstone, 1999). Auf den folgenden Seiten soll der Fokus auf formalen Ausbildungen liegen. Führt man den Gedanken fort, dass Lernen meist informell stattfindet, sollten (künftige) Mitarbeiter:innen im Tourismus aber auch darauf achten, dass der eigene Arbeitsplatz Möglichkeiten für informelles Lernen bietet. Diese Möglichkeiten hängen maßgeblich vom vorhandenen Wissen und den Praktiken im Unternehmen ab.

Bildungsabschlüsse in Deutschland und Österreich
In Deutschland werden Bildungsabschlüsse in den Deutschen Qualifikationsrahmen (DQR), in Österreich in den Nationalen Qualifikationsrahmen (NQR) eingeordnet. Durch diese Zuordnung ist ein Vergleich zwischen Bildungsabschlüssen möglich, auch über Ländergrenzen hinweg. Denn sowohl der DQR als auch der NQR basieren auf dem Europäischen Qualifikationsrahmen (EQR). Eine dreijährige Berufsausbildung befindet sich in beiden Ländern auf Niveaustufe 4, eine Promotion auf Stufe 8.

2 Berufsausbildung, Studium und Weiterbildung

Der Vergleich der touristischen Bildungssysteme in Deutschland und Österreich weist einige Gemeinsamkeiten auf. Ein Beispiel ist die duale Berufs- bzw. Lehrlingsausbildung („Ausbildung/Lehre"). Diese dauert in der Regel drei Jahre, und man erwirbt bei erfolgreichem Bestehen einen anerkannten Ausbildungsabschluss. „Dual" bedeutet, dass man die Ausbildung an zwei Lernorten absolviert – in einem Ausbildungsbetrieb (ca. 80 % der Zeit) und in der Berufsschule (ca. 20 % der Zeit). Die Industrie- und Handelskammern (IHK) in Deutschland bzw. Wirtschaftskammern in Österreich (WKO) prüfen, ob Betriebe geeignet sind, die für einen Beruf wichtigen Kenntnisse und Fähigkeiten zu vermitteln. Die Inhalte, die in der Ausbildung vermittelt werden, sind in Ausbildungsrahmenplänen bzw. Ausbildungsordnungen geregelt. Interessierte können die Inhalte einer Berufsausbildung online einsehen, z.B. im Lexikon der Ausbildungsberufe der Bundesagentur für Arbeit in Deutschland (BA, 2023) oder des Bundesministeriums für Arbeit und Wirtschaft in Österreich (BMAW, 2024).

In Deutschland wurde im Jahr 2019 eine Mindestvergütung für Auszubildende eingeführt. Diese liegt derzeit bei 649 € pro Monat (DIHK, 2024a). Die tatsächlichen Vergütungen für Auszubildende im Tourismus liegen in der Regel darüber. Beispielsweise wird die Ausbildungsvergütung für die:den Kauffrau:Kaufmann für Tourismus und Freizeit mit 790 bis 1000 € pro Monat im ersten Lehrjahr angegeben (BA, 2023). In Österreich ist das „Lehrlingseinkommen" in der Regel kollektivvertraglich geregelt. Im Lehrberuf Hotelkaufmann:Hotelkauffrau erhält man beispielsweise 925 € im ersten Lehrjahr (WKO, 2024).

Die Bedeutung der Berufsausbildung hat in den letzten Jahren abgenommen und mehr und mehr Menschen entscheiden sich für ein Studium (Lehmann Friedli & Bandi, 2016). Gleichzeitig kann eine Berufsausbildung für viele die richtige Entscheidung sein. Neben dem Wunsch, „etwas Praktisches zu machen", berichten Auszubildende z.B. davon, dass sie in der Berufsausbildung am Ende des Tages die Ergebnisse der eigenen Arbeit sehen (Pfeiffer et al., 2019), während die Erfolgserlebnisse im Studium oft bis zum Semesterende auf sich warten lassen. Auch findet eine formale Aufwertung von höherqualifizierenden Berufsbildungen statt. Eine Weiterbildung zum:zur Küchenmeister:in ist z.B. gleichwertig mit einem Bachelor-Abschluss. In Deutschland spiegelt sich dies auch in einer geänderten Namensbezeichnung wider: „Bachelor Professional" (Pfeiffer et al., 2019). Die scheinbare Gegensätzlichkeit zwischen „Ausbildung/Lehre" und „Hochschule/Universität" löst sich durch duale Studienprogramme weiter auf. Diese werden meist auf Bachelor-Niveau angeboten und vereinbaren ein Hochschulstudium mit beruflicher Praxis. Die Vergütung ist vergleichbar mit der Ausbildungsvergütung bzw. dem Lehrlingseinkommen. Nicht zuletzt können sich in beiden Ländern Berufsabsolvent:innen für einen Studienplatz an einer Fachhochschule (FH) bewerben (z.T. sind Zusatzprüfungen notwendig) (Lehmann Friedli & Bandi, 2016), sodass auch ein Studium eine Weiterqualifizierung nach der Berufsausbildung darstellen kann.

Trotz zahlreicher Gemeinsamkeiten, wie dem dualen Berufsbildungssystem, gibt es zwischen beiden Ländern auch Unterschiede, z.B. in der Sekundarstufe II, also der Zeit nach der neunten Jahrgangsstufe. In Österreich sind berufsbildende Schulen weit verbreitet, in denen Schüler:innen neben der Allgemeinbildung eine berufliche Ausbildung absolvieren. Diese drei- oder fünfjährigen Vollzeitschulen ergänzen die duale Berufsausbildung (Lehmann Friedli & Bandi, 2016). In weiterer Folge werden daher Deutschland und Österreich getrennt betrachtet.

2.1 Ausbildungen der Sekundarstufe

Deutschland
An der Schwelle zur Sekundarstufe II wird von vielen Jugendlichen bereits die Entscheidung für eine Ausbildung im Tourismus getroffen. Mit dem Mittel- oder Realschulabschluss können Schüler:innen nach der neunten oder zehnten Klasse eine duale Berufsausbildung im Tourismus absolvieren. In allen Teilbranchen des Tourismus werden duale Berufsausbildungen angeboten (z.B. Luftverkehrskaufmann:kauffrau, Veranstaltungskaufmann:kauffrau, Kaufmann:Kauffrau für Tourismus und Freizeit). Im Jahr 2022 erfolgte die Neuordnung der Ausbildungsberufe in Hotellerie und Gastronomie, inklusive Neubezeichnungen (z.B. Hotelkauffrau:Hotelkaufmann --> Kauffrau:Kaufmann für Hotelmanagement).

Im Unterschied zu Österreich sind schulische Ausbildungen in Deutschland ab der Sekundarstufe II seltener, durch den Besuch von Berufsfachschulen oder beruflichen Gymnasien aber ebenfalls möglich. Sie erfordern in der Regel einen mittleren Schulabschluss bzw. die gymnasiale Oberstufenreife. An Berufsfachschulen für Hotel- und Tourismusmanagement – sowohl staatlichen als auch privaten und damit kostenpflichtigen – erwirbt man z.B. die Fachhochschulreife und absolviert eine Erstausbildung in schulischer Form (DEHOGA Bayern, 2024).

Österreich
Nach der Mittelschule führt der erste Weg in den Beruf über ein Jahr in der Polytechnischen Schule zu einer zwei- bis vierjährigen, dualen Lehrlingsausbildung, wie z.B. Hotel- und Gastgewerbe-Assistent:in, Koch:Köchin, Restaurantfachmann:Restaurantfachfrau, Reisebüroassistent:in und vielen mehr.

Eine zweite Option ist die berufsbildende mittlere Schule (BMS) mit einer Dauer von drei bis vier Jahren, die meist mit einer abgeschlossenen Berufsausbildung endet. Beispiele hierfür sind Hotelfachschulen, Gastgewerbefachschulen, Tourismusschulen und Ski-Hotelfachschulen.

Die dritte Möglichkeit ist die berufsbildende höhere Schule (BHS), die nach fünf Jahren mit einer Reife- und Diplomprüfung (Abitur mit Berufsabschluss) abschließt. Somit haben die Absolvent:innen Zugang zu Universitäten und Fachhochschulen, können aber so wie bei allen Ausbildungen der Sekundarstufe direkt in den Beruf einsteigen und nach einer festgelegten Anzahl an Praxisjahren die Berechtigung, ein reglementiertes Gewerbe (z. B.

Gastgewerbe) anzumelden, erlangen (OeAD, 2024a). In allen österreichischen Bundesländern sind Tourismusschulen zu finden, wie z.b. die Tourismusschulen Salzburg in Kleßheim, die Tourismusschulen MODUL in Wien, die Tourismusschulen am Wilden Kaiser und viele mehr.

2.2 Ausbildungen der Tertiärstufe

Deutschland
Die Ausbildung auf der Tertiärstufe findet wie in Österreich hauptsächlich durch Fachhochschulen (FH) bzw. Hochschulen für angewandte Wissenschaften (HAW) statt. Wir sprechen im Folgenden der Einfachheit halber von FH und meinen immer sowohl FH als auch HAW, nachdem beide Begrifflichkeiten in Deutschland zu finden sind. Bei einem FH-Studium spricht man von einer „Berufsausbildung auf Hochschulniveau", es ist also deutlich praxisnäher als ein Universitätsstudium. Dedizierte Lehrstühle oder Professuren mit Bezug zum Tourismus finden sich an Universitäten nur noch in Eichstätt, München oder Trier (Hörtnagl-Pozzo et al., 2021). Die Anzahl und Vielfalt touristischer Studiengänge entwickelt sich laufend weiter und reicht von Tourismusmanagement (mit z.T. wählbaren Spezialisierungen auf z.B. die Hospitality-Branche) bis hin zu spezialisierten Studiengängen wie Aviation Management (von engl. „aviation" = Luftfahrt) oder Gesundheitstourismus. Auch gibt es zunehmend Tourismus-Studiengänge mit Bezug zu Nachhaltigkeit. Ob man sich im Studium „breiter aufstellt" (Tourismusmanagement) oder ob man von vornherein eine Spezialisierung wählt, hängt von den eigenen Zielen ab, die zu Beginn des Studiums noch nicht immer abschließend feststehen. Insbesondere ein Tourismusmanagement-Studium (ohne Spezialisierung) kann auch für die Tätigkeit in anderen Branchen attraktiv sein (Lehmann Friedli & Bandi, 2016). Die Studiengänge dauern in der Regel sieben Semester bis zum Bachelor und nochmals vier Semester bis zum Master. Ebenso ist ein Praxissemester verpflichtender Teil des FH-Studiums und in den sieben Semestern enthalten.

Im Unterschied zu Österreich sind Aufnahmeverfahren an FHs in Deutschland seltener, und mit Ausnahme der privaten Hochschulen sind keine Studiengebühren der Hochschulen fällig. Möglich sind Numerus-Clausus(NC)-Beschränkungen, die die Zulassung zum Studium von der (Fach-)Abiturnote oder von Praktika, die vor Beginn des Studiums absolviert werden müssen, abhängig machen.

Zudem werden immer häufiger duale Studiengänge angeboten, auch im Tourismus. Das Bundesinstitut für Berufsbildung (BIBB) fasst regelmäßig die aktuelle Entwicklung zum dualen Studium in Deutschland zusammen und stellt diese kostenfrei zur Verfügung (BIBB, 2023). Duale Studiengänge werden meist an Fachhochschulen, dualen Hochschulen oder Berufsakademien angeboten. In der Regel stellt ein duales Studium eine Erstausbildung dar. Dabei wird unterschieden zwischen praxis- und ausbildungsintegrierenden dualen Studiengängen. Bei letztgenannten Studiengängen, die auch „Verbundstudium" genannt werden, erwirbt man neben dem Hochschulabschluss (Bachelor) einen anerkannten Ausbildungsabschluss, wie man ihn aus der dualen Berufsausbildung kennt. Häufiger sind jedoch praxisintegrierende Studiengänge, also Studiengänge „mit vertiefter Praxis".

Österreich
In Österreich sind Kollegs neben Fachhochschulen und Universitäten wichtig für die touristische Ausbildung. Kollegs richten sich an Absolvent:innen von allgemeinbildenden höheren Schulen (AHS), die bereits die Reifeprüfung (Matura/Abitur) abgelegt haben. Sie werden als tertiäre Kurzausbildung bezeichnet (OeAD, 2024b). Meist wird die Ausbildung in einer Tagesform, also im gewohnten Schulbetrieb geführt oder in einer Abendform, das heißt berufsbegleitend. Zusätzlich werden Lehrgänge in Fremdsprachen, z.B. Englisch und weiteren Fremdsprachen, abgehalten. Die Bewerbung läuft meist über eine Online-Voranmeldung und einem Motivationsschreiben, mit einem anschließenden Aufnahmegespräch. Abgeschlossen werden die Kollegs mit der Diplomprüfung, die dem Niveau eines Abschlusses an der berufsbildenden höheren Schule (BHS) entspricht (OeAD, 2024b). Beispiele sind das Tourismuskolleg Innsbruck, das International College of Tourism and Management in Bad Vöslau oder die Tourismusschulen Bad Gleichenberg.

Voraussetzungen für ein Studium an einer Fachhochschule sind die Reifeprüfung (Matura/Abitur), Studienberechtigungsprüfung oder Berufsreifeprüfung und ein anschließendes Aufnahmeverfahren, welches von jeder Fachhochschule individuell gestaltet wird. Berufsabsolvent:innen können also grundsätzlich auch ein anschließendes FH-Studium absolvieren (Lehmann Friedli & Bandi, 2016). Für Personen ohne Hochschulreife gibt es z.T. die Möglichkeit, Zusatzprüfungen abzulegen, um zum Studium zugelassen zu werden. Die Aufnahmeverfahren, die es in Österreich an den FHs gibt, bestehen meist aus einer Online-Bewerbung, eventuell mit einem Motivationsschreiben, einem standardisierten Aufnahmetest (oftmals auf Englisch) und einem Aufnahmegespräch. Die Studiengänge sind wissenschaftlich fundiert, dauern sechs Semester bis zum Bachelor und nochmals vier Semester bis zum Master. Handelt es sich um ein Vollzeitstudium, ist ein Praxissemester vorgeschrieben. Bei einem berufsbegleitenden Studium findet der Vorlesungsbetrieb abends und an den Wochenenden statt, das Praxissemester entfällt (OeAD, 2024c). In Österreich werden an FHs Studienbeiträge erhoben, derzeit von 363 € pro Semester. Einige beispielhafte Schwerpunkte von Studiengängen sind Innovation & Management im Tourismus, Gesundheitsmanagement im Tourismus, Wirtschaft und Hotel-Management oder Urban Tourism & Visitor Economy Management.

Für Universitäten sind die Aufnahmeverfahren und Voraussetzungen vergleichbar mit denen der Fachhochschulen, da es sich mit wenigen Ausnahmen (z.B. Universität Innsbruck) um Privatuniversitäten handelt, die einen Bachelor- oder Masterabschluss im Tourismus anbieten. Zu beachten sind hier auch die beträchtlichen Studiengebühren an den Privatuniversitäten. Der Unterschied zu den Fachhochschulen besteht darin, dass das Studium noch stärker wissenschaftlich orientiert ist (z.B. kann ein Bachelor oder Master of Science erworben werden) und auch Doktoratsstudien möglich sind. Zu den Universitäten zählen die

MODUL University Vienna Private University, die UIMT Private Universität für Gesundheitswissenschaften, Medizinische Informatik und Technik GmbH oder die Privatuniversität Schloss Seeburg.

Im Wintersemester 2023/24 wurde an der FH Wien der Wirtschaftskammer Wien der erste duale Studiengang im Bereich Tourismusmanagement ins Leben gerufen. Die Berufstätigkeit ist in dualen Studiengängen ein fest integrierter Bestandteil der Ausbildung (siehe hierzu auch den Abschnitt zur Ausbildung auf der Tertiärstufe in Deutschland, Abschn. 2.2). Sowohl die Hochschule als auch der Ausbildungsbetrieb fungieren als gleichwertige Lernorte, wobei Theorie- und Praxisphasen inhaltlich eng miteinander verknüpft sind (BMBWF, 2024).

2.3 Weiterbildungen

Deutschland
Bei der Weiterbildung können die höherqualifizierende Berufsbildung und die Hochschulbildung unterschieden werden. Diese sind wie bereits kurz angesprochen gleichwertig, aber nicht gleichartig (IHK, 2024). Die berufliche Weiterqualifizierung setzt stärker auf Wissen und Kompetenzen, die im beruflichen Alltag direkter Anwendung finden können, als dies bei einer Hochschulbildung (insbesondere der universitären) der Fall ist. Die höherqualifizierende Berufsbildung, also z.B. die Weiterbildungen zum:zur „Meister:in" oder „Fachwirt:in" befinden sich im DQR auf derselben Stufe wie ein Bachelor-Abschluss (IHK, 2024). Deswegen werden sie mit der Novelle des deutschen Berufsbildungsgesetzes (BBiG) seit 2020 auch „Bachelor Professional" genannt. Ebenso gibt es berufliche Weiterbildungen, z.B. die Weiterbildung zum:zur geprüften Betriebswirt:in, die gleichwertig zu einem Master-Abschluss sind („Master Professional"). Diese Höherqualifizierungen schlagen sich auch im Gehalt und verbesserten Karriereperspektiven nieder (DIHK, 2023).

> **Abschlüsse der höheren Berufsbildung im Tourismus auf Bachelor-Niveau (DIHK, 2024b)**
>
> - Diätkoch:Diätköchin (IHK)
> - Fachwirt:Fachwirtin im Gastgewerbe (IHK)
> - Fachwirt:Fachwirtin für Personenverkehr und Mobilität (IHK)
> - Fitnessfachwirt:Fitnessfachwirtin (IHK)
> - Hotelmeister:Hotelmeisterin (IHK)
> - Geprüfte:r Küchenmeister:Küchenmeisterin (IHK)
> - Restaurantmeister:Restaurantmeisterin (IHK)

- Sportfachwirt:Sportfachwirtin (IHK)
- Tourismusfachwirt:Tourismusfachwirtin (IHK)
- Veranstaltungsfachwirt:Veranstaltungsfachwirtin (IHK)

Die Weiterbildungen werden oft in Zusammenarbeit mit Weiterbildungsinstituten oder Akademien angeboten, die auf die IHK-Prüfungen vorbereiten, z.B. IST-Studieninstitut oder DHA (Deutsche Hotelakademie). Bei diesen Anbietern gibt es neben den IHK-Weiterbildungen oft auch zahlreiche weitere Weiterbildungen, z.B. Spa-Management, MICE-Management, Business-Travel-Management und viele mehr. Die meisten Weiterbildungen finden berufsbegleitend statt, dauern zwischen ein und zwei Jahren und kosten zwischen 2500 und 5000 €. Interessierte sollten sich über Fördermöglichkeiten informieren (z.B. Aufstiegs-BAföG) und abklären, inwieweit sich Arbeitgeber:innen an der Finanzierung beteiligen können. Weiterbildung kann als Instrument der Mitarbeiterbindung gesehen werden.

Auch ein Hochschulstudium kann eine Weiterbildung darstellen (vgl. Abschn. 2.2). Ein Hochschulstudium kann zunehmend flexibel, also berufsbegleitend, oder in Teilzeit absolviert werden, insbesondere an privaten Hochschulen. Möglich sind auch sogenannte „berufsintegrierende duale Studiengänge", die sich speziell an Personen richten, die bereits einen Beruf erlernt haben (BIBB, 2023).

Österreich

Im Bereich der Weiterbildung gibt es in Österreich zwei große Anbieter: das WIFI (Wirtschaftsförderungsinstitut) und das BFI (Berufsförderungsinstitut). Hier werden zu den meisten Teilbereichen des Tourismus Aus- und Weiterbildungen angeboten, die oftmals mit einem Diplom abschließen. Ein weiterer Anbieter ist die Österreichische Hoteliervereinigung (ÖHV), die Akademien, wie z.B. die Unternehmerakademie, Lehrgänge wie Spa-Management und Seminare veranstaltet. Auch private Anbieter sind auf dem Bildungsmarkt vertreten. Hier sei beispielhaft die F&B Academy genannt mit einem Schwerpunkt auf Gastronomie und Hotellerie. Die Einordnung der Weiterbildungsabschlüsse in den NQR ist vergleichbar mit Deutschland, die Bezeichnungen der Weiterbildungen unterscheiden sich zum Teil.

> „Microcredentials" sollen lebenslanges Lernen fördern und sie bescheinigen – wie der Name andeutet – den Abschluss kompakter Lerneinheiten, z.B. eines Kurses oder einer Schulung. Diese etablieren sich gerade erst, werden durch EU-Initiativen unterstützt und sollen weiter Verbreitung finden (European Education Area, 2024). Sie werden von öffentlichen und privaten Organisationen angeboten (z.B. Hochschulen, Karriereplattformen). Es sind sowohl Online- als auch Präsenzformate denkbar. Oft werden diese Mini-Lerneinheiten in ECTS-Punkten angegeben, in der Regel zwischen einem,

fünf und 15 ECTS-Punkten. Ein ECTS-Punkt umfasst einen Arbeitsaufwand von 25 h. Je nach Organisation können diese Punkte für ein reguläres Hochschulstudium angerechnet werden. Zum Vergleich: Ein Bachelor-Studium hat zwischen 180 und 240 ECTS.

Literatur

Bayerischer Hotel- und Gaststättenverband (DEHOGA Bayern). (2024). Berufsfachschulen für Hotel- und Tourismusmanagement. https://www.dehoga-bayern.de/karriere/ausbildung/fuer-angehende-auszubildende-und-fachkraefte/schulen-hochschulen/berufsfachschulen-fuer-hotel-und-tourismusmanagement/. Zugegriffen: 6. Mai 2024.

Bundesagentur für Arbeit (BA). Lexikon der Ausbildungsberufe. Ausgabe 2023/24. https://www.arbeitsagentur.de/vor-ort/datei/beruf_aktuell_lexikon_der_ausbildungsberufe_2023_2024_ba176344.pdf. Zugegriffen: 6. Mai 2024.

Bundesinstitut für Berufsbildung (BIBB). (2023). AusbildungPlus. Duales Studium in Zahlen 2022. https://www.bibb.de/dokumente/pdf/AiZ_Duales_Studium_2022_bf.pdf. Zugegriffen: 6. Mai 2024.

Bundesministerium für Arbeit und Wirtschaft (BMAW). (2022). Tourismus in Österreich 2022. https://www.statistik.at/fileadmin/user_upload/Projektbericht-Tourismusbericht_2022_barrierefrei.pdf. Zugegriffen: 6. Mai 2024.

Bundesministerium für Arbeit und Wirtschaft (BMAW). (2023). Statistik. Fact Sheet „Tourismus in Österreich". https://www.bmaw.gv.at/Themen/Tourismus/Tourismus-in-Oesterreich/Statistik/statistik.html. Zugegriffen: 6. Mai 2024.

Bundesministerium für Arbeit und Wirtschaft (BMAW). (2024). Lehre und Berufsausbildung. Lexikon. https://www.bmaw.gv.at/Themen/Lehre-und-Berufsausbildung/lexicon.html. Zugegriffen: 6. Mai 2024.

Bundesministerium für Bildung, Wissenschaft und Forschung (BMBWF). (2024). Studieren und arbeiten zugleich: Duale Studiengänge an Fachhochschulen. https://www.bmbwf.gv.at/Themen/HS-Uni/Studium/Duales-Studium-an-Fachhochschulen.html. Zugegriffen: 6. Mai 2024.

Bundesministerium für Wirtschaft und Klimaschutz (BMWK). (2024). Tourismus. Bedeutsam für Wachstum und Beschäftigung in Deutschland. https://www.bmwk.de/Redaktion/DE/Dossier/tourismus.html. Zugegriffen: 6. Mai 2024.

Deutsche Industrie- und Handelskammer (DIHK). (2023). IHK-geprüfter Abschluss: Höhere Berufsbildung zahlt sich aus. https://www.dihk.de/de/themen-und-positionen/fachkraefte/berufliche-weiterbildung-zahlt-sich-aus/ihk-gepruefter-abschluss-hoehere-berufsbildung-zahlt-sich-aus-96244. Zugegriffen: 6. Mai 2024.

Deutsche Industrie- und Handelskammer (DIHK). (2024a). Mindestausbildungsvergütung für Auszubildende festgelegt. https://www.dihk.de/de/themen-und-positionen/fachkraefte/aus-und-weiterbildung/berufsbildungsgesetz/mindestausbildungsverguetung-fuer-auszubildende-festgelegt-16536. Zugegriffen: 6. Mai 2024.

Deutsche Industrie- und Handelskammer (DIHK). (2024b). Weiterbildung in der Tourismusbranche. https://www.dihk.de/de/themen-und-positionen/wirtschaftspolitik/tourismus/weiterbildung-in-der-tourismusbranche-4572. Zugegriffen: 6. Mai 2024.

European Education Area. (2024). Ein europäischer Ansatz für Microcredentials. https://education.ec.europa.eu/de/education-levels/higher-education/micro-credentials. Zugegriffen: 6. Mai 2024.

Hörtnagl-Pozzo, T., Klein, A., Pillmayer, M., & Schmude, J. (2021). Auswirkungen der COVID-19-Pandemie auf die deutschsprachige Tourismushochschullandschaft – aktuelle Einschätzungen und zukünftige Perspektiven. *Zeitschrift für Tourismuswissenschaft, 13*(3), 387–404. https://doi.org/10.1515/tw-2021-0031.

Industrie- und Handelskammer (IHK) Schleswig-Holstein. (2024). Deutscher Qualifikationsrahmen (DQR): Bachelor und Fachwirt auf Augenhöhe. https://www.ihk.de/schleswig-holstein/bildung/weiterbildung/tipps-zur-weiterbildung/einheitliche-qualitaetskriterien-dqr-1372394. Zugegriffen: 6. Mai 2024.

Lehmann Friedli, T., & Bandi, M. (2016). Tourismus im Ländervergleich. *Zeitschrift für Tourismuswissenschaft, 8*(1), 49–72. https://doi.org/10.1515/tw-2016-0004.

Lehneis, A. V., & Storch, A. (2022). Arbeitskräftesituation im Tourismus: Einflüsse, Handlungsbedarfe und Lösungsansätze. https://bzt.bayern/arbeitskraefte-tourismus/. Zugegriffen: 6. Mai 2024.

Livingstone, D. W. (1999). Exploring the icebergs of adult learning: Findings of the first Canadian survey of informal learning practices. *Canadian Journal for the Study of Adult Education, 13*(2), 49–72.

OeAD (Agentur für Bildung und Internationalisierung). (2024a). Schule – Oberstufe, Berufsbildende höhere Schule. https://www.bildungssystem.at/schule-oberstufe/berufsbildende-hoehere-schule. Zugegriffen: 6. Mai 2024.

OeAD (Agentur für Bildung und Internationalisierung). (2024b). Tertiäre Kurzausbildungen, Kolleg. https://www.bildungssystem.at/tertiaere-kurzausbildungen/kolleg. Zugegriffen: 6. Mai 2024.

OeAD (Agentur für Bildung und Internationalisierung). (2024c). Lehrgänge an Universitäten, Fachhochschulen und pädagogischen Hochschulen. https://www.bildungssystem.at/hochschule/lehrgaenge-an-universitaeten-fachhochschulen-und-paedagogischen-hochschulen. Zugegriffen: 6. Mai 2024.

Pfeiffer, I., Kohl, M., Weber, H., & Hecker, K. (2019). Unter Anpassungsdruck. Wie geht es weiter mit der beruflichen Berufsbildung? *Personalmagazin, 10*(19), 16–23.

Statistik Austria. (2024). Tourismus 2023: Nächtigungen knapp unter Höchstwert von 2019. https://www.statistik.at/fileadmin/announcement/2024/01/20240126AnkuenfteNaechtigungenDezember2023.pdf. Zugegriffen: 6. Mai 2024.

Statistisches Bundesamt. (2024). Tourismus in Deutschland im Jahr 2023: 8,1 % mehr Übernachtungen als im Vorjahr. https://www.destatis.de/DE/Presse/Pressemitteilungen/2024/02/PD24_053_45.html. Zugegriffen: 6. Juni 2024.

Wirtschaftskammer Österreich. (WKO). (2024). Lehrlingseinkommen: Was verdiene ich in der Lehre? https://www.wko.at/oe/tourismus-freizeitwirtschaft/lehrlingsentschaedigung#heading_lehrberuf_reisebueroassistent__in. Zugegriffen: 6. Mai 2024.

Sabine Bösl ist Universitätsassistentin am Arbeitsbereich Human Resource Management und Employment Relations an der Universität Innsbruck. Dort promoviert sie zu der Frage, wie neue Technologien eingesetzt werden können, um Nachhaltigkeitsziele wie Gleichstellung und Kompetenzentwicklung am Arbeitsplatz zu verwirklichen.

Caroline Gmachl (Mag. FH, BEd) unterrichtet an der Landesberufsschule in Obertrum, Salzburg. Sie hat eine klassische Laufbahn im Tourismus durchlaufen, einen Abschluss einer berufsbildenden höheren Schule mit Schwerpunkt Tourismus und ein berufsbegleitendes Studium an der FH Salzburg (Innovation & Management im Tourismus). Ihr Tätigkeitsfeld reichte von Hotellerie und

Gastronomie über Projektassistenz bei der Salzburger Landestourismusorganisation bis hin zur Trainertätigkeit für eine Hotelmanagementsoftware.

Prof. Dr. Simon Werther (Dipl.-Psych.) ist Professor für Leadership an der Hochschule München. Darüber hinaus ist er Mitgründer und wissenschaftlicher Beirat des People Tech Start-ups HRinstruments und Co-Vorsitzender der Jury des HR Innovation Awards. Er publiziert regelmäßig und ist als Senior Berater und Keynote Speaker zu Themen rund um New Work, Leadership, Kulturwandel, Organisationsentwicklung sowie People Analytics und HR Tech tätig.

3. Interview: Duales Studium

Sarita Benz

> **Zusammenfassung**
>
> Dual oder nicht-dual studieren? In diesem Interview sprechen wir mit Sarita Benz, die ein duales Bachelorstudium in BWL mit Schwerpunkt Hotel- und Tourismusmanagement und ein nicht-duales Masterstudium in Hospitality Management absolviert hat. Sarita Benz empfiehlt das duale Studium für diejenigen, die sofort praktische Anwendung suchen, und betont den Wert der Praxiserfahrung für den Berufseinstieg. Sie teilt auch Einblicke in die Finanzierung und gibt Ratschläge für angehende Studierende, die zwischen dualen und nicht-dualen Studiengängen schwanken.

Du hast ein duales Studium (praxisintegrierend) im Bachelor und ein nicht-duales Studium im Master absolviert. Was waren deine Beweggründe für die jeweiligen Entscheidungen?

Bereits während meiner Schulzeit konnte ich erste Erfahrungen im Gastgewerbe im Rahmen von Praktika sammeln. Durch diese Erfahrungen motiviert, wollte ich die Branche vertiefter kennenlernen. Auf einer Berufsmesse wurde ich auf das duale BWL-Studium mit der Fachrichtung Hotel- und Tourismusmanagement und der iba (Internationale Berufsakademie der F+U Unternehmensgruppe) aufmerksam. Dies schien mir die perfekte Kombination, um eine Tätigkeit, die mir Freude bereitet, mit einem theoretischen Studium zu verbinden. Zudem versprach ein wirtschaftswissenschaftliches Studium, mich für meinen zukünftigen Karriereweg möglichst vielseitig aufzustellen.

S. Benz (✉)
München, Deutschland
E-Mail: Sarita.benz@web.de

Das Masterstudium Hospitality Management stellte für mich, aufgrund der Möglichkeit der Spezialisierung auf die Hospitality-Branche und der Vertiefung meiner Kenntnisse, eine gute Anknüpfung an mein Bachelorstudium dar. Dieser Studiengang wurde an der Hochschule München in Vollzeit angeboten. Zudem ergaben sich durch das Vollzeitstudium an einer staatlichen Bildungseinrichtung die Vorteile der wegfallenden Studiengebühren sowie die Möglichkeit, parallel zum Studium in Eigeninitiative praktische Erfahrung als Werkstudentin zu sammeln. Hierdurch gestaltete sich der Studienalltag – vor allem während der COVID-19-Pandemie, in der nur das Studieren per Fernlehre möglich war – abwechslungsreicher.

Wie war dein duales Studium zeitlich aufgebaut? Wer legte diesen Aufbau fest?
Mein duales Studium verlief im Modell der geteilten Woche. Dieses Konzept sah zwei feste Unterrichtstage – in meinem Fall montags und dienstags – und drei variable Arbeitstage im Hotel vor, die wöchentlich im Rahmen der Dienstplanerstellung eingeteilt wurden. Durch das Konzept des allgemeinen BWL-Studiums gepaart mit diversen Schwerpunkten fanden an den festen Unterrichtstagen Vorlesungen mit Bezug zum Kernstudium statt. Die Vorlesung der Schwerpunktfachrichtung – in meinem Fall Hotel- und Tourismusmanagement – wurden jedes Semester innerhalb eines zweiwöchigen Blockunterrichts abgehalten. Die Praxisphasen wurden vom Betrieb individuell festgelegt. Dabei durchlief ich die verschiedenen Abteilungen des Hotels, um einen Überblick über den Gesamtbetrieb zu erlangen. Die Einteilung wurde durch das Management nach dem Bedarf in den Abteilungen des Hotels bestimmt. Während des dualen Studiums hatte ich Anspruch auf den gesetzlichen Mindesturlaub, der jedoch nur während der Praxisphasen und der Ferienzeiten der Hochschule in Anspruch genommen werden konnte. Vorlesungsfreie Zeiten (Semesterferien), wie an regulären Hochschulen, gab es nicht.
Der Ablauf des dualen Studiums war von der Hochschule festgelegt worden. In meinem Praxisbetrieb arbeiteten aber auch Studierende einer anderen Bildungseinrichtung, deren Studienkonzept ein wöchentliches Wechselmodell vorsah. Je nach Hochschule ist auch ein Fernstudium oder Wechselmodell nach z.B. drei Monaten möglich.

Was sollte man deiner Meinung nach unbedingt wissen, bevor man sich für ein duales Studium entscheidet?
Das duale Studium war verglichen mit dem Vollzeitstudium arbeitsintensiver und unflexibler. Innerhalb von zwei Tagen pro Woche wurde der Stoff unterrichtet, der in einem nicht-dualen Studium über einen längeren Zeitraum vermittelt wird. Aufgrund des Praxiseinsatzes war nur an den verbleibenden zwei freien Tagen die Möglichkeit gegeben, für das Studium zu lernen, den Unterrichtsstoff nachzubereiten und schriftliche Arbeiten zu verfassen. Daher ist für ein duales Studium meiner Meinung nach ein gutes Zeitmanagement erforderlich. Des Weiteren ist es wichtig, sich bewusst zu sein, dass während des Studiums für das Abfassen von Studienarbeiten – z.B. der Bachelorarbeit – keine Freistellung von der Tätigkeit im

Betrieb erfolgt. Ebenso kann es sein, dass man als dual Studierende:r in einigen Belangen (z.B. Semesterticket) keinen Studentenstatus genießt, sondern als Auszubildende:r gilt.

Welche Vorteile siehst du darin, dual zu studieren?
Der Vorteil des dualen Studiums besteht darin, dass das Gelernte unmittelbar in der Praxis Anwendung findet. Daher erscheint das theoretische Studium schlüssiger und es ergeben sich zusätzliche Synergien zwischen Studierenden und Praxisunternehmen. Dazu zählen Verbesserungen des betrieblichen Ablaufs, die Implementierung aus dem Studium bekannter Tools sowie die Unterstützung beim Verfassen von Studien- und Praxisarbeiten.

Gibt es auch Nachteile oder Herausforderungen, die du während deines dualen Studiums erfahren hast, insbesondere im Vergleich zu einem nicht-dualen Studium?
Eine Herausforderung stellte für mich die doppelte Belastung durch Arbeit und Studium dar; besonders während der Prüfungsphase und der Erstellung von Studienarbeiten. Durch die Tätigkeit in der Hotellerie gab es zusätzlich branchenübliche Herausforderungen, bspw. die Schichtarbeit oder die schlechtere Planbarkeit, da der Dienstplan für die darauffolgende Woche erst mittwochs oder donnerstags vorlag. Außerdem stellt der finanzielle Aspekt einen gewissen Nachteil dar, da das Gehalt nach Abzug der Studiengebühren niedriger ist als bei einer Tätigkeit als Werkstudent:in.

Wie hast du das richtige Unternehmen für dein duales Studium gefunden? Hast du Tipps, wo sich angehende Studierende über die Möglichkeiten eines dualen Studiums informieren und mögliche Unternehmenspartner finden können?
Durch die Vernetzung der Universität mit den Unternehmen wurde meine Bewerbung für das duale Studium direkt an mögliche Kooperationspartner weitergeleitet. Diese haben sich dann nach der Sichtung der Unterlagen mit mir in Verbindung gesetzt. Jedoch besteht auch die Möglichkeit der direkten Bewerbung bei Unternehmen. In der Hotelbranche werden Stellenanzeigen auch auf den einschlägigen Portalen wie Hotelcareer, HOGAPAGE oder GastroJobs geteilt.

Wie kann man potenzielle Unternehmenspartner für ein duales Studium von sich überzeugen? Welche Kompetenzen und Fähigkeiten oder Vorerfahrungen sind ihnen besonders wichtig und was sollte man vermeiden?
Meines Erachtens kann für ein duales Bachelorstudium, welches unmittelbar an die Erlangung der Hochschulreife anschließt, wenig fachliche Kompetenz eingefordert werden. Ich persönlich finde es sinnvoll, in der Fachrichtung bereits ein Praktikum absolviert zu haben, um für sich selbst gut abwägen zu können, ob dies eine mögliche Berufs- und Studienwahl sein kann. Neben der fachlichen Kompetenz sind Interesse und Motivation wesentlich für die Tätigkeit.

Kannst du etwas über die finanzielle Seite des dualen Studiums berichten, insbesondere über Kosten und eventuelle Vergütungen?
Ein duales Studium im Tourismus absolviert man in der Regel an einer privaten Hochschule oder Berufsakademie, wo Studiengebühren fällig werden. Die drei staatlichen dualen Hochschulen bieten duale Studiengänge im Tourismus an und stellen hier Ausnahmen dar (DHBW, DHGE, DHSH). An der iba München ist für das duale Studium eine monatliche Studiengebühr (aktuell 649 €) zu entrichten. Diese wurde in meinem Fall von meinem Praxisbetrieb übernommen. Absprachen bezüglich zusätzlicher Vergütungen können individuell mit dem jeweiligen Unternehmen abgestimmt werden. Dabei ist die Höhe stark vom Arbeitgeber abhängig. Innerhalb meiner Studiengruppe blieben zwischen 0€ bis rund 300€ nach Abzug der Studiengebühren übrig.

Welche Empfehlungen oder Ratschläge kannst du angehenden Studierenden geben, die sich unsicher sind, ob sie ein duales oder nicht-duales Studium wählen sollen?
Durch die Kombination von Studium und Herausforderungen in der Praxis konnte ich stark persönlich wachsen. Ich denke, dass der Einstieg in eine spätere Vollzeittätigkeit durch ein duales Studium sanfter erlebt wird und das Arbeitsumfeld besser vorstellbar ist. Zudem ist durch die direkte Anwendung des theoretisch Erlernten die Motivation sich weiterzubilden konstanter und der Lerneffekt höher als in einem nicht-dualen Studium. Daher eignet es sich vor allem für Persönlichkeiten, die an der direkten Umsetzung der Theorie in die Praxis interessiert sind. Hinzu kommt, dass man beim Berufseinstieg im Vergleich zu Bewerber:innen mit regulärem Vollzeitstudium bereits Praxiserfahrung im jeweils relevanten Bereich nachweisen kann, was die Wettbewerbschancen erhöht. Ebenso gibt es die Möglichkeit, vom Praxisbetrieb nach Abschluss des Studiums übernommen zu werden. Zu bedenken sind allerdings die gesteigerte Arbeitsintensität und dadurch geringere Freizeit sowie die Anforderungen an das eigene Selbst- und Zeitmanagement. Jedoch denke ich, dass es am Ende eine persönliche Entscheidung ist, ob man sich für ein duales Studium entscheidet oder eine der anderen Möglichkeiten – Ausbildung und im Anschluss Studium, Vollzeitstudium und Praktika etc. – nach dem Abitur in Betracht zieht. Wichtig ist meiner Meinung nach, Freude an der Tätigkeit zu haben, und die Bereitschaft, sich weiterzuentwickeln.

Sarita Benz ist aktuell für CBRE in München im Bereich Hotels als Consultant tätig. Nach dem Abitur absolvierte sie ein duales Bachelorstudium in der Fachrichtung BWL mit dem Schwerpunkt Hotel- und Tourismusmanagement an der iba München. Im Rahmen ihres Studiums arbeitete sie in einem Betrieb der Choice Hotels. Im Anschluss daran studierte sie an der Hochschule München Hospitality Management im Master. Studiumsbegleitend war sie bei der PKF hospitality group als Consultant beschäftigt. Nach Abschluss des Studiums setzte sie diese Tätigkeit fort. Im Oktober 2023 wechselte sie zu CBRE.

Karriereforschung und Gestaltung der Karriere

4

Petra Eggenhofer-Rehart

Inhaltsverzeichnis

4.1	Begriffsdefinition „Karriere"	25
4.2	Karriereerfolg	27
4.3	Karriereplanung, -krisen und -resilienz	31
4.4	Zukünftige Entwicklungen	32
Literatur		34

Zusammenfassung

Die aktuelle Situation der Arbeitswelt Tourismus bietet zahlreiche Einstiegspunkte für eine spannende und abwechslungsreiche Karriere. Doch was ist unter Karriere zu verstehen? Mit diesem Begriff und vertieften Einblicken in die Karriereforschung sowie konkreten Tipps für die Gestaltung Ihrer eigenen Karriere beschäftigt sich dieser Beitrag.

4.1 Begriffsdefinition „Karriere"

Im Alltagsgebrauch begegnet man dem Begriff „Karriere" zumeist nur, wenn zum Ausdruck gebracht werden soll, dass jemand beruflich besonders erfolgreich ist. Wir sagen dann, die Person hätte „Karriere gemacht" oder sei „die Karriereleiter hochgeklettert" (Abele et al., 2011). Die Wissenschaft hingegen geht davon aus, dass jeder Mensch eine Karriere hat, und versteht darunter ganz allgemein den Berufsverlauf eines Menschen

---

P. Eggenhofer-Rehart (✉)
IMC Hochschule für Angewandte Wissenschaften Krems, Krems/Donau, Österreich
E-Mail: petra.eggenhofer-rehart@outlook.com

(Baruch, 2006). Im Laufe der Jahre wechselt man dabei zwischen verschiedenen Positionen und damit Aufgabenfeldern, Arbeitgebern, manchmal sogar Teilbranchen innerhalb des Tourismus. Man kommt mit verschiedenen Gruppen von Kundinnen und Kunden, Lieferantinnen und Lieferanten, Führungskräften sowie Kolleginnen und Kollegen in Kontakt, manchmal auch in verschiedenen Ländern. Gleichzeitig entwickelt man sich im Laufe seiner Karriere persönlich und fachlich weiter. Karrieren haben daher immer drei Aspekte: die Person und von ihr besetzte Positionen, den Raum (geografisch und sozial) und die Zeit (Gunz & Mayrhofer, 2018).

Dieser Verlauf zwischen verschiedenen beruflichen Stationen kann „vertikal" im Rahmen einer Führungslaufbahn sein oder „horizontal" in eine Fachlaufbahn führen, wenn sich jemand als Expertin bzw. Experte auf ein Fachgebiet spezialisiert, z.B. für einen Quellmarkt oder eine Produktgruppe innerhalb des Tourismus. Gleichzeitig kann man sich von der Peripherie eines Unternehmens stärker in Richtung Zentrum entwickeln, was bedeutet, dass man stärker in Abläufe und Entscheidungen eingebunden wird (z.B. Übernahme einer Saisonkraft in ein dauerhaftes Beschäftigungsverhältnis oder Wechsel von einer operativen Abteilung in eine Hotelzentrale). Aber auch ein Wechsel in einen weniger herausfordernden oder geringer bezahlten Job und Unterbrechungen der Berufstätigkeit sind Bestandteile einer Karriere (Arthur et al., 2005). Eine Karriere gleicht daher statt einer Leiter manchmal eher einer Achterbahn (vgl. Mayrhofer & Steyrer, 2023). Die verschiedenen Bewegungsmöglichkeiten lassen sich nach den wegweisenden Arbeiten von Edgar Schein in einem Kegelmodell veranschaulichen (Abb. 4.1).

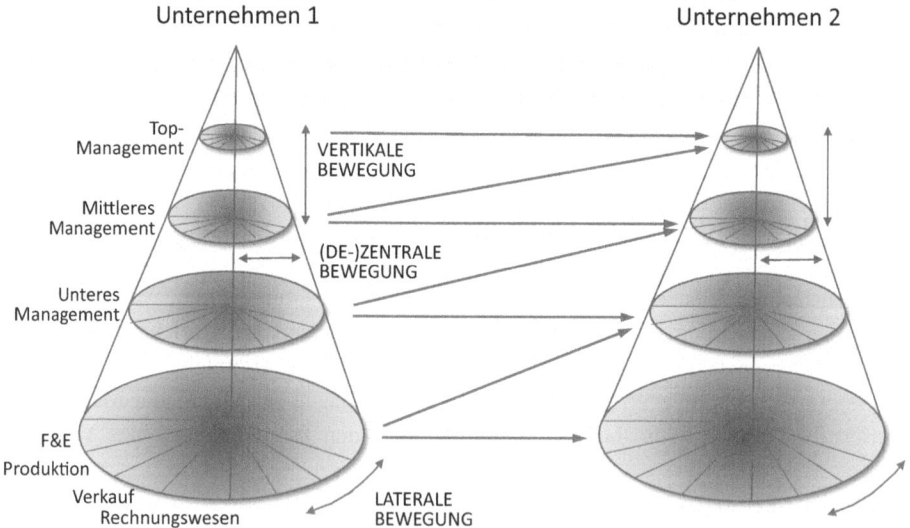

Abb. 4.1 Bewegungsrichtungen in einer Karriere. (Quelle: basierend auf Schein, 1971)

4.2 Karriereerfolg

Wie bereits aus dem Alltagsgebrauch des Karrierebegriffes ersichtlich ist, spielt die Bewertung des Erfolges eine zentrale Rolle. Die Wissenschaft unterscheidet hier zwei verschiedene Formen: den objektiven und den subjektiven Karriereerfolg (Arthur et al., 2005). Objektiver Karriereerfolg zeigt sich im Einkommen, in Beförderungen und in der Hierarchiestufe, auf der sich eine Person in einem Unternehmen befindet. Es ist jene Form von Karriereerfolg, die weitgehend mit dem Alltagsverständnis korrespondiert. Der subjektive Karriereerfolg bezieht sich hingegen darauf, wie eine Person ihre Karriere subjektiv wahrnimmt, und wird in der Regel mit Karrierezufriedenheit gleichgesetzt. Das Ausmaß dieser Zufriedenheit ist das Ergebnis eines Vergleichs zwischen den Wünschen, die man in Bezug auf die eigene Karriere hat, und der Situation, wie man sie aktuell tatsächlich wahrnimmt. Bei Karriereentscheidungen geht es daher darum, die richtige Passung („Fit") mit den eigenen Wünschen zu finden (Eggenhofer-Rehart, 2021). Hinsichtlich dieser Wünsche unterscheiden sich Menschen erheblich voneinander, wie der nächste Abschnitt zeigt.

Die Dimensionen des subjektiven Karriereerfolgs
Selbstverständlich können sich karrierebezogene Wünsche auf Einkommen und Beförderungen beziehen – subjektiver und objektiver Karriereerfolg hängen dann stark zusammen. Menschen können aber auch ganz andere Ziele in ihrer Karriere verfolgen, beispielsweise persönliche Weiterentwicklung oder eine gute Work-Life-Balance. Das internationale Karriereforschungsnetzwerk „5C" (https://5c.careers), in dem Vertreterinnen und Vertreter aus über 30 Ländern seit vielen Jahren zusammenarbeiten, hat sieben solcher Dimensionen des subjektiven Karriereerfolgs identifiziert, die weltweite Gültigkeit besitzen (vgl. Mayrhofer et al., 2016; Abb. 4.2).

Lernen und Entwicklung beziehen sich auf persönliches Wachstum, z.B. die Vertiefung der eigenen Fähigkeiten oder die Erweiterung des Kompetenzportfolios. Entrepreneurship beschreibt die beruflich selbständige Tätigkeit, z.B. als selbständige Beraterin oder Freelancer. Work-Life-Balance meint das Finden eines individuell passenden Gleichgewichts zwischen der Zeit und Energie, die man für die Karriere, für private Interessen und familiäre Verpflichtungen aufwendet. Mit dem positiven Beitrag ist gemeint, dass man durch seine Karriere anderen Menschen hilft und einen positiven gesellschaftlichen Beitrag leistet. Die Dimension der positiven Arbeitsbeziehungen spricht eine persönlich zufriedenstellende Zusammenarbeit mit Kollegen und Führungskräften an. Finanzielle Sicherheit beschreibt die Möglichkeit, mit dem Einkommen aus der Berufstätigkeit seinen Lebensunterhalt zu bestreiten. Die Dimension des finanziellen Erfolgs hingegen meint das Erreichen eines kontinuierlich steigenden relativen Einkommens und damit von Wohlstand.

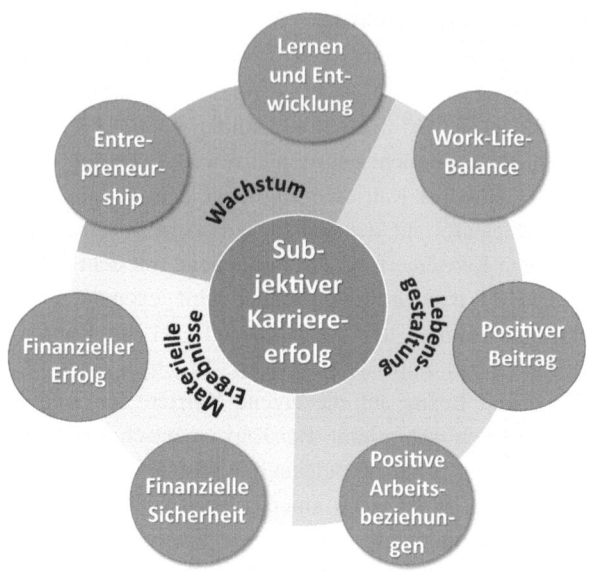

Abb. 4.2 Die sieben Dimensionen des subjektiven Karriereerfolgs. (Quelle: basierend auf Mayrhofer et al., 2016)

5C Quicktest zur Selbsteinschätzung

Menschen können sich sehr stark darin unterscheiden, wie wichtig sie jede dieser Erfolgsdimensionen finden. Die vergleichende persönliche Reflexion zweier Fragen, einerseits nach den persönlichen Prioritäten, andererseits nach der aktuellen beruflichen Situation, hilft uns zu beurteilen, inwiefern eine angestrebte oder aktuelle berufliche Situation zu Karrierezufriedenheit beitragen kann. Diese Erkenntnis kann eine wertvolle Grundlage für persönliche Karriereentscheidungen sein. Eine deutliche Diskrepanz zwischen den Antworten in Frage 1 und Frage 2 sollte man zum Anlass nehmen, den angestrebten oder aktuellen Beruf oder Job zu überdenken und Alternativen in Erwägung zu ziehen.

Frage 1: Wie wichtig ist für mich persönlich, …

a) mich durch meine Karriere weiterzuentwickeln?
b) beruflich selbständig zu werden?
c) Work-Life-Balance zu haben?
d) durch meine Karriere einen gesellschaftlichen Beitrag zu leisten?
e) zufriedenstellende Arbeitsbeziehungen zu haben?
f) finanziell abgesichert zu sein?
g) immer mehr Geld zu verdienen?

> **Frage 2: Wie sehr hilft mir meine angestrebte/aktuelle berufliche Situation, …**
>
> a) mich durch meine Karriere weiterzuentwickeln?
> b) beruflich selbständig zu werden?
> c) Work-Life-Balance zu haben?
> d) durch meine Karriere einen gesellschaftlichen Beitrag zu leisten?
> e) zufriedenstellende Arbeitsbeziehungen zu haben?
> f) finanziell abgesichert zu sein?
> g) immer mehr Geld zu verdienen?
>
> (Quelle: in Anlehnung an Briscoe et al., 2021)

Berufswahl und Karrierezufriedenheit

Für die Karrierezufriedenheit stellen wir bereits durch die Wahl eines Berufes entscheidende Weichen. Auch hier gibt es ein in der Wissenschaft etabliertes Modell, das verschiedene Berufsorientierungen beschreibt, die Menschen haben können. So kann für jede Person ein Berufsinteressenprofil erstellt werden. Zusätzlich können den existierenden Berufsbildern jeweils entsprechende Profile zugeordnet werden. Aus einem Vergleich von persönlichen und Berufsprofilen ergibt sich, wie sehr die Interessen einer Person zu verschiedenen Berufen passen. Das RIASEC-Modell unterscheidet sechs Typen (Holland, 1997). Je näher zusammen sie in dem Modell dargestellt werden, umso ähnlicher sind sie einander. Gegenüberliegende Typen sind maximal unterschiedlich (Abb. 4.3).

„Realistic" (praktisch-technisch) bezeichnet einen Berufsinteressenstyp, der vor allem Freude an körperlichen Tätigkeiten sowie dem Umgang mit Gegenständen und Materialien hat. Beispielhafte Berufsfelder im Tourismus, die gut zu diesem Typ passen, sind F&B und F&B-Management, insbesondere Koch bzw. Köchin (vgl. Kap. 16) oder wenn es um die praktische Verwirklichung von Messen und Events geht (vgl. Kap. 22 und 23). Der Begriff „Investigative" (intellektuell-forschend) meint das Analysieren von Sachverhalten und Daten und das Entwickeln von Problemlösungen. Gerade in größeren Betrieben im Tourismus, z.B. Hotelketten, großen Reiseveranstaltern oder der Bahn, finden wir zunehmend Berufe für Personen mit einem solchen Berufsinteresse, z.B. wenn es um die datengetriebene Optimierung von Preis und Auslastung geht. Andere Berufsfelder sind die Unternehmensberatung (vgl. Kap. 25 und 26) und Wissenschaft (Tourismusforschung). Unter „Artistic" wird künstlerisches Schaffen verstanden. Hier bieten Marketing und Produktmanagement, z.B. bei kleinen und mittleren Reiseveranstaltern (vgl. Kap. 5), interessante Berufsmöglichkeiten im Tourismus. „Social" beschreibt das Interesse an Menschen und den Wunsch, anderen zu helfen. Während im Tourismus nicht alle Berufe und Tätigkeiten gleich nah „am Gast" sind, vereint alle Mitarbeitenden im Tourismus doch ein grundsätzliches Interesse an der Arbeit mit und für Menschen. „Enterprising" (unternehmerisch) bezieht sich auf das Interesse, auf

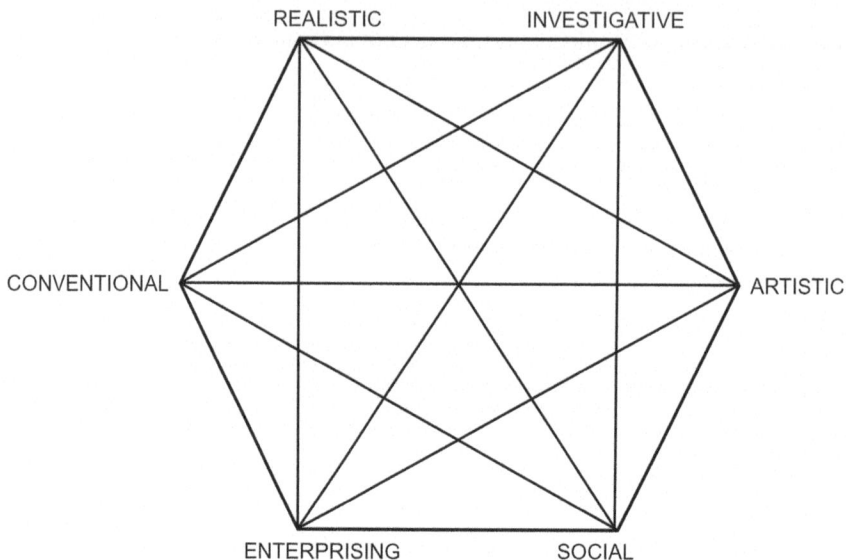

Abb. 4.3 Das RIASEC-Modell der Berufsinteressen. (Quelle: nach Holland, 1997, S. 6)

andere Personen Einfluss zu nehmen. Die Entwicklung zur Führungskraft oder in strategische Funktionen in allen Bereichen des Tourismus, selbständige Tätigkeiten oder auch Tourismuspolitik (vgl. Kap. 24) bieten sich hier besonders an. „Conventional" schließlich bezeichnet das Interesse an standardisierten und vor allem administrativen Tätigkeiten. Auch wenn davon ausgegangen wird, dass die Bedeutung letztgenannter Tätigkeiten abnimmt, vor allem aufgrund der Digitalisierung (World Economic Forum, 2023), und die Arbeit am und für Menschen im Tourismus häufig Überraschungen und Unvorhergesehenes mit sich bringt, lassen sich für diesen Berufsinteressenstyp Tätigkeitsfelder im Tourismus finden, insbesondere in operativen Bereichen, in der Buchhaltung oder in der Personalabteilung.

Das RIASEC-Modell und Weiterentwicklungen davon werden vor allem in der Berufsberatung gerne eingesetzt, um Klienten eine Hilfestellung für die passende Berufswahl geben zu können. Sie können aber auch erfahreneren Personen helfen, die sich beruflich umorientieren möchten. Im Internet kann man seine Berufsinteressen anhand verschiedener Kurztests, die auf dem RIASEC-Modell aufbauen, selbst testen, z.B. hier: https://eduolog.com/de/test/der-holland-code-riasec-karrieretest/

4.3 Karriereplanung, -krisen und -resilienz

Durch eine den eigenen Interessen entsprechende Berufswahl ist bereits ein Stück Karriereplanung erfolgt. Doch auch wenn es hilfreich ist, über eigene Karriereorientierungen Bescheid zu wissen, die im weiteren Verlauf helfen, bewusste und planvolle Entscheidungen zu treffen, lässt sich nicht vollständig planen, wie die Karriere nach dem Abschluss einer Ausbildung genau verlaufen wird. Ganz im Sinne der Chaos-Theorie, bei der bereits sehr kleine Ursachen sehr große, unerwartete Wirkungen haben können, zeigt z.B. die Chaos-Theorie der Karriere (Pryor & Bright, 2014), wie einflussreich zufällige Ereignisse und Begegnungen mit anderen Menschen sein können, wobei Netzwerken sehr hilfreich sein kann.

In den letzten Jahren gab es weltweit immer mehr Krisen – bedingt durch Klimawandel, Pandemie, kriegerische Auseinandersetzungen, Energieknappheit, Teuerung, Rezession. Diese Krisen beeinflussen auch stets die Arbeitswelt und die Erwartungen, die Angestellte und Jobsuchende an ihre künftigen Karrierechancen haben (Eggenhofer-Rehart & Mayrhofer, 2023). Als eindrückliches Beispiel aus der jüngeren Vergangenheit ist die Covid-19-Pandemie in Erinnerung, die zu weltweiten Lockdowns geführt und für viele Monate den Tourismus nahezu zum Erliegen gebracht hat, sodass viele in der Branche Beschäftigte durch Kurzarbeit Gehaltseinbußen erlitten oder sogar ihre Jobs verloren.

Doch nicht nur globale Krisen gehören zu den möglichen externen Ereignissen, die unvorhersehbar auftreten und nicht kontrollierbar sind und die berufliche Situation stark beeinflussen können. Solche sogenannten Karriereschocks (Akkermans et al., 2018) können auch von Ereignissen wie einem Arbeitsunfall oder einer längeren Erkrankung, einem heftigen Konflikt am Arbeitsplatz, einer wider Erwarten nicht erhaltenen Beförderung oder einem individuellen Jobverlust ausgehen. Ein Karriereschock hat tiefgreifende Auswirkungen auf die Karriere- und Lebensplanung und veranlasst die betroffene Person, darüber nachzudenken, welche Auswirkungen das Ereignis auf ihr weiteres Berufsleben hat und inwiefern es unter den neuen Umständen möglich ist, die ursprünglich gesetzten beruflichen Ziele zu erreichen (Kraimer et al., 2019).

Um gegen mögliche negative Folgen von Karriereschocks gewappnet zu sein, ist es wichtig, Resilienz zu entwickeln – das ist die Fähigkeit, sich nach Rückschlägen wieder zu erholen und neuen Mut zu fassen (Seibert et al., 2016). Resilienz ist Teil des sogenannten psychologischen Kapitals (Luthans et al., 2004), zusammen mit Hoffnung, Optimismus und Selbstwirksamkeit – das ist die Überzeugung, dass man die Fähigkeiten besitzt, bestimmte Aufgaben oder Herausforderungen gut zu meistern. Resilienz ist nicht ausschließlich angeboren, man kann sie auch entwickeln (Caza & Milton, 2012). Dabei sind die bewusste Reflexion der Situation und die Konzentration auf machbare Problemlösungen besonders wichtig. Beim Aufbau von Resilienz ist eine Person aber nicht allein, auch ihr berufliches und privates soziales Netzwerk spielen hier eine wichtige Rolle (Mishra & McDonald, 2017). Vorgesetzte, Mentoren, Kolleginnen und andere

Personen aus dem beruflichen Umfeld sowie Freunde und Familie können verschiedene Formen von Unterstützung geben (Kollmann, 2023): emotionale Unterstützung (Mitgefühl, Fürsorge), persönliches Feedback und Hilfe bei der Neubewertung der Situation, informationelle Unterstützung durch das Geben von Informationen und Ratschlägen, instrumentelle Unterstützung durch die Bereitstellung von Ressourcen wie Geld oder Zeit.

> **Tipps zur Entwicklung von Resilienz**
>
> 1. **Situation bewusst reflektieren und Ziele setzen:** Die Reflexion hilft, die Unsicherheit über die Situation zu reduzieren. Was ist passiert? Wie ist meine jetzige Situation und was will ich erreichen?
> 2. **Nach machbaren Lösungen suchen und auf deren Umsetzung konzentrieren:** Dies vermittelt ein Gefühl von Kontrolle. Wie komme ich am besten zum Ziel, welche konkreten Schritte kann ich setzen, was brauche ich dafür und wie kann ich es mir beschaffen?
> 3. **Hilfe aus dem beruflichen und privaten Kontext suchen und annehmen:** Dies verhilft zu Ressourcen, über die man selbst (noch) nicht oder nicht ausreichend verfügt, z. B. emotionale Unterstützung, informationelle Unterstützung, instrumentelle Unterstützung.
> 4. **Sich selbst für kleine Fortschritte auf dem Weg zum Ziel belohnen:** Dies stärkt das Selbstvertrauen und ermöglicht damit, im weiteren Verlauf kompetenter zu agieren und die eigene Resilienz ausbauen.

Die Forschung zeigt also: Mithilfe von Resilienz und unterstützenden Personen können überraschende Wendungen im Karriereverlauf zu Turbulenzen, aber auch zu hilfreichen Erfolgsfaktoren werden. Sogar handfeste Rückschläge können sich schließlich als Karrierebooster entpuppen (Kutscher & Mayrhofer, 2023). Aus ihrer Chaos-Theorie der Karriere leiten Pryor und Bright (2014) ab, dass man die heute nur allzu gegenwärtige Unsicherheit nicht als Bedrohung oder Problem, sondern als Chance begreifen soll. Krumboltz (2009) geht in seiner Happenstance Learning Theory noch einen Schritt weiter und stellt die provokative These auf, dass man gar nicht im Voraus planen sollte, was man später erreichen oder sein möchte. Vielmehr solle man laufend Entscheidungen treffen, die helfen, mehr Zufriedenheit im Leben zu erreichen.

4.4 Zukünftige Entwicklungen

Die Arbeitswelt wird aktuell durch viele Veränderungen geprägt. Als besonders einflussreich werden die Digitalisierung und der Klimawandel angesehen. Durch die immer rascheren Veränderungen in diesen und anderen Bereichen verändert sich auch die

Bedeutung von formalen Qualifikationen im Vergleich zu anderen Kompetenzen. Zum Abschluss dieses Kapitels werden diese beiden großen Entwicklungen im Hinblick auf ihre Bedeutung für Karrieren im Tourismus betrachtet.

Digitalisierung und Klimawandel
Sämtliche Bereiche unseres Privat- und Arbeitslebens sind mittlerweile mit digitalen Tools und Services durchzogen. So gibt es auch im Tourismus vielfältige Anwendungen. Beispielsweise wird das „Internet der Dinge" zunehmend in Restaurants, beim Check-in und Check-out und in Hotelzimmern genutzt (Elkhwesky & Elkhwesky, 2022). Virtual Reality (VR) und Augmented Reality (AR) können im Tourismus-Marketing erfolgreich eingesetzt werden (Wei, 2019), indem interessierten Personen Orte, Attraktionen, Hotelzimmer, Restaurants und Ähnliches mittels dreidimensionaler Simulation und digitaler Interaktionsmöglichkeit nähergebracht werden, um ihnen so die Entscheidung für Urlaubsdestinationen und Buchungen zu erleichtern oder die individualisierte Zusammenstellung von Gerichten zu ermöglichen, die sie danach im Restaurant konsumieren können. Darüber hinaus erwähnt Kap. 6 VR und AR im Rahmen von Reiseerlebnissen bzw. Kap. 27 im Rahmen des Gesundheitstourismus. Künstliche Intelligenz und Robotik können vor allem dort sinnvoll zum Einsatz kommen, wo es um monotone oder gar gefährliche Tätigkeiten geht. So können arbeitsbezogene Belastungen deutlich reduziert werden, und Angestellte können sich auf höherwertige und interessantere Tätigkeiten innerhalb ihres Jobprofils konzentrieren. So weitreichend die Möglichkeiten der Digitalisierung im Tourismus aber auch sind, kann sie dennoch den Menschen dort nicht ersetzen, wo Kreativität, soziale Kompetenzen und emotionale Intelligenz erforderlich sind (Ivanov et al., 2020).

Für alle, die im Tourismus tätig sind, bedeutet die Digitalisierung jedenfalls, dass sich ihre Aufgaben verändern und sie lernen müssen, die Technologien effektiv zu nutzen und sich laufend weiterzubilden, um bei Neuerungen stets auf dem neuesten Stand zu sein. Gleichzeitig wird gerade künstliche Intelligenz immer besser in der Personalentwicklung eingesetzt werden können, z.B. wenn es darum geht, fallbezogene Trainingssituationen zu kreieren und bedarfsgerecht zu individualisieren. So können Angestellte in AR-Umgebungen mit typischen Problemsituationen aus ihrem Arbeitsalltag – z.B. Kundenbeschwerden – konfrontiert werden und trainieren, rasch passende Entscheidungen zu treffen und umzusetzen (Ozdemir et al., 2023).

Mindestens genauso große Auswirkungen wie die Digitalisierung hat der Klimawandel. Der Tourismus ist sowohl mitverantwortlich für den Klimawandel als auch unmittelbar davon betroffen (Lotter & Dworak, 2021). Erstens gilt der Tourismus als ein großer Verursacher von Treibhausgasen, vor allem, aber nicht nur aufgrund des Verkehrsaufkommens. Auf kürzeren Strecken sollen Reisende zukünftig vermehrt die Bahn statt des Flugzeugs verwenden, was sich mittelfristig auf den Personalbedarf von Fluglinien und Flughäfen auswirken könnte. Zweitens gehen mit dem Klimawandel nicht nur höhere Temperaturen, sondern auch vermehrte Extremwetterereignisse und längere Perioden von Wassermangel einher. Sowohl der Wintertourismus, der immer mehr unter Schneemangel leidet, als auch der Sommertourismus bekommen das zu spüren (Dworak et al., 2020). Daher werden Tourismusbetriebe und -regionen in den kommenden Jahren viele größere und kleinere Anpassungen vornehmen müssen. Zwangsläufig werden sich auch diese Maßnahmen quantitativ und qualitativ auf den Arbeitsmarkt und damit auf die Karrieremöglichkeiten im Tourismus auswirken.

Karrierekompetenzen der Zukunft

Aus den obigen Ausführungen ist deutlich geworden, dass auf die Tourismusbranche große Veränderungen zukommen bzw. bereits begonnen haben. Durch die zunehmende Geschwindigkeit dieser Veränderungen wird es in Zukunft immer wichtiger, auf dem neuesten Stand zu bleiben. Neben der beruflichen Ausbildung kommt daher fortlaufenden Weiterbildungen eine große Bedeutung zu. Konkrete Weiterbildungen im Tourismus finden sich in Abschn. 2.3. Spezifisches Fachwissen und Fachkompetenzen, die in der Ausbildung erworben werden, werden zwar weiterhin gebraucht, aber lebenslanges (Weiter-)Lernen erfordert im besonderen Maße auch persönliche und methodische Kompetenzen (Furtmüller & Eggenhofer-Rehart, 2023). Dazu gehören vor allem Lernbereitschaft und Lernfähigkeit, um sich neues Wissen rasch aneignen zu können; Veränderungsbereitschaft, um in Zukunft mit Unsicherheit konstruktiv umgehen zu können; Problemlösungskompetenz, um neuartige Probleme verstehen und innovative Lösungen finden zu können; Umsetzungskompetenz, um Problemlösungen in die Tat umsetzen zu können.

Recruiting-Verantwortliche werden in Bewerbungsprozessen künftig besonders auch auf solche Kompetenzen achten. Im Umkehrschluss ist es für alle, die sich für eine Ausbildung oder Anstellung im Tourismus interessieren, besonders wichtig, kritisch die eigene Lern- und Veränderungsbereitschaft, Problemlösungs- und Umsetzungskompetenz zu hinterfragen und sich darum zu bemühen, diese Kompetenzen weiterzuentwickeln und unter Beweis zu stellen.

Literatur

Abele, A. E., Spurk, D., & Volmer, J. (2011). The construct of career success: Measurement issues and an empirical example. *Zeitschrift für Arbeitsmarktforschung, 43*(3), 195–206. https://doi.org/10.1007/s12651-010-0034-6.

Akkermans, J., Seibert, S. E., & Mol, S. T. (2018). Tales of the unexpected: Integrating career shocks in the contemporary careers literature. *SA Journal of Industrial Psychology, 44*(1), 1–10.

Arthur, M. B., Khapova, S. N., & Wilderom, C. P. M. (2005). Career success in a boundaryless career world. *Journal of Organizational Behavior, 26*(2), 177–202. https://doi.org/10.1002/job.290.

Baruch, Y. (2006). Career development in organizations and beyond: Balancing traditional and contemporary viewpoints. *Human Resource Management Review, 16*(2), 125–138. https://doi.org/10.1016/j.hrmr.2006.03.002.

Briscoe, J. P., Kaše, R., Dries, N., Dysvik, A., Unite, J., et al. (2021). Here, there, & everywhere: Development and validation of a cross-culturally representative measure of subjective career success. *Journal of Vocational Behavior, 130,* 103612.

Caza, B. B., & Milton, L. P. (2012). Resilience at work: Building capacity in the face of adversity. In K. Cameron & G. Spreitzer (Hrsg.), *The Oxford handbook of positive scholarship* (S. 895–908). Oxford University Press. https://doi.org/10.1093/oxfordhb/9780199734610.013.0068.

Dworak, T., Schmölzer, A., Günther, W., Hoffmann, P., Bausch, T., & Matauschek, C. (2020). Anpassung an den Klimawandel: Die Zukunft im Tourismus gestalten. Umweltbundesamt. https://www.umweltbundesamt.de/sites/default/files/medien/3521/publikationen/uba_brosch uere_barrierefrei_101_neu.pdf. Zugegriffen: 1. Mai 2024.

Eggenhofer-Rehart, P. (2021). *Karriereaspirationen, Karriereverlauf und Karriereerfolg. Eine kohortenvergleichende Panelstudie.* Nomos.

Eggenhofer-Rehart, P., & Mayrhofer, W. (2023). Was, wenn der Strom ausfällt? Krisen und Karriereschocks. In W. Mayrhofer, & J. Steyrer (Hrsg.). *Karriereachterbahn. Was unsere Berufswege wirklich beeinflusst* (S. 127–145). Linde international.

Elkhwesky, Z., & Elkhwesky, E. F. Y. (2022). A systematic and critical review of internet of things in contemporary hospitality: A roadmap and avenues for future research. *International Journal of Contemporary Hospitality Management, 35*(2), 533–562. https://doi.org/10.1108/IJCHM-01-2022-0090.

Furtmüller, G., & Eggenhofer-Rehart, P. (2023). Mit kompetenzorientiertem Recruiting die Richtigen finden. *personal manager, 1,* 21–23.

Gunz, H. P., & Mayrhofer, W. (2018). *Rethinking career studies. Facilitating conversation across boundaries with the Social Chronology Framework.* Cambridge University Press.

Holland, J. L. (1997). *Making vocational choices: A theory of vocational personalities and work environments* (3. Aufl.). Psychological Assessment Resources.

Ivanov, S., Seyitoğlu, F., & Markova, M. (2020). Hotel managers' perceptions towards the use of robots: A mixed-methods approach. *Information Technology & Tourism, 22,* 505–535. https://doi.org/10.1007/s40558-020-00187-x.

Kollmann, I. (2023). *Resilienz in Karrieren: Positive Transformation von Karriereschocks durch Unterstützung des sozialen Netzwerks.* Master Thesis, Wirtschaftsuniversität Wien.

Kraimer, M. L., Greco, L., Seibert, S., & Sargent, L. D. (2019). An investigation of academic career success: The new tempo of academic life. *Academy of Management Learning & Education, 18*(2), 128–152. https://doi.org/10.5465/amle.2017.0391.

Krumboltz, J. D. (2009). The happenstance learning theory. *Journal of Career Assessment, 17*(2), 135–154.

Kutscher, G., & Mayrhofer, W. (2023). Research: Setbacks can actually boost your career. *Harvard Business Review, 1.* Dezember 2023. https://hbr.org/2023/12/research-setbacks-can-act ually-boost-your-career. Zugegriffen: 1. Mai 2024.

Lotter, F., & Dworak, T. (2021). Tourismus und Klimawandel – Übersicht über Daten, Studien und Werkzeuge. Umweltbundesamt. https://www.umweltbundesamt.de/publikationen/bro schuere-tourismus-und-klimawandel-daten-studien-und-werkzeuge. Zugegriffen: 1. Mai 2024.

Luthans, F., Luthans, K. W., & Luthans, B. C. (2004). Positive psychological capital: Beyond human and social capital. *Business Horizons, 47*(1), 45–50. https://doi.org/10.1016/j.bushor.2003.11.007.

Mayrhofer, W., & Steyrer, J. (Hrsg.). (2023). *Karriereachterbahn. Was unsere Berufswege wirklich beeinflusst.* Linde international.

Mayrhofer, W., Briscoe, J. P., Hall, D. T., Dickmann, M., Dries, N., Dysvik, A., Kaše, R., Parry, E., & Unite, J. (2016). Career success across the globe: Insights from the 5C project. *Organizational Dynamics, 45*(3), 197–205. https://doi.org/10.1016/j.orgdyn.2016.07.005.

Mishra, P., & McDonald, K. (2017). Career resilience: An integrated review of the empirical literature. *Human Resource Development Review, 16*(3), 207–234. https://doi.org/10.1177/1534484317719622

Ozdemir, O., Dogru, T., Kizildag, M., & Erkmen, E. (2023). A critical reflection on digitalization for the hospitality and tourism industry: Value implications for stakeholders. *International Journal of Contemporary Hospitality Management, 35*(9), 3305–3321. https://doi.org/10.1108/IJCHM-04-2022-0535.

Pryor, R. G., & Bright, J. E. (2014). The chaos theory of careers (CTC): Ten years on and only just begun. *Australian Journal of Career Development, 23*(1), 4–12. https://doi.org/10.1177/1038416213518506.

Schein, E. H. (1971). The individual, the organization, and the career: A conceptual scheme. *The Journal of Applied Behavioral Science, 7*(4), 401–426.

Seibert, S. E., Kraimer, M. L., & Heslin, P. A. (2016). Developing career resilience and adaptability. *Organizational Dynamics, 45*(3), 245–257. https://doi.org/10.1016/j.orgdyn.2016.07.009.

Wei, W. (2019). Research progress on virtual reality (VR) and augmented reality (AR) in tourism and hospitality: A critical review of publications from 2000 to 2018. *Journal of Hospitality and Tourism Technology, 10*(4), 539–570. https://doi.org/10.1108/JHTT-04-2018-0030.

World Economic Forum. (2023). The future of jobs report 2023. https://www.weforum.org/reports/the-future-of-jobs-report-2023/. Zugegriffen: 1. Mai 2024.

Dr. Petra Eggenhofer-Rehart forscht und lehrt an der IMC Hochschule für Angewandte Wissenschaften Krems. Sie hat an der Universität Wien ein Diplomstudium in Psychologie mit dem Schwerpunkt Arbeits- und Organisationspsychologie absolviert und an der Wirtschaftsuniversität Wien, wo sie 2013–2024 als Universitätsassistentin in Forschung und Lehre tätig war, über Karriereaspirationen und Karriereverläufe verschiedener Kohorten von Absolventinnen und Absolventen promoviert. Ihre Forschungsschwerpunkte liegen in den Bereichen Karrieren (Karriereaspirationen und arbeitsbezogene Werthaltungen, Karriereverläufe, Karrierefit, Karrieren von ausgewählten soziodemographischen Gruppen wie Frauen und Geflüchteten, Alters-/Kohorten-/Zeiteffekte), Beschäftigungsfähigkeit (Employability) und Human Resource Management, v. a. Recruiting. In der Lehre liegt ihr Schwerpunkt auf Organizational Behavior (Persönlichkeit, Lernen, Motivation, Teamprozesse, Führung, etc.), Human Resource Management, Projektmanagement und Organisationsentwicklung/Change-Management. Am Arbeitsbereich Human Resource Management und Employment Relations der Leopold-Franzens-Universität Innsbruck hat sie in von der AK Wien finanzierten Projekten den Job Ad Decoder JADE (https://www.jade.or.at/) mit- und weiterentwickelt und unterstützt dessen wissenschaftliche Evaluierung und Implementierung in Unternehmen.

Teil II
Inspiration, Planung und Buchung

In diesem Teil des Buches liegt der Fokus auf den Prozessen von Inspiration, Planung und Buchung einer Reise. Die touristische Wertschöpfungskette beginnt mit der Stufe der Inspiration, in der potenzielle Reisende erste Ideen und Sehnsüchte für ihre zukünftigen Reiseziele und die touristischen Anbieter entwickeln sollen und verschiedene (auch virtuelle) Informationsquellen heranziehen. Touristische Anbieter wenden Strategien und Werkzeuge an, um das Interesse aufseiten der Kund:innen zu wecken und sie auf bestimmte Produkte und Angebote aufmerksam zu machen. Content-Erstellung, wie Blog-Beiträge oder Social-Media-Inhalte, sowie datengetriebenes Marketing, das auf Informationen zu Verhalten und Präferenzen der Kund:innen basiert, spielen dabei heutzutage eine wesentliche Rolle bei der Gewinnung von Kund:innen. Im Weiteren befassen wir uns mit der Planungsphase, in der Kund:innen ihre Reise konkretisieren. Klassischerweise werden Pakete für Reisende von Reiseveranstaltern geschnürt. Technologische Fortschritte und Online-Plattformen haben es zudem ermöglicht, dass Kund:innen maßgeschneiderte Reisen einfach und individuell zusammenstellen können. Gelingt es den touristischen Anbietern, von der eigenen Leistung zu überzeugen, kommt es in einem nächsten Schritt zur Buchung und zum Vertragsabschluss, die von den touristischen Unternehmen abgewickelt werden müssen. Lassen Sie uns die Reise beginnen!

In der Stufe der Inspiration, Planung und Buchung der touristischen Wertschöpfungskette gibt es vielfältige Tätigkeitsfelder, in die Sie in den folgenden Beiträgen eintauchen können. Wir beginnen mit Tätigkeiten bei **Reiseveranstaltern** unterschiedlicher Größenordnungen. Kleine, mittlere und große Unternehmen im Tourismussektor haben unterschiedliche Betriebsabläufe und bringen folglich verschiedene Berufsprofile mit sich. Andreas Damson (Kap. 5) und Christiane Klarmann (Kap. 6) beleuchten in jeweils eigenen Kapiteln, wie diese Unternehmen Reiseprodukte entwickeln, Kund:innen gewinnen und beraten sowie Buchungen abwickeln.

Daniela Patzelt zeigt in Kap. 7 den Einfluss von **Online Travel Agencies (OTAs)** auf den modernen Buchungsprozess und welche Aufgaben, Anforderungen und Co. für Mitarbeiter:innen damit einhergehen. Diese digitalen Plattformen haben die Art und Weise, wie Reisen gebucht werden, in den letzten Jahren grundlegend verändert. Somit sind hier spannende Tätigkeitsfelder entstanden, allen voran im Key-Account-Management, als klassische Einstiegsrolle für Absolvent:innen touristischer Studiengänge.

Schließlich wenden wir uns dem Bereich **Marketing und Public Relations (PR) in Agenturen** zu, zu dem Lena Kleininger einen Beitrag verfasst hat (Kap. 8). Die Planung und Ausführung von Marketingkampagnen, die darauf abzielen, potenzielle Reisende auf verschiedene Weise zu erreichen und zu überzeugen, sind zentrale Aspekte in diesem Tätigkeitsfeld. Während Marketing und PR in fast allen Unternehmen im Tourismus etabliert sind, werden hier die speziellen Tätigkeiten von Marketing- und PR-Agenturen im Tourismus beschrieben, die ihre Dienstleistungen an Destinationen und andere touristische Leistungsträger wie Hotels anbieten. Agenturen bieten ein interessantes und abwechslungsreiches Umfeld, in dem man verschiedene Kund:innen sowie deren Produkte und Dienstleistungen kennenlernt und deren Projekte betreut.

Arbeiten bei kleinen und mittelgroßen Reiseveranstaltern

5

Andreas Damson

Inhaltsverzeichnis

5.1	Einleitung	40
5.2	Aufgaben	41
5.3	Positionen und Job-Bezeichnungen	42
5.4	Die wichtigsten Abteilungen (Bereiche, Areas)	42
5.5	Anforderungen	49
5.6	Arbeitszeit	50
5.7	Weiterbildung und Karriere	51
5.8	Einkommen und Benefits	52
5.9	Selbständigkeit	53
5.10	Zukünftige Entwicklungen	54
5.11	Fazit	55

Zusammenfassung

Arbeiten bei kleinen bis mittelgroßen Reiseveranstaltern ist in der Tourismusbranche besonders attraktiv, da hier weniger Arbeitsteilung herrscht, was Mitarbeitenden einen größeren Überblick und tiefergehende Einbindung in touristische Prozesse ermöglicht. Speziell im Bereich der Spezialreisen, wie Erlebnis-, Studien-, Wander- und Aktivreisen, kommt man dem Kern des Reisens näher als bei großen Konzernen, in denen oft nur Detailbereiche betreut werden. Das Aufgabenspektrum bei kleinen und mittelgroßen Reiseveranstaltern ist so vielfältig wie die große Bandbreite derer Angebote und Spezialisierungen. Dabei spielt zunächst noch keine Rolle, ob es sich bei dem Reiseprodukt um Gruppenreisen oder um maßgeschneiderte (oder Baustein-generierte)

A. Damson (✉)
Travel To Life, Stuttgart, Deutschland
E-Mail: damson@traveltolife.de

© Der/die Autor(en), exklusiv lizenziert an Springer Fachmedien Wiesbaden GmbH, ein Teil von Springer Nature 2024
S. Bösl und S. Werther (Hrsg.), *Berufsfelder und Perspektiven im Tourismus*,
https://doi.org/10.1007/978-3-658-44933-9_5

Individualreisen handelt. Dennoch lautet die Faustformel, dass es bei kleineren Firmen eher „generalistische" Aufgaben sind als in großen Unternehmen und Konzernen.

5.1 Einleitung

Der Reiz, bei kleinen und mittelgroßen Reiseveranstaltern zu arbeiten, ist deshalb für viele Touristiker:innen so groß, weil die Arbeitsteiligkeit bei diesen weitaus geringer ist als bei großen Unternehmen bzw. Konzernen in der Touristik. Als Mitarbeiter:in eines kleineren oder mittelgroßen Reiseveranstalters hat man meist einen viel größeren Überblick und eine wesentlich konkretere Eingebundenheit in die Gesamtheit dessen, was die Touristik ausmacht. Und auch, was die Motivation betrifft, die viele Touristiker:innen in diese Branche überhaupt gelockt hat: Im Segment der sog. „Spezialreisen" – und unter diesem übergeordneten und mittlerweile etablierten Begriff sammelt sich die Mehrheit der Firmen in dieser Größenordnung mit den Spezialgebieten „Erlebnisreisen", „Studienreisen", „Wanderreisen", „Aktivreisen" – ist man oftmals viel „dichter dran" am Wesen des Reisens als in Großkonzernen. In Letzteren ist vielfach die Zuständigkeit stärker auf einen Detailausschnitt ausgerichtet.

Die Organigramme kleinerer Unternehmen sind naturgemäß wesentlich übersichtlicher gestaltet, die Hierarchien oft flacher, die Arbeitsbereiche der Einzelnen breiter gefächert. Die Aufstiegschancen sind mitunter etwas begrenzter, jedoch sind die generalistischen Kompetenzen solcher Touristiker:innen schneller entwickelt und diese sind grundsätzlich nach einiger Berufserfahrung in der Branche recht begehrt, besonders in Führungspositionen. Für viele ein Grund, sich bei der Wahl des künftigen Arbeitgebers eher auf das touristische Teilsegment der Spezialreisen zu konzentrieren.

Merkmale und Abgrenzung von kleinen und mittelgroßen Reiseveranstaltern
In diesem Kapitel geht es um kleine und mittelgroße bzw. mittelständische Veranstalter von sowohl Gruppenreisen als auch Individualreisen als interessante Arbeitgeber für Touristiker:innen. Im Gegensatz dazu stehen große Reiseveranstalter, wie in Kap. 6 dargestellt. Die Definition dieser Größen-Begriffe kann nur vage erfolgen, da es keine festgelegten Kriterien bei Reiseveranstaltern gibt, um die eine von der anderen Kategorie zu unterscheiden. Die Größenbestimmung von Reiseveranstaltern wird im Wesentlichen durch drei Hauptkomponenten bestimmt: die jährliche Pax-Zahl (Anzahl der gebuchten Gäste insgesamt), das jährliche Gesamt-Umsatzvolumen sowie die Anzahl der Mitarbeiter:innen. Jedoch besteht zwischen diesen drei Komponenten kein zwingender Zusammenhang, denn je nach Reiseart und Abwicklungseffizienz können wenige Pax trotzdem viel Arbeitsaufwand bedeuten. Ebenso ist der Umsatz u. a. vom Reisepreisgefüge abhängig. Dies bedeutet bei hochpreisigen Reisen jedoch nicht zwingend, dass hier viel Personal beteiligt sein muss, möglich ist dies jedoch durchaus. Und schließlich lässt eine insgesamt hohe Pax-Zahl noch keine Rückschlüsse über den Arbeitsaufwand zu, denn wenn man dabei den durchschnittlichen

Reisepreis nicht in die Überlegungen miteinbezieht, könnte man z.B. von einem relativ niedrigen Durchschnittsreisepreis auf eine eher hohe Abwicklungseffizienz und damit auf einen anteilig niedrigeren Personalschlüssel schließen. Alles in allem bleibt die Beurteilung der Betriebsgröße eines Reiseveranstalters unsicher, wenn man nicht alle Kriterien gleichermaßen betrachtet. Das jährlich von der FVW (Fremdenverkehrswirtschaft, die führende Fachzeitschrift für die Reisebranche) im sog. „Dossier" veröffentlichte Ranking der 50 bis 100 „größten" Reiseveranstalter in Deutschland wird daher auch je nach angesetztem Kriterium mehrmals dargestellt und ergibt je nach Kriterium auch mitunter recht unterschiedliche Rankings.

Auf den folgenden Seiten widmen wir uns der Kategorie der kleinsten, kleinen und mittelgroßen Reiseveranstalter mit 1 bis 300 Mitarbeiter:innen. In diese Kategorie fallen etwa 90% aller ca. 2.500 existierenden deutschen Reiseveranstalter, die jedoch insgesamt nur einen Marktanteil von ca. 8% der gesamten Pauschalreisebuchungen im Vor-Corona-Jahr 2019 ausmachen, dies gemessen an der Pax-Zahl pro Jahr. „Kleinste" Unternehmen stellen diejenigen dar, bei denen die Geschäftsführung entweder alleine agiert oder die maximal vier Mitarbeitende aufweisen (hier tummelt sich eine Vielzahl von Einzelunternehmen, Existenzgründern und sehr speziellen Themen-Veranstaltern). Kleine Unternehmen könnte man bei einer Mitarbeiteranzahl zwischen fünf und 20 Mitarbeiter:innen ansiedeln (z.B. Auf und Davon Reisen, Viaverde, Travel To Life, Trails, Picotours etc.). Als mittelgroße Unternehmen könnte man den „Mittelstand" in der Touristik bezeichnen, der zwischen 20 und 300 Mitarbeiter:innen beschäftigt (Reisen mit Sinnen, Schulz Aktiv Reisen, Studiosus, Wikinger, Gebeco, Diamir, World Insight etc.).

5.2 Aufgaben

Vom Büro aus in die Welt – das Aufgabenspektrum kleiner und mittelgroßer Reiseveranstalter ist so breit wie deren Angebote und Spezialisierungen. Dabei spielt es zunächst noch keine Rolle, ob es sich bei dem Reiseprodukt um Gruppenreisen oder um maßgeschneiderte (oder Baustein-generierte) Individualreisen handelt. Dennoch lautet die Faustformel, dass bei kleineren Firmen eher „generalistische" Aufgaben anfallen als in großen Unternehmen und Konzernen. Und je größer die Firma ist, desto mehr auf verschiedene Aufgabenfelder spezialisierte Abteilungen weist sie auf, z.B. Produktabteilungen (meist in Ländergruppen gegliedert), Flugabteilung, Einkauf, Marketing und Vertrieb, Agenturbetreuung, Kundenberatung und Verkauf, Personal, Buchhaltung, Qualitätsmanagement etc. Je kleiner die Firma und je geringer die Aufteilung in Abteilungen, desto eher sind die Mitarbeitenden „Allrounder": Sie kümmern sich in Personalunion oft um Aufgaben, die in großen Firmen in den verschiedenen Abteilungen von verschiedenen Fachleuten bearbeitet werden. Größere Firmen haben meist auch systematisiertere Einarbeitungsmodalitäten (z.B. Trainee-Programme, Praktikumsstellen), festgelegtere Karriere-Schrittfolgen und -pläne sowie klar definierte Stellen, die es zu besetzen gilt. Sie sind meist differenzierter organisiert, die Abgrenzungen zwischen den Abteilungen sind klar, somit sind die Mitarbeiter:innen exakter auf ihre Aufgaben fokussiert und arbeiten innerhalb ihrer Abteilung idealerweise Hand in Hand mit den Kolleg:innen, aber auch exakt abgestimmt im Dialog mit den anderen Abteilungen.

5.3   Positionen und Job-Bezeichnungen

In der Bezeichnung von Positionen und Jobs gibt es in der Touristik keine exakt festgelegten oder verbindliche Regeln. Jedes Unternehmen benennt seine Arbeitsbereiche nach seiner eigenen Terminologie, dennoch ergeben sich daraus grobe Kategorien, innerhalb derer sich die Job-Titel bewegen, und die dann auch vergleichbar sind.

Beispiele: „Abteilungen" werden gerne auch als „Bereiche" oder „Areas" bezeichnet. Demzufolge sind die Leiter:innen dieser Abteilungen nicht als „Abteilungsleiter:in" betitelt, sondern als „Bereichsleiter:in", oder „Area-Manager:in", um nur ein Beispiel zu nennen.

Als „Produktabteilungen" werden in erster Linie diejenigen Arbeitsbereiche bezeichnet, die sich mit der Organisation von Reisen beschäftigen, d.h. Konzeption, Gestaltung und Organisation der Reisen, und zwar oft in Ländergruppen unterteilt (Beispiel Abteilung „Afrika", „Italien" oder „Mittemeergebiete" etc.). Hierum kümmern sich die „Produktmanager:innen" („PMs", bzw. Bereichsleiter:innen und „Area-Manager:innen"), ggf. assistiert von sogenannten „Produktmanager-Asistent:innen", „Assistant Product Manager:innen" o. Ä., die also in der Hierarchie-Ebene darunter angesiedelt sind. Manche Veranstalter bezeichnen die höheren Positionen auch als „Senior Product Manager" im Gegensatz zu der darunterliegenden Ebene der „Junior Product Manager".

5.4   Die wichtigsten Abteilungen (Bereiche, Areas)

Ab einer gewissen Betriebsgröße sind die Arbeitsbereiche in „Abteilungen" bzw. „Bereiche" oder „Areas" aufgeteilt (die Begriffe sind dabei frei gewählt, entsprechen aber quasi der gleichen Bedeutung). Dies kann schon ab einer geringen Mitarbeiter:innen-Anzahl der Fall sein, in der Regel beginnt zumindest eine gewisse Aufteilung der Arbeitsbereiche schon ab zwei oder drei Personen.

Im Folgenden werden die wichtigsten bzw. gängigsten Abteilungen und ihre jeweiligen Aufgabenbereiche vorgestellt. Dabei ist zu beachten, dass die Betriebsgliederung bei Reiseveranstaltern z.T. von der jeweiligen Produktpalette (Reiseart, Zielgebiete, Gruppen- oder Individualreisen, Marketingstrategie, Vertriebsformen etc.) abhängt, und auch viele – besonders kleinere – Unternehmen häufiger von ehemaligen Quereinsteiger:innen geführt werden als von studierten Betriebswirt:innen mit umfangreicher Erfahrung aus großen Unternehmen. Kleinere Unternehmen verzeichnen meist ein organisches Wachstum, das weniger gezielt und strategisch geplant vonstattenging, sondern eher ein Resultat aus erfolgreichem Tun und zufälligen Entwicklungen darstellt. Von daher ist es auch nicht verwunderlich, dass sich die Veranstalterstrukturen voneinander unterscheiden können und viele Unternehmen ihre eigenen betriebsorganisatorischen Besonderheiten aufweisen. Und auch hier gilt: Je größer das Unternehmen, desto vergleichbarer die Strukturen.

Produktabteilungen: Wo die Reisen gestaltet werden
Das Herz eines Reiseveranstalters sind die Produktabteilungen. Sie sind – je nach Veranstaltergröße und Reiseangebot – meist in regionale Unterabteilungen, oder in Gruppenreisen und Individualreisen unterteilt. Hier entstehen die Reiseprogramme und von hier aus wird die Reise als solche zusammengestellt (konzipiert und organisiert). Die touristischen Einzelleistungen werden „eingekauft", direkt bei den Leistungsträgern selbst oder als Paket bei sogenannten Incoming-Agenturen oder auch DMCs (Destination Management Companies, also lokale Reiseveranstalter, die die Organisation vor Ort als Dienstleistung gegenüber den deutschen Reiseveranstaltern erbringen). Dies beinhaltet die Buchung von Hotels, Busunternehmen, lokalen Guides und Führer:innen, Restaurants, Eintritten, Fährüberfahrten, Ausflugspaketen oder Mietwagen, eben all jene Komponenten, aus denen ein Reisepaket besteht, ob für Gruppen oder Individualreisegäste.

„Einkauf" bedeutet hier für den/die Produktmanager:in, möglichst zu guten Preisen und guten Konditionen Gruppen-Kontingente zu buchen, wobei „gute Konditionen" möglichst späte und kostenfreie Rückgabe- bzw. Absagemöglichkeiten bedeuten, z.B. für den Fall des Nichterreichens der Mindestteilnehmerzahl bei Gruppen oder Stornierungen seitens der Reisekund:innen. Dies bedeutet für die Produktmanager:innen ein hohes Maß an Verhandlungsgeschick, das Schaffen und die Pflege guter Beziehungen zu allen Leistungsträgern und die ständige Kommunikation mit diesen. Sind die Komponenten der Reisepakete reserviert und die Preise und Reisetermine angefragt und bestätigt, erfolgen die Kalkulation der Reisen, der Wettbewerbsvergleich, die Festlegung der Verkaufspreise, der Abschluss der Verträge mit den Leistungsträgern sowie die textliche und bildliche Gestaltung der Reise für die Ausschreibung (Reisekatalog, Internetseite etc.).

Geht das fertige Produkt dann in Druck (also Katalogdruck oder Veröffentlichung der neuen Reisen auf der Internetseite), haben die Produktmanager:innen ihre Hauptaufgabe im Jahr zwar erfüllt, dennoch sind die weiteren Aufgaben nicht weniger aufwendig, z.B. werden rund ums Jahr Kund:innen-Feedbacks ausgewertet, Reiseleiter:innen-Rückmeldungen zur Qualitätsverbesserung eingearbeitet, Erkundungsreisen zur Inspiration und zum Kontaktieren und Einkauf neuer Leistungsträger genutzt. Kundenberatung gehört ebenfalls zum Alltag, auch wenn es dafür beim Unternehmen vielleicht eine eigene Abteilung gibt, denn tiefergehende Detailfragen seitens der buchungswilligen Kund:innen können die PMs natürlich tendenziell am besten selbst beantworten und somit die Kund:innen auf höchstem Niveau beraten. Auch stehen die Produktmanager:innen in intensivem Kontakt mit den

Reiseleiter:innen, informieren und briefen diese zu allgemeinen Aufgaben, aber auch z.B. zu Änderungen im Reiseverlauf etc. Die Erstellung der Reiseleiter:innen-Kassen gehört ebenfalls dazu. Nachdem die Reisen stattgefunden haben, sind die Produktmanager:innen auch für die Prüfung sämtlicher Rechnungen und deren Begleichung zuständig. Sofern keine eigene Abteilung „Qualitätsmanagement" vorhanden ist, die sich eng verzahnt mit den Produktabteilungen mit Beschwerden und Reklamationen von Kundenseite beschäftigt, sind diese von den Produktmanager:innen zu bearbeiten bzw. zu regulieren. Dazu müssen Rückfragen an die Leistungsträger:innen und ggf. Reiseleiter:innen zur Eruierung der Sachlage erfolgen. In gravierenderen Fällen ist oft die Geschäftsführung an den Entscheidungen über etwaige Regresszahlungen an die Kund:innen beteiligt. Die selten in kleinen und mittelgroßen Unternehmen vorhandenen Rechtsabteilungen wären zuständig im Klagefall. Verfügt die Firma idealerweise über einen entsprechenden Rechtsschutz, so wird der weitere Fortgang in Absprache mit deren Rechtsabteilung abgewickelt.

Die den/die Produktmanager:innen unterstützenden Produktmanager-Assistent:innen sind während des Jahres hauptsächlich mit der Abwicklung der Reisen beschäftigt: Buchungen verwalten, Teilnehmerlisten erstellen und an die Leistungsträger (Hotels etc.) melden, Gäste- und Reiseinformationen erstellen und versenden, Reiseleiter-Unterlagen zusammenstellen, Kundenberatung und -betreuung, Dialoge mit den Leistungsträgern hinsichtlich organisatorischer Fragen, z.B. Anfragen zu Sonderwünschen von Kund:innen, Extras oder Besonderheiten etc. Hier und da können auch Erkundungsreisen hinzukommen, denn die eigene Anschauung und Erfahrung vor Ort dient natürlich einer weitaus höheren Beratungskompetenz.

Der Verantwortungs- und Gestaltungsbereich von Produktmanager:innen ist natürlich wesentlich höher als der ihrer Assistent:innen, jedoch ist vielfach der Einstieg bei solcherart strukturierten Veranstaltern so gestaltet, dass die Karriereschritte vom/von der Produktmanager-Assistent:in zum/zur Produktmanager:in absehbar sind und dass man quasi als Assistent:in beginnt und bei Eignung, Qualifikation und persönlichem Engagement irgendwann zum/zur Produktmanager:in aufsteigen kann.

Individualreisen – die Abteilung für akribische Planungsfans
Quer durch alle Abteilungen im Veranstalterbereich der Individualreisen sind auch die Aufgaben entsprechend angesiedelt. Im Gegensatz zu Gruppenreisen ist die Durchführung von Individualreisen unabhängig von einer Mindestteilnehmerzahl möglich, d.h., in der Regel bedeuten getätigte Buchungen bereits verbindlichen Umsatz. Die Arbeit beginnt mit der Anfrage der Kund:innen und geht über die Ausarbeitung, Kalkulation und Angebotserstellung bis hin zur Abwicklung der Reisen (Buchung der Einzelleistungen bei den Leistungsträgern), sobald die Reise gebucht wurde. Dies kann individuell zusammengestellte bzw. nach den Kundenwünschen „maßgeschneiderte" Reisen bedeuten oder die Zusammenstellung vorher ausgearbeiteter und flexibel miteinander zu kombinierender Reisebausteine. Während die Veranstaltung von Gruppenreisen bedeutet, „ein Produkt" für viele Kund:innen erstellt zu haben, das dann entsprechend skaliert werden kann (viele Gruppentermine für

viele Reisegäste mit ein und derselben Reise), stellt für Individualreiseveranstalter (bzw. für die Abteilungen bei den beides anbietenden Unternehmen) die Buchung eines ausgearbeiteten Angebots ein individuelleres Produkt dar. Die Beschäftigung mit der Reiseroute, den enthaltenden Leistungen, dem Programmablauf etc. erfordert eine höhere Arbeitsintensität pro Buchung, erlaubt in der Regel aber auch höhere Gewinnspannen. Hier kommt es zudem auch zu intensiveren Beratungen und vermehrtem Austausch mit den Kund:innen. Man hat hier eindeutig mehr mit den Themen Reiseplanung bzw. Reiseausarbeitung zu tun als bei Gruppenveranstaltern, da jede Reise oftmals ein Unikat darstellt. Wer sich also gerne mit Recherchen nach Leistungsträgern vor Ort, der Konzeption einer idealen Reise und der individuellen Organisation beschäftigt, ist hier am richtigen Platz.

Flugabteilung – die Abteilung für Menschen mit Nerven aus Stahl
In Flugabteilungen arbeiten meist Menschen, die eine überdurchschnittliche Stressresistenz aufweisen, da der Flugeinkauf zu den herausforderndsten, aber auch spannendsten und reizvollsten Aufgaben in der Touristik gehört, sofern man Gefallen daran findet, diese Herausforderungen zu meistern. Flüge zu buchen gehört zu den unkalkulierbarsten, reklamationsanfälligsten, mit vielen Unwägbarkeiten und Überraschungen ausgestatteten Aufgabengebieten eines Reiseveranstalters. Dies veranlasst viele Unternehmen, besonders die kleinsten und kleinen Unternehmen, Flüge nicht in ihre Reisepaketen und Angebote zu inkludieren, sondern sie ggf. nur zu „vermitteln", da dann die Airline für Mängel haftet und nicht der Veranstalter. Bei Veranstaltern mit eigener Flugabteilung werden bevorzugt Mitarbeiter:innen eingesetzt, die schon während ihrer Ausbildung entsprechende Schwerpunkte gesetzt haben, aber auch touristikinterne Quereinsteiger:innen machen hier Karriere. Flugeinkäufer:innen, Flugdisponent:innen oder Flugabteilungsmitarbeiter:innen, wie auch immer sie bezeichnet werden – auch hier hängen die Zuständigkeit und Positionierung innerhalb des Organigramms von der Abteilungsgröße ab: je mehr Mitarbeiter:innen, desto spezialisierter der Aufgabenbereich (z.B. regionale Aufteilung oder Gruppen- und Einzelflüge). Bei nur einer oder zwei Personen in der Abteilung wird alles von diesen Personen bearbeitet.

Zu den Aufgaben der Flugabteilungen zählen in erster Linie Einkauf und Buchung von Flügen für sowohl Kund:innen als auch Reiseleiter:innen oder Mitarbeiter:innen (für Dienst- und Erkundungsreisen). Dazu gehören die Reservierung von Gruppen-Flugkontingenten und Einzelflügen, die dazugehörigen Preisanfragen und ggf. auch Verhandlungen und Vertragsabschlüsse mit den Airlines bzw. Flug-Consolidators (Ticket-Großhändler im weitesten Sinn). Die Preisermittlung der Flugabteilungen fließt dann in die Produktabteilungen zur Gesamtkalkulation der Reisen bzw. zur Angebotserstellung. Während der Buchungsperiode sind entsprechend Zwischen- und Endmeldungen an die Airlines zu liefern, nötigenfalls müssen bei Reiseabsagen Kontingente storniert werden, komplett oder zum Teil (für nicht verkaufte Plätze bei Reisen, die nicht ausgebucht sind, aber stattfinden). Namensmeldungen der Reisegäste erfolgen je nach Vertragsbedingungen früher oder später vor dem jeweiligen Abreisetermin.

Unangenehme Vorkommnisse sind in der Flugabteilung quasi an der Tagesordnung: Flugzeitenänderungen, Flugstreichungen, spontane Flugausfälle und gravierende Verspätungen, das Nichterreichen der Anschlussflüge beim Umsteigen seitens der Kunden, verlorenes und verzögert transportiertes Kundengepäck. Hier Abhilfe zu schaffen, gehört zum täglichen Business der Flugabteilung. Die besondere Herausforderung im Flugeinkauf liegt darin, günstige Preise und gute Konditionen beim Flugeinkauf auszuhandeln, ideale Flugverbindungen zu finden und zu buchen. Hierbei sind die Flugeinkäufer:innen gefordert, aus ihrem Erfahrungsschatz der letzten Jahre die Situation realistisch einzuschätzen und Flugverbindungen, Flugtage bzw. Preise zu prognostizieren, um die weitere Planungstätigkeit der Produktmanager:innen gewährleisten zu können.

Oftmals sind Mitarbeiter:innen der Flugabteilungen solche, die im Laufe der Betriebszugehörigkeit durch Umstrukturierungen, personellen Bedarf oder auf eigenen Wunsch dort „landen", ohne vorher in dieser Sparte spezielle Kenntnisse gehabt zu haben. Eine intensive Einarbeitungsphase und ggf. eine Qualifizierung für die gängigen Flugbuchungssysteme (Lizenz-Erwerb durch entsprechende Schulungen) ist dann natürlich erforderlich.

Kundenberatung und Verkauf – wo Reden Gold ist
Für Gruppenreiseveranstalter gilt: Ist der Veranstalter personell so aufgestellt, dass er eine Abteilung „Kundenberatung", „Kundenservice" oder ein Callcenter hat, erfolgt sämtliche Buchungskommunikation über die hier angesiedelte Mitarbeiterschaft. Telefonische Beratungsgespräche, schriftliche Beratung und Kommunikation per E-Mail, Buchungsaufnahmen, Buchungsabwicklung, Rechnungserstellung bis hin zum Unterlagenversand (postalisch oder digital) werden meist von hier aus erledigt. Hierbei sind Produktkenntnisse äußerst wichtig, also sollte alles, was an Fragen seitens der Kunden aufkommt, möglichst hier beantwortet werden können. Sollte dies nicht der Fall sein, werden in der Regel solche telefonischen Beratungsgespräche oder E-Mails an die Produktabteilung weitergeleitet. In manchen Firmen werden auch einfachere reiseorganisatorische Tätigkeiten von Mitarbeiter:innen der Abteilung Kundenberatung, Kundenservice oder des Callcenters erledigt, wie z.B. Flugangebote unterbreiten, Verlängerungshotels oder sonstige Einzelleistungen hinzubuchen. Ebenso können von hier aus auch Reiseunterlagen verschickt werden, wenn dies standardisiert ist und nicht von den Produktabteilungen unternommen wird.

Bei Individualreiseveranstaltern macht es kaum Sinn, die sehr anspruchsvolle Tätigkeit der Kundenberatung und des Verkaufs außerhalb der Produktabteilungen anzusiedeln, da in diesen grundsätzlich „Produktgestaltung" betrieben wird und die Kundenservice-Abteilungen eher auf effizientes Abwickeln der Buchungen ausgerichtet sind. Hier sind die ersten und auch weiteren Ansprechpartner:innen der Kund:innen unmittelbar die Produktmanager:innen, auch gerne Kundenbetreuer:innen oder Reisedesigner:innen genannt, aufgeteilt meist in regionale Bereiche.

Qualitätsmanagement – zum Laufen bringen, was nicht so läuft
Die Bezeichnung „Qualitätsmanagement" für eine Abteilung wird eher als Überbegriff für verschiedene Teilbereiche verwendet und die Arbeitsinhalte variieren von Veranstalter zu Veranstalter. Meist werden in dieser Abteilung die grundsätzlichen Schritte unternommen, sowohl die Qualität der (Reise-)Produkte zu erhalten und zu verbessern als auch die Beschwerden und Reklamationen unzufriedener Kunden zu bearbeiten.

In enger Zusammenarbeit mit den Produktabteilungen und ggf. den Reiseleiter:innen werden hier schriftliche oder mündliche Rückmeldungen und allgemeine Feedback-Bögen von Reisegästen ausgewertet, statistisch verarbeitet und die Erkenntnisse daraus in Form eines kontinuierlichen Verbesserungsprozesses umgesetzt. Dies bedeutet ggf. Veränderungen in den Reiseverläufen, Verbesserung bei den Leistungselementen, ebenso manchmal den Austausch von z.B. Hotels, Busunternehmen, Personal (lokale Führer, eigene Reiseleiter, Incoming-Agenturen etc.), Fluggesellschaften oder sonstigen mangelhaften Reisekomponenten. Ganz nach dem Verursacherprinzip sind dann entstehende Regresszahlungen von den verursachenden Leistungsträgern einzufordern, dies geschieht jedoch dann meist durch die Produktabteilungen, da hier der direkte Kontakt besteht. Für die Bearbeitung von Beschwerden und Reklamationen sind solide Reiserechtskenntnisse erforderlich, um die jeweilige Sachlage möglichst richtig einschätzen und die Vorgänge professionell bearbeiten und regulieren zu können.

Im Qualitätsmanagement beschäftigt man sich mitunter aber auch mit dem Thema Nachhaltigkeit, sowohl im Betrieb als auch bei den Reiseprodukten. Zertifikate wie beispielsweise Nachhaltigkeitssiegel oder solche im Arbeitsprozessbereich werden oftmals von hier aus erarbeitet. In größeren mittelständischen Unternehmen obliegt der Leitung solcher Abteilungen natürlich ein naheliegender Qualifikations-Nachweis, z.B. als „zertifizierte/r Qualitäts-Manager:in". In kleineren Betrieben sind hier auch oft Quereinsteiger mit einer entsprechenden internen Qualifikation bzw. Einarbeitung zugange.

Im Bereich Nachhaltigkeit verzeichnet die Branche eine immer größer werdende Identifikation mit den gängigen Leitlinien des nachhaltigen Reisens (z.B. denen des Forumandersreisen e.V.), jedoch zeichnen sich noch immer recht wenige Veranstalter durch eine eigene Nachhaltigkeitsabteilung oder ein Nachhaltigkeitsteam aus. Vielfach sind zumindest Nachhaltigkeitsbeauftragte bestimmt, dieauch als „Stabsstelle" außerhalb einer bestimmten Abteilung oder als Mitglied irgendeiner anderen Abteilung agieren können. Diese Personen setzen ggf. die Zertifizierungsprozesse (z.B. Corporate-Social-Responsibility-Prozess o.Ä.) um, wobei sie sowohl die Betriebsabläufe als auch die Reiseprodukte nach Nachhaltigkeitskriterien durchleuchtet, dokumentiert, zur Zertifizierung entsprechende Audits (von engl. „Prüfung") durchläuft und dabei auch diverse Verbesserungsprogramme entwickelt, in die dann der gesamte Betrieb und mitunter auch die Leistungsträger involviert sind.

Viele Studierende der verschiedenen Touristik-Studiengänge wählen aus einem intrinsischen Interesse gerne eine solche Spezialisierung, jedoch bietet der Arbeitsmarkt noch nicht genügend Arbeitsplätze in diesem Bereich, um diese alle adäquat und in Vollzeit beschäftigen zu können. Mit zunehmender Betriebsgröße sind die Möglichkeiten jedoch ansteigend.

Marketing und Vertrieb – Kreativität und Zeitgeist-Wissen gefragt
Die Bemühung um den Absatz der Reiseprodukte ist das A und O der betriebswirtschaftlichen Seite eines Reiseveranstalters. Die besten und schönsten Reisen zu organisieren, ist das eine, nicht minder wichtig aber ist es, diese auch zu verkaufen. Schon kleinere Veranstalter erachten es auch als notwendig, diesem Thema einen größeren Rahmen an Personal und an Budget einzuräumen. Diese Abteilung kümmert sich um alles, was die Kommunikation des Unternehmens mit den potenziellen Kund:innen und Reisevermittler:innen betrifft: Werbung, Kundenveranstaltungen und Präsenz auf Reisemessen, Social Media, Internetauftritt, grafische Erstellung von Printmedien wie Flyer und Kataloge, Vertriebskooperationen, Reisebüro- bzw. Agenturbetreuung, Pressearbeit und Public Relations allgemein.

Die Aufgabenbereiche sind je nach Marketing-Strategie recht vielfältig und erfordern neben marketing- und vertriebsstrategischen Kenntnissen eine Menge Kreativität, Medienkompetenz, Kontakt- und Kommunikationsfähigkeit sowie ein gewisses grafisches und textliches Talent.

Personal – die Grundsäule des Unternehmenserfolgs
Personalauswahl und -betreuung werden bei kleinsten und kleineren Reiseveranstaltern meist von der Geschäftsführung selbst übernommen. Relevant ist eine Personalabteilung oder zumindest die Stelle eines/einer Personalreferent:in entweder, wenn die Betriebsgröße eine Mitarbeiterzahl ab etwa 30 Personen übersteigt, oder wenn die Veranstaltung einer höheren Anzahl von Gruppenreisen einen Personalstamm an Reiseleiter:innen bedingt, den es zu rekrutieren und zu betreuen gilt.

Beim „internen Personal", also bei den direkten Mitarbeiter:innen im Betrieb, stellen Auswahl, Einstellung und Betreuung der Mitarbeitenden die Kernaufgaben dar. Personalplanung und -entwicklung bedürfen im Grunde einer entsprechenden Ausbildung, jedoch sind bei vielen Unternehmen im Laufe der Betriebsentwicklung auch vielfach Mitarbeiter:innen in diesem Bereich mit der Firma „mitgewachsen", sind damit ebenfalls als Quereinsteiger:innen im Personalbereich gelandet und haben sich vielfach entsprechend weiterentwickelt. Die Betreuung, Koordination und Planung der Belegschaft erfordert jedoch eine kontinuierliche Beschäftigung mit Themen wie Arbeitsrecht, Arbeitsvertragsrecht, Sozialversicherungswesen, Lohnbuchhaltung und Arbeitsorganisation, aber auch mit Mitarbeiter-Gesundheit und Arbeitsplatzergonomie etc., also Fachthemen, die Wissen erfordern, welches man durch eigene Fortbildungen und Führungsseminare erlangen kann. In der Praxis sind diese hochanspruchsvollen Jobs bei größeren mittelständischen Unternehmen eher von Personalprofis als von Touristiker:innen besetzt.

Beim „externen Personal" geht es hauptsächlich um die Auswahl, ggf. Ausbildung und Fortbildung und Einsatzkoordination von Reiseleiter:innen, die bei Spezialreiseveranstaltern meist als freie Mitarbeiter:innen auf Honorarbasis engagiert werden. Hier werden Stellenangebote formuliert und veröffentlicht, Bewerbungen bearbeitet und sondiert, Vorstellungsgespräche geführt, bei größerem Personalbedarf auch Assessment-Center

(Gruppen-Auswahlveranstaltungen) durchgeführt und Honorarverträge erstellt. Die wenigsten Reiseveranstalter verfügen über eine eigene Infrastruktur zur Ausbildung oder kontinuierlicher Fortbildung von Reiseleiter:innen (Didaktik, Rhetorik, Konfliktmanagement etc.), weswegen vielfach auf bereits erfahrene Reiseleiter:innen zurückgegriffen wird. Werden aber geeignete Einsteiger:innen in die Branche gelockt, greifen viele Veranstalter auf die Dienste von spezialisierten Schulungsinstitutionen für entsprechende Inhouse-Seminare zurück, die es dann zu initiieren und organisieren gilt. Die Einsatz-Planung der zur Verfügung stehenden Reiseleiter:innen, die auf die bestehenden Gruppentermine verteilt werden müssen, gehört ebenso zum Aufgabengebiet wie die persönliche Betreuung und Kooperation mit diesen auch in Krisenfällen, und gelegentlich muss man sich auch von solchen wieder trennen, die nicht den Ansprüchen der Reisegäste genügen.

Personalarbeit erfordert ein hohes Maß sowohl an Kommunikationstalent, administrativen und psychologischen Kompetenzen als auch an Führungsqualifikation und Eignung, als Vertrauensperson wahrgenommen und respektiert zu werden.

5.5 Anforderungen

Eine Erkenntnis lautet: Je größer das Unternehmen, desto standardisierter sind die Arbeitsabläufe und desto klarer umrissen sind die formulierten Job-Anforderungen. Und umso eher wird nach klassischen und passenden Ausbildungen und Spezialisierungen gefragt. Bei kleinsten und kleinen Unternehmen wirken die Stellenbeschreibungen oftmals wesentlich generalistischer, entsprechend „allgemeiner" und weniger speziell sind die Anforderungen.

Generell gibt es bei allen Reiseveranstaltern Arbeitsplätze mit erforderlichen Ausbildungsgraden von „gering" bis „gehoben", also von den einfachsten Tätigkeiten bis hin zur Geschäftsführung. Größere Betriebe verfolgen tendenziell die Strategie, bei dem zu vergebenden Arbeitsplatz die exakt passende Ausbildung zu erwarten. Dies können Berufsausbildungen im kaufmännischen Bereich wie „Tourismuskaufmann/-frau", „Veranstaltungskaufmann/-frau", „Kaufmann/-frau für Tourismus und Freizeit" oder „Luftverkehrskaufmann/-frau" etc. sein. Bewerber:innen mit dieser Qualifikation haben die Möglichkeit, bei mittelständischen Unternehmen in den entsprechenden Abteilungen Fuß zu fassen, und besetzen meist Stellen der Ebene Sachbearbeitung, Produktmanagement-Assistenz, Kundenberatung, Flug-Assistenz o.Ä., können aber bei Eignung und kontinuierlicher Fortbildung mitunter recht weit aufsteigen. Bewerber:innen mit Bachelor- oder Masterabschlüssen der branchenspezifischen Fachrichtungen „Tourismus-Betriebswirtschaft", „Tourismusmanagement", „Eventmanagement", „Tourismusökonomie", „Luftverkehrsmanagement", aber auch der etwas allgemeineren Studiengänge wie „Freizeitwissenschaften", „Geografie mit Schwerpunkt Tourismus" oder „Kultur- und Tourismusmanagement", aber ohne Veranstalter-Berufserfahrung, haben dennoch gute Chancen, in den mittleren bis gehobenen Ebenen z.B. als Produktmanagement-Assistent:innen oder als Produktmanager:innen einzusteigen. Studien-Absolvent:innen wird oft über vorherige Praktika oder Trainee-Programme der Einstieg erleichtert. Mit einigen Jahren Berufserfahrung sind die Entwicklungschancen praktisch unbegrenzt und der Aufstieg bis in die höchsten Ebenen ist durchaus möglich. Promotionen sind „nice to have", bringen aber in der praktischen Touristik nicht die Vorteile, wie sie sich in anderen Branchen bieten.

Bei kleinen Reiseveranstaltern sieht es dagegen karrieretechnisch oftmals besser aus. Hier können auch nicht-studierte Mitarbeiter:innen bei guter Leistung in verantwortungsvolle Positionen gelangen. Vielfach haben diese Unternehmen weniger Budget, um sich akademisches Personal leisten zu können. Meist sind es jedoch eher Aspekte wie eine breit gefächerte Berufserfahrung, Talent und persönliche Eignung, die den Aufstieg möglich machen. Ab einer gewissen Berufserfahrung schwindet ohnehin die Orientierung an Ausbildungen und Abschlüssen bei diesen Unternehmen. Ebenfalls ist es hier auch vielen Quereinsteiger:innen möglich, fachfremd einzusteigen und dort eine erfreuliche Karriere zu machen.

5.6 Arbeitszeit

Die Arbeitszeiten variieren bei Reiseveranstaltern nur geringfügig, da sie sich stark an den für Kund:innen geltende Öffnungszeiten orientieren. Die Kernzeiten liegen meist zwischen 8 und 18 Uhr von Montag bis Freitag, bei einigen Veranstaltern sind die Kundenservice-Abteilungen auch bis 20 Uhr und vielfach auch samstags bis zum Mittag besetzt. Dies bedeutet jedoch nicht, dass man davon ausgehen kann, am Tag regelmäßig acht Stunden bei der Arbeit zu sein. Saisonale Stressphasen erfordern oftmals Überstunden und ggf. auch Wochenendeinsätze, besonders in der Hochsaison der jeweiligen Abteilung. Das Stundenkontingent pro Woche liegt für Vollzeit-Angestellte meist bei 40 h. Teilzeitmodelle gibt es jedoch oft, mit Verträgen zwischen „geringfügiger Beschäftigung" bis „Vollzeit" und allen Stufen dazwischen. Urlaubssperren in saisonalen Hoch-Phasen des Arbeitsaufkommens sind üblich. Da Reisegäste unterwegs immer auch einen Ansprechpartner beim Veranstalter haben sollten, eben auch außerhalb der Öffnungszeiten und an den Wochenenden, sind auch meist einzelne Mitarbeiter:innen mit einem Notfall-Handy-Dienst ausgestattet, um im Notfall auch z.B. Produktmanager:innen oder gar die Geschäftsführung einschalten zu können.

5.7 Weiterbildung und Karriere

Weiterbildungsmöglichkeiten gibt es zuhauf in der Touristik im Allgemeinen und bei Reiseveranstaltern im Speziellen, und diese sollten unbedingt genutzt werden, denn sie fördern die Karrieremöglichkeiten immens, insbesondere bei Quereinsteiger:innen. Sie können die Fachrichtung vertiefen oder andere Arbeitsbereiche erschließen lassen.

Fachspezifische Weiterbildungen werden oft von den Arbeitgebern initiiert, jedoch nicht immer finanziert. Dennoch empfiehlt es sich, nicht auf dem immer gleichen Stand zu verharren, sondern sich selbst um die Weiterqualifizierung zu bemühen, da ist Eigeninitiative gefordert. Dies kann in Form von Präsenz-Seminaren oder Online-Schulungen geschehen. Berufliche Fortbildungen, die zu einem höheren Abschluss bzw. einer bestimmten Zertifizierung dienen, sind häufig arbeits- und zeitintensiv, werden aber mitunter von der Geschäftsführung begrüßt bzw. sogar proaktiv unterstützt in Form von Finanzierungen oder zeitlichen Freistellungen. Dies sind logischerweise hauptsächlich solche Fortbildungen, die der Firma einen entsprechenden Mehrwert bringen. Es gibt damit theoretisch kein Limit, auch beim Erreichen der höchsten Karrierestufen, viele Geschäftsführungs-Assistent:innen und gar Geschäftsführer:innen von Reiseveranstaltern haben „klein angefangen", aber natürlich beschleunigt der höhere Bildungshintergrund diesen Weg. Die Liste der Möglichkeiten und Qualifizierungsmaßnahmen ist endlos, darüber informieren Institutionen wie IHK, touristische Fachverbände wie der Deutsche Reiseverband (DRV) oder die Allianz Selbstständiger Reiseunternehmen – Bundesverband e.V. (ASR), ebenso wie freie Seminaranbieter, die sich auf die Touristik spezialisiert haben.

Neben weiterführenden Fortbildungen, die in linearer Weise die Kompetenzen der Mitarbeiter:innen in der gleichen Richtung weiter vertiefen, gibt es auch die Möglichkeit, sich um ganz andere Themengebiete zu bemühen, die der eigenen Entfaltung und Verwirklichung dienen und dadurch auch indirekt oder direkt dem Betrieb nutzen können. Bei Veranstaltern von Gruppenreisen macht es durchaus Sinn, im Büro kompetente Mitarbeiter:innen zu haben, die z.B. bei Personalausfällen einspringen können. Dies können beispielsweise Reiseleiter:innen, Transferbegleiter:innen, Busfahrer:innen o.Ä. sein. Hierfür macht es Sinn, sich in diesem Bereich zu qualifizieren, wenn man sich dafür grundsätzlich interessiert und die entsprechende Eignung mitbringt. Viele kleinere Veranstalter schicken manche/n Mitarbeiter:in auf externe Reiseleiter-Kompaktseminare u. a. auch deshalb, um den Innendienstler:innen vor Augen zu führen, was sich vor Ort überhaupt abspielt, um ein größeres Verständnis für den Außendienst zu entwickeln, was allgemein die wichtige Kooperation zwischen innen und außen verstärkt.

5.8 Einkommen und Benefits

Ein Berufsleben in der Reisebranche und auch bei kleinen und mittelgroßen Reiseveranstaltern sollte nicht von monetären Motiven geprägt sein. Die Verdienste sind eher niedrig im Vergleich zu anderen Branchen, dafür sind die Verwirklichungsmöglichkeiten durch eine attraktive Materie, tolle Branchenkolleg:innen und natürlich auch die Möglichkeit zu reisen immens.

Wie spannend und vielfältig die Touristik auch ist, die Einkommensverhältnisse von Arbeitnehmer:innen in der Reisebranche liegen im Durchschnitt eher im unteren Bereich, verglichen mit Jobs mit gleichwertigem Ausbildungs- und Studienhintergrund in anderen Branchen. Die Touristik ist eine der margenärmeren Industriezweige. Sie boomt zwar wieder seit dem Ende der Corona-Pandemie, dennoch ist der Wettbewerb hart und die Preisentwicklungen der Post-Corona-Jahre immens. Das heißt, bei aller Qualität und Besonderheit mancher Reisen wird nicht mehr jeder Preis bezahlt und selbst im Hochpreissegment schauen die Kund:innen zunehmend auf den Geldbeutel. In der Reisebranche zu arbeiten, bedeutet nach wie vor, Ideale zu haben: Man muss „produktverliebt" und reiseenthusiastisch sein und den Umstand wertschätzen, in dieser Branche mit meist interessanten, oft weitgereisten, kreativen, kollegialen und kommunikativen Menschen zusammenzuarbeiten. Wer davon träumt, als Angestellte:r mit einem erfüllenden Job, vielen Reisen und tollem Ambiente auch noch reich zu werden, unterliegt einer irrigen Hoffnung. Die Gehälter sind natürlich in den mittleren und oberen Etagen angemessen, jedoch gilt der Branchen-Satz nach wie vor, dass im Grunde nur die Firmeninhaber:innen die nach oben offene Einkommens-Skala genießen, und dies auch nur, wenn das Unternehmen richtig erfolgreich ist.

Einstiegsgehälter bei Vollzeit-Stellen im Bereich Sachbearbeitung, Produktmanagement-Assistenz, Kundenservice und vergleichbaren Ebenen liegen derzeit bei ca. 2.500 bis 3.000 € brutto monatlich. Dieses Gehalt ist für langjährige Angestellte durchaus entwicklungsfähig und kann mitunter bis zu 3.800 € brutto monatlich betragen, darüber nur in seltenen Fällen und bei herausragender Leistung.

Einstiegsgehälter bei Vollzeit-Stellen im Bereich Produktmanagement und vergleichbaren Ebenen liegen bei ca. 2.800 bis 3.500 € brutto monatlich. Hier sind je nach Unternehmen und Zugehörigkeit bzw. Erfolgsquote Entwicklungen bis über 4.000 € möglich.

Ausnahmen sind natürlich reichlich vorhanden. Während größere Firmen ein eher starres Gehaltsgefüge haben, sind die Einkommensmöglichkeiten bei kleinen Veranstaltern stark von der individuellen Marktpotenz abhängig, hier kann es mitunter zu „Ausreißern" nach oben, aber auch nach unten kommen.

Im Management bzw. in Geschäftsführungsebenen größerer Unternehmen können sich die Gehälter auch ganz ähnlich wie in anderen Branchen gestalten, hierbei sind Brutto-Gehaltsgrößen zwischen 5.000 und 10.000 € durchaus denkbar.

Ein nicht zu vernachlässigender Vorteil in dieser Branche ist sicher der, dass man als Touristiker:in Zugriff auf vergünstigte Reisen hat (sogenannte PEP-Angebote, also Reisen, Flüge oder Hotelaufenthalte, die den Mitarbeiter:innen von Touristikunternehmen zum stark reduzierten Preis angeboten werden, um als Multiplikator und Werbeträger fungieren zu können). Ebenso gibt es zahlreiche Teilnahmemöglichkeiten an sogenannten Info-Touren oder „Fam-Trips" (von engl. „Familiarization" = Kennenlernen), um Touristiker:innen mit Reiseprodukten vertraut zu machen, um diese Zielgebiete, Hotels oder Fluggesellschaften ggf. in das eigene Reiseangebot zu übernehmen. Dienstreisen stehen für die Produktmitarbeiter:innen ebenfalls bisweilen auf dem Arbeitsplan. Diese lassen sich u.U. auch mit privaten Aufenthaltsverlängerungen verbinden, für die man dann keine eigenen Anreisekosten mehr hat. Bei einigen Reiseveranstaltern ist es auch gängig, dass entsprechende Mitarbeiter:innen regelmäßig an den eigenen Reisen (mit starker Ermäßigung oder auch manchmal kostenfrei) teilnehmen dürfen.

5.9 Selbständigkeit

Mit entsprechender Branchenkenntnis und Berufserfahrung ist die Gründung eines eigenen Reiseveranstalters ein schwieriges, aber durchaus mögliches Unterfangen. In der Touristik sind viele Quereinsteiger:innen als Reiseveranstalter unterwegs, hier empfiehlt sich zumindest die Teilnahme an einem speziellen Existenzgründerseminar für angehende Reiseveranstalter.

Rein formal ist eine Selbständigkeit ohne jegliche berufliche Qualifikation bzw. Ausbildung möglich, dennoch – oder gerade deswegen – sind die Gründerjahre meistens schwierig, denn der Markt ist weitgehend in allen Nischen besetzt, und wo es Nischen gibt, könnte der Grund hierfür sein, dass schon andere Unternehmen darin gescheitert sind, weil der Markt für dieses Nischenprodukt einfach nicht existiert. Dennoch gibt es zahlreiche Beispiele erfolgreicher Existenzgründungen von Reiseveranstaltern, und genauso wie jeden Tag junge Unternehmen wieder schließen, gründen mindestens ebenso viele und so manches Unternehmen schafft noch heute den Sprung aus dem Start-up-Stadium in den Kreis der ernstzunehmenden Touristikunternehmen.

Beste Voraussetzungen haben diejenigen, die berufliche Erfahrungen bei Reiseveranstaltern sammeln können, vorzugsweise in den Bereichen Produkt und Marketing/Vertrieb, denn diese sind die allerwichtigsten Grundbausteine: Ohne Produktkenntnisse geht nichts, und ohne Ahnung von Marketing und Vertrieb lässt sich die bestkonzipierte Reise nicht verkaufen.

Sinnvoll ist es in jeden Fall, vor der Gründung ein auf die Touristik speziell ausgerichtetes Existenzgründerseminar für Reiseveranstalter zu besuchen, um alle wichtigen Komponenten der Reiseveranstaltung kennenzulernen. So manches Reiseunternehmen wurde von Quereinsteiger:innen wie Reiseleiter:innen oder vielreisenden Menschen aus ganz anderen Branchen gegründet, und manch eine:r davon unterschätzte dabei den für viele vielleicht etwas trockeneren betriebswirtschaftlichen Fundus, den man haben bzw. erwerben sollte.

5.10 Zukünftige Entwicklungen

Die im deutschsprachigen Raum zu beobachtende langsame, aber stetige Entwicklung der Reiseart vom reinen Erholungsurlaub hin zum Erlebnisurlaub verspricht diesem wachsenden Markt eine positive Zukunft – besonders den in diesem Segment tätigen kleinen und mittelgroßen Spezialisten unter den Reiserveranstaltern.

Deutschland galt lange Zeit als „Reise-Weltmeister" und ist es auch noch heute, gemessen am Verhältnis zur Einwohnerzahl und den gebuchten Pauschalreisen pro Jahr. Die Fachleute sind sich einig, dass Reisen auch zukünftig eine hohe Priorität einnehmen wird. Digitalisierung, das Aufkommen sozialer Netzwerke, gesellschaftspolitische Entwicklungen, Klimawandel und Nachhaltigkeitsdiskussionen sowie mannigfaltige Krisen in der Welt haben allerdings Spuren in der Entwicklung der Tourismusindustrie hinterlassen. Arbeitsbereiche haben sich verändert, alte Konzepte mussten modifiziert werden, einige Veranstalter stagnieren und reagieren nicht genügend auf die gesellschaftlichen Veränderungen, so manches Traditionsunternehmen musste schon kapitulieren. Andere wiederum erkannten im Wandel die Chance, haben ihre Strategien dem Markt angepasst und sich dadurch erst richtig entwickelt. Mehrere hundert Start-up-Unternehmen sind in den letzten 20 Jahren auf dem Markt erschienen und starteten bisweilen recht erfolgreich durch.

Durch das Aufkommen des Internets und der Onlinebuchbarkeit direkt beim Reiseveranstalter hatte man schon zur Jahrtausendwende befürchtet, dass dies das Ende der damals in Deutschland ca. 12.000 existenten Reisebüros und Reisevermittler sein würde. Nach einem absehbaren Rückgang dieser Anzahl auf ca. 9.000 Reisebüros hat sich aber gezeigt, dass die persönliche Beratung über die Anonymität des Internets, das überflutende und damit unübersichtlich gewordene Angebot sowie die Angst vor Online-Betrügern siegt. Die Zahl steht heute wieder bei etwa 11.000 Reisebüros und Reisevermittlern. Es hat sich nämlich gezeigt, dass die persönliche Beratung wichtiger denn je ist, ebenso das vertraute Gesicht am Counter, das die Kund:innen und ihre Bedürfnisse kennt und persönliche, glaubwürdige Empfehlungen ausspricht.

Im Zuge der Singularisierung unserer Gesellschaft, bei der über die Hälfte aller Deutschen in Ein-Personen-Haushalten lebt, spüren Veranstalter von Gruppenreisen eine veränderte Bedarfslage: Nicht mehr die landeskundliche Wissensvermittlung und das Besuchen der klassischen Sehenswürdigkeiten stehen im Vordergrund, sondern die Begegnung mit Einheimischen, das aktive Reisen mit verschiedensten körperlichen Betätigungen wie Wandern und Radfahren sowie das gemeinsame Reiseerlebnis mit Gleichgesinnten. Menschliche Nähe zu spüren und Freude zusammen mit anderen zu erleben, sind die Pull-Faktoren der heutigen Zeit. Alles lässt sich im Grunde von zu Hause aus selbst organisieren. Hotels, Transfers, Flüge, Führungen, Ausflüge – für alles gibt es

Online-Portale und auf Knopfdruck hat man die eigene Reise selbst zusammengestellt. Dennoch wird die Daseinsberechtigung von Reiseveranstaltern, insbesondere Gruppenreiseveranstaltern, langfristig aus den genannten Gründen noch an Bedeutung gewinnen. Bei Individualreiseveranstaltern werden die Hauptmotive, deren Angebote in Anspruch zu nehmen, weiterhin verstärkt durch ein zunehmendes Sicherheitsbedürfnis der Kund:innen: Sind die Leistungsträger in den Reiseländern seriös? Wer haftet im Schadensfall? Wer ist mein Ansprechpartner bei Fragen? Wer organisiert mir im Notfall die entsprechenden Maßnahmen? Hierfür stehen die Individualreiseveranstalter, samt Haftung und Rundum-Service.

5.11 Fazit

Die Arbeit bei kleinen und mittelgroßen Reiseveranstaltern kann äußerst beglückend sein, wenn man nicht allzu große Illusionen hinsichtlich Gehalt und lockerem Arbeitsalltag hat. Der Job weist in saisonalen Stoßzeiten bisweilen viel Stresspotenzial auf und man muss oft auch Aufgaben erledigen, die weniger direkt mit dem Reisen als solches zu tun haben. Auf der anderen Seite finden wir bei Reiseveranstaltern meist eine sehr interessante, kreative, kollegiale und weitgereiste Zielgruppe unter den Mitarbeitenden, was schon allein ein Motiv sein kann, bei kleinen und mittleren Reiseveranstaltern einzusteigen. Aber natürlich haben wir es auch mit „Reisen" zu tun und je nach Tätigkeitsbereich sind wir auch des Öfteren unterwegs in wunderschönen Ländern, Städten und Landschaften, treffen wundervolle Menschen und leben auf der Sonnenseite des Lebens. Mit der richtigen Einstellung kann dies zu einem wunderbaren Arbeitsleben führen. Wer bei kleinen und mittelgroßen Reiseveranstaltern arbeitet, dem wird viel abverlangt an Einsatz, Kompetenz und Flexibilität, was im Grunde wesentlich höher dotiert werden müsste. Aber die Branche belohnt nicht in monetärer Weise, sondern auf emotionale Art, und wer sich selbst mehr verwirklichen will, kann hier beruflich fündig werden, sich permanent weiterentwickeln und vielleicht eines Tages sein eigenes Unternehmen erfolgreich gründen und leiten.

Andreas Damson ist studierter Ethnologe und Geograph (M.A.) und Geschäftsführer des Unternehmens Travel To Life. Er hat nach seinem Studium drei Jahre lang für verschiedene Reiseveranstalter als Reiseleiter auf vier Kontinenten gearbeitet. Anschließend absolvierte er bei dem Wanderreisen-Spezialist Wikinger Reisen eine Trainee-Ausbildung in verschiedenen Abteilungen, u. a. im Reiseleiter-Referat, in dem er nach seiner Übernahme ins Festangestelltenverhältnis sieben weitere Jahre als Abteilungsleiter für die Auswahl, Ausbildung, Fortbildung und Einsatzkoordination für ca. 180 Reiseleiter:innen zuständig war. Im Jahr 2004 gründete er den Reise- und Seminarveranstalter Travel & Personality (Namensänderung in Travel To Life im Jahr 2017), welcher die Veranstaltung von Wander- und Erlebnisreisen in Europa, Afrika und Asien sowie den eigenen Seminarbereich mit Schwerpunkt Aus- und Fortbildung von Reiseleiter:innen und Gästeführer:innen sowie Existenzgründerseminare für Reiseveranstalter zum Inhalt hat. Eine enge Vernetzung mit vielen Kooperationen in der Branche, die Mitgliedschaft im Fachverband Forumandersreisen e.V. sowie zahlreiche Inhouse-Schulungen bei sowohl deutschen als auch ausländischen Reiseveranstaltern im Bereich Reiseleiter:innen-Fortbildung geben ihm vielerlei Innendiensteinblicke und somit eine gute Beurteilungsfähigkeit zur Einschätzung von beruflichen Möglichkeiten bei kleineren und mittelgroßen Reiseveranstaltern.

Arbeiten bei großen Reiseveranstaltern

6

Christiane Klarmann

Inhaltsverzeichnis

6.1	Einleitung	57
6.2	Aufgaben	58
6.3	Anforderungen	62
6.4	Arbeitszeit	63
6.5	Weiterbildung und Karriere	63
6.6	Einkommen und Benefits	64
6.7	Zukünftige Entwicklungen	65
6.8	Fazit	65

Zusammenfassung

Dieser Beitrag gibt einen exemplarischen Einblick in die Organisation eines großen Reiseveranstalters. Dabei wird der Schwerpunkt auf die tourismusnahen Bereiche gelegt und einige wesentlichen Aufgaben werden anhand einer beispielhaften Customer Journey eingeordnet. Zudem werden die Voraussetzungen für einen Berufseinstieg sowie mögliche Rahmenbedingungen bei einem großen Reiseveranstalter aufgezeigt.

6.1 Einleitung

Ein Reiseveranstalter ist ein Unternehmen, das sich darauf spezialisiert hat, Reisepakete und -dienstleistungen zu planen, zu organisieren und anzubieten. Der Reiseveranstalter agiert als Vermittler zwischen den Reisenden und verschiedenen Dienstleistern, z.B.

C. Klarmann (✉)
TUI Deutschland GmbH, Hannover, Deutschland
E-Mail: christiane.klarmann@tui.de

© Der/die Autor(en), exklusiv lizenziert an Springer Fachmedien Wiesbaden GmbH, ein Teil von Springer Nature 2024
S. Bösl und S. Werther (Hrsg.), *Berufsfelder und Perspektiven im Tourismus*,
https://doi.org/10.1007/978-3-658-44933-9_6

Abb. 6.1 Beispielhafte Darstellung der Organisation eines Reiseveranstalters

Hotels, Fluggesellschaften, Transportunternehmen oder Anbietern von Aktivitäten, und übernimmt die Koordination sowie Organisation, um den Kund:innen eine komfortable und reibungslose Reiseerfahrung zu ermöglichen.

Reiseveranstalter können unterschiedliche Schwerpunkte haben, z.B. Pauschalreisen, Abenteuerreisen, Kreuzfahrten, Geschäftsreisen oder Spezialreisen für bestimmte Interessens- oder Zielgruppen. Das Umfeld des Reiseveranstalters ist dynamisch und unterliegt ständigen Veränderungen, beeinflusst durch Trends im Reiseverhalten, technologische Entwicklungen und globale Ereignisse. In diesem Kapitel stehen Aufgaben und Tätigkeiten bei großen Reiseveranstaltern im Mittelpunkt. Ergänzend dazu werden im Kap. 5 Aufgaben und Tätigkeiten bei kleinen und mittelgroßen Reiseveranstaltern dargestellt, wobei es zwischen beiden Berufsfeldern natürlich viele Überschneidungen gibt.

Ein Reiseveranstalter ist nicht nur für die umfassende Gestaltung der Wertschöpfungskette verantwortlich, sondern muss auch sämtliche Supportfunktionen innerhalb des Unternehmens abdecken. Berufsbilder beim Reiseveranstalter umfassen also neben Produktmanagement, Vertrieb, Marketing und Kundenservice auch Tätigkeiten im IT-Umfeld, Finanzen, Controlling, Personal und Strategie. Bei einem Reiseveranstalter einzusteigen, bedeutet daher vielfältigste Entwicklungsmöglichkeiten und Karrierechancen. Beispielhaft kann man die wesentlichen Bereiche eines Reiseveranstalters wie in Abb. 6.1 dargestellt veranschaulichen:

6.2 Aufgaben

Das Aufgabenfeld von Mitarbeiter:innen bei großen Reiseveranstaltern ist umfangreich. Im Folgenden werden exemplarisch einige Berufsfelder mit ihren wesentlichen Aufgaben und Zielen benannt, wobei der Fokus auf die **tourismusnahen Funktionen** gelegt wird:

- **Produktmanager:innen** sind verantwortlich für die Entwicklung und Pflege von Reiseprodukten, einschließlich Auswahl von Unterkünften, Transport und Aktivitäten. Ein/e Produktmanager:in spielt eine entscheidende Rolle dabei, die Wettbewerbsfähigkeit eines Reiseveranstalters zu stärken, attraktive Produkte zu entwickeln und die Kundenzufriedenheit zu gewährleisten. Diese Position erfordert eine Kombination aus Branchenkenntnissen, Verhandlungsgeschick und analytischen Fähigkeiten.
- **Pricingmanager:innen:** Das Pricing eines Reiseveranstalters bezieht sich auf die Strategien und Prozesse, die verwendet werden, um Preise für verschiedene Reiseangebote festzulegen. Die Preisbildung ist von entscheidender Bedeutung, um wettbewerbsfähige Angebote zu schaffen, die den Wert für die Kund:innen maximieren und gleichzeitig die Rentabilität des Unternehmens sicherstellen. Dazu gehört auch die Definition von Vermarktungskampagnen.
- **Vertriebsmanager:innen:** Beim Reiseveranstalter spielen diese Mitarbeiter:innen eine zentrale Rolle in der erfolgreichen Vermarktung von Reiseangeboten und der Generierung von Buchungen. Dabei kann der Vertrieb online über Webseiten und Apps oder den stationären Vertrieb wie Reisebüros und Agenturen erfolgen. Der Vertrieb kann einen Fokus auf Business-to-Business (B2B) oder Business-to-Consumer (B2C) haben. Zudem gibt es Unterschiede in Bezug auf Direktvertrieb oder Vertrieb über weitere Vermittler.
- **Mitarbeiter:innen im Reisebüro:** Der Schwerpunkt liegt hier bei einer individuellen Beratung und Unterstützung der Kunden bei der Planung und Organisation ihrer schönsten Wochen des Jahres. Umfangreiches Wissen über die Reiseangebote sowie andere touristische Leistungen sind hier ein Mehrwert, welcher in der persönlichen Betreuung auch weiterhin gefragt sein wird.
- **Mitarbeiter:innen im Kundenservice:** Customer Service spielt eine zentrale Rolle im gesamten Prozess des Reiseveranstalters und trägt dazu bei, dass die Customer Journey reibungslos und zufriedenstellend verläuft. Eine effiziente Zusammenarbeit mit anderen Abteilungen ist dabei entscheidend. Der Fokus liegt auf der persönlichen Betreuung vor, während und nach der Reise bzw. auf der Bearbeitung von Kundenanfragen und -beschwerden.
- **Multichannel- bzw. Omnichannel-Manager:innen:** Aufgrund der vielfältigen Vertriebskanäle und -beziehungen gewinnt die Position von Multichannel- bzw. Omnichannel-Manager:innen zunehmend an Bedeutung. Ziel ist die nahtlose Integration verschiedener Vertriebskanäle und Interaktionspunkte, um Kund:innen eine konsistente und integrierte Erfahrung zu bieten – unabhängig davon, über welchen Kanal sie mit dem Unternehmen interagieren.
- **Marketingmanager:innen:** Beim Reiseveranstalter haben diese Mitarbeiter:innen die Aufgabe, die Sichtbarkeit der Angebote zu erhöhen, potenzielle Kund:innen anzusprechen und Buchungen zu generieren. Dazu gehört die Erarbeitung von umfassenden Marketingstrategien, die die Geschäftsziele des Reiseveranstalters unterstützen. Dies kann die Identifikation von Zielgruppen, die Markenpositionierung und die Festlegung

von Marketingzielen umfassen. Marketingmanager:innen haben je nach Unternehmensgröße häufig einen speziellen Fokus, z.B. Brand-Marketing, Performance-Marketing, Customer-Relationship-Management oder Eventmarketing.
- **Qualitätsmanager:innen:** Diese überwachen auf Basis von definierten Kennzahlen die Qualität von Produkten und Dienstleistungen und treffen entsprechende Maßnahmen zur Verbesserung. Weiterhin sind Qualitätsmanager:innen für die Einhaltung von Standards verantwortlich, um beispielsweise Zertifizierungen von Branchenorganisationen zu erhalten.
- **Customer Insights und Experience-Manager:innen:** Diese stellen die Kund:innen in den Mittelpunkt. Als Customer-Experience-Manager:in geht es darum, die gesamte Customer Journey im Hinblick auf Verbesserungspotenzial des Kundenerlebnisses zu analysieren und entsprechende Maßnahmen zu implementieren. Customer-Insights-Manager:innen stellen hierfür Marktforschungen oder Gästebefragungen als Diskussionsgrundlage zur Verfügung. Gerade in einem Umfeld mit hohem Wettbewerb kommt der Kundenzufriedenheit eine große Bedeutung zu, um nicht nur einmalige Abschlüsse zu generieren, sondern Kunden auch langfristige zu binden.

> **Praxisfall: Customer-Experience-Management bei einem Reiseveranstalter**
>
> Customer-Experience-Manager:innen (CX-Manager:innen) sind für die Gestaltung und Verbesserung der gesamten Customer Journey verantwortlich. Zufriedene Kund:innen buchen beim gleichen Reiseveranstalter wieder – also eine Win–win-Situation! Aber wie können solche Projekte aussehen?
>
> Gibt es auf Basis von Gästefeedback oder Marktforschungen Hinweise darauf, dass in einer Phase der Customer Journey noch Optimierungspotenzial besteht, so kann der/die CX-Manager:in entsprechende Maßnahmen ergreifen. Viele Anfragen im Customer Service zum Online-Check-in-Prozess signalisieren beispielsweise Unsicherheiten aufseiten der Kund:innen. Kann man technische Gründe als Ursache für Kundenanfragen ausschließen, könnte eine frühzeitige und transparente Kommunikation zum Check-in den Kund:innen einen reibungslosen Ablauf ermöglichen. Ein/e CX-Manager:in könnte daraufhin den Vorschlag für die Erstellung eines benutzerfreundlichen Erklärvideos machen, welches Kund:innen durch den Online-Check-in-Prozess führt.
>
> Einige Verbesserungen erfordern möglicherweise mehr Zeit, Budget oder technische Anpassungen als andere. Wenn möglich, werden Pilotprojekte vorangestellt, um die Auswirkungen der Maßnahmen zu testen, bevor sie auf breiterer Basis implementiert werden.◄

Zu den **Support-Funktionen** bei einem Reiseveranstalter gehören u.a.

- **IT-Manager:innen** für die Verwaltung von IT-Systemen und -Infrastruktur

- **Controller:innen** für die Finanzplanung, Berichterstattung und Budgetierung
- **Personalmanager:innen,** die für Personalangelegenheiten, Einstellungen und Mitarbeiterentwicklung verantwortlich sind

Dazu gehören aber auch eher neue Berufsfelder wie

- **Nachhaltigkeitsmanager:innen** zur Förderung von umweltfreundlichen und sozial verantwortlichen Praktiken im Tourismus
- **Spezialist:innen für Data Science und künstliche Intelligenz (KI),** die sich auf die Implementierung von KI-Technologien konzentrieren, um personalisierte Empfehlungen, Chatbots für Kundeninteraktionen und automatisierte Prozesse bereitzustellen

Aufgaben entlang der Customer Journey
Die Customer Journey umfasst verschiedene Phasen, von der Inspiration für die Reise bis zur Rückkehr der Kund:innen. Basierend auf den bereits genannten Berufsfeldern kann man die verschiedenen Aufgaben innerhalb dieser Felder folgendermaßen verorten:

- **Vor der Reise**
  - Zurverfügungstellung relevanter Produktangebote für die entsprechende Zielgruppe sowie ergänzender Dienstleitungen
  - Bereitstellung von inspirierenden Inhalten auf der Website, in sozialen Medien oder durch Werbekampagnen sowie personalisierte Empfehlungen basierend auf früheren Buchungen oder Präferenzen
  - Transparente Darstellung von Preisen, Leistungen und Bedingungen
  - Angebot von Sonderaktionen, Rabatten oder exklusiven Vorteilen für die Buchung über den eigenen Reiseveranstalter
  - Sicherstellung eines einfachen und sicheren Buchungsprozesses online oder über andere Vertriebskanäle
  - Ergänzendes Angebot von z.B. Versicherungsoptionen und Unterstützung bei Visa-Anträgen
  - Bereitstellung von personalisierten Reiseinformationen, wie Reiseunterlagen, Checklisten und Informationen zu Visum und Gesundheit
- **Während der Reise**
  - Koordination von Transport, Unterkunft und Aktivitäten, um sicherzustellen, dass alle Reisedetails reibungslos funktionieren
  - Kontinuierliche Kommunikation während der Reise, einschließlich Updates zu Wetterbedingungen, Änderungen im Reiseplan und Notfallkontaktinformationen
  - Bereitstellung von mobilen Apps oder Plattformen für den Zugriff auf relevante Informationen während der Reise
  - Einsatzplanung von lokalen Ansprechpartnern oder Reiseleiter:innen für persönliche Unterstützung

- Überwachung der betrieblichen Abläufe, um sicherzustellen, dass die Dienstleistungen den Standards entsprechen
- Sicherstellung einer Rund-um-die-Uhr-Erreichbarkeit für Kund:innen bei Problemen oder Notfällen
- **Nach der Reise**
  - Aufforderung zur Abgabe von Feedback und Bewertungen nach der Rückkehr
  - Reaktion auf Feedback und ggf. Anpassung von Produkten oder Dienstleistungen
  - Einladung zu Kundenbindungsprogrammen

6.3 Anforderungen

Ob zur Ausbildung, nach dem Studium oder als Quereinsteiger:in – bei großen Reiseveranstaltern ist entsprechend der vielfältigen Berufsbilder auch der Einstieg sehr unterschiedlich möglich.

Die Anforderungen variieren je nach spezifischer Rolle im Unternehmen deutlich. Eine Kombination aus Ausbildung oder Studium, praktischer Erfahrung und kontinuierlicher Weiterbildung trägt dazu bei, in dieser dynamischen Branche erfolgreich zu sein.

Einige beispielhafte allgemeine Qualifikationen und Fähigkeiten, die in der Branche geschätzt werden sind:

- Ausbildung: Tourismuskaufmann (m/w/d) oder, je nach Einstiegsbereich, Ausbildungen wie beispielsweise Fachinformatiker (m/w/d) oder Kaufmann E-Commerce (m/w/d)
- Tourismusmanagement oder Betriebswirtschaftslehre (ggf. mit Schwerpunkt Tourismus): Ein Studium in Tourismusmanagement oder einem verwandten Bereich als solide Grundlage für die Anforderungen der Reisebranche
- Hotel- und Eventmanagement: Spezialisierungen in Hotel- und Eventmanagement
- Fremdsprachen: Kenntnisse in Fremdsprachen, insbesondere in den Sprachen der Zieldestinationen
- Begeisterung für das touristische Umfeld sowie eine hohe Kundenorientierung

Viele Unternehmen bieten durch eine Ausbildung, ein duales Studium oder einen Trainee-Einstieg die Möglichkeit, durch unterschiedliche Einsätze direkt einen Einblick in verschiedene Unternehmensbereiche zu erhalten. Bei einem Trainee-Programm durchläuft man in der Regel verschiedene Abteilungen zum Teil an unterschiedlichen Standorten, wird vom Unternehmen mit Weiterbildungsangeboten und Coachings unterstützt und kann sich im Unternehmen in kurzer Zeit ein großes Netzwerk aufbauen.

6.4 Arbeitszeit

Die Arbeitszeiten und vertraglichen Rahmenbedingungen bei großen Reiseveranstaltern können je nach Position und Unternehmensrichtlinien stark variieren. Hier sind einige allgemeine Aspekte, die die Arbeitszeit in diesem Bereich beeinflussen:

- **Arbeitszeiten:** Viele Mitarbeiter:innen in Vertrieb, Marketing, Produktmanagement arbeiten in der Regel während üblicher Büroarbeitszeiten, also etwa von 9:00 bis 17:00 Uhr. Für Mitarbeiter:innen, die als Organisator:innen von Veranstaltungen, im Reisebüro und Kundenservice oder als Reiseleiter:in tätig sind, können die Arbeitszeiten stark variieren. Dies kann Wochenend- und Feiertagsarbeit sowie flexible Stunden umfassen, um den Bedürfnissen der Kund:innen während ihrer Reisen gerecht zu werden.
- **Flexibilität und Homeoffice:** In einigen Positionen, insbesondere in administrativen oder IT-Bereichen, kann es Möglichkeiten für flexible Arbeitszeiten oder Homeoffice geben.
- **Teilzeit- und Vollzeitoptionen:** Viele große Reiseveranstalter bieten sowohl Vollzeit- als auch Teilzeitoptionen an, um den unterschiedlichen Bedürfnissen ihrer Mitarbeiter:innen gerecht zu werden.
- **Saisonale Schwankungen:** Aufgrund saisonaler Schwankungen in der Reisebranche kann es zu Spitzenzeiten kommen, insbesondere während Ferienzeiten oder zu bestimmten Buchungs- und Reisesaisons. In solchen Zeiten können längere Arbeitszeiten erforderlich sein. In Funktionen mit direktem Kundenkontakt, beispielsweise im Reisebüro oder Kundenservice, können unternehmensabhängig auch Urlaubssperren in diesen Spitzenzeiten definiert sein.
- **Notfälle und Krisenmanagement:** Bei Notfällen oder unerwarteten Ereignissen kann es erforderlich sein, dass Mitarbeiter:innen außerhalb der regulären Arbeitszeiten arbeiten, um Kundenunterstützung zu gewährleisten oder auf Krisen zu reagieren.

Insbesondere in Positionen, die direkten Kundenkontakt erfordern oder reisebezogene Aufgaben beinhalten, kann eine gewisse Flexibilität erforderlich sein. Es ist ratsam, die spezifischen Arbeitszeiten und Erwartungen mit dem Arbeitgeber zu besprechen, da diese von Unternehmen zu Unternehmen unterschiedlich sein können.

6.5 Weiterbildung und Karriere

Die Karrierechancen hängen in erster Linie von individuellen Faktoren wie Qualifikationen, Erfahrungen, Leistung und persönlichen Interessen ab. Das Berufsfeld bei großen Reiseveranstaltern ist dynamisch und bietet vielfältige Möglichkeiten für Mitarbeiter:innen, die bereit sind, sich weiterzuentwickeln und sich den Herausforderungen anzupassen. Eine kontinuierliche Weiterbildung, Netzwerken in der Branche und die Bereitschaft, neue Fähigkeiten zu erlernen, können die Karriereaussichten in diesem Bereich weiter verbessern.

Viele große Reiseveranstalter bieten Potenzialträger:innen auch interne Weiterbildungsmöglichkeiten an, um z.B. von einer Einstiegsposition in das Mittelmanagement oder eine Führungsposition zu wechseln. Auch können durch entsprechende Weiterbildungsangebote Spezialisten-Laufbahnen eingeschlagen werden (z.B. Nachhaltigkeitsmanager:in, Data Science).

Bei großen Reiseveranstaltern besteht zudem häufig die Möglichkeit, eine internationale Karriere anzustreben. Dies kann beispielsweise direkt in der Destination sein oder, je nach Unternehmen, in Ländern, in denen der Reiseveranstalter weitere (Vertriebs-) Standorte aufgebaut hat.

6.6　Einkommen und Benefits

Die Verdienstmöglichkeiten bei einem großen Reiseveranstalter variieren je nach Position, Erfahrung, Qualifikationen, Unternehmensgröße und Standort. Laut der Onlineplattform Kununu (vgl. www.kununu.com, Abruf am 13.02.2024) liegt das Jahresbrutto-Durchschnittsgehalt bei Reiseberater:innen bei rund 33.000 € mit einem Einstiegsgehalt von ca. 25.000 bis 29.000 € und bei Marketing-Manager:innen bei rund 49.000 € mit Einstiegsgehältern von ca. 32.000 und 41.000 €. Für Experten:innen Data Scientist wird dort hingegen von einem Durchschnittsgehalt im Jahresbrutto von rund 65.000 € bei einem Einstiegsgehalt von ca. 47.000 und 57.000 € gesprochen. Tarifverträge, Betriebsvereinbarungen und individuelle Verhandlungen können zudem die Gehälter beeinflussen. Es ist ratsam, sich an Tarifverträgen und betrieblichen Vereinbarungen des jeweiligen Unternehmens zu orientieren oder Arbeitgeber danach zu fragen.

In der Reisebranche sind oft zusätzliche Leistungen wie Reisevergünstigungen, kostenlose oder vergünstigte Reisen für Mitarbeiter:innen und ihre Familien, Weiterbildungsangebote, betriebliche Altersvorsorge und flexible Arbeitszeitmodelle üblich. Manche Unternehmen bieten auch Boni, Provisionen oder erfolgsabhängige Vergütungen, insbesondere in Vertriebspositionen.

▶　**Hinweis:** Es ist empfehlenswert, konkrete Informationen zu Gehältern und Benefits bei potenziellen Arbeitgebern direkt zu erfragen, da dies stark von der individuellen Unternehmenspolitik abhängt.

6.7 Zukünftige Entwicklungen

Inwieweit sich die Berufsfelder eines Reiseveranstalters in den nächsten Jahren entwickeln, wird maßgeblich von verschiedenen Trends und Entwicklungen in der Reisebranche beeinflusst. Aktuelle Beispiele, die sich auf die Berufsfelder in dieser Branche auswirken könnten, sind:

- **Digitalisierung und Technologie:** Künstliche Intelligenz (KI) könnte neue Positionen im Bereich der IT und Datenanalyse schaffen. Blockchain erfordert Spezialist:innen, um diese Technologie in Buchungssystemen, bei der Zahlungsabwicklung und Identitätsverifikation zu nutzen. Die Integration von Virtual Reality (VR) und Augmented Reality (AR) in Reiseerlebnisse könnte die Nachfrage nach Expert:innen erhöhen, die für die Entwicklung und Implementierung dieser Technologien verantwortlich sind.
- **Nachhaltigkeit und verantwortungsbewusstes Reisen:** Mit einem wachsenden Bewusstsein für Umweltfragen und nachhaltiges Reisen könnten Positionen im Bereich Nachhaltigkeitsmanagement zunehmend an Bedeutung gewinnen.
- **Personalisierung und Kundenerfahrung:** Unternehmen könnten verstärkt in Positionen investieren, die sich auf die Verbesserung der Kundenerfahrung konzentrieren, um dem Wettbewerbsumfeld und den gestiegenen Kundenerwartungen gerecht zu werden. Dies könnte die Schaffung von spezialisierten Funktionen im Bereich Customer-Experience-Management beinhalten.
- **Gesundheit und Sicherheit:** Gerade Reiseveranstalter sind von vielen externen Effekten betroffen, wie die Corona-Pandemie oder verschiedene Naturkatastrophen gezeigt haben. Berufe im Krisenmanagement könnten weiter an Bedeutung gewinnen, um auf unvorhersehbare Ereignisse wie Pandemien oder Naturkatastrophen angemessen zu reagieren.
- **Datenschutz und Ethik:** Mit wachsenden Bedenken hinsichtlich Datenschutz und Ethik könnten Unternehmen Positionen schaffen, um sicherzustellen, dass die Verarbeitung von Kundendaten den höchsten Standards entspricht.

6.8 Fazit

Für Menschen, die eine Leidenschaft für das Reisen haben, könnte der Berufseinstieg bei einem Reiseveranstalter besonders attraktiv sein. Insbesondere die Aussicht, an der Planung und Umsetzung von Reiseerlebnissen beteiligt zu sein und anderen die „schönste Zeit des Jahres" zu ermöglichen, ist dann besonders motivierend. Ich persönlich habe mich für die Tourismusbranche entschieden, weil sie mir Flexibilität in der Gestaltung meines Arbeitsortes und -zeiten ermöglicht, aber vielmehr noch aufgrund der offenen Unternehmenskultur. Ebenso die vielfältigen Einsatzmöglichkeiten sowie die Möglichkeit zur beruflichen Entwicklung – auf Wunsch mit internationaler Perspektive – machen den

Einstieg bei einem Reiseveranstalter meines Erachtens attraktiv. Die Reisebranche ist oft dynamisch und schnelllebig, was für alle, die Abwechslung und Herausforderungen schätzen, anziehend sein kann. Es gibt immer neue Trends, Technologien und Entwicklungen, die die Branche beeinflussen. Welche weiteren Berufsfelder hier entstehen, wird die Zeit zeigen.

Dr. Christiane Klarmann ist Leiterin Customer Insights & Experience bei der TUI Deutschland GmbH. Nach ihrem wirtschaftswissenschaftlichen Studium sowie der Promotion im Bereich Marketing und Management an der Leibniz Universität Hannover konnte sie langjährige Berufserfahrungen im Bereich der Betriebs- und Institutsmarktforschung sammeln. Christiane Klarmann ist Expertin auf dem Gebiet Loyalty und Customer-Experience-Management. Zudem hat sie sich der kundenzentrierten Unternehmensführung verschrieben, welche sie sowohl in den strategischen Berufsrollen als auch in ihrer selbstständigen Beratungstätigkeit unter Beweis gestellt hat.

Arbeiten im Account-Management bei Online Travel Agencies

Daniela Patzelt

Inhaltsverzeichnis

7.1 Einleitung ... 68
7.2 Aufgaben ... 68
7.3 Anforderungen ... 70
7.4 Arbeitszeit ... 71
7.5 Weiterbildung und Karriere ... 71
7.6 Einkommen und Benefits ... 72
7.7 Selbstständigkeit ... 72
7.8 Zukünftige Entwicklungen ... 72
7.9 Fazit ... 73

Zusammenfassung

Das Account-Management einer Online Travel Agency (OTA) ist verantwortlich für die ideale Buchbarkeit von Betrieben und ihren Angeboten auf der jeweiligen OTA. Booking.com, Expedia oder HRS sind bekannte Beispiele für OTAs. Das beinhaltet die Analyse, was von den Gästen gesucht und gebucht wird, und die Beratung der Partnerbetriebe, um gewinnbringende Lösungen für alle Seiten zu finden. Um die Optimierung des Angebots erfolgreich zu gestalten, muss die Situation der Partner verstanden und mit den Bedürfnissen der Gäste zusammengebracht werden. Account-Manager:innen kommunizieren mit Betrieben und sorgen für eine vertrauensvolle Partnerschaft. Das erfordert Interesse am Umgang mit Menschen, aber auch an Daten. Zusätzlich ist ein hohes Maß an Flexibilität erforderlich, um sich in dem dynamischen Umfeld wohlzufühlen. Der Wunsch nach Weiterbildung und dem Aufbau neuer Fähigkeiten wird

D. Patzelt (✉)
Innsbruck, Österreich

gefördert. Die Branche besteht aus relativ großen Unternehmen, es können Netzwerke aufgebaut werden und es besteht die Chance, unterschiedliche Karrierewege zu nutzen.

7.1 Einleitung

Die Tätigkeitsbereiche in einer Online Travel Agency (OTA) sind vielseitig. Booking.com, Expedia oder HRS sind bekannte Beispiele für OTAs. Dieser Beitrag fokussiert sich auf einen gängigen Karriereweg von Personen mit Studienabschluss im Bereich Tourismus – das Account-Management.

Kundenbedürfnisse und das Gästeverhalten sind keine Konstanten. Der Wandel beschleunigt sich seit verstärkter Präsenz von Onlinebuchungen. Das Buchungsverhalten ist oft nicht im Einklang mit den Wünschen und Erwartungen der Betriebe, die diese Buchungen generieren wollen. In den meisten Fällen handelt es sich bei den Partnern um Unterkunftsbetriebe, teils aber auch um andere relevante Anbieter touristischer Infrastruktur wie Fluglinien, Autovermietungen und Freizeitparks.

7.2 Aufgaben

Die Hauptaufgabe des Account-Managements einer OTA besteht darin, die Bedürfnisse der Gäste sowie die kommerziellen Ziele der Partnerbetriebe zusammenzubringen und für die Gäste das optimale Angebot verfügbar zu machen. Praktisch gesehen heißt das, dass Betriebe beraten werden, wie sie ihre Buchungen über den jeweiligen Onlinekanal erhöhen und optimieren können.

Account-Manager:innen tragen die Verantwortung für eine Anzahl von Unterkünften bzw. für eine Destination. Das Ziel ist, ein passendes Angebot für den Gast im jeweiligen Markt zur Verfügung zu stellen. OTAs funktionieren anders als klassische Reiseveranstalter. OTAs schnüren mit wenigen Ausnahmen selbst keine Angebote. Die Angaben über das jeweilige Angebot kommen direkt von den Betrieben, die das System ihrerseits verwalten und Verfügbarkeiten, Preise, Restriktionen, Fotos, Zimmertypen etc. einspeisen.

Je nach Marktpenetration und der OTA können die Aufgaben von Account-Manager:innen unterschiedlich sein. Ist die OTA neu auf dem entsprechenden Markt, kümmern sich die Account-Manager:innen um die Akquise und Onlinestellung neuer Vertragspartner:innen und optimieren gleich zu Beginn den Auftritt der Unterkunft. In diesem Szenario teilt sich der Arbeitsalltag in drei Bereiche:

1. **Planung und Priorisierung:** Account-Manager:innen analysieren die Marktsituation und das Gästeverhalten und ziehen so Schlüsse, nach welchen Kriterien sie vorgehen werden. Sind beispielsweise Apartments besonders beliebt, wird dieser Unterkunftstyp

prioritär behandelt. Sind in einer Stadt genügend Unterkünfte vorhanden, aber im Messezentrum gibt es zu wenig Angebot, wird die Strategie dementsprechend angepasst. Diese Priorisierung wird ständig adaptiert und durch Erfahrungswerte angepasst.
2. Die praktische Planung darf nicht unterschätzt werden. Über welchen Kommunikationsweg werden die potenziellen Partner angesprochen? Inwieweit stehen Kontaktdaten zur Verfügung? Wie wird die Zeit der Account-Manager:innen effizient genutzt?
3. **Akquise:** Account-Manager:innen kontaktieren den potenziellen Partner und bringen den Betrieb idealerweise auf die Plattform. Meist geschieht das durch persönliche Gespräche mit den Eigentümern oder Geschäftsführern der Unterkünfte. In diesen Gesprächen stellt man das Unternehmen vor, bespricht Vertragsbestimmungen und skizziert den Mehrwert einer Partnerschaft.
4. **Onlinestellung:** Die technologischen Systeme der OTAs ermöglichen eine schnelle (und teils vom Partner gesteuerte) Onlinestellung. Account-Manager:innen stellen sicher, dass die Qualität des neuen Partnerprofils gewährleistet ist, und geben Empfehlungen zur Optimierung.

Die Aufgabenstellung verändert sich, wenn sich die OTA auf einem Markt etabliert hat und grundsätzlich über genügend Vertragspartner verfügt. In dieser Situation geht es darum, herauszufinden, wie das Konsumentenverhalten in mehr Buchungen konvertiert werden kann.

- **Marktanalyse und Planung:** OTAs verfügen über viele Daten zum Such- und Buchungsverhalten auf ihrer Plattform. Aufgabe von Account-Manager:innen ist es, diese Daten in Maßnahmen zur Buchungssteigerung zu übersetzen. Dabei wird der Markt analysiert und Handlungsmöglichkeiten werden definiert. Die Gäste haben die Möglichkeit, viele Doppelzimmer zu buchen, suchen aber vermehrt nach Einzelzimmern. Es gibt viel Angebot für Wochenaufenthalte, die Gäste suchen aber nach Kurzurlauben. Es gibt zu viel Angebot in einem Segment, aber die Auslastung ist gering. Account-Manager:innen verfügen über viel Wissen zum Markt und den Partnern und können so abschätzen, welche Möglichkeiten bei den Partnern bestehen, solche Buchungsoptimierungen umzusetzen.
- **Optimierung:** Nach der Marktanalyse und basierend auf den Prioritäten für die OTA besprechen Account-Manager:innen diese Möglichkeiten mit den Ansprechpersonen der Betriebe. Diese haben ihrerseits auch unternehmerische Bedürfnisse und Zielsetzungen. Account-Manager:innen suchen nach Lösungen, die Situation des Betriebs mit den Erkenntnissen aus den Daten der OTA in Einklang zu bringen und so das Partnerprofil zu optimieren. Dabei müssen die Account-Manager:innen die Situation und Hintergründe des Betriebes verstehen, ein vertrauensvolles Arbeitsverhältnis aufbauen, die Möglichkeiten zur Buchungsoptimierung erklären und diese mit Zahlen oder Beispielen untermauern.

- **Maßnahmenanalyse:** Nach erfolgreicher Umsetzung einer Optimierungsmöglichkeit verfolgen Account-Manager:innen den Erfolg der Maßnahme und besprechen die Resultate oder etwaige Anpassungen mit dem Partner.

Priorisierung und effizienter Einsatz der eigenen Zeit sind in beiden Situationen unerlässlich. Es gibt aber Hilfestellungen. OTAs arbeiten mit Zielsetzungen. Je nach Priorität und Marktsituation der OTA weiß jede:r Account-Manager:in, welche Ziele in einer bestimmten Periode zu erreichen sind. Die Verantwortung für die Umsetzung dieser Zielvorgaben im Markt liegt bei den Account-Manager:innen.

Eine weitere Aufgabe von Account-Manager:innen ist die Vernetzung mit relevanten Stakeholdern im Markt. Dabei handelt es sich meist um Tourismusorganisationen oder Anbieter anderer touristischer Infrastruktur. In manchen Märkten wird die Partnerbetreuung auch über Messen oder Workshops angeboten, die vom Account-Management vorbereitet und durchgeführt werden.

Das Account-Management ist die Schnittstelle des Unternehmens zu den Partnern. Für den Partner sind die Account-Manager:innen auch oft emotionaler Anker der Partnerschaft. Daher ist es auch die Aufgabe der Account Manager:innen, Hintergründe der Unternehmensvision der OTA für die Partner verständlich zu machen und das Vertrauen in die Partnerschaft zu stärken.

Ein Teil des Arbeitsalltags von Account-Manager:innen besteht im Außendienst. Vor Ort im persönlichen Gespräch ist es einfacher, Vertrauen aufzubauen und Bedürfnisse wirklich zu verstehen. Je nach OTA und Marktsituation kann diese Zeit im Außendienst zwischen 20% und 70% der Arbeitszeit betragen.

7.3 Anforderungen

Die OTA-Branche ist durch ihre technische Fundierung sehr schnelllebig und ambitioniert. Daher ist **Flexibilität** eine Kernfähigkeit aller Mitarbeiter:innen einer OTA. Prioritäten, Systeme oder Zielsetzungen können sich ändern und damit muss man flexibel umgehen können.

Im Account-Management ist **Lösungsorientierung** gefragt. Gegensätzliche Bedürfnisse scheinen unmöglich befriedigt werden zu können. Account-Manager:innen finden Kompromisse und Win–Win-Situationen.

Um die Gästebedürfnisse verstehen zu können, sind ein hohes Maß an **Datenverständnis** und die Fähigkeit, aus diesen Daten Maßnahmen abzuleiten, erforderlich. Um die Bedürfnisse und Möglichkeiten des Partners zu verstehen, ist **Kommunikationsfähigkeit** wichtig. Es müssen die richtigen Fragen gestellt werden, um die Hintergründe freizulegen und somit bessere Lösungen zu finden. Das erfordert gute Menschenkenntnis, aber auch das nötige Selbstbewusstsein, um rational sinnvolle Maßnahmen debattieren zu können und emotionale Reaktionen zu relativieren.

Selbstständiges Arbeiten (durch die Eigenverantwortung im Markt), Teamfähigkeit und die Fähigkeit zur Reflexion und Adaptierung der eigenen Vorgehensweise verbessern die Ergebnisse von Account-Manager:innen.

Arbeitserfahrung in Bereichen Sales, Hotellerie oder Revenue-Management und eine fundierte theoretische Ausbildung sind von Vorteil. Ein Hochschulabschluss in den Bereichen Betriebswirtschaft, International Business oder Tourismusmanagement ist förderlich, wird aber nicht vorausgesetzt.

7.4 Arbeitszeit

Da die Aufgaben im Account-Management eigenverantwortlich zu bearbeiten sind, besteht oft keine fixe Anfangs- und Endzeit. Account-Manager:innen sind selbst für die Zeiteinteilung zuständig. Um Teams effizient zu nutzen, gibt es Kernzeiten, in denen alle anwesend sein sollten. Arbeitszeiten am Wochenende oder an Abenden sind nur in besonderen Fällen wie z.B. bei Messen oder Partnerevents üblich.

Der Job im Account-Management ist in der Regel Vollzeit, aber auch Teilzeit ist möglich. Durch die Marktbetreuung vor Ort arbeiten die meisten Account-Manager:innen in Vollzeit. Die Arbeitszeiten bei Teilzeitstellen werden mit den Teams individuell besprochen.

Überstundenpauschalen sind durch die hohe Reisetätigkeit üblich und werden auf das Gehalt aufgeschlagen.

Die Tätigkeiten in einer OTA sind gut mit Homeoffice vereinbar. Da in der Position des:der Account Manager:in auch viel Reisetätigkeit nötig ist, ist die Möglichkeit zum Homeoffice bei Aufgaben im Außendienst allerdings limitiert. Meist ist ein bestimmter Anteil der Arbeitszeit im Homeoffice möglich. Diese Zeit ist entweder frei vom Mitarbeiter einzuteilen oder im Team geregelt.

7.5 Weiterbildung und Karriere

Durch die hohe Dynamik der Branche wird Weiterbildung forciert. Zum einen ist es wichtig für OTAs, dass sich jede:r Mitarbeiter:in ständig verbessert und daher im Job weiterbildet. Nur durch eine hohe Qualität im Account-Management werden Partnerbetriebe den Ratschlägen zur Verkaufsoptimierung vertrauen. Daher bieten OTAs intern Weiterbildungen zu den Kernkompetenzen an. Dazu zählen Verkaufstrainings, Kommunikationsschulungen, aber auch „On the job"-Training wie gemeinsame Termine mit Kolleg:innen mit konkretem Feedback.

Individuelle Weiterbildung je nach späteren Karrierezielen ist von OTAs meist gewünscht und wird unterstützt. Teamleiter:innen helfen den Account-Manager:innen nach Definition des Karriereziels mit konkreten Schritten bei dem Aufbau der erforderlichen Fähigkeiten. Durch die Erfahrung im Account-Management erwirbt man Fähigkeiten, die in zentralen Stellen der OTAs gebraucht werden. Der Karriereweg in spezifische Sparten mit mehr strategischer Verantwortung (wie ein Start-up in der etablierten OTA) oder ins Projektmanagement ist möglich. Auch die Spezialisierung auf besonders wichtige Kunden (z.B. Hotelketten, große Fluglinien o.Ä.) kann angestrebt und auf dem Karriereweg erreicht werden. Ein weiteres mögliches Karriereziel kann die Mitarbeiterführung sein. Auch in diesem Fall werden gemeinsam mit der Teamleitung Prioritäten in der Weiterbildung definiert und es können Aufgaben im Team übernommen werden. Da OTAs Bedarf an guten internen Kandidat:innen für all diese Stellen haben, werden Motivierte bei ihrer Weiterbildung gerne unterstützt.

Darüber hinaus haben OTAs meist Partnerschaften mit Online-Learning-Diensten, was allen ermöglicht, Online-Kurse zu besuchen und Fähigkeiten aufzubauen oder zu verbessern. Das können Sprachkenntnisse sein oder auch Soft Skills wie Zeitmanagement.

7.6 Einkommen und Benefits

Die Gehaltssysteme der OTAs beinhalten ein Fixgehalt und variable erfolgsabhängige Komponenten. In der Regel ist das Fixgehalt deutlich höher als die erfolgsabhängigen Komponenten. Je nach OTA – aber auch Qualifikation, Zeit im Unternehmen oder Leistungen der Vergangenheit – können Gehälter unterschiedlich sein. Die Gehälter liegen in der Branche aber deutlich über dem Kollektivvertrag. Der variable Teil des Gehaltes basiert entweder auf der eigenen Leistung oder auf dem Erfolg des Unternehmens oder des Teams.

Zusätzlich zum Gehalt bieten OTAs andere Benefits an. Das können Vergünstigungen bei Buchungen sein, aber auch andere Leistungen wie z.B. Fitnessstudio-Mitgliedschaften.

7.7 Selbstständigkeit

Account-Manager:innen sind in den meisten Fällen bei den OTAs angestellt. In Einzelfällen wird mit selbstständigen Account-Manager:innen gearbeitet.

7.8 Zukünftige Entwicklungen

Die größte technologische Veränderung liegt in der Weiterentwicklung der künstlichen Intelligenz. Dieses Potenzial werden auch OTAs nutzen, um die Qualität zu optimieren und Arbeitsabläufe effizienter zu gestalten. Für das Account-Management könnte das eine erhöhte Qualität bei den Datenauswertungen bedeuten. Es besteht auch die Chance, einfache Arbeiten an die Technologie abzugeben und daher mehr Zeit für zwischenmenschliche Kontakte zu gewinnen.

Die Gäste möchten die Einzelkomponenten ihrer Reise selbst bestimmen, aber am liebsten alles an einem Ort buchen, verwalten und verändern können. Der Trend geht zum One-Stop-Shop. OTAs bieten daher auch immer mehr Reisedienstleistungen an. Für Account-Manager:innen entstehen so Chancen, neue Aufgabenfelder zu übernehmen oder auch neue Karrierewege einzuschlagen.

7.9 Fazit

Wer gerne mit Menschen arbeitet und technologieaffin ist, fühlt sich im OTA-Segment sicher wohl. Die Branche ist sehr schnelllebig und durch neue technologische Entwicklungen verändern sich das Produkt, einzelne Leistungen und daher auch der eigene Aufgabenbereich ständig. Man hat die Möglichkeit, Fortschritt mitzugestalten, und lernt im Account-Management spannende Menschen kennen, kann komplexe Situationen meistern und sich selbst verwirklichen.

Daniela Patzelt verfügt über mehr als zehn Jahre Erfahrung im Bereich E-Commerce und OTAs. Nach direkter Marktbetreuung im Account-Management wechselte sie in die Teamleitung und führte unterschiedliche Sales-Teams in verschiedenen Ländern. Ihre Expertise bezieht sich auf zwei Bereiche: einerseits die regionale Strategieentwicklung im Einklang mit Unternehmenszielen inklusive deren konkreter Umsetzung (Stakeholder-, KPI-, Change-Management) und andererseits auf den Bereich Personalentwicklung (Coaching, Sales-Trainings, Talentförderung).

Arbeiten in Marketing- und PR-Agenturen   8

Lena Kleininger

Inhaltsverzeichnis

8.1	Einleitung	76
8.2	Aufgaben	77
8.3	Anforderungen	80
8.4	Arbeitszeit	80
8.5	Weiterbildung und Karriere	81
8.6	Einkommen	81
8.7	Selbstständigkeit	82
8.8	Zukünftige Entwicklungen	82
8.9	Fazit	82

Zusammenfassung

In einer Marketing- und PR-Agentur der Tourismus- und M.I.C.E.-Branche konzentrieren sich die Aktivitäten auf Marketing, Vertrieb und Öffentlichkeitsarbeit inklusive Social-Media-Aktivitäten. Ziel ist es, Destinationen, Hotels und touristische Dienstleister zu bewerben. Die Arbeit im Rahmen der Betreuung von Kund:innen umfasst die Entwicklung von Maßnahmenplänen mit Budgetverantwortung sowie die Umsetzung der jeweiligen Marketing- und PR-Aktivitäten. Dabei werden verschiedene Zielgruppen angesprochen, von Reiseveranstaltern über Medien bis hin zu Endverbraucher:innen. Eine enge Zusammenarbeit zwischen den Abteilungen der Agentur ist entscheidend, um Synergien zu nutzen. Krisen-PR ist ein wichtiger Aspekt, ebenso wie die Nutzung von Social Media und Online-Marketing. Im Bereich Leisure-Marketing werden Freizeitaktivitäten und -erlebnisse beworben, während sich M.I.C.E.-Marketing

---

L. Kleininger (✉)
MMGY Lieb, München, Deutschland

auf Geschäftsveranstaltungen konzentriert. Die Anforderungen an Mitarbeiter:innen umfassen Flexibilität, Sprachkenntnisse und eine Leidenschaft für Reisen. Die Arbeitszeiten sind flexibel, sie beinhalten auch das Arbeiten am Abend oder Wochenende. Weiterbildungsmöglichkeiten und Karriereentwicklung sind vorhanden, Freelance-Tätigkeit ist eine Option. Die Arbeit in Marketing- und PR-Agenturen in der Tourismusbranche bietet Vielfalt und Abwechslung, während sich die Branche selbst durch Digitalisierung, neue Technologien und steigendem Umweltbewusstsein ständig verändert.

8.1 Einleitung

In einer Marketing- und PR-Agentur (von engl. „Public Relations" = Öffentlichkeitsarbeit) mit Fokus auf die Tourismus- und M.I.C.E.-Branche geht es um die Umsetzung von Maßnahmen für Marketing, Sales, Presse- und Öffentlichkeitsarbeit sowie Influencer Relations (die Zusammenarbeit mit erfolgreichen Influencern, um über diese Aufmerksamkeit zu generieren). Dabei werden sowohl Destinationen als auch Hotels und andere touristische Leistungsträger wie Kreuzfahrt- und Fluggesellschaften oder Freizeitparks beworben. Unternehmen entscheiden sich für die Zusammenarbeit mit Agenturen, wenn sie Services nicht selbst darstellen können oder wollen. Wenn ein Fremdenverkehrsbüro beispielsweise keine eigene Geschäftsstelle im DACH-Markt (Deutschland, Österreich, Schweiz) eröffnen möchte, erteilt es einer Agentur den Auftrag es zu repräsentieren. Das Gleiche gilt, wenn Unterstützung in einzelnen Bereichen benötigt wird. Mit den Kunde:innen werden, im Unterschied zu Unternehmensberatungen (vgl. Kap. 25), langfristige Beziehungen aufgebaut und es wird stärker an der Umsetzung von Projekten gearbeitet. Es gibt spezialisierte Agenturen, z.B. Kommunikationsagenturen, und Agenturen mit einem umfassenden Leistungsportfolio.

Als Mitarbeiter:in ist man Repräsentant:in von touristischen Produkten. Bei der Umsetzung der Marketing-, Sales- und PR-Maßnahmen wird nach den Zielgruppen, also B2B, B2C oder B2B2C, unterschieden. Zielgruppen im Consumer-orientierten B2B-Bereich sind Reiseveranstalter, -büros und weitere Branchenvertreter; im firmen- bzw. gruppenorientierten (M.I.C.E.) B2B-Bereich sind dies Unternehmen, Verbände, Event- und Incentive-Agenturen sowie Professional Conference Organisers (PCO). Im Rahmen von B2C-Aktivitäten wird der Endverbraucher angesprochen, also die potenziellen Besucher:innen/Gäste/Kund:innen eines touristischen Produktes. Marketingmaßnahmen werden entweder direkt oder in Kooperation mit B2B-Partnern umgesetzt. Bei gemeinsamen Aktionen mit B2B-Partnern (wie z.B. Reiseveranstaltern oder auch bekannten Mode- oder Lebensmittelmarken), die Endverbraucher ansprechen, wird von B2B2C-Maßnahmen gesprochen.

8.2 Aufgaben

Die tägliche Arbeit fokussiert sich darauf, die Bekanntheit der Destinationen und touristisch tätigen Unternehmen zu erhöhen, deren Image positiv zu beeinflussen, die Markenpositionierung zu stärken, neue Zielgruppen zu erreichen sowie Besucherzahlen und Umsätze zu steigern. Die Aufgaben spannen sich entlang der touristischen Wertschöpfungskette (z.B. Hotellerie und Gastronomie, Reiseveranstalter und -mittler, Verkehrsträger und Betriebe der Freizeitwirtschaft).

Sobald eine Destination, ein Hotel oder ein touristisches Produkt Teil des Kundenportfolios einer Agentur wird, wird ein erfolgversprechender Maßnahmenplan („Actionplan") für die Marketing-, Sales-, und PR-Aktivitäten anhand der individuellen Bedürfnisse und Ziele des Kunden entwickelt, bevor die Agentur-Mitarbeiter:innen mit der Umsetzung beginnen. Der Maßnahmenplan verschafft dem:der Mitarbeiter:in einen guten Überblick über die bisherige Zielerreichung und den Stand der vereinbarten Aktivitäten.

Zur Kontrolle der täglichen Arbeit helfen Reports, die sowohl die realisierten Aktivitäten darstellen als auch Zahlen zur Erfolgsmessung zugrunde legen. Dazu zählen sowohl Besucher- oder Verkaufszahlen als auch die die Anzahl erfolgreich realisierter Artikel, Erwähnungen, Posts, Beiträge etc. Je nach Wunsch werden Reports wöchentlich, monatlich oder auch quartalsweise erstellt. So haben die Agentur-Mitarbeiter:innen und Kund:innen einen Überblick über den Erfolg der Arbeit und können bei Bedarf Anpassungen der jeweiligen Maßnahmen vornehmen. Das Reporting ist also ein maßgeblicher Bestandteil der Arbeit – egal, ob es um PR & Social Media, Leisure- oder M.I.C.E.-Marketing geht.

Die Aktivitäten lassen sich den verschiedenen Fachgebieten der Agentur zuordnen, da sie unterschiedlich bearbeitet werden. So zum Beispiel PR, Social-Media- und Online-Marketing, Leisure Marketing und Sales sowie M.I.C.E. Um Synergien zwischen den einzelnen Bereichen zu nutzen und die Kund:innen über verschiedene Abteilungen hinweg zu betreuen, ist die effizienteste Herangehensweise, einen bestimmten Quellmarkt (in dem Fall DACH) zu bearbeiten. Dabei geht es vor allem darum, sich im Team eng abzusprechen,die Maßnahmen sinnvoll aufeinander abzustimmen und zu kombinieren.

PR und Krisen-PR

In der PR ist das übergeordnete Ziel, möglichst viele Mediendarstellungen für die Kund:innen zu erreichen. Dabei fungiert die Agentur als externe Pressestelle, ist also verantwortlich für die Beantwortung von Presseanfragen sowie die Streuung von Informationen. Diese zielgerichteten Informationen werden vorab vom Team erstellt. Dazu gehört z.B. das Verfassen von verschiedenen Texten wie Pressemeldungen, Factsheets, Newslettern, Pressemappen oder weiteren Inhalten, idealerweise gepaart mit Bild- und/oder Videomaterial, welches von den Kund:innen zur Verfügung gestellt wird. Um weitere Darstellungen in Medien zu erhalten, setzt eine Agentur auch (teils bezahlte) Medienkooperationen um. Hierbei handelt es sich um klassische Werbeanzeigen oder Advertorials, also die redaktionelle

Aufmachung einer Werbeanzeige, aber auch Gewinnspiele oder besondere Leserreisen. In der Pressearbeit sind Kontakte zu den richtigen Medienvertreter:innen die Königsdisziplin. Aus diesem Grund ist es wichtig, die Kontaktdatenbank der Agentur zu pflegen, aber auch persönliche Beziehungen zu stärken. Darüber hinaus organisieren Agenturen Presseevents, bei denen die Kund:innen den Medien präsentiert werden, oder es werden persönliche Gespräche verabredet. Eines der wichtigsten Themen, um Ergebnisse zu erzielen und in den Medien dargestellt zu werden, sind im Tourismus die Medien-Reisen. Dabei werden in der täglichen Arbeit Reisen passend zu den vorher gemeinsam entwickelten Geschichten organisiert – für kleine Gruppen oder individuelle Medienvertreter:innen bzw. Influencer. Gruppenpressereisen werden in der Regel von den verantwortlichen Manager:innen des Teams begleitet.

Krisen-PR als eigenes Thema spielt in der Touristik eine wichtige Rolle. Tragische Ereignisse, wie beispielsweise das Busunglück auf Madeira im Jahr 2019, bei dem deutsche Gäste ums Leben gekommen sind, oder die Ölkatastrophe in Florida im Jahr 2010, die viel Zerstörung im Bundesstaat hinterließ, können immer passieren. Die PR-Abteilung muss hier zeitnah ansprechbar zu sein, über die konkreten Maßnahmen und weitere Kommunikation mitentscheiden und diese umsetzen.

PR- und Marketing-Maßnahmen überschneiden sich häufig, weswegen eine strikte Trennung der beiden Bereiche schwierig ist. So ist beispielsweise Media Buying, also der Einkauf von Medienpräsenz beziehungsweise Anzeigen, eigentlich klassisch eine Marketingaktivität, wird aber oft auch von der PR-Abteilung realisiert, um mögliche Synergien besser im Griff zu haben. Auch Content-Entwicklung und -marketing kann von beiden Fachbereichen umgesetzt werden.

Social-Media- und Online-Marketing

Social-Media- und Online-Marketing sind ein zentraler Teil des Kommunikationsmixes für touristische Unternehmen. Um eine möglichst hohe Reichweite zu erhalten, werden im Marketing zielgerichtete Kampagnen erarbeitet und umgesetzt. Dazu gehören die Entwicklung und Verbesserung, aber auch das Management von Social-Media-Auftritten auf allen relevanten Plattformen wie Facebook, Instagram, TikTok und LinkedIn, aber auch die strategische Beratung, Entwicklung und Gestaltung der Inhalte („Content") sowie das Community-Management. Im Rahmen des Community-Managements wird direkt mit der Gemeinschaft („Community") interagiert, indem zum Beispiel Foren moderiert werden. Daran schließt direkt das Thema Online-Marketing an, das in Form von Suchmaschinenoptimierung (SEO), Suchmaschinenmarketing (SEM), aber auch über das Handling zahlreicher Formen von Online-Anzeigen (z.B. Paid Content, Native Ads, Google Display Ads etc.) inklusive Design und strategischer Ausrichtung umgesetzt wird. Bei der Entwicklung von Kampagnen werden die Bedürfnisse der Agenturkunden und deren Zielgruppen berücksichtigt, und die Entwicklung wird in Stadien aufgeteilt: vom erstmaligen Schaffen von Aufmerksamkeit („Awareness") über den Markenaufbau („Reputation Building") bis zum Verkauf von Produkten und Dienstleistungen.

Leisure-Marketing & Sales
Leisure-Marketing beschreibt Marketingstrategien und -aktivitäten, die darauf abzielen, Produkte oder Dienstleistungen in Verbindung mit Freizeitaktivitäten und -erlebnissen zu fördern, in diesem Fall eben dem Reisen. Zu den Aufgaben im Bereich Leisure-Marketing und Sales zählen das Organisieren und Durchführen von Events, Trainings und Workshops sowie die Organisation von sogenannten Sales Calls, also persönlichen Terminen, und Sales Missions oder auch Roadshows, bei denen zahlreiche Trainings im Rahmen von größeren Veranstaltungen angeboten werden. Hierbei geht es vor allem um die Schulung von Branchenpartnern wie Reisebüros oder Reiseveranstaltern über die touristischen Produkte und die Vermittlung topaktueller Neuigkeiten, z.b. neue Attraktionen, Hotels, Renovierungen etc. Um noch tiefer einzusteigen, planen und organisieren Agenturen sogenannte Familarization Trips (kurz: Fam Trips), also Informationsreisen, um Branchenvertreter mit Destinationen, Hotels und weiteren touristischen Produkten, die Agenturen zu ihren Kund:innen zählen, vertraut zu machen. Kampagnen werden, wie bereits erläutert, B2B, B2C oder B2B2C entwickelt und realisiert. Diese Art von Promotions wird aus dem Marketing-Mix bedient – von klassischen Out-of-Home-Kampagnen („Außenwerbung") über Online- und Social-Media-Werbung bis hin zu Promotion-Aktivitäten mit nicht-touristischen Marken. In der Regel werden verschiedene Aktivitäten kombiniert, um maximale Erfolge zu erzielen. Dabei bleibt die Agentur immer informiert über die neuesten Entwicklungen und führt auch Markt- und Trendanalysen für die Kund:innen durch.

M.I.C.E.-Marketing & Sales sowie -PR
Die M.I.C.E.-Branche ist eine spezielle Sparte innerhalb der Touristik, die aufgrund der eigenen Zielgruppen auch mit eigenen Maßnahmen bearbeitet wird. M.I.C.E. steht für den bedeutenden Markt der Meetings, Incentives, Congresses und Exhibitions/Events, die einen großen Teil des weltweiten Geschäftsreiseverkehrs ausmachen. Ziel dieser Veranstaltungen ist es, Fachleute zusammenzubringen, Kontakte zu pflegen, neue Ideen zu fördern oder das Team eines Unternehmens durch gemeinsame Erlebnisse durch sogenannte Incentive-Reisen zu motivieren. M.I.C.E.-Marketing ist darauf ausgerichtet, die Bedürfnisse von Unternehmen, Organisationen und Einzelpersonen zu verstehen, die in irgendeiner Weise in die Planung, Organisation oder Teilnahme an eben solchen Meetings, Incentives, Kongressen und Exhibitions/Events involviert sind. Kunden sind Destinationen oder auch Hotels, die sich für große Gruppen eignen. Ziel ist es, die Möglichkeiten für Veranstaltungen und die geeigneten Anbieter vor Ort innerhalb der entsprechenden Zielgruppen bekannter zu machen. Zur Zielgruppe gehören Unternehmen, Event- und Incentive-Agenturen, Professional Conference Organiser (PCO) sowie Verbände, die regelmäßig Veranstaltungen durchführen. Im Umgang mit der Zielgruppe helfen besonders Datenbanken mit relevanten Kontakten, deren Pflege das A und O ist, und auf Basis derer Aktivitäten wie Telemarketing, persönliche Meetings, Sales Missions mit Kund:innen, Events, Roadshows oder auch Informationsreisen umgesetzt werden. Auch in der PR werden diese speziellen Kontakte über (soziale) Medien

angesprochen – sei es direkt über M.I.C.E.-Fachmedien oder indirekt beispielsweise über Branchen- oder Wirtschaftsmedien.

8.3 Anforderungen

Zum Start in einer Agentur ist ein Studium von Vorteil – dabei ist es aber nicht zwingend nötig, sich auf die Fachrichtung Tourismus, Marketing oder PR festgelegt zu haben. Auch eine Ausbildung und ausreichende Kenntnisse der Touristik, die man gewinnbringend nutzen kann, können den Job in einer Agentur möglich machen. Engagement, Begeisterung und Leidenschaft sind die wichtigsten Anforderungen an Mitarbeiter:innen. Deutsch und Englisch sollten verhandlungssicher beherrscht werden – mündlich und schriftlich – weitere Sprachen sind wünschenswert. Wichtig für die Arbeit in einer Marketing- und PR-Agentur ist auch, dass man offen für Neues und über Trends informiert ist, sich ausprobieren will und gerne kreativ arbeitet. Außerdem sollte man auch privat eine Begeisterung für das Reisen mitbringen, denn das gehört definitiv zum Alltag. Zuletzt sind häufig auch Eigenverantwortung und Selbstmotivation wichtige Schlagwörter für die tägliche Arbeit. Die Betreuung von Kund:innen in Eigenregie bringt große Flexibilität mit sich, aber auch große Verantwortung. Ein kompetentes und souveränes Auftreten und eine gute Selbsteinschätzung sollten ebenfalls zu den Fähigkeiten gehören.

Um sich in einer Agentur wohlzufühlen, sollte man viel Flexibilität mitbringen, man muss schnell „umschalten" und gleichzeitig an verschiedenen Projekten arbeiten können. Wichtig ist auch der Dienstleistungs- und Beratungsgedanke:eine Agentur ist Dienstleister und versucht, den Wünschen der Kund:innen so gut es geht nachzukommen. Gleichzeitig ist die Agentur Berater und empfiehlt auf Erfahrung studienbasierte Maßnahmen.

8.4 Arbeitszeit

Die Arbeitszeiten in einer Marketing- und PR-Agentur richten sich stark nach den Bedürfnissen der Kund:innen und den jeweiligen Planungen, sind also sehr flexibel. Wenn ein Kunde beispielsweise eine große Zeitverschiebung hat, müssen die Kolleg:innen auch abends erreichbar sein, dafür fangen sie dann morgens später an. Zu den Aufgaben zählen Events, Roadshows, Fam Trips, Messen etc. – für die meisten Kolleg:innen der schönste Teil des Jobs. Jedoch bringt das mit sich, dass man auch mal am Wochenende und abends arbeiten muss. Getreu dem Motto der Flexibilität können die Kolleg:innen es an anderen Tagen dafür entspannter angehen lassen. Auch die Arbeit in Teilzeit ist möglich, z.B. bei familiären Verpflichtungen. Dann wird versucht, „passende" Kund:innen für die jeweiligen Mitarbeiter:innen zu finden und die Arbeit entsprechend der Verfügbarkeiten einzuteilen. In einer Marketing- und PR-Agentur im Tourismus gibt es Stoßzeiten im Jahr.

So ist beispielsweise vor der Internationalen Tourismus-Börse (ITB), der größten Tourismusmesse der Welt, die jedes Jahr Anfang März in Berlin stattfindet, immer sehr viel zu tun, dafür ist es im Hochsommer meist etwas ruhiger, weil da die Hauptreisezeit ist. Grundsätzlich ist aber immer etwas los.

8.5 Weiterbildung und Karriere

Eine Agentur als Arbeitgeberin sollte die Mitarbeiter:innen bei der Weiterbildung und dem Erlangen neuer Kenntnisse unterstützen. Wenn Mitarbeiter:innen zusätzliche Kenntnisse erwerben, profitieren davon auch die Agentur und die Kund:innen. Je nach Struktur der Agentur kann man sich innerhalb des Unternehmens weiterentwickeln, neue Aufgaben übernehmen oder einen anderen Schwerpunkt ausbauen, also beispielsweise von Marketing in die PR wechseln oder Aufgaben entsprechend erweitern.

Für Personen, die kaum Vorerfahrung haben, bietet sich ein Berufseinstieg als Trainee an. Konkret bedeutet das, dass der oder die Trainee mehrere Monate lang eingearbeitet wird und die verschiedenen Disziplinen und Abteilungen der Agentur kennenlernt, um auch für sich besser beurteilen zu können, ob und wo er oder sie in der Agentur gut aufgehoben ist, damit er oder sie dann bestenfalls nach der Trainee-Zeit als Junior übernommen werden kann.

> **Eine Perspektive aus der Praxis**
>
> In unserer Agentur MMGY Lieb gibt es zum Beispiel ein internes Schulungsprogramm, das es allen ermöglicht, das fachübergreifende Wissen auszubauen. Großes Interesse besteht beispielsweise an Sprachkursen – so haben wir aktuell einen Arabisch-Kurs für eine größere Mitarbeitergruppe organisiert, da wir zahlreiche Kund:innen aus dem arabischen Raum betreuen, die es sehr schätzen, wenn die Kolleg:innen ein paar Sätze in ihrer Sprache sprechen können. Ein tolles Beispiel für Weiterentwicklung im Unternehmen ist unsere HR-Managerin Natascha, die auch den Fachbereich M.I.C.E.-Marketing & Sales leitet. Sie hat sich schon immer für das Thema Human Resources interessiert und so haben wir die Position mit ihr als Personalverantwortliche gemeinsam entwickelt und bauen sie weiter aus. ◄

8.6 Einkommen

Einstiegsgehälter für Junior-Positionen liegen bei rund 26.000 bis 30.000 € brutto pro Jahr. Wer Spaß am Reisen hat, kommt bei einer Agentur auf jeden Fall auf seine Kosten. Flexible Arbeitsmodelle und moderne Technik ermöglichen auch die Arbeit vom

Homeoffice, aus dem Café, dem Haus auf dem Land oder sogar vom Büro des Kunden aus.

8.7 Selbstständigkeit

Es gibt die Möglichkeit, sich als freier Marketing- bzw. PR-Manager selbständig zu machen. Dann wäre man darauf angewiesen, dass Agenturen oder touristische Leistungsträger die Dienste buchen.

8.8 Zukünftige Entwicklungen

Das Thema Reise an sich ist ein fragiles Thema, das von Wirtschaft, Politik, Gesundheit und Co. abhängt. Die Reisebranche verändert sich, so auch die Arbeit in einer Agentur. Digitalisierung, Umwelt, Klima und damit nachhaltiges Reisen und „Slow Tourism" (Reisen mit Fokus auf Langsamkeit, Nachhaltigkeit und Sinnerleben) zählen zu den Themen, die uns begleiten. Zusätzlich spielen auch hier Themen wie künstliche Intelligenz und nutzergenerierte Inhalte, und was sich daraus für Konsequenzen ergeben, eine wichtige Rolle für die Zukunft.

8.9 Fazit

Die Arbeit in einer Marketing- und PR-Agentur ist vielseitig, spannend und sehr abwechslungsreich. Gerade im Vergleich zu Einzelunternehmen ist die Arbeit mit verschiedenen Kund:innen und Projekten sehr vielfältig. Kein Tag gleicht dem anderen. Dazu kommen die wunderbaren Reisen, die einen sehr bereichern. Wer einmal die Liebe zum Tourismus entdeckt hat, den lässt die Branche so schnell nicht mehr los.

Lena Kleininger absolvierte ein duales Studium im Bereich Medien- und Kommunikationswirtschaft an der Dualen Hochschule Baden-Württemberg (DHBW) und bei einer IT-fokussierten PR-Agentur. Nach einem kurzen Zwischenstopp im Bereich Film- und Fernsehproduktion zog es sie in den Tourismus. Vom Trainee zur PR-Managerin bis hin zur Senior-PR-Managerin – in einer touristischen PR-Agentur betreute Lena Kleininger zahlreiche Destinationen in den USA, der Karibik, Australien und im Indischen Ozean als PR-Repräsentantin in den deutschsprachigen Märkten. Danach verantwortete sie bei der Beachcomber-Hotelgruppe aus Mauritius die PR und das Marketing in Deutschland, Österreich, der Schweiz sowie in Holland. 2013 wechselte Lena in die noch relativ junge Agentur eines ehemaligen Kollegen – Lieb Management in München. Im Rahmen des schnellen Wachstums wurde eine zweite Agentur namens LMG Management eröffnet, die Lena Kleininger als PR- und Marketingdirektorin zum Erfolg führte. Weiterhin begleitete sie das Agenturnetzwerk bei seiner umfangreichen Expansion. Als Mitglied der Geschäftsleitung betreut sie leidenschaftlich touristische Kunden, entwickelt Strategien und leitet die Agenturen mit allen dazugehörigen Aufgaben, inklusive der Entwicklung neuer Talente, die sich für die Agentur-Arbeit begeistern.

Teil III
Anreise, Abreise und Mobilität vor Ort

Nachdem die erste Stufe der touristischen Wertschöpfungskette – bestehend aus Inspiration, Planung und Buchung – mit der Finalisierung der Reiseplanung abgeschlossen ist, stehen in der nächsten Stufe die physische Anreise, die Mobilität vor Ort und die Abreise im Fokus. Mobilität bedeutet für Tourist:innen mehr als nur die reine Ortsveränderung. Sie ist bedeutender Teil des Gesamterlebnisses – im Positiven wie im Negativen und auch ein entscheidender Faktor für die Nachhaltigkeit im Tourismus. Dabei stehen von Bahn und Bus über das Auto bis hin zu Schiff und Flugzeug je nach Ort, Distanz und Art der Reise unterschiedlichste Verkehrsträger zur Auswahl. Auch die Mobilität vor Ort spielt zur Erreichung der Unterkunft sowie zur Besichtigung von Sehenswürdigkeiten, zum Besuch von Restaurants und zur Wahrnehmung von Freizeitaktivitäten eine Schlüsselrolle. Für Reiseveranstalter und touristische Leistungsträger ergibt sich hieraus die Aufgabe, Transportoptionen zu arrangieren, die den Bedürfnissen der Gäste entsprechen, und gleichzeitig deren ökonomischen, sozialen und ökologischen Auswirkungen zu berücksichtigen.

Rund um Anreise, Abreise und Mobilität vor Ort gibt es zahlreiche Berufsfelder und Tätigkeiten, die eine zentrale Rolle in der Tourismusbranche einnehmen.

Verena Klumaier stellt die große Bandbreite an Tätigkeiten und Berufsfeldern bei **Bus- und Bahnunternehmen** dar (Kap. 9). Sie beleuchtet dabei am Beispiel der Österreichischen Bundesbahnen (ÖBB), welche Ausbildungen und Weiterbildungen bei Bahn- und Busunternehmen gefragt sind und wie abwechslungsreich die Zusammenarbeit im Bahnverkehr ist.

Hanno Haiber und Sebastian Ibel widmen sich dem komplexen Geschehen an **Flughäfen und deren Betreibergesellschaften** (Kap. 10). Sie gewähren uns einen Einblick in die vielseitigen Tätigkeitsfelder, die sich von der operativen Abwicklung des Flugverkehrs (Ground Handling) über die Verkehrsentwicklung bis hin zu den vielfältigen Non-Aviation-Bereichen erstrecken.

Niklas Schäfer fokussiert in Kap. 11 auf die Bedeutung des Operations-Performance-Managements bei **Airlines,** insbesondere bei einer Ferienfluggesellschaft. Hier geht es darum, durch eine präzise Abstimmung der operativen Abläufe eine sichere und effiziente Reise für die Passagiere zu gewährleisten.

Die **Kreuzfahrtbranche** wird von Steffen Spiegel dargestellt, der die vielfältigen Karrierepfade auf Hochsee- und Flusskreuzfahrtschiffen erörtert. Sein Kap. 12 verdeutlicht die aktuell wachsende Relevanz von Kreuzfahrten im Tourismus und zeigt die Bandbreite der beruflichen Möglichkeiten in diesem Sektor auf.

Schließlich hebt Barbara Norz die Rolle von **Autovermietungen** hervor (Kap. 13). Sie beschreibt nicht nur, wie Mietwagenunternehmen zur Flexibilität und Unabhängigkeit der Reisenden beitragen, sondern zeigt auch die Bedeutung des Operations- und Serviceaspekts dieses Verkehrsmittels auf.

Arbeiten in Bus- und Bahnunternehmen

9

Verena Klumaier

Inhaltsverzeichnis

9.1	Einleitung	88
9.2	Aufgaben	88
9.3	Anforderungen	90
9.4	Arbeitszeit	91
9.5	Weiterbildung und Karriere	91
9.6	Einkommen und Benefits	91
9.7	Zukünftige Entwicklungen	92
9.8	Fazit	93
Literatur		93

Zusammenfassung

Bahn- und Busunternehmen bieten vielfältige Karrierewege, auch für Tourismusstudierende. Dieses Kapitel beleuchtet die Tätigkeiten am Beispiel der Österreichischen Bundesbahnen (ÖBB). Mit einer breiten Palette von Tätigkeitsfeldern, von der strategischen Planung bis zum direkten Kund:innenkontakt, ermöglicht die Branche, theoretisches Wissen praktisch anzuwenden. Zudem kann bereits während des Studiums in Form von Praktika oder direkt nach dem Abschluss mittels Traineeprogrammen Erfahrung im Mobilitätsbereich gesammelt werden. Anpassungsfähige Arbeitsmodelle, Weiterbildungschancen und die Möglichkeit, sich für eine zukunftsorientierte und nachhaltige Mobilität zu engagieren, sind attraktive Perspektiven für angehende Tourismusprofessionals.

V. Klumaier (✉)
ÖBB, Innsbruck, Österreich

© Der/die Autor(en), exklusiv lizenziert an Springer Fachmedien Wiesbaden GmbH, ein Teil von Springer Nature 2024
S. Bösl und S. Werther (Hrsg.), *Berufsfelder und Perspektiven im Tourismus*,
https://doi.org/10.1007/978-3-658-44933-9_9

9.1 Einleitung

Große Bahn- und Busunternehmen weisen zahlreiche Tätigkeitsfelder auf, so auch die ÖBB. Diese umfassen sowohl eisenbahnspezifische Berufsbilder als auch Tätigkeiten in den Bereichen Technik, Logistik, IT, Finanzwesen, Rechnungswesen und Controlling, Human Resources, Marketing, Qualitätsmanagement und diversen weiteren. Für die Kantinen und Ferienhäuser, die Mitarbeiter:innen zur Verfügung gestellt werden, wird zudem Personal in der Küche und im Service, aber auch in den Bereichen Housekeeping und Rezeption benötigt. Neben dem Gütertransport liegt die Haupttätigkeit von Bahn- und Busunternehmen auf dem Transport von Personen, welcher sowohl Pendler:innen als auch Freizeitreisende umfasst. Im Zuge dessen werden fünf Tätigkeitsfelder eines großen Bahn- und Busunternehmens beleuchtet. Diese fünf Tätigkeitsfelder sind Strategie- und Unternehmensentwicklung, Produktmanagement, Vertrieb, Marketing und Kommunikation und eisenbahnspezifische Berufsbilder.

9.2 Aufgaben

Strategie- und Unternehmensentwicklung

Die Strategie- und Unternehmensentwicklung befasst sich mit der strategischen Ausrichtung und Weiterentwicklung, Geschäfts- und Marktanalysen sowie dem Innovationsmanagement. Das bedeutet, dass Mitarbeiter:innen in diesem Tätigkeitsbereich Geschäftsfelder und Angebote für Bahn- und Buskund:innen entwickeln und weiterdenken. Dazu gehören beispielsweise diverse Angebote, Touchpoints und Prozesse entlang der gesamten Customer Journey für Reisen mit Bahn, Bus und neuen Mobilitätsformen. Zudem gehören das Ableiten von Handlungsempfehlungen und auch die Dokumentation und Überwachung der Maßnahmen zu den Aufgaben dieses Bereiches. Exemplarische Jobtitel aus diesem Tätigkeitsfeld sind Mitarbeiter:in Strategie im Bereich Mobilitätsinfrastruktur, Mitarbeiter:in Strategie mit Schwerpunkt Projektarbeit und Portfoliomanagement, Projektmitarbeiter:in Strategie und Unternehmensentwicklung und Innovationsmanager:in.

Produkt- und Preismanagement

Das Produktmanagement befasst sich mit der Entwicklung und Steuerung von Produkten und Dienstleistungen für Kund:innen von Bahn und Bus. Dabei werden sowohl nationale als auch internationale Märkte einbezogen und deren gesetzliche und wirtschaftliche Vorgaben berücksichtigt. Konkret geht es also um die Erstellung, Erhaltung und Weiterentwicklung des Produktkatalogs unter Beobachtung diverser Märkte und Konkurrenzunternehmen. Dazu zählen beispielsweise das Angebot „Im Nightjet zum Schnee", welches eine Bahnfahrt samt Sitzplatzreservierung, einen Skipass und den Transfer zur Unterkunft inkludiert, oder Kombibuchungen von Bahn und Hotel bzw. Bahn und Freizeitattraktionen. In Bezug auf den tatsächlichen Verkauf der Produkte leistet das Produktmanagement dem Tätigkeitfeld

Vertrieb Hilfe, wie z.B. mit Produktschulungen. Das Produktmanagement geht mit dem Preismanagement einher und daher bedarf es einer guten Abstimmung zwischen diesen beiden Bereichen. Denn das Ziel ist, maximale Erlöse bei steigender Kund:innenzufriedenheit zu erlangen. Das Preismanagement befasst sich mit der Kalkulation von Produktpreisen, der Berechnung diverser Varianten und der Budget- und Mittelfristplanung. Dies geschieht unter Einhaltung der definierten Preisstrategien bzw. der vorgegebenen Preispolitik. Ein exemplarischer Jobtitel aus diesem Bereich ist Produktmanager:in (vgl. Kap. 5 und Kap. 6).

Vertrieb
Der Tätigkeitsbereich Vertrieb befasst sich mit dem Verkauf von Touristikprodukten, Bahn- und Busleistungen an Endkund:innen oder Firmenkund:innen und legt zudem die Vertriebskanäle fest. Das Beraten und Betreuen von Endkund:innen findet dabei vorrangig an den Ticketschaltern und in Reisebüros statt bzw. per E-Mail und Telefon. Zudem ist der Onlineshop ein wichtiger Vertriebsweg. Mitarbeiter:innen in diesem Bereich kümmern sich daher um den Ticketverkauf von nationalen und internationalen Reisen, den Verkauf von Zusatzangeboten wie Hotel und Freizeitleistungen, Reisezusammenstellungen, sowie Up- und Cross-Selling. Das Beschwerde- und Reklamationsmanagement fällt ebenso in den Aufgabenbereich. Zudem führt das Tätigkeitsfeld für die Erreichung der Vertriebsziele eigenständig Optimierungen durch und monitort die Umsetzung der festgelegten Vertriebsmaßnahmen. Dazu bedarf es auch Auswertungen zu den Einnahmen, Verkäufen und der Kund:innenanzahl. Ein weiterer Aufgabenpunkt des Vertriebs ist der Verkauf der touristischen bzw. bahn- und busspezifischen Produkte an Firmenkund:innen in definierten Branchen, Märkten und Produktbereichen. Darunter fallen im touristischen Kontext beispielsweise Reisebüros und Buchungsstellen. Neben der Akquise von neuen Kund:innen gehören auch die Berechnung und Erstellung von Angeboten und das Verhandeln von Vertriebskonditionen in den Aufgabenbereich. Besonders in Bezug auf Tourismusangebote zählt das Aushandeln und Abschließen von Verträgen und Kooperationsvereinbarungen mit Partner:innen ebenso zu den Aufgaben des Vertriebs. Zudem befassen sich die Mitarbeiter:innen mit der Zusammensetzung von Paketen, bei denen diverse einzelne Leistungen zu einem vollständigen Reiseprodukt zusammengesetzt werden. Hierbei müssen sowohl die Wünsche der Firmenkund:innen als auch die der Endkund:innen einbezogen werden. Exemplarische Jobtitel aus diesem Bereich sind Reiseberater:in, Mitarbeiter:in Kund:inneninformation und Beschwerden, Mitarbeiter:in Vertriebskanalsteuerung und Mitarbeiter:in Key Account Management.

Marketing und Kommunikation
Marketing und Kommunikation sind zentrale Funktionen eines jeden touristischen Unternehmens. Auch zahlreiche Studienschwerpunkte sowie Studienrichtungen im Tourismus befassen sich mit Marketing und Kommunikation. Aus diesem Grund bietet dieses

Tätigkeitsfeld auch in Bahn- und Busunternehmen Berufsperspektiven für Tourismusstudent:innen. Die Aufgabenbereiche im Tätigkeitsfeld Marketing und Kommunikation umfassen beispielsweise Produktmarketing, welches sich mit zielgerichteten Marketingaktivitäten für Bahn- und Busreisen inklusive Budgetverantwortung befasst. Andere Marketingbereiche, wie beispielsweise interne und externe Kommunikation, Channel-Management, Themenmanagement, Brandmanagement, Event- und Sponsoringmanagement und Kampagnenmanagement, lassen sich ebenso in Bahn- und Busunternehmen finden. Exemplarische Jobtitel aus diesem Bereich sind Mitarbeiter:in Produktmarketing, Mitarbeiter:in Konzernkommunikation und Themenmanager:in.

Eisenbahnspezifische Berufsbilder
Auch im Tätigkeitsfeld der eisenbahnspezifischen Berufsbilder lassen sich tourismusbezogene Jobs finden. So beispielsweise die Tätigkeit als Zugbegleiter:in oder Buslenker:in. Beide Berufsbilder stellen die erste Ansprechperson für Fahrgäste in Bahn und Bus dar. Zu den konkreten Tätigkeitsfeldern gehören die Auskunftserteilung zu Fahrplan, Verbindungen und Preisen sowie das Gewährleisten des Wohlergehens und der Sicherheit der Reisenden. Zugbegleiter:innen kontrollieren zudem Tickets und sind, besonders im Fernverkehr, für die Zugabfertigung und Durchführung von Bremsproben verantwortlich. Buslenker:innen führen zudem den Ticketverkauf direkt im Bus durch. Diese beiden Berufsbilder eignen sich vor allem für Quereinsteiger:innen, da es eine interne Ausbildung gibt. Der Job als Zugbegleiter:in bzw. Buslenker:in kann auch in Teilzeit ausgeübt werden und eignet sich daher auch als Nebenjob neben dem Tourismusstudium. In diesen Tätigkeitsfeldern gibt es auch die Möglichkeit, sich in Führungspositionen weiterzuentwickeln. Diese befassen sich bei Zugbegleiter:innen beispielsweise mit Planung, Steuerung und der operativen Abwicklung des Zugbegleitdienstes sowie der Durchführung von Schulungen und Trainings. Zudem steht die effiziente und wirtschaftliche Einsatzplanung des Teams auf der Agenda der Führungskraft in diesem Bereich.

9.3 Anforderungen

Die Anforderungen für einen Job in einem Bahn- und Busunternehmen sind natürlich je nach Position verschieden. Bei den in Abschn. 9.2 genannten Tätigkeitsbereichen kann aber gesagt werden, dass in den meisten Fällen eine Schulbildung mit (Fach-)Abitur samt Berufserfahrung oder ein Hochschulstudium erforderlich ist. In Bezug auf das Hochschulstudium sollte hier ein Abschluss im wirtschaftlichen oder auch zum Teil im technischen Bereich vorliegen. Bei den genannten eisenbahnspezifischen Berufen ist keine konkrete Vorbildung notwendig, da es hier interne Ausbildungen gibt. Berufseinsteiger:innen steigen in der Regel in eher niedrigeren Funktionen ein, wo keine bzw. kaum Berufserfahrung notwendig ist. In weiterer Folge gibt es dann die Möglichkeit aufzusteigen. In Bezug auf die persönlichen Eigenschaften ist vor allem bei Kontakt mit Kund:innen ein offenes, freundliches und kommunikatives Wesen von Vorteil. Wichtige Eigenschaften sind zudem Verkaufstalent, gute Deutsch- und Englischkenntnisse, Computeraffinität, ein gepflegtes Aussehen und die Fähigkeit, in stressigen Situationen besonnen zu agieren. Zudem ist es für Mitarbeiter:innen in diesem Bereich von Bedeutung, eine hohe Serviceorientierung aufzuweisen und in jeglichen Situationen präzise und verlässliche Information liefern zu können. Im Strategie- oder Marketingbereich sind eine nachvollziehbare und saubere Arbeitsweise, Kreativität und Teamfähigkeit von Vorteil.

9.4 Arbeitszeit

Die wöchentliche Normalarbeitszeit beträgt in der Regel 38,5 h. Bei Bürotätigkeiten ist eine Arbeitswoche von Montag bis Freitag vorgesehen. Zudem ist ein flexibles Gleitzeitmodell samt Homeoffice-Möglichkeiten verbreitet. In vielen eisenbahnspezifischen Berufsbildern, Jobs mit Kontakt zu den Endkund:innen und auch im technischen Bereich ist der Schichtdienst üblich. Zudem sind in vielen Bereichen Teilzeitjobs ab 20 h möglich.

9.5 Weiterbildung und Karriere

Karrieremöglichkeiten in Bahn- und Busunternehmen werden im Allgemeinen sowohl Lehrlingen, Schüler:innen und Abiturient:innen, Student:innen und Absolvent:innen als auch Berufserfahrenen und Quereinsteiger:innen geboten. In Bezug auf die in Abschn. 9.2 genannten Tätigkeitsfelder mit Tourismusbezug eignen sich vor allem Hochschulausbildungen im wirtschaftlichen Bereich, worunter auch Tourismusschwerpunkte fallen. Während der Ausbildung kann bereits in Form von Praktika oder einer Teilzeitanstellung Erfahrung in einem Bahn- und Busunternehmen gesammelt werden. Pflicht- und Ferialpraktika sind in unterschiedlichen Längen und Fachbereichen möglich. Nach Abschluss eines wirtschaftlichen oder technischen Hochschulstudiums bietet das Traineeprogramm einen Einblick in die Mobilitätsbranche. Durch Job-Rotationen können Mitarbeiter:innen in unterschiedliche Bereiche des Unternehmens schnuppern, um so ein umfassendes Verständnis für die Tätigkeitsfelder zu bekommen. Zudem fördern interne Aus- und Weiterbildungsmöglichkeiten die Karriereperspektiven der Mitarbeiter:innen.

9.6 Einkommen und Benefits

Bei rund 130 unterschiedlichen Berufsbildern im Bahn- und Busunternehmen sind natürlich auch die Verdienstmöglichkeiten sehr unterschiedlich. Zumeist kommt bei den Tätigkeitsfeldern der Kollektivvertrag für Eisenbahnunternehmen (Wirtschaftskammer

Österreich, 2023b) zur Anwendung. Weitere Kollektivverträge, welche in den genannten Bereichen ebenso zur Wirkung kommen, sind unter anderem der Kollektivvertrag für Angestellte im Reisebüro (Wirtschaftskammer Österreich, o. J.b) und der Kollektivvertrag Information und Consulting (Wirtschaftskammer Österreich, 2023a). Je nach Qualifikation und Berufserfahrung ist eine Überzahlung möglich. Bei Schichtarbeit ist zudem mit Zulagen und Nebenbezügen zu rechnen. 2023 wurde konzernweit in Österreich ein Mindestgehalt von 2.000 € brutto monatlich eingeführt. Nähere Informationen zu den Verdienstmöglichkeiten und aktuellen Gehaltsangaben können von der Karriereseite des jeweiligen Unternehmens entnommen werden – zumindest in Österreich, wo es die gesetzliche Pflicht zur Angabe des Mindestentgelts in Stellenanzeigen gibt. Hier heißt es z.B., dass man als „Junior Spezialist:in Produktmanagement" ein Mindestentgelt von rund 47.000 € brutto pro Jahr erwarten kann, als Key Account Manager:in im Vertrieb oder im Bereich Kommunikation rund 51.500 €. Zu den Benefits bei der Bahn zählen begünstigte Bahnfahrten in ganz Österreich für Mitarbeiter:innen und Familienangehörige, vergünstigtes Essen in den Mitarbeiter:innenkantinen, leistbare Wohnangebote, Ferienhäuser, Sonderkonditionen in den Reisebüros, Angebote zur Gesundheitsförderung und weitere Sozialleistungen.

9.7 Zukünftige Entwicklungen

Mit dem Ziel der Klimaneutralität steht eine Mobilitätswende bevor. Zur Erreichung der Vorhaben ist sowohl der Ausbau als auch die Änderung des Verkehrssystems notwendig. Das betrifft nicht nur das Angebot, die Infrastruktur und die Verkehrsmittel von Bahn- und Busunternehmen, sondern auch das Verhalten und die Einstellungen der Kund:innen (Bundesministerium für Klimaschutz, Umwelt, Energie, Mobilität, Innovation und Technologie, o. J.). Neben einer erwarteten Steigerung der Nachfrage von Güter- und Personentransport bringen der Arbeitskräftemangel und der demografische Wandel Herausforderungen für die Branche mit sich. Die Suche nach Personal gestaltet sich, wie in anderen Bereich auch, immer schwieriger, da es nicht nur an Fachkräften, sondern im Allgemeinen an Arbeitskräften fehlt (Wirtschaftskammer Österreich, o. J.a). Dies ist auf den demografischen Wandel der Gesellschaft zurückführen, da geburtsstarke Generationen in den Ruhestand gehen und dieser Personalbedarf nicht von jüngeren Generationen gedeckt werden kann (Statista, 2023). Zudem hat die Höherqualifizierung zur Folge, dass junge Menschen länger in Ausbildung sind, bevor sie in den Arbeitsmarkt eintreten (Arbeitsmarktservice Österreich, o. J.).

9.8 Fazit

Der öffentliche Verkehr spielt eine zentrale Rolle im Tourismus und daher bieten Bahn- und Busunternehmen eine Vielzahl an Jobmöglichkeiten für Personen, welche eine Ausbildung in der Tourismusbranche absolviert haben. Zudem eröffnet die Branche Karrierewege für Menschen mit unterschiedlichem Bildungshintergrund, da interne Aus- und Weiterbildungen angeboten werden. Das breite Spektrum an Tätigkeitsfeldern reicht von der strategischen Unternehmensentwicklung bis hin zur Reisendeninformation, wobei der Fokus stets auf Innovation und Servicequalität liegt. Mit Optionen für flexible Arbeitszeiten und vielfältigen Weiterbildungsmöglichkeiten positioniert sich das Bahn- und Busgewerbe als attraktiver Arbeitgeber. Zudem verspricht eine Beschäftigung in diesem Sektor neben einem regulierten Einkommen auch diverse bahnspezifische Zusatzleistungen und eine zukunftsweisende Unternehmensphilosophie in Hinblick auf Nachhaltigkeit und neuen Mobilitätsformen.

Literatur

Arbeitsmarktservice Österreich. (o. J.). *Demografischer Wandel: Der Arbeitsmarkt steht Kopf – welche Berufe sind gefragt?* https://www.berufslexikon.at/spezial/demografischer-wandel-der-arbeitsmarkt-steht-kopf-welche-berufe-sind-gefragt. Zugegriffen: 22. Dez. 2023.

Bundesministerium für Klimaschutz, Umwelt, Energie, Mobilität, Innovation und Technologie. (o. J.). *Mobilitätswende*. https://www.bmk.gv.at/themen/mobilitaet/wende.html. Zugegriffen: 2. Jan. 2024.

Statista. (November 2023). *Altersstrukturen in Österreich im Jahr 2022 und Prognose für 2030 bis 2100*. https://de.statista.com/statistik/daten/studie/688475/umfrage/prognose-zur-altersstruktur-in-oesterreich/. Zugegriffen: 2. Jan. 2024.

Wirtschaftskammer Österreich. (o. J.a). *Fachkräftesicherung*. https://www.wko.at/fachkraefte/start#:~:text=Der%20Fachkr%C3%A4fte%2D%20und%20Arbeitskr%C3%A4ftemangel%20belastet,Fach%2D%20sondern%20generell%20an%20Arbeitskr%C3%A4ften. Zugegriffen: 23. Dez. 2023.

Wirtschaftskammer Österreich. (o. J.b). *Kollektivvertrag für Angestellte in Reisebüros*. https://www.wko.at/oe/tourismus-freizeitwirtschaft/reisebueros/kollektivvertrag. Zugegriffen: 2. Apr. 2024.

Wirtschaftskammer Österreich. (07. Dezember 2023a). *Information zum KV-Abschluss 2024 für Angestellte in Information und Consulting*. https://www.wko.at/kollektivvertrag/kollektivvertragsabschluss-information-consulting-2024. Zugegriffen: 28. Dez. 2024.

Wirtschaftskammer Österreich. (1. November 2023b). *Lohn-, Gehaltsordnung Eisenbahnunternehmen, Arbeiter/innen / Angestellte, gültig ab 1.11.2023*. https://www.wko.at/kollektivvertrag/lohn-gehaltsordnung-eisenbahnunternehmen-november-2023. Zugegriffen: 22. Dez. 2023.

Verena Klumaier absolvierte die Höhere Lehranstalt für Tourismus in Bad Ischl und studierte anschließend am Management Center Innsbruck. Während dieser Zeit sammelte sie Erfahrung als Rezeptionistin, Marketing und Sales Managerin und in der Hotel- und Tourismusberatung. Nach ihrem Masterabschluss 2021 mit dem Schwerpunkt Marketing Management & Tourismus stieg Verena Klumaier bei den ÖBB im Recruiting ein. Nun ist sie dort als Spezialistin im Konzern-Employer-Branding tätig.

Arbeiten an Flughäfen und bei deren Betreibergesellschaften

10

Hanno Haiber und Sebastian Ibel

Inhaltsverzeichnis

10.1	Einleitung	96
10.2	Aufgaben	98
10.3	Arbeitszeit	103
10.4	Weiterbildung und Karriere	104
10.5	Einkommen und Benefits	104
10.6	Zukünftige Entwicklungen	105
10.7	Fazit	106
	Literatur	107

Zusammenfassung

Flughäfen und deren Betreibergesellschaften befinden sich in einem unter Arbeitsmarktüberlegungen hochinteressanten Umfeld mit unterschiedlichsten Tätigkeitsfeldern sowohl im klassischen Aviation- als auch Non-Aviation Bereich, in einer grundsätzlich wachsenden und zukunftsträchtigen Branche. Genauso vielfältig wie die Aufgaben und Funktionen von Flughäfen in ihrem multifunktionalen Charakter sind, stellen sich die dort verorteten Aufgaben für Angestellte als außerordentlich unterschiedlich und bunt dar. Die Anstellung und Bezahlung erfolgen in der Regel nach dem Tarifvertrag des öffentlichen Dienstes – in Österreich existiert mit den Kollektivverträgen ein ähnliches System – angereichert um verschiedene Benefits.

H. Haiber
Hochschule München University of Applied Sciences, München, Deutschland

S. Ibel (✉)
München, Deutschland
E-Mail: sebastian.ibel@hm.edu

© Der/die Autor(en), exklusiv lizenziert an Springer Fachmedien Wiesbaden GmbH, ein Teil von Springer Nature 2024
S. Bösl und S. Werther (Hrsg.), *Berufsfelder und Perspektiven im Tourismus*,
https://doi.org/10.1007/978-3-658-44933-9_10

Bei Jobs von Spezialisten bzw. Managementpositionen im mittleren und höheren Management erfolgt häufig eine außertarifliche Bezahlung. Die Arbeitszeiten variieren je nach Aufgabe und können auch Schichtdienstmodelle umfassen. Die Flughafenbetreibergesellschaften haben ein großes Interesse an zufriedenen Mitarbeiterinnen und Mitarbeitern, da diese oft eine aufwendige Weiter- und Fortbildung durchlaufen haben. Wer Sicherheit und eine abwechslungsreiche Tätigkeit mit Aufstiegs- und Entwicklungsmöglichkeiten sucht, ist bei der Flughafenbetreibergesellschaft eines gut entwickelten Verkehrsflughafens sicherlich bestens aufgehoben.

10.1 Einleitung

Flughäfen sind die Visitenkarten von Städten, Regionen und Ländern. Sie fördern die Mobilität und die wirtschaftliche Entwicklung des Landes und sind im Wesentlichen als isolierte Dienstleistungs- und Konsumzentren zu charakterisieren. Als integraler Bestandteil der Prozesskette der Luftverkehrsbranche sind sie eng mit der wirtschaftlichen Entwicklung des Luftverkehrssystems verflochten und damit ein wesentlicher Bestandteil der Tourismusbranche, sowohl bezogen auf den Outgoing- als auch auf den Incomingverkehr.

Der internationale Flugverkehr befindet sich seit einigen Jahren, unterbrochen durch die massiven Auswirkungen der Corona-Pandemie, in einem stetigen Wachstum. Die Luftverkehrsbranche zeigt sich, wie auch schon bei vorangegangenen Krisen, als ausgesprochen resilient. Die Verkehrszahlen der Vor-Corona-Zeit werden nach Einbrüchen von bis zu 80 % des Passagieraufkommens in absehbarer Zeit erreicht, wenn nicht übertroffen werden. In den nächsten 20 Jahren wird mit einem durchschnittlichen jährlichen Wachstum von rund 3,7 % bei Passagierzahlen und rund 3,2 % bei den Frachtvolumina gerechnet. Allerdings liegt in Deutschland das Verkehrswachstum hinter dem von anderen Regionen weltweit.

Die steigende Entwicklung des Weltluftverkehrs ist maßgeblich auf drei Ursachen zurückzuführen:

- Die technologische Entwicklung insbesondere durch neuartige Flugzeugmuster mit verbesserter Reichweite, geringerem Treibstoffverbrauch sowie einem erhöhten Sitzplatzangebot mit folglich geringeren Stückkosten und niedrigeren Flugticketpreisen; aber auch die vereinfachte Buchbarkeit von Flugtickets durch den Endkunden aufgrund digitaler Möglichkeiten
- Die Globalisierung und die damit einhergehende Erschließung wirtschaftlich aufstrebender Zukunftsmärkte
- Die Schaffung neuer Nachfrage, gerade auch bei sich etablierenden Mittelschichten in sich entwickelnden Volkswirtschaften – und zwar bezogen auf Urlaubsreisen, aber auch auf das immer relevanter werdende Segment der Freunde- und Verwandtenbesuche

Ein Wachstum des Weltluftverkehrs bedingt immer auch einen Ausbau der Luftverkehrsinfrastruktur auf der Land- und Luftseite, womit neben anderen Akteuren wie beispielsweise der Luftraumüberwachung schwerpunktmäßig Flughäfen und die diese betreibenden Gesellschaften im Kontext touristischer Arbeitgeber in den Fokus rücken.

Ende der 80er Jahre des vergangenen Jahrhunderts setzte sich vielfach die Erkenntnis durch, dass öffentliches Eigentum an Flughäfen nicht zwingend ist, was u.a. eine vermehrte (Teil-)Privatisierung von Flughafeninfrastrukturen zur Folge hatte. Das Auftreten privater Akteure im Zusammenhang mit der Infrastrukturimmobilie Flughafen führte notwendigerweise auch zu Veränderungen bei Flughafenbetreibergesellschaften und wirkt sich damit auf die Beschäftigungsverhältnisse aus.

Flughäfen sind Infrastrukturimmobilien. Der operative Betrieb dieser Infrastruktureinrichtungen wird durch die sogenannten Flughafenbetreibergesellschaften, die oft neben den Management- auch die Eigentümerfunktionen der Flughäfen wahrnehmen, sichergestellt. Für das Verständnis der spezifischen Berufsfelder, die an solchen dynamischen Einrichtungen der Tourismus- und Verkehrsbranche existieren, ist es notwendig, sich einen Überblick darüber zu verschaffen, mit welchen unterschiedlichen Aufgaben die Flughafenmanagementgesellschaften konfrontiert sind und wie diese strukturiert sind.

Der Luftverkehr ist ein hochdynamischer Verkehrsträger. Das Passagier- und Frachtaufkommen wächst gerade auch durch Aufholeffekte in der Nach-Corona-Phase an nahezu allen bedeutenden Verkehrsknotenpunkten der Welt. Die Standorte, an denen die Reisenden einsteigen, aussteigen oder umsteigen, müssen demnach auch an Größe und Leistungsfähigkeit gewinnen.

Nicht nur Flugpassagiere und die Unternehmen aus dem Frachtsektor wie beispielsweise Speditionen und verwandte Akteure nutzen die Einrichtungen an Flughäfen. Unternehmen unterschiedlichster Branchen siedeln sich um Luftverkehrszentren gerade auch wegen logistischer Vorteile an. Bewohner umliegender Ortschaften haben ebenso die Möglichkeit, das ausgedehnte Angebot an den Airports auch in Bezug auf die Segmente des Non-Aviation Bereiches, also z.B. Gastronomie und Einzelhandel, zu nutzen. Besucher, Bringer und Abholer von Flugpassagieren sowie die Mitarbeiterinnen und Mitarbeiter des Flughafenstandortes sind Bestandteil des Flughafengeschehens und tragen zur Wertschöpfung der Wirtschaftsagglomeration Flughafen bei.

Um dem Wachstum am Boden und in der Luft gerecht zu werden, dehnen sich große, insbesondere Flughafendrehkreuze, sogenannte Hub-Flughäfen, immer weiter aus, bilden komplexere Strukturen und nehmen letztendlich einen fast urbanen Charakter an. Flughäfen wandeln sich von Infrastrukturträgern zu multifunktionalen Dienstleistern und Wirtschaftsunternehmen. Dieser Wandel wird auch hervorgerufen durch die Änderung der Rahmenbedingungen von Flughäfen wie sich ändernde Umsätze und Einnahmen, Veränderungen der Eigentümer- und Beteiligungsstruktur sowie sich ändernder hoheitlicher und gesetzlicher Maßnahmen. So wurden beispielsweise seitens des Gesetzgebers die Bodenverkehrsdienste dereguliert. Neben der Aviation, der Kernfunktion von Flughäfen, charakterisieren vermehrt Elemente einer Stadt den Flughafen.

Veränderungen im wettbewerblichen und regulativen Umfeld haben das Management von Flughäfen zunehmend komplexer werden lassen, was eine privatwirtschaftliche Managementstruktur im Vergleich zur öffentlich-rechtlichen Beteiligungsorganisation geeigneter erscheinen lässt. All diese Entwicklungen bleiben nicht folgenlos für die Beschäftigungsstrukturen an Flughäfen.

Grundsätzlich können Flughafenbetreibergesellschaften als schlanke Managementholding strukturiert sein, wobei die verschiedenen Aufgabenspektren entweder im Wege von Auftrags- und Dienstleistungsverhältnissen oder im Wege von Tochtergesellschaften erfüllt werden können. Bei Töchtern ist zu beachten, ob sie bilanziell konsolidiert und möglicherweise über einen Beherrschungs- und Gewinnabführungsvertrag eng an die Muttergesellschaft angebunden sind. Dies hat Auswirkungen darauf, mit wem ein Anstellungsverhältnis eingegangen wird.

Der organisatorische Gegenentwurf zur Holdingstruktur ist der integrierte Full-Service-Flughafen, bei dem Eigentümer- und Betreiberfunktion in einer Gesellschaft ohne Tochtergesellschaften konzentriert sind und der eine sehr hohe Fertigungstiefe aufweist – mit entsprechenden Auswirkungen auf die Beschäftigungsverhältnisse. Bei den zehn größten Flughäfen im deutschsprachigen Raum – Frankfurt, München, Wien, Zürich, Berlin, Düsseldorf, Hamburg, Köln-Bonn, Basel und Stuttgart – liegen Mischformen mit unterschiedlichen Schwerpunkten vor.

Zusammengefasst befinden wir uns bei Flughäfen und deren Betreibergesellschaften in einem unter Arbeitsmarktüberlegungen hochinteressanten Umfeld mit sehr unterschiedlichen Tätigkeitsfeldern, in einer grundsätzlich wachsenden, zukunftsträchtigen und den Tourismus prägenden bzw. von diesem geprägten Branche. Genauso vielfältig wie die Aufgaben und Funktionen von Flughäfen in ihrem multifunktionalen Charakter sind, stellen sich die dort verorteten Berufsfelder als außerordentlich unterschiedlich und bunt dar.

10.2 Aufgaben

Generell gliedert sich die Tätigkeit eines Großflughafens in zwei grundsätzliche Aufgabenbereiche: Dies sind zum einen der klassische Aviation-Bereich zum anderen der Betätigungsbereich der Non-Aviation-Aktivitäten.

Aviation
Aviation stellt als traditionelles Kerngeschäft alle Leistungen im Zusammenhang mit der ordnungsgemäßen Abwicklung des Luftverkehrs, die Infrastruktur und Dienstleistungen für Airline-Kunden und Flugreisende zur Verfügung. In der Regel werden auch die Bodenverkehrsdienste (Ground Handling) unter dem Oberbegriff des Aviation-Sektors subsumiert. Unter dem Ground Handling versteht man alle Dienstleistungen auf einem Flughafen, die erforderlich sind, damit Luftverkehrsgesellschaften ihre Leistungen erbringen können.

Hierzu gehören beispielsweise das Sortieren, Befördern und Ausliefern von Gepäck, die verkehrliche Abfertigung von Passagieren (u.a. Check-in, Boarding) sowie generell die Fracht- und Postabfertigung. Hinzu kommen entgeltliche Dienstleistungen im Bereich der Vorfelddienste wie Lotsentätigkeit, Flugzeugschleppen, Enteisung, Ein- und Ausladen von Bordverpflegung etc.

Im Organisationsbereich Luftfracht und Logistik wird die reibungslose Abfertigung von Fracht- und Logistikprozessen am Flughafen organisiert. Das kann einerseits Transport, Lagerung und Abfertigung von Fracht im eigentlichen Sinne, aber auch den gesamten Passagiergepäckbereich mit seiner ausgefeilten Logistik betreffen. Damit im Zusammenhang stehen auch die kontinuierliche Weiterentwicklung und Optimierung der hiermit verbundenen Prozesse – aktuell vor allem im Hinblick auf Digitalisierung und Automatisierung.

Im eigentlichen Passagierservice sind die Tätigkeiten an der direkten Schnittstelle zu den Passagieren verortet. Die Passenger-Journey an einem Flughafen im engeren Sinne betrifft die Check-in-Prozesse, die Gepäckabfertigung, aber auch Sicherheits- und Passkontrollen und Informationsdienste. An zahlreichen Flughäfen beschäftigt man sich mittlerweile intensiv mit der Digitalisierung dieser Aufgaben, um Passagierprozesse effizienter zu steuern und Wartezeiten zu prognostizieren, und generell mit Fragen der Optimierung im Zusammenspiel der Akteure. All diese Aufgaben bieten spannende Betätigungsfelder.

Von herausragender Bedeutung für Flughafenbetreibergesellschaften sind Umweltfragen. Diese eng mit dem operativen Betrieb an der Schnittstelle zwischen Luftverkehrsgesellschaften und Flughäfen verzahnten Fragestellungen betreffen die Einhaltung von Umweltauflagen und die Entwicklung von umweltfreundlichen Maßnahmen. Hiermit in Zusammenhang stehen die umfangreichen Monitoring-Tätigkeiten, seien es Fragen des Bodens, des (Grund-)Wassers, der Luftreinhaltung, aber auch das öffentlich diskutierte Thema der etwaigen Lärmbelastung des Flughafenumlandes.

Eine Sonderstellung im Zusammenhang mit dem operativen (Aviation-)Bereich eines Flughafens nimmt die Flughafenfeuerwehr zusammen mit dem Rettungs- und Sanitätsdienst ein. Nach den Vorgaben der Internationale Zivilluftfahrtorganisation (ICAO) darf ein Flughafen ohne diese Werksfeuerwehr, die grundsätzlich für den abwehrenden Brandschutz im Zusammenhang mit Flugzeugbränden und -havarien zuständig ist, nicht betrieben werden. Hieraus leitet sich ein ganz eigenes Berufsfeld ab.

Non-Aviation
Das Aufgabenspektrum eines Verkehrsflughafens und damit der diesen betreibenden Gesellschaft erschöpft sich aber nicht in der ordnungsgemäßen Abwicklung des Luftverkehrs. Als weiteres zentrales Geschäftsfeld einer Flughafenbetreibergesellschaft sind die Non-Aviation-Aktivitäten zu nennen, die an manchen Flughäfen bereits deutlich über 50% Anteil am Jahresumsatz aufweisen. Im Allgemeinen werden unter dem Begriff „Non-Aviation" alle Leistungen und Bereiche zusammengefasst, die an einem Flughafen nur mittelbar mit dem Flugverkehr in Verbindung stehen. Hierzu gehören u.a. Verkaufsaktivitäten im Einzelhandel und in den Gastronomiebetrieben inklusive der Duty-free- und Travel-Value-Geschäfte.

Einzelhandel inkl. Duty-free und Travel-Value wird mit der Gastronomie zusammen im deutschsprachigen Raum als Retail bezeichnet. Hinzu kommen der Betrieb von Besuchereinrichtungen und das Eventmanagement, die Entwicklung und das Management von Flughafenimmobilien, die Parkraumbewirtschaftung sowie Beratungstätigkeiten für andere Flughäfen. Der Non-Aviation-Bereich erfüllt den Dienstleistungsbedarf zur Unterstützung des Flugverkehrs und die Bedürfnisbefriedigung der Flughafennutzer (Conrady et al., 2019).

Jede Flughafenbetriebsgesellschaft benötigt Leitungspersonal im Sinne der Betriebsorganisationslehre. Diese Personalgruppe ist für die Gesamtleitung und das übergeordnete Management des Flughafens verantwortlich. Dazu gehören beispielsweise Aufgaben wie strategische Planung im Sinne der Unternehmensentwicklung, der Finanzsektor mit den großen Bereichen Finanz- und Betriebswirtschaft und das Personalmanagement. Im Personalbereich geht es um die Mitarbeiterrekrutierung, -verwaltung, -förderung und -abwicklung. Relevant und flughafenspezifisch ist darüber hinaus der Bereich der Verkehrsentwicklung. Hierunter versteht man die Akquise von neuen Fluggesellschaften bzw. die Gewinnung von zusätzlichen Flugverbindungen von Bestandsairlines. Dazu zählt auch die Vermarktung von Flügen in Bezug auf den Endkunden (Business to Customer), aber auch relevante Businesspartner wie etwa Reisebüros und Reiseveranstalter (Business to Business). Hierbei werden Marketingstrategien und -kampagnen konzipiert und umgesetzt, um den Flughafen für den Quellmarkt (Outgoing) attraktiv werden zu lassen, aber auch und vor allem, um die umliegende Region als Destination zu vermarkten (Incoming). Für manche Flughäfen mit Drehkreuzfunktion ist es zudem auch relevant, sich als solches zu positionieren. Mit dem Wachstum des Verkehrs (Passagiere und Fracht) ist ein bedarfsgerechter Ausbau der Kapazitäten in Bezug auf Gebäude und Start- und Landebahnsystem unabdingbar. Hieraus ergeben sich Berufe in Bezug auf Planung und Bau.

Auch der Aufgabenbereich der Kommunikation und Public Relations (Öffentlichkeitsarbeit in Bezug auf Medien und Politik), weiterhin die Tätigkeitsbereiche im Bereich der Informationstechnologie und Konzernsicherheit fallen in den Bereich der Unternehmensorganisation und -leitung.

Diese beruflichen Einsatzmöglichkeiten sind grundsätzlich durch keine ausgesprochene Flughafenprägung gekennzeichnet, weisen aber durch den Geschäftszweck Luftverkehrsmanagement dennoch besondere Spezifika auf. Die Luftverkehrsbranche unterscheidet sich insbesondere vom produzierenden Gewerbe durch die Tatsache, dass die Produkte eines Flughafens gerade im prägenden Aviation-Bereich Dienstleistungen sind und somit dem Uno-actu-Prinzip unterliegen, welches signifikant für die gesamte Tourismusbranche ist. Dieses besagt, dass bei einer Dienstleistung Produktion und Konsum der Leistung zeitlich zusammenfallen.

Aus den Aufgaben, die für den Non-Aviation-Bereich skizziert wurden, lassen sich ganz unterschiedliche Berufsfelder ableiten.

Im Retail sind die Planung, Organisation und Weiterentwicklung der Einzelhandel- und Gastronomieaktivitäten im Hinblick auf operative Effizienz und strategische Ausrichtung sicherzustellen (vgl. Kap. 16). Dies umfasst Tätigkeiten im Marketing, in der Vermarktung, in der Betreuung von Einzelhändlern und Gastronomen, aber auch in der Planung und Qualitätskontrolle. Hinzu kommen Tätigkeiten aus dem Veranstaltungsmanagement, da größere Flughäfen aus Gründen der Imagepflege und der Generierung von Kundenfrequenz gerne und häufig offene Veranstaltungen durchführen (vgl. Kap. 23). Geschlossene Veranstaltungen und Tagungen für Auftraggeber bilden eine weitere Umsatzquelle aus dem Bereich Non-Aviation und sind zu managen. Diese Aktivitäten werden an den meisten Flughäfen des deutschsprachigen Raums unter dem Begriff des Center-Managements zusammengefasst. Sollte die Flughafenbetreibergesellschaft ein eigenes Hotel unterhalten, so sind die hierfür notwendigen Aktivitäten ebenfalls ein Berufsfeld, das im Rahmen des Flughafenmanagements abzudecken ist.

Neben den Aufgabenfeldern, die aus dem Center-Management erwachsen, stellen sämtliche im Zusammenhang mit den Immobilien eines Flughafens auftretenden Tätigkeiten eigene Aufgabenfelder dar, die bei einer Betreibergesellschaft oder einer ihrer Tochtergesellschaften angesiedelt sind. Diese Aufgabenstellungen reichen von der Immobilienentwicklung zur Schaffung neuer, betriebsnotwendiger oder auch für die kommerzielle Vermarktung vorgesehener Flächen, deren Verwaltung und Vermietung und dem damit im Zusammenhang stehenden Immobilienmarketing bis zum Facility-Management. Das Facility-Management als technischer Bereich befasst sich mit der Funktionsfähigkeit der vorhandenen Flächen, der Wartung von Gebäuden, technischen Anlagen und Sicherheitssystemen bis hin zur Instandhaltung und Reinigung. Die bauliche Realisierung von Immobilien wird hingegen regelmäßig als externe Dienstleistung vergeben. Die damit verbundenen Bauherrenaufgaben sind wiederum bei der Flughafenbetreibergesellschaft angesiedelt. Bestandssicherung und Grunderwerb für künftige Erweiterungsmaßnahmen gehören ebenso zum Portfolio wie die Verantwortung für die Immobilienstrategie.

Eine Sonderstellung im Immobilienmanagement stellt das Parkraummanagement dar, das sowohl aus operativen Gesichtspunkten als auch als Erlösquelle für einen Flughafen von enormer Bedeutung ist und daher bei großen Flughäfen separat geführt wird. Das Parken ist hierbei Teil des sogenannten Modal Splits, also der Möglichkeit der unterschiedlichen Verkehrsmittelwahl durch den Kunden an einem Flughafen. Insbesondere Großflughäfen entwickeln sich hierbei immer mehr zu einem intermodalen Verkehrsknotenpunkt für den Bahn-, Regional- und Fernverkehr, (Fern-)Bus und den Pkw. Daher ergeben sich auch in diesem Zusammenhang planerische Berufe für einen bedarfsgerechten Ausbau der landseitigen Anbindung.

Die folgende Aufzählung fasst die verschiedenen relevanten Tätigkeitsfelder an einem Flughafen zusammen:

> **Tätigkeitsfelder in der Verwaltung und in der operativen Ebene einer Flughafenbetreibergesellschaft**

- **Verwaltungsebene**
  - Strategie
  - Personal
  - Controlling & Finanzen
  - Ausbauplanung
  - Verkehrsentwicklung
  - Immobilienentwicklung
  - Rechtsabteilung
  - Qualitätsmanagement
  - Public Relations
  - Nachhaltigkeit
- **Operative Ebene**
  - *Aviation*
    Vorfeldkontrolle
    Verkehrsleitzentrale
    Check-in, Boarding, Lost & Found
    Be- und Entladung von Passagieren, Gepäck und Fracht
    Zoll, Sicherheit, Schleppdienste, Enteisung
    Catering
  - *Non-Aviation*
    Gastronomie, Hotellerie und Events
    Einzelhandel
    Parkraumbewirtschaftung, Facility Management

Die Flughafenbetreibergesellschaften versuchen, die enorme Anzahl von Berufsfeldern dadurch abzudecken, dass sie eine große Anzahl verschiedener Ausbildungen und dualer Studiengänge anbieten und hierbei beachten, dass sie neben Spezialisten auch Generalisten als Absolventen erhalten. Die folgende Aufzählung gibt einen Überblick über die Ausbildungsberufe der Flughafen München GmbH (FMG):

Flughafen München GmbH: Überblick Konzernausbildungsportfolio (2023)

- **IT und Technik**
  - Mechatroniker:in
  - Fachinformatiker:in Systemintegration
  - Wirtschaftsinformatik (BA)
  - Elektro- und Informationstechnik (BA)
  - Facility Management Wirtschaftsingenieur:in (BA)
- **Kaufmännisch/BWL**

- Immobilienkaufleute
- Kaufleute für Büromanagement
- Immobilienwirtschaft (BA)
- Luftverkehrsmanagement (BA)
- Accounting & Controlling (BA)
- Servicekaufleute im Luftverkehr
- Kaufleute im Digitalisierungsmanagement
- **Gastronomie**
  - Koch:Köchin
  - Restaurantfachleute
  - Fachleute für Systemgastronomie
  - Fachkräfte für Gastgewerbe
  - Hotel- und Systemgastronomie (BA)
  - Systemgastronomie-Management (BA)
- **Schutz und Sicherheit**
  - Werkfeuerwehrleute
  - Fachkräfte für Schutz und Sicherheit
- **Einzelhandel und Logistik**
  - Kaufleute im Einzelhandel
  - Fachkräfte für Logistik
  - Kaufleute für Spedition & Lagerdienstleistung

Genauso mannigfaltig wie die Berufsfelder sind auch die Anforderungen für die verschiedenen Tätigkeiten. Reicht für Ausbildungsberufe ein mittlerer Bildungsabschluss, so sind für duale Studiengänge das Abitur und für Führungsaufgaben entsprechende akademische Abschlüsse nachzuweisen. Technikaffinität ist für die technisch geprägten Berufsbilder eine Voraussetzung, Teamfähigkeit, Organisationstalent und die Freude, in einem internationalen Umfeld zu arbeiten, werden generell gerne gesehen. Bei kaufmännischen Berufen sind ein mathematisches Verständnis und eine Affinität zu Zahlen von Vorteil.

10.3 Arbeitszeit

In Deutschland gilt die Arbeitszeit des Tarifvertrages des öffentlichen Dienstes (TvöD). Diese beträgt 39 Wochenarbeitsstunden. Der Durchschnitt der wöchentlichen Arbeitszeit wird über einen Zeitraum von bis zu einem Jahr gebildet. Bei Beschäftigten im Wechselschicht- oder Schichtdienst sowie bei der Durchführung von Sabbatjahren kann auch ein längerer Zeitraum vereinbart werden.

Generell gilt, dass ein Flughafen häufig einen 24-h-Betrieb aufweist. Je nach Berufsbild und Anstellungsvertrag sind bei Flughafenbetreibergesellschaften alle Varianten der Arbeitszeitmodelle gegeben. Für beispielsweise Gastronomie, Feuerwehr oder den

Besucherservice gelten selbstverständlich andere Arbeitszeit- und Schichtmodelle als im Immobiliencontrolling. Dies ist immer eine Frage des Einzelfalles. Flexible Arbeitszeit ist im Rahmen des operativ Möglichen bei Flughafenbetreibergesellschaften Standard. Analog zu anderen Unternehmen wird auch an Flughäfen der Wunsch nach neuen Arbeitszeitmodellen insbesondere bei Jobs in nicht operativen Bereichen nachgefragt. Hierzu zählen der Wunsch nach Homeoffice bzw. Arbeit an weiter entfernten Wohnorten, geringeren Wochenarbeitsstunden oder Teilzeitmodellen auch für Führungskräfte mit geteilten Führungsspitzen.

10.4 Weiterbildung und Karriere

Die Flughafenbetreibergesellschaften bieten umfangreiche interne und externe Fort- und Weiterbildungsmöglichkeiten an, teilweise in hauseigenen Akademien.

Bei der Betreibergesellschaft des Flughafens München gibt es beispielsweise einjährige Trainee-Programme für interne und externe Bachelor- und Masterabsolventen. Fraport als Betreibergesellschaft des Flughafens Frankfurt fördert neben geeigneten Fortbildungsmöglichkeiten auch durch Stipendien für berufsbegleitende Bachelor- und Masterstudien. Mit dem Programm „Lernen in der Freizeit" bietet Fraport allen Beschäftigten die Möglichkeit, ihre Kompetenzen auch unabhängig von ihrer aktuellen Funktion in der Freizeit zu erhalten und auszubauen. Mindestens zweimal im Monat erhalten Beschäftigte Einladungen zu kostenlosen Live-Webinaren und Online-Workshops zu aktuellen Themen sowie sogenannten Nano Degrees/Micro Degrees anerkannter Universitäten und Institute. Letztere ermöglichen die Weiterbildung an Universitäten und das Besuchen von Kursen, ohne ein vollständiges Studium abzuschließen.

Alle großen Betreibergesellschaften haben ein großes Interesse, ihre Mitarbeiterinnen und Mitarbeiter zu halten und zu fördern. Detaillierte Angebote und die Philosophie hinter den einzelnen Fördermöglichkeiten sind auf den jeweiligen Internetseiten und teilweise auch auf den einschlägigen Social-Media-Kanälen zu finden.

10.5 Einkommen und Benefits

Flughafenbetreibergesellschaften befinden sich in ihrer Gesellschafterstruktur überwiegend und mehrheitlich in öffentlicher Hand. Für die Beschäftigten gelten daher grundsätzlich die Regularien des TvöD bzw. in der Ausbildung diejenigen des Tarifvertrages für Auszubildende des öffentlichen Dienstes (TvöAD). Für Flughäfen gelten die Besonderheiten des TvöD-F, für den wiederum die Gehaltstabelle des TvöD VKA (Vereinigung kommunaler Arbeitgeberverbände) Anwendung findet.

Tab. 10.1 Entgeltstruktur nach TvöD (Entgeltgruppe 10)

	1	2	3	4	5	6
Grundgehalt	3.492,26 €	3.773,01 €	**4.092,18 €**	4.438,33 €	4.823,79 €	4.950,36 €
Brutto gesamt	3.492,26 €	3.773,01 €	**4.092,18 €**	4.438,33 €	4.823,79 €	4.950,36 €
Netto gesamt	2.247,22 €	2.393,31 €	**2.556,52 €**	2.730,41 €	2.919,84 €	2.981,13 €

Tab. 10.2 Entgeltstruktur nach TvöD (Entgeltgruppe 14)

	1	2	3	4	5	6
Grundgehalt	4.542,98 €	4.851,90 €	**5.255,33 €**	5.703,01 €	6.202,05 €	6.560,31 €
Brutto gesamt	4.542,98 €	4.851,90 €	**5.255,33 €**	5.703,01 €	6.202,05 €	6.560,31 €
Netto gesamt	2.782,20 €	2.933,57 €	**3.154,49 €**	3.394,67 €	3.646,13 €	3.819,18 €

Um eine Vorstellung zu erhalten, was dies finanziell bedeutet wurden in Tab. 10.1 und 10.2 zwei idealtypische Berechnungen dargestellt: einmal Entgeltgruppe 10 für Absolvent:innen mit Bachelorabschluss, einmal Entgeltgruppe 14 für einen Masterabschluss. Stufe 3 entspricht einer Berufserfahrung von drei Jahren und unterstellter Lohnsteuerklasse I (ledig). Mitarbeiterinnen und Mitarbeiter mit nichtakademischen Ausbildungen werden in die Entgeltgruppen 5 bis 9a einsortiert. Das Entgelt ist dann entsprechend angepasst.

Ausgehend von den organisatorischen Strukturen einer Betreibergesellschaft können sich Tochtergesellschaften allerdings auch auf Beschäftigungsverhältnisse auswirken, sodass sich unterschiedliche tarifvertragliche Bindungen ergeben. Beispielsweise kann bei einer Gastronomietochter einer Flughafenbetreibergesellschaft möglicherweise für das gleiche Berufsbild eine andere Tarifvertragsbindung gelten, als dies ohne Tochtergesellschaft der Fall wäre.

In Bezug auf Benefits, mit denen die Entgeltpakete angereichert werden können, sind die großen Flughafenbetreibergesellschaften erfindungsreich. Von 30 Tagen Urlaub über Bonuszahlungen, Wohnzuschüsse, Abschlussprämien, Mobilitätsangebote, Kinderbetreuung, Rabattangebote bis zum betrieblichen Gesundheits- und Sozialmanagement werden die unterschiedlichsten Angebote unterbreitet. Hinzu kommen regelmäßig Verpflegungsangebote und die Möglichkeiten zu vergünstigten Reisen.

10.6 Zukünftige Entwicklungen

Wie erwähnt wächst der Weltluftverkehr. Die Einbrüche durch die Corona-Pandemie scheinen überwunden zu sein. Die Luftverkehrsbranche hat schon mehrfach ihre Resilienz gegenüber externen Ereignissen unter Beweis gestellt, seien es die Ölkrisen, der 9/

11-Anschlag oder wirtschaftliche Einbrüche. Auch Epidemien wie SARS oder Naturkatastrophen vermochten bisher den konstanten Anstieg der Beförderungsleistung nur kurzfristig zu dämpfen. Anschließende Aufholeffekte überkompensierten die Einbrüche in der Vergangenheit schon nach kurzer Zeit.

Sich verändernde Gewohnheiten im Geschäftsreiseverkehr, z.B. der Trend zu virtuellen Meetings, und der damit einhergehende Nachfragerückgang nach Beförderungsleistungen führten bisher zu einem dämpfenden Effekt (Airbus, 2023). Besonders in Deutschland schaut die Luftfahrtbranche mit einer gewissen Skepsis auf die aktuelle öffentliche Umweltdiskussion, bei der das Fliegen immer wieder als einer Hauptverursacher des Klimawandels dargestellt wird. Durch hieraus resultierende regulatorische Eingriffe mit in Folge höheren Standortkosten hinkt Deutschland fast allen anderen Standorten weltweit hinterher, da sich Fluggesellschaften auf andere Länder fokussieren. Eine bessere Zusammenarbeit zwischen den einzelnen Verkehrsträgern sowie eine gezielte Förderung und Forschung zum Thema alternativer Kraftstoffe für Flugzeuge würden aus Sicht der Luftfahrtbranche eine bessere Alternative darstellen als ein öffentliches Anprangern. Denn die Luftfahrtbranche wird hierdurch trotz ihrer spannenden Aufgabenfelder für viele Berufsanwärter und -wechsler zunehmend unattraktiv, da häufig der Eindruck entsteht, es wäre ein nicht sicherer Arbeitsplatz bzw. es sei unethisch, in dieser Branche zu arbeiten. Trotz der öffentlichen Diskussion um Flugscham, Diesel-Verbote etc. ist das Grundbedürfnis des Menschen nach Mobilität weiterhin stark vorhanden, sodass auch in Zukunft zahlreiche attraktive Berufe in der Luftverkehrswirtschaft zu finden sind, mit denen dafür gesorgt werden kann, dass die Klimabilanz des Fliegens noch besser wird.

10.7 Fazit

Wie gezeigt wurde, stellt die Luftverkehrsbranche trotz der öffentlich aufkommenden Diskussion um die Nachhaltigkeit des Fliegens ein spannendes und zukunftsorientiertes Beschäftigungsfeld mit außerordentlich breit gefächerten Tätigkeitsbereichen dar. Betriebswirtschaftliche Ansätze sind genauso gegeben wie technische, juristische, aber auch umwelt- und zukunftsorientierte. Flughafenbetreibergesellschaften haben in der Regel eine Konzernstruktur, die es ermöglicht, sich individuell in die persönlich gewünschte Richtung zu entwickeln und einen passgenauen Karrierepfad einzuschlagen. Flughafenbetreibergesellschaften wissen ihre Beschäftigen zu schätzen und bilden profund aus. Immer wieder gibt es Auszeichnungen als Top-Arbeitgeber. Die in der Regel öffentlich-rechtliche Beschäftigungsstruktur gibt Arbeitsplatzsicherheit, limitiert auf der anderen Seite aber auch langfristig die Verdienstmöglichkeiten. Wer Sicherheit und eine abwechslungsreiche Tätigkeit mit Aufstiegs- und Entwicklungsmöglichkeiten sucht, ist bei einer Flughafenbetreibergesellschaft eines gut entwickelten Verkehrsflughafens sicherlich bestens aufgehoben, wobei einem bewusst sein muss, dass es weder *den Flughafen* noch *die Betreibergesellschaft* gibt. Jeder Flughafen und das diesen betreibende Management sind anders.

Abschließend sei die Geschichte eines jungen Mannes erwähnt, der am Flughafen Köln-Bonn nach seinem Hauptschulabschluss eine Ausbildung zum Metallbauer durchlaufen hat. Parallel zur Ausbildung erlangte er an der Berufsschule seine Fachhochschulreife. Anschließend absolvierte er ein Studium im Bereich Luft- und Raumfahrttechnik und baut mittlerweile Raumschiffe in Houston – oder wie man in der Luftverkehrsbranche sagt: „The sky is the limit."

Literatur

Airbus. (2023). *Global Market Forecast 2023*. Toulouse.
Conrady, R., Fichert, F. & Sterzenbach, R. (2019). Luftverkehr: Betriebswirtschaftliches Lehr- und Handbuch. De Gruyter, Oldenbourg.

Prof. Dr. Hanno Haiber begann seine berufliche Laufbahn nach dem Studium der Jurisprudenz und Betriebswirtschaftslehre in München sowie der Promotion zum Dr. iur. in Augsburg bei der Kathreiner AG in Poing in der Rechtsabteilung. Es folgten weitere Stationen im filialisierten Einzelhandel, zuletzt als Verantwortlicher für die Expansion, das Immobilienmanagement sowie das Vertrags- und Konzessionärswesen der Wal-Mart Germany in Wuppertal. Nach seiner Rückkehr nach München übernahm Hano Haiber verschiedene Führungsaufgaben bei der Flughafen München GmbH, u.a. war er im Geschäftsbereich Non-Aviation für die Immobilienprojektentwicklung des Flughafens München verantwortlich. Von 2014 bis zu seinem Ausscheiden im Februar 2020 war er Leiter der Organisationseinheit Commercial Development im Geschäftsbereich Real Estate. Von März 2020 bis zu seinem plötzlichen und unerwarteten Tod im Dezember 2023 war er Professor für Infrastruktur und Immobilien im Tourismus an der Fakultät für Tourismus der Hochschule München.

Dr. Sebastian Ibel absolvierte ein Studium der Tourismusgeographie mit den Nebenfächern Volks- und Betriebswirtschaftslehre sowie anschließender Promotion an der Universität Trier. Seit 2014 ist er am Flughafen München in verschiedenen Positionen tätig, aktuell als Referent Verkehrsprognosen, Slotmanagement & Airline Strategie. Seit 2018 ist er zudem als Lehrbeauftragter an der Hochschule München tätig und unterrichtet Themen des Luftverkehrsmanagements.

Arbeiten im Performance-Management bei Airlines

11

Niklas Schäfer

Inhaltsverzeichnis

11.1 Einleitung... 110
11.2 Aufgaben... 110
11.3 Anforderungen... 113
11.4 Arbeitszeit... 114
11.5 Weiterbildung und Karriere... 114
11.6 Einkommen und Benefits... 114
11.7 Zukünftige Entwicklungen... 114
11.8 Fazit... 114

Zusammenfassung

In diesem Kapitel wird das Operations-Performance-Management vorgestellt. Hierbei handelt es sich um einen generalistischen Bereich im operativen Ressort einer Airline. Dazu gehören Themen wie die langfristige Verbesserung der operativen Stabilität, der Flottenaustausch durch neue Flugzeuge sowie viele weitere, teils unvorhersehbare Sonderaufgaben.

N. Schäfer (✉)
Condor Flugdienst GmbH, Frankfurt am Main, Deutschland

11.1 Einleitung

Dieses Kapitel gibt einen Überblick, was Operations-(OPS-)Performance-Management konkret umfasst. Da jede Luftverkehrsgesellschaft eine eigene Definition des Bereichs hat, wird im Folgenden der Fokus auf dem OPS-Performance-Management der zweitgrößten deutschen Airline, einer Ferienfluggesellschaft, liegen. Zahlreiche Perspektiven auf OPS-Performance-Management sind jedoch in ähnlicher Form auf andere Airlines übertragbar.

Wie bei jeder Airline bildet die Operations das Herzstück der Firma. Doch was verbirgt sich hinter dem Begriff Operations genau? Damit sind alle Fachbereiche gemeint, die benötigt werden, damit Fluggäste an Bord eines Flugzeugs sicher zu ihrem Ziel fliegen können und damit alle dafür benötigten Gewerke perfekt orchestriert sind. Hierzu zählen z.B. die Bereiche Ground Operations (Abfertigung der Flugzeuge am Boden), Flight Operations (verantwortlich für die Einhaltung flugbetrieblicher Standards und Ansprechpartner für Crews), Crewing (Kapazitäts- und Einsatzplanung für Crews), Operational Control (Überwachung und Management des täglichen operativen Betriebs), der hauseigene Technikbetrieb und noch viele weitere. All diese Bereiche berichten typischerweise an den Chief Operating Officer (COO) und Accountable Manager. Der Accountable Manager ist gesamtverantwortlich für alle operativen Tätigkeiten der Airline und im Falle von Verstößen gegen Verordnungen dafür haftbar. Um interdisziplinäre Projekte und Fragestellungen bestmöglich lösen zu können, gibt es als eine zusätzliche Stabstelle zur Unterstützung des COOs – den Bereich „OPS-Performance-Management". Hier werden alle Themen und Projekte betreut, die den engen Dialog zwischen den einzelnen beschriebenen Fachbereichen erfordern.

11.2 Aufgaben

Eine spannende Frage ist, welche Aufgaben direkt am Puls einer Airline anfallen. Vorweg sei gesagt, dass sich diese Frage aufgrund der Vielseitigkeit und Wandelbarkeit der Luftverkehrsindustrie und der daraus resultierenden Anforderungen niemals abschließend beantworten lässt.

Wie bereits erwähnt, handelt es sich in erster Linie um interdisziplinäre, ressortübergreifende Themen, die eine enge Abstimmung mit entsprechenden Fachbereichen erfordern. Die Tätigkeiten im Bereich OPS-Performance-Management lassen sich in fünf große Säulen gliedern:

- Operative Resilienz
- Partner-Management
- Flottenerneuerung („Aircraft Transitions")
- Operatives Reporting

- Sonderprojekte

Operative Resilienz

Einer der größten ökonomischen Hebel in Sachen Kostenkontrolle einer Airline ist die Erreichung einer operativen Resilienz, um auf Störungen im Gesamtsystem und Verspätungen sowie Flugausfälle reagieren und starke Nachwirkungen verhindern zu können. Neben der individuellen Arbeit in den Fachbereichen, die zum übergeordneten Ziel der operativen Stabilität beitragen, gibt es auch viele Themen, die eine generalistische Betrachtung erforderlich machen, um das bestmögliche Ergebnis zu erzielen. An dieser Stelle kommt das OPS-Performance-Management zum Tragen. In diesem Bereich liegen die Aufarbeitung von Unregelmäßigkeiten und die Ableitung von Maßnahmen, um deren Wiederholungen in Zukunft vermeiden zu können. Kam es beispielsweise zu einer Verspätung, die im Sinne der Fluggastrechteverordnung EU261/2004 Relevanz hat, wird diese im Nachhinein detailliert aufgearbeitet, um ggf. strukturelle oder prozessuale Veränderungen vornehmen zu können. Darüber hinaus gehört zu diesem Themenblock auch die Steuerung verschiedener operativer Organe, wie der operativen Reserveflotte. Diese setzt sich aus unterschiedlichen Flugzeugmustern an diversen Standorten zusammen, um beispielsweise im Falle von technischen Unzulänglichkeiten sofort ein einsatzbereites Ersatzflugzeug zur Verfügung zu haben. Das OPS-Performance-Management ist hierbei für die Erstellung und Überarbeitung von Prozessen, Überwachung der Standards sowie die Verfügbarkeit der Reserve verantwortlich.

Partner-Management

Durch das sehr saisonal geprägte Geschäft einer Ferienfluggesellschaft ist das Partner-Management mit dem Einsatz von Partner-Airlines in den Sommermonaten unverzichtbar. In der Zeit von Mai bis Oktober liegt die Nachfrage traditionell besonders hoch und kann nicht durch die Bestandsflotte und -belegschaft bedient werden. Um die Nachfrage erfüllen zu können, wird auf strategische Partner zurückgegriffen. Um das Reiseerlebnis für die Gäste dennoch genauso sicher und angenehm wie an Bord eines Flugzeugs der Kernflotte zu machen, sind eine engmaschige Vorbereitung und Steuerung der Einsätze von Partner-Airlines erforderlich. In den Wintermonaten erfolgt klassischerweise saisonvorbereitend die Auswahl der Partner anhand von operativen, sicherheitstechnischen und wirtschaftlichen Aspekten. Nach erfolgter Auswahl wird der Einsatz in vielen Details vorbereitet. Hierfür gibt es ein internes Projektteam bestehend aus den jeweiligen Fachbereichen. Das OPS-Performance-Management ist hierbei für die Wahrung eines Gesamtbilds und die Steuerung der Themen verantwortlich. Hinzu kommen komplexe Fragestellungen, wie beispielsweise, welche Flugzeuge von Partner-Airlines durch eigene Crews bereedert werden. In den Sommermonaten während des Einsatzes der Partner-Flugzeuge ist das OPS-Performance-Management für die Einhaltung der zuvor definierten Standards verantwortlich, was beispielsweise durch „Mystery Customer"-Flüge sichergestellt wird. Bei diesen Flügen fliegt man als „normaler", nicht vorher angekündigter Passagier mit, um einen

Eindruck der Flugdurchführung zu bekommen. Hierbei kann der Fokus z.B. auf der Durchführung des Services und Bordverkaufs liegen. Die daraus gewonnenen Erfahrungen werden anschließend sofort bei den Partnern adressiert, um eine Verbesserung des Service-Levels zu erreichen und somit die Kundenzufriedenheit sicherzustellen und weiter zu steigern.

Flottenerneuerung
Im Zuge der Flottenerneuerung, d. h. der Erneuerung der Flugzeugflotte sowohl im Bereich der Langstrecke als auch im Bereich der Kurz- und Mittelstrecke, bildet das OPS-Performance-Management den Projektkern. Konkret bedeutet das die Koordination diverser Kernprojekte innerhalb der Organisation durch den Bereich OPS-Performance-Management, um sicherzustellen, dass alle Einheiten auf die neuen Flottengegebenheiten vorbereitet sind. Dies umfasst z.B. die Vorbereitung von Flughäfen gemeinsam mit dem Ground-Operations-Team, die Erarbeitung von Trainingskonzepten für Crews und viele weitere Teilaufgaben. Das Projekt erstreckt sich dabei von der Entscheidung zur Einflottung der Flugzeuge bis zur letztendlichen Auslieferung der Flugzeuge. Neben der Abholung neuer Flugzeuge im Werk gehört auch die operative Koordination der Rückgabe von Flugzeugen, die die Flotte verlassen, dazu. In enger Abstimmung mit dem Bereich Flottenmanagement, das für die kommerziellen Themen rund um Leasing- und Kaufverträge zuständig ist, und der kommerziellen Flugplanung werden die Ausflottungen bestmöglich vorbereitet und koordiniert, um trotz des Flottenumbruchs einen ruhigen und störungsfreien Betrieb darstellen zu können.

Operatives Reporting
Zu einer faktenbasierten Steuerung des Betriebs trägt die Säule des operativen Reportings bei. Dies umfasst einerseits eine große Zahl an wiederkehrenden Reports, die für unterschiedliche Empfängerkreise in individuellen Zyklen aufbereitet werden. Zu den Empfängerkreisen zählen beispielsweise der Aufsichtsrat, die Geschäftsführung oder unterschiedliche Abteilungen innerhalb des OPS-Ressorts. Zu diesem Zwecke wurden einige Key Performance Indicators (KPIs) entwickelt, die eine Vergleichbarkeit in verschiedenen Zeitintervallen zulassen und somit Trends aufzeigen können. Neben firmeninternen KPIs finden hierbei auch Benchmarks zu anderen Airlines statt, um die eigene Performance einordnen zu können. Neben der Erstellung der Reports sind die Ableitung von Handlungsmaßnahmen und die Interpretation von Trends ein elementarer Bestandteil, der eng mit der Säule der operativen Resilienz verbunden ist. Zu dieser Säule gehört auch das Vorantreiben von Digitalisierung durch die Einführung neuer Tools zur Datenverarbeitung und -aufbereitung.

Sonderprojekte
Die fünfte Säule der Sonderprojekte ist die wahrscheinlich vielseitigste im Bereich. Hierzu zählen alle Themen und Projekte, die sich nicht in eine der anderen Säulen einordnen lassen. Dies kann sich auf besondere Flüge als Einzelereignis beziehen bis hin zu mehrmonatigen

Projekten, die den vollen Einsatz erfordern. Aufgaben in diesem Bereich fallen nicht in regelmäßigen Zyklen an, sondern sind primär durch die allgemeine Lage der Operations geprägt. Hierbei gibt es Zuständigkeiten, die „top-down" durch die Geschäftsführung oder ein übergeordnetes Gremium zugeordnet werden, aber auch „Bottom-up"-Projekte, die durch eigene Beobachtungen in der Operations getrieben sind und zur Erreichung einer Verbesserung nachverfolgt werden. Ein beispielhaftes Projekt war die Betreuung des kurzfristigen Einsatzes von Großraumflugzeugen vom Typ Airbus A330-200 auf Kurz- und Mittelstrecken, die ursprünglich für Standardrumpf-Flugzeuge vom Typ Airbus A320 geplant waren. Hierdurch wurde eine Anpassung der Abläufe am Boden und in der Luft notwendig, um eine hohe Pünktlichkeit sicherstellen zu können. Neben der Koordination der Anpassungen von Abläufen in Fachbereichen gehörte auch das Monitoring, sodass geplante Maßnahmen effektiv sind und wo nötig weitere Feinjustierungen vorgenommen werden können.

Generell verfolgen alle Säulen das Gesamtziel einer verbesserten operativen Durchführung des Flugbetriebs, sodass ökonomische und ökologische Hebel maximal ausgenutzt werden. Hierdurch wird auch die Erfahrung, die unsere Gäste an Bord haben, verbessert.

11.3 Anforderungen

Im Bereich OPS-Performance-Management ist eine Mischung aus Detektiv:in und Weltverbesserer:in und Luftfahrt-Freak gefordert. Diese Kombination ist einerseits durch das Anforderungsprofil und den Bereich geprägt, andererseits erfordert die hohe Spezialisierung ein umfangreiches Fachwissen, um Aufgabenstellungen sachgerecht bearbeiten zu können. Aufgrund des Ziels der nachhaltigen Leistungsverbesserung ist es wichtig, dass Problemfelder selbstständig identifiziert werden, um diese lösen zu können. Durch die Relevanz der Themen, die oft kritisch für den Unternehmenserfolg sind, ist zudem eine große Leistungsbereitschaft erforderlich. Fachlich ist ein gutes Verständnis von wirtschaftlichen Zusammenhängen notwendig, wofür sich ein wirtschaftswissenschaftliches Studium anbietet. Eine optimale Voraussetzung ist, wenn die wirtschaftlichen Kenntnisse eng mit Branchen-Know-how verknüpft sind, was besonders durch spezialisierte Studiengänge oder Studienschwerpunkte wie „Aviation Management" gefördert wird. Kenntnisse im Prozess- und Projektmanagement sind Eigenschaften, die auf täglicher Basis benötigt werden. Darüber hinaus ist ein sicherer Umgang mit üblichen Office-Programmen notwendig, da diese zum täglichen Arbeitswerkzeug gehören.

An persönlichen Eigenschaften wird ein sicheres Auftreten mit entsprechendem Durchsetzungsvermögen gefordert. Besonders durch die interdisziplinäre Rolle ist es absolut entscheidend, dass auch komplexe Themen in tiefgreifenden Details erörtert werden können und anschließend an andere Fachbereiche oder Stakeholder, wie die Geschäftsführung, vermittelt werden können. Hierfür sind eine gute Auffassungsgabe und ein ausgeprägtes Darstellungsvermögen notwendig.

11.4 Arbeitszeit

Die typischen Arbeitszeiten sind zu normalen Bürozeiten von Montag bis Freitag. In Einzelfällen kann es durch diverse Projekte auch zu Abweichungen kommen. Homeoffice und Remote Work sind grundsätzlich im Rahmen der Unternehmensvorgaben möglich. Die wöchentliche Regelarbeitszeit gestaltet sich entsprechend dem Tarifvertrag und liegt aktuell bei 38,5 Wochenstunden.

11.5 Weiterbildung und Karriere

Die Weiterbildung in diesem Bereich erfolgt einerseits betriebsintern, andererseits aber auch durch externe Schulungen, sofern diese zur Erfüllung von Aufgaben benötigt werden oder sinnvoll sind. Einen typischen Karriereweg gibt es nicht, vielmehr gibt es vielfältige Möglichkeiten, sich innerhalb der Fluggesellschaft weiterzuentwickeln.

11.6 Einkommen und Benefits

Die Verdienstmöglichkeiten liegen im branchenüblichen Einkommensbereich entsprechend der Erfahrung, Qualifikation und Verantwortung. Stepstone ermittelt im Bereich Performance-Management eine Spanne zwischen 45.500 und 64.000 € brutto pro Jahr. Zusätzliche Benefits entsprechen den branchenüblichen Reisevergünstigungen auf Hotels, Kreuzfahrten, Bahnfahrten und viele weitere Dienstleistungen. Dazu kommt noch der Zugang zu speziellen Flug-Tarifen.

11.7 Zukünftige Entwicklungen

Der Bereich OPS-Performance-Management ist für den operativen Erfolg von besonderer Bedeutung, im Allgemeinen aber abhängig von der generellen Entwicklung der Airline im Marktumfeld und der globalen Entwicklung im krisenanfälligen Luftverkehr.

11.8 Fazit

Das Aufgabenfeld im Bereich OPS-Performance-Management ist sehr vielseitig und befindet sich in einem ständigen Wandel. Dadurch verändern sich auch Schwerpunkte und Themen, wodurch eine große Vielseitigkeit der Aufgaben gewährleistet ist. Durch die Vielfalt an Themen kehrt selten Routine ein und Aufgaben entwickeln sich ständig weiter bzw. werden durch neue Themen und Schwerpunkte abgelöst. Generell lässt sich immer wieder feststellen, dass die eigene Arbeit einen unmittelbaren Einfluss auf den täglichen Betrieb hat. Persönlich ist es für mich eine große Faszination, unmittelbar den Pulsschlag einer großen Airline mitprägen zu können und dafür zu sorgen, dass unsere Gäste glücklich, pünktlich und sicher an ihrem Zielort ankommen.

Niklas Schäfer studierte Tourismusmanagement an der Hochschule München, bevor er zur Frankfurt University of Applied Sciences wechselte und das duale Studium Aviation Management absolvierte. Nach Abschluss des Studiums arbeitete er zunächst bei der Fraport AG im Kapazitätsmanagement und im Bereich „Aviation Development and Air Cargo". Im Anschluss wechselte er zur Condor Flugdienst GmbH, wo er aktuell die Position „Manager OPS Performance" innehat. Als Gastdozent hält er regelmäßig Vorlesungen an der TU Darmstadt sowie an der Frankfurt University of Applied Sciences. Darüber hinaus ist er Inhaber einer Verkehrspilotenlizenz und verantwortlicher Flugbetriebsleiter im Flugverein der deutschen Flugsicherung.

Arbeiten in Kreuzfahrtunternehmen

12

Steffen Spiegel

Inhaltsverzeichnis

12.1	Einleitung	118
12.2	Aufgaben	119
12.3	Anforderungen	121
12.4	Arbeitszeit	123
12.5	Weiterbildung und Karriere	124
12.6	Einkommen	124
12.7	Selbstständigkeit	125
12.8	Zukünftige Entwicklungen	126
12.9	Fazit	126
Literatur		127

Zusammenfassung

Die Kreuzfahrtbranche mit ihren beiden Zweigen auf den Flüssen und auf hoher See bildet ein touristisches Wachstumssegment. So besteht durch die Vielzahl an Schiffsneubauten ein großer Personalbedarf. Die Arbeitsmöglichkeiten an Land entsprechen weitgehend denjenigen bei einem „normalen" Reiseveranstalter. Die wesentlichen Bereiche an Bord sind der nautisch-technische Bereich, der Hotelbetrieb und die Reiseleitung, die neben dem Programm an Bord auch die Landausflüge organisiert. Die Arbeitsbedingungen weichen deutlich von jenen an Land ab: Einer Sieben-Tage-Woche bei mehrmonatigen Einsätzen in einer geteilten Kabine stehen jedoch die internationale Gemeinschaft an Bord, die Erlebnisse an Land und die überdurchschnittlichen Verdienstmöglichkeiten positiv gegenüber. Zudem gilt eine Einsatzzeit an Bord in vielen

S. Spiegel (✉)
IU Internationale Hochschule, Campus Bremen, Bremen, Deutschland
E-Mail: Steffen.spiegel@iu.org

© Der/die Autor(en), exklusiv lizenziert an Springer Fachmedien Wiesbaden GmbH, ein Teil von Springer Nature 2024
S. Bösl und S. Werther (Hrsg.), *Berufsfelder und Perspektiven im Tourismus*,
https://doi.org/10.1007/978-3-658-44933-9_12

touristischen Branchen nach wie vor als Ausweis von Team- und Belastungsfähigkeit. Der Beitrag befasst sich mit den Aspekten der Arbeit auf Hochsee- und Flusskreuzfahrtschiffen sowie mit der landseitigen Operation. Er zeigt dabei Unterschiede und Vorteile auf und greift auf die persönlichen Erfahrungen des Autors zurück.

12.1 Einleitung

„Abenteuer, Exotik, raue See, Service- und Knochenjobs" – so lautet der Untertitel das Werks von Bow (2006) zur Arbeit auf Kreuzfahrtschiffen. Kreuzfahrten üben auf viele Menschen eine enorme Faszination aus, was TV-Formate wie die Doku-Serie „Verrückt nach Meer" oder die Fernweh-Reihe „Das Traumschiff" zu Dauerbrennern macht. Immer wieder kommt es in der Öffentlichkeit jedoch auch zu Diskussionen über die negativen Seiten der Kreuzfahrtbranche (siehe z.B. Klein, 2019). Welche Arbeitsmöglichkeiten bietet dieser Bereich des Tourismus – und welche besonderen Herausforderungen bestehen? Darauf möchte ich auf den folgenden Seiten Antworten geben, die neben objektiven Quellen auf meiner jahrzehntelangen Erfahrung in der Branche basieren. Dazu erfolgt zunächst eine kurze Einführung in die Kreuzfahrt.

„Eine Kreuzfahrt ist eine Pauschalreise mit Vergnügungscharakter zur See oder auf einem Fluss mit mehreren Hafenanläufen, wobei das Schiff häufig selbst die Destination bildet" (Freyer, 2015, S. 244). Derzeit unternehmen ca. 30 Mio. Menschen jährlich eine Hochseekreuzfahrt (Laßmann, 2022). Aus dem deutschen Quellmarkt ergeben sich jährlich ca. drei Mio. Gäste für Hochseekreuzfahrten und ca. eine halbe Mio. Passagiere auf Flusskreuzfahrtschiffen (Pilar, 2020). Die Branche gilt als ein stark wachsender Zweig im Tourismus, was sich in einer Vielzahl jährlicher Schiffsneubauten manifestiert (Statista, 2023).

Angebotsveränderungen in Form größerer Hochseeschiffe mit breiterem Programmangebot an Bord und in Form kürzerer Reisedauer zogen über die vergangenen Jahre eine sich verjüngende Zielgruppe an (Steinecke, 2018). Auf dem deutschen Markt war insbesondere Aida Cruises Treiber dieser Entwicklung, indem das Unternehmen das aus den Destinationen rund um das Mittelmeer bekannte Konzept des Cluburlaubs auf See übertrug (Schulz & Auer, 2010). Weitere Anbieter wie TUI Cruises und internationale Marken wie Costa Crociere und MSC Cruises folgten.

Der Kreuzfahrtmarkt wird beherrscht von vier großen Konzernen (Carnival, Royal Carribean, Norwegian Cruise Line und MSC), die jeweils über mehrere Marken für unterschiedliche Zielgruppen verfügen. Dabei existieren Angebote für den Massenmarkt (z.B. Aida, TUI), die klassische Kreuzfahrt für eine ältere Klientel (z.B. Phoenix Reisen) sowie Luxus- und Expeditionsreisen (z.B. Hapag-Lloyd Cruises) (Schulz & Auer, 2010).

Auch die Flusskreuzfahrt weist ein stetiges Wachstum auf. Die mitteleuropäischen Flüsse um Donau und Rhein bilden in diesem Segment die Hauptfahrtgebiete (Hildebrandt, 2023). Neben Gästen aus Europa bilden US-Amerikaner eine wesentliche Zielgruppe für dieses Segment.

Die Organisation an Bord besteht aus drei Abteilungen: Nautik (zur Arbeit in diesem Bereich siehe Nause, 2021), Technik (für Berufsbilder in diesem Bereich siehe Bösche et al., 2005) und Hotel. Die personalstärkste davon bildet der Hotelbereich, der sich aufgliedert in die drei Abteilungen Restaurants, Bars und Kabinen (Schulz & Auer, 2010). Zusätzlich zu den genannten Bereichen existiert auf Hochseeschiffen eine medizinische Abteilung bestehend aus Bordarzt und Krankenpflegern (Kurz, 2023).

Die genaue Organisation und Aufgaben, die sich im touristischen Bereich an Bord und an Land der Schiffe ergeben, werden im folgenden Abschnitt näher beleuchtet. Dabei ist stets zu berücksichtigen, dass hier nur verallgemeinerte Aussagen getroffen werden können und einzelne Unternehmen abweichende Regelungen getroffen haben.

12.2 Aufgaben

Bei der Betrachtung der täglichen Arbeit im Bereich Kreuzfahrten ist die Differenzierung zwischen Aufgaben an Bord und Aufgaben an Land wichtig.

An Bord
Touristische Dienstleistungen an Bord umfassen die Organisation, den Verkauf und die Durchführung von Landausflügen, die Gestaltung des Bordprogramms mit Kinderbetreuung (abhängig von der Zielgruppe), Sport, Animation und Shows (Schulz & Auer, 2010), aber auch die ggf. notwendige Anpassung der Routenplanung an unvorhergesehene Ereignisse. Verantwortlich für diesen Bereich ist die Bordreiseleitung. Sie untersteht in der Regel der Kreuzfahrtdirektion (Cruise Director) (Mundt, 2011). Diese wiederum ist der Hoteldirektion untergeordnet. Es existieren jedoch auch Sonderformen, in denen die touristische Abteilung eigenständig neben den zuvor genannten Bereichen organisiert ist (z.B. Phoenix Reisen, Plantours Kreuzfahrten). Die folgende Übersicht zeigt einen exemplarischen Arbeitstag eines Kreuzfahrtdirektors:

Tagesablauf eines Kreuzfahrtdirektors: MS Amadea in Palma de Mallorca, 06.12.2023

- 07.00 Uhr: zur Einfahrt auf der Brücke bei Lotse und Kapitän, Morgendurchsage
- 08.00 bis 09.00 Uhr: Organisation des Landgangs der Ausflugsteilnehmer:innen
- 09.00 bis 09.30 Uhr: Frühstück mit den Kolleg:innen
- 09.30 bis 12.00 Uhr: Büroarbeit, Kontrollrunde über das Schiff und Meetings

- 12.00 bis 13.00 Uhr: Begrüßung der zurückkehrenden Ausflugsteilnehmer:innen
- 13.00 bis 13.30 Uhr: Mittagessen mit den Kolleg:innen
- 13.30 bis 14.00 Uhr: Organisation des Landgangs der Ausflugsteilnehmer:innen
- 14.00 bis 15.00 Uhr: Büroarbeit und Finalisierung des Programms für den Folgetag
- 15.00 bis 17.00 Uhr: Freizeit für einen privaten Landgang in Palma
- 17.00 bis 18.00 Uhr: Vorbereitungen zum Auslaufen, Abenddurchsage
- 18.00 bis 19.00 Uhr: Kontrollrunde über das Schiff, Smalltalk mit Passagier:innen beim Auslaufen
- 19.00 bis 20.30 Uhr: Abendessen mit den Kolleg:innen
- 20.30 bis 23.00 Uhr: Kontrolle des Abendprogramms und Smalltalk mit Passagier:innen („Präsenz")

Bei der Arbeit in der Reiseleitung an Bord kommt es noch mehr als in den anderen Servicebereichen auf eine empathische Grundeinstellung der Mitarbeitenden an. Neben den vielen positiven Seiten einer Kreuzfahrt gehört es auch zu den Aufgaben der Reiseleitung, Reklamationen im Sinne von Kund:innen und Veranstalter:innen zu bearbeiten – und gelegentlich ist man einfach auch nur Gesprächspartner:in oder Seelentröster:in. Gerade für jüngere Kolleg:innen an Bord besteht eine Herausforderung darin, sich auf die häufig ältere Klientel mit differierenden Denk- und Handlungsmustern einzustellen. Gerade weil die Tätigkeit der Bordreiseleitung sehr „nah am Gast" stattfindet, erfreut sich diese besonderer Vorteile: Diese bestehen in einem fast uneingeschränkten Zugang zu allen öffentlichen Bereichen des Schiffes inklusive Restaurants, Bars und Shows sowie häufig der Begleitung von Landausflügen. Die wesentliche Aufgabe liegt dabei in der Qualitätssicherung (ordnungsgemäße Durchführung des Ausfluges) und ggf. in der freien Übersetzung, wenn keine deutschsprechende örtliche Reiseleitung zur Verfügung steht.

Reiseleiter:innen auf Flusskreuzfahrten fahren häufig alleine oder lediglich zu zweit im Team. Durch die geringere organisatorische Komplexität und die geringere Passagierzahl lassen sich trotzdem die für die Hochseekreuzfahrt genannten Aufgaben erfüllen. Zusätzlich erfolgen Streckendurchsagen bei der Passage von Sehenswürdigkeiten zur Information der Passagier:innen.

Die Aufgaben im Hotelbetrieb an Bord entsprechen weitgehend denjenigen eines Hotels an Land (vgl. Kap. 14 und 15). Eine Besonderheit stellt jedoch die Position des Pursers dar: Im Deutschen als Zahlmeister:in bezeichnet, obliegt dieser Person zum einen die Verwaltung der Schiffskasse, also die Abrechnung der Bordkonten von PassagierInnen und Besatzung, sowie häufig auch die Abrechnung der Löhne (Heuer) der Besatzung. Zum anderen ist der/die Purser:in zuständig für die sogenannte Einklarierung in den Häfen. Da ein Hochseeschiff bei jedem Hafenanlauf aus internationalen Gewässern kommt, müssen Formalitäten des Zolls und der Einreisebehörden ausgeführt werden. In manchen Ländern stellt dies eine nicht zu unterschätzende Herausforderung dar. Deshalb wird auf größeren Schiffen der/die Purser:in von einem oder mehreren Assistent:innen (z.B. Document Purser, Crew Purser) unterstützt.

An Land
Bei einem Kreuzfahrtveranstalter handelt es sich um einen Reiseveranstalter, der das Produkt als Pauschalreise bündelt (vgl. Kap. 5 und 6). Dafür werden die Routen ausgearbeitet, Landausflüge geplant, Buchungen entgegengenommen und bearbeitet, Marketing- und Vertriebsaktivitäten durchgeführt, Künstler:innen für das Bordprogramm eingekauft sowie die An- und Abreise der Gäste geplant. Dazu gehört häufig das Chartern von Bussen und Flugzeugen (seltener von ganzen Zügen) oder die Ausstellung individueller Flug- oder Zugtickets. Zudem erfolgt (manchmal in einer ausgelagerten Stelle oder bei der Reederei) die Einsatz- und Reiseplanung der Besatzung. Neben vielen Aufgaben auf Sachbearbeiter-Niveau bestehen auch Managementebenen, denen neben der operativen insbesondere die strategische Planung obliegt.

Die Organisationsstruktur der landseitigen Zentrale des Kreuzfahrtveranstalters entspricht somit weitgehend derjenigen eines klassischen Pauschalreiseveranstalters. Zusätzlich existiert ein nautischer Bereich, der die operative Betreuung des Schiffsbetriebs übernimmt. Dieser kann auch separat bei der Reederei (der für den Schiffsbetrieb zuständigen Einheit) angesiedelt sein.

12.3 Anforderungen

Bei der Betrachtung der Anforderungen an Mitarbeiter:innen bei Kreuzfahrten ist ebenfalls die Differenzierung zwischen Anforderungen an Bord und Anforderungen an Land wichtig.

An Bord
Jedes Besatzungsmitglied erfüllt im Notfall eine genau festgelegte Aufgabe an Bord. Hierfür ist vor dem ersten Vertrag eine sechstägige Ausbildung notwendig. Diese wird von der einstellenden Reederei bezahlt. Die im Rahmen dieser Ausbildung erworbenen Zertifikate weisen eine Gültigkeit von fünf Jahren auf und müssen anschließend in einem (etwas kürzeren) Auffrischungskurs erneuert werden. Zudem ist alle zwei Jahre eine medizinische Seediensttauglichkeitsuntersuchung vorgeschrieben. Je nach Fahrtgebiet benötigen Besatzungsmitglieder spezielle Impfungen (z.B. Gelbfieber) oder Visa. Diese Kosten werden ebenfalls von den Reedereien übernommen.

Beim Einstieg auf ein für das Besatzungsmitglied neues Schiff finden an Bord diverse Sicherheitseinweisungen statt. Zudem nimmt die gesamte Besatzung wöchentlich an einer

Sicherheitsübung teil. Eine abgeschlossene Ausbildung oder ein Studium sind keine Voraussetzung für die Tätigkeit an Bord. Erfahrungen im Umgang mit Menschen und/oder Erfahrungen in touristischen Unternehmen wie Hotels, Transportunternehmen, Reisebüros oder -veranstaltern erweisen sich jedoch häufig als nützlich in der täglichen Arbeit.

Die Arbeit an Bord erfolgt in einem multinationalen und multikulturellen Arbeitsumfeld (Steinecke, 2018). Die Besatzung setzt sich aus Menschen aus mehreren Dutzend verschiedenen Nationalitäten und entsprechend unterschiedlichen Kulturen zusammen. Die gemeinsame Bordsprache ist Englisch, auch wenn gegenüber den Gästen andere Sprachen (z.B. Deutsch, Französisch oder Spanisch) Anwendung finden. Gute Kenntnisse der englischen Sprache sind deshalb eine Grundvoraussetzung für den Einsatz an Bord.

Auf Kreuzfahrtschiffen ist der Platz naturgemäß beschränkt; insbesondere in den der Mannschaft vorbehaltenen Bereichen leben und arbeiten die Crewmitglieder auf engem Raum. Lediglich höhere Offiziere (Abteilungs- und Unterabteilungsleiter:innen) verfügen über Einzelkabinen. In der normalen Besatzung teilen sich in der Regel zwei Personen desselben Geschlechts eine Kabine, häufig innen liegend ohne Fenster. Daraus ergeben sich Anforderungen ganz alltäglicher Art: Wer benutzt wann das Bad? Wie halte ich Ordnung in der Kabine? Wie bekomme ich die für mich persönlich notwendige Privatsphäre?

Auch der Umgang mit den Passagier:innen erfordert eine entsprechend offene und positive Persönlichkeit. Dabei gehen die Gespräche zwischen Besatzungsmitgliedern und Gästen häufig über das rein Berufliche hinaus: Smalltalk stellt ein nicht zu unterschätzendes Mittel der Kundenbindung dar.

Schulz und Auer (2010) konstatieren, dass „soziale Kompetenz und Flexibilität" ein erfolgreiches Crewmitglied auszeichnen. Die Arbeitsbedingungen sind herausfordernd, aber auch belohnend (Steinecke, 2018). Wood (2015) betont die positiven Seiten der Tätigkeit an Bord: Durch die enge Arbeit mit vielen Menschen auf einem begrenzten Raum ergeben sich auch immer wieder Freundschaften über nationale und kulturelle Grenzen hinweg sowie humorvolle Situationen, von denen die Mitarbeitenden lange (und oft auch deutlich über ihre aktive Fahrenszeit hinaus) profitieren (siehe z.B. Daberer & Szinowatz, 2018).

An Land
In den landseitigen Büros der Kreuzfahrtveranstalter arbeiten auf Ebene der Sachbearbeiter:innen in der Regel Menschen mit abgeschlossener Berufsausbildung (z.B. Tourismuskaufmann/-frau), auf Managementebene immer häufiger auch mit abgeschlossenem Studium der Bereiche Wirtschaftswissenschaften (insbesondere natürlich Tourismusmanagement) oder Jura. Bei der Tätigkeit handelt es sich um typische Büroarbeit, je nach Aufgabengebiet verbunden mit gelegentlichen oder häufigeren Dienstreisen zu Geschäftspartnern oder zu den Schiffen.

12.4 Arbeitszeit

Auch bei der Arbeitszeit ist die Differenzierung zwischen Arbeitszeiten an Bord und Arbeitszeiten an Land sinnvoll.

An Bord
Im Gegensatz zu einer „normalen" Tätigkeit an Land bestehen in der Hochseekreuzfahrt lediglich Regelungen für eine *maximale* Arbeitszeit (14 h je Tag; 72 h je Woche) bzw. für *Mindest*-Ruhezeiten (zehn Stunden je Tag, wovon eine Periode mind. sechs Stunden umfassen muss; 77 h je Woche). Diese sind international gültig (International Labour Organization, 1996).

Zu berücksichtigen ist, dass an Bord der Weg zur Arbeit naturgemäß kurz ist und mit „Stau" maximal am Fahrstuhl gerechnet werden muss. Zudem entfällt der zeitliche Aufwand für den Einkauf und die Zubereitung von Mahlzeiten sowie der Abwasch, da diese Aufgaben auch für die Crew von entsprechend eingeteilten Besatzungsmitgliedern erledigt werden. Die Uniform wird gewaschen und gebügelt. Für die höheren Ränge gilt dies auch für die Privatkleidung; außerdem erhalten sie eine regelmäßige Kabinenreinigung. Diese Faktoren führen zu einer Situation, in der die nicht mit Arbeit ausgefüllte Zeit automatisch zur freien Zeit wird. Diese kann im Rahmen der Liegezeiten an Land verbracht werden oder an Bord in der Crewbar oder auf dem Crew-Sonnendeck, das auf großen und modernen Schiffen häufig auch über einen Whirlpool verfügt.

Flusskreuzfahrten auf mitteleuropäischen Flüssen unterliegen besonderen rechtlichen Rahmenbedingungen: Hier wird pro Woche ein freier Tag gewährt (auf französischen Flüssen zwei Tage).

Ein Crewmitglied, das „Vollzeit" arbeitet (dessen Hauptbeschäftigung die Arbeit an Bord ist), kommt auf etwa neun Arbeitsmonate im Jahr. Dies entspricht ca. 270 Tagen und liegt somit deutlich über dem Durchschnitt an Land, der etwa 215 Arbeitstage jährlich beträgt.

Bei den Verträgen für die Arbeit an Bord handelt es sich zumeist um Saisonverträge für einen Einsatz, vergleichbar mit einem befristeten Arbeitsverhältnis. Die Einsatzdauer reduziert sich häufig mit dem Aufstieg auf der Karriereleiter. Service-Mitarbeitende oder auch Rezeptionist:innen sind in der Regel neun Monate an Bord. Die Verträge von Reiseleiter:innen bzw. Gästebetreuer:innen laufen über drei bis sechs Monate, während Kreuzfahrt- und Hoteldirektor:innen häufig für zwei bis drei Monate am Stück an Bord tätig sind. Nach dem Einsatz erfolgt ein Urlaub von ein bis zwei Monaten (bei längerer Einsatzdauer eher drei Monate), bevor der Folgevertrag einsetzt. Hierauf besteht aufgrund der Vertragsstruktur kein Anspruch, allerdings gilt: Wer sich bewährt hat, erhält auch einen neuen Einsatz.

An Land
Die Arbeitszeiten beim Kreuzfahrtveranstalter an Land entsprechen denen anderer Bürotätigkeiten: wochentags Montag bis Freitag, ggf. mit gelegentlichem Bereitschaftsdienst am

Wochenende. In der Reservierungsabteilung wird auch am Samstag, seltener am Sonntag gearbeitet.

12.5 Weiterbildung und Karriere

Die Personalgewinnung und -entwicklung der Kreuzfahrtveranstalter professionalisiert sich (Gibson, 2017). So hat sich an Bord größerer Schiffe die Position eines Human-Resource-Managers etabliert. Branchenweit herrscht eine hohe Mitarbeiterfluktuation durch die herausfordernde Tätigkeit an Bord sowie durch die Befristung der Arbeitsverträge. Hieraus ergeben sich jedoch Karrierechancen für diejenigen, die länger bei einer Reederei bleiben. Beförderungen erfolgen häufig bereits nach kurzer Zeit (in Abhängigkeit von Eignung und Bedarf). Somit ermöglicht die Arbeit an Bord in vielen Fällen eine deutlich schnellere Karriereentwicklung als vergleichbare Tätigkeiten an Land.

Fast alle Reedereien verfügen inzwischen über ein standardisiertes Beurteilungsverfahren am Ende eines Vertrages (Gibson, 2017). Auf dieser Basis werden individuelle Entwicklungsmöglichkeiten besprochen und ggf. unternehmensinterne Weiterbildungen organisiert. Übergreifende Weiterbildungseinrichtungen mit sinnvollen Programmangeboten für die Arbeit an Bord existieren nicht. Ein guter Überblick über die Vorbereitungen der Arbeit an Bord, aber auch über Karrieremöglichkeiten findet sich bei Fahr et al. (2012).

12.6 Einkommen

Das Einkommen und Besonderheiten bei der Vergütung unterscheiden sich ebenfalls an Bord und an Land.

An Bord
Die Vergütungsmodelle differieren stark zwischen den verschiedenen Unternehmen. Gemeinsam ist jedoch allen aufgrund internationaler Vorschriften: Die Reedereien müssen für ihre Besatzungsmitglieder die Kosten für An- und Abreise, Unterkunft, Verpflegung, Getränke, Uniform und deren Reinigung sowie für ärztliche Versorgung während des Einsatzes übernehmen. Dies gilt es bei der Betrachtung der im Folgenden dargestellten Verdienstmöglichkeiten zu berücksichtigen. Je nach persönlicher Situation fallen während des Einsatzes also nur Kosten für den privaten Konsum sowie für Kommunikation (Handy/Internet) an.

Trotz der großen Differenzen in der Gehaltsstruktur sollen hier einige Werte zur Orientierung genannt werden: Ein:e Reiseleiter:in kann bei einer Einsatzzeit von ca. neun Monaten im Jahr mit einem Brutto-Jahresgehalt von 25.000 bis 30.000 € rechnen, ein:e Mitarbeiter:in an der Rezeption oder im Service mit etwas weniger. Ein:e Chefköch:in kommt auf ca. 50.000 €, ein:e Hotelmanager:in auf 80.000 bis 100.000 € Jahresgehalt (Stettner, 2023). Gerade bei den Führungspositionen spielt (wie überall) bei der spezifischen Vergütung eine Rolle, wie groß der Verantwortungsbereich ist. Gerade in den unteren Positionen schlägt sich Erfahrung häufig in einer etwas höheren Bezahlung nieder.

Je näher am Gast eine Position ist, desto wichtiger wird das Trinkgeld: Es bildet vielfach einen wesentlichen Teil des Einkommens. Manche Reedereien arbeiten auch mit Provisionszahlungen auf Umsätze (Getränke, zuzahlungspflichtige Restaurants, Verkäufe in den Shops oder von Landausflügen). Eine Einzelkabine oder eine Außenkabine sowie Privilegien wie die Nutzung von Einrichtungen des Gästebereichs bilden nicht-monetäre Anreize für bestimmte Positionen.

An Land
Die Vergütung im Tourismus liegt (wie auch in anderen Dienstleistungsberufen) traditionell unter der anderer Branchen, wird aber durch Reisevergünstigungen zumindest teilweise ausgeglichen.

12.7 Selbstständigkeit

Da es sich bei den Verträgen für die Arbeit an Bord zumeist um Saisonverträge handelt, unterliegt die Kombination mit einer selbstständigen Tätigkeit gewissen Herausforderungen: Besteht die Möglichkeit, Aufträge aus der Selbstständigkeit zeitlich zu bündeln, dann lassen sich diese während des Urlaubs (also der „vertragsfreien Zeit") durchführen. Ist diese Möglichkeit nicht gegeben, gilt es zu berücksichtigen, dass neben der oft zeitlich und/oder physisch (und manchmal auch psychisch) fordernden Arbeit an Bord nur wenig Raum verbleibt, sich um die Selbstständigkeit zu kümmern. Dazu kommen das im Vergleich zum Leben an Land nach wie vor deutlich langsamere und teurere Internet an Bord und der eingeschränkte Handyempfang, wenn sich das Hochseeschiff auf See befindet.

Es ist jedoch durchaus denkbar, Tätigkeiten in der Reiseleitung als sogenannter Freelancer durchzuführen. Dieses Modell wird in der Praxis häufig gewählt, wenn der Wunsch besteht, nicht in Vollzeit (also ca. neun Monate pro Jahr) zu arbeiten, sondern noch andere Tätigkeiten an Land oder die Betreuung von Angehörigen wahrzunehmen.

12.8 Zukünftige Entwicklungen

Die Aussicht der Kreuzfahrtbranche für die kommenden Jahre ist deutlich: Wachstum (Laßmann, 2022). Damit besteht weiterhin – insbesondere vor dem Hintergrund der alternden Gesellschaft und des Fachkräftemangels – ein hoher Personalbedarf sowohl an Bord als auch an Land. Auch die Aufstiegschancen sind nach wie vor sehr gut. Der Diskussion um die mangelnde Umweltverträglichkeit von Kreuzfahrten begegnen die Reedereien mit entsprechenden Konzepten und technischen Innovationen, um einem Nachlassen des Wachstums entgegenzutreten. Krisen natürlicher oder politischer Art beeinflussen die Entwicklungen in der Kreuzfahrt in der Regel nur unwesentlich, da sich die Schiffe umrouten bzw. repositionieren lassen.

12.9 Fazit

Für mich übt die Arbeit an Bord nach wie vor eine große Faszination aus: Auf den Hochseeschiffen besteht die Herausforderung in der Komplexität des Produktes, das unterschiedlichsten Einflüssen von internen Faktoren (z.B. Organisation) und externen Faktoren (z.B. Vorgaben der Hafen- oder Einreisebehörden) unterliegt. In Kombination mit der Vielfalt der Aufgaben an Bord ergeben sich täglich neue Herausforderungen, die es zu meistern gilt. Dabei belohne ich mich mit tollen Sonnenuntergängen auf See oder Landgängen in sehenswerten Destinationen sowie mit dem engen Kontakt zu den Kolleg:innen und bereichernden Gesprächen mit Gästen.

Dies gilt in ähnlicher Weise für die Flusskreuzfahrt: Die Schiffe weisen eine geringere Größe und damit auch eine geringere Komplexität auf. Allerdings verteilen sich die zu erledigenden Aufgaben auf weniger Besatzungsmitglieder, sodass die Vielfalt der Aufgaben je Crewmitglied größer ist als auf Hochseeschiffen. Flusskreuzfahrtschiffe fahren durch weniger exotische Destinationen als Hochseeschiffe, dafür liegen sie (im deutlichen Gegensatz zu Hochseeschiffen) fast immer im Zentrum des jeweils besuchten Ortes. Dies ermöglicht der Besatzung auch bei kürzeren freien Abschnitten einen privaten Landgang oder die Erledigung persönlicher Besorgungen. Die lieblichen Flusslandschaften tun ihr Übriges.

Wer die Routine vorzieht, sollte sich eher für eine Arbeit an Land entscheiden, wobei manche Abteilungen auch dort spontan und flexibel (und häufig außerhalb der regulären Arbeitszeit) reagieren müssen, wenn eines der Schiffe vor einer besonderen Herausforderung steht.

Bei der Kreuzfahrt handelt es sich um einen sich rasch wandelnden Bereich des Tourismus, in dem spannende Aufgaben von interessanten Menschen in einem besonders internationalen Umfeld bearbeitet werden. Ich kann allen Interessent:innen nur dazu raten, auch einmal an Bord zu arbeiten. Durch die Saisonverträge ergeben sich hier gute Möglichkeiten, um für einen begrenzten Zeitraum (z.B. nach der Schule, nach dem

Studium oder im Rahmen eines mehrmonatigen Praktikums) Erfahrungen zu sammeln, ohne sich gleich für den Rest des Lebens festlegen zu müssen. Willkommen in der Kreuzfahrtbranche!

Literatur

Bösche, K., Hochhaus, K. H., Pollem, H., & Taggesell, J. (Hrsg.) (2005). *Dampfer, Diesel und Turbinen: Die Welt der Schiffsingenieure*. Convent.

Bow, S. (2006). *Arbeiten auf Kreuzfahrtschiffen: Abenteuer, Exotik, raue See, Service- und Knochenjobs*. Interconnections.

Daberer, A., & Szinowatz, A. (2018). *Humorvolle Erlebnisse von Crew-Mitgliedern auf Luxus-Kreuzfahrtschiffen*. ProNovum.

Fahr, D., Papathanassis, A., & Milde, P. C. (Hrsg.) (2012). *Ihr Kurs zur Kreuzfahrt-Karriere: Willkommen an Bord: Leben und Arbeiten auf Kreuzfahrtschiffen; Praxis-Ratgeber, Nachschlagewerk, Tipps & Insider-Wissen für Bewerbung, Einstieg & Karriere auf Flüssen & Hochsee weltweit*. BoD – Books on Demand.

Freyer, W. (2015). *Tourismus: Einführung in die Fremdenverkehrsökonomie*. De Gruyter Oldenbourg.

Gibson, P. (2017). Talent management and the cruise industry. In M. Clancy (Hrsg.), *Cruise ship tourism* (S. 161–176). CABI.

Hildebrandt, K. (25 August 2023). Studie der IG River Cruises: Flusskreuzfahrt braucht noch länger zur Erholung. *fvw*. https://www.fvw.de/touristik/kreuzfahrt/studie-der-ig-river-cruises-flusskreuzfahrt-braucht-noch-laenger-zur-erholung-236641. Zugegriffen: 3. Dez. 2023.

International Labour Organization. (1996). Seafarers' Hours of Work and the Manning of Ships Convention, 1996 (No. 180). International Labour Organization. https://www.ilo.org/dyn/normlex/en/f?p=NORMLEXPUB:55:0:NO:P55_TYPE,P55_LANG,P55_DOCUMENT,P55_NODE:REV,en,C180,/Document. Zugegriffen: 29. Nov. 2023.

Klein, R. A. (2019). 'Felons of the seas': smoke, mirrors and obfuscation. In A. Papathanassis, S. Katsios, & N. R. Dinu (Hrsg.), *Yellow tourism: Crime and corruption in the holiday sector* (S. 3–17). Springer International Publishing.

Kurz, M. (2023). Medizin auf Eisbrechern und Kreuzfahrtschiffen: Berufsbild Schiffsarzt. *Tumor-Diagnostik & Therapie, 44*(01), 79–80.

Laßmann, M. (27 April 2022). Passagierzahlen: Kreuzfahrt-Verband sieht Erholung bis Ende 2023. *fvw*. https://www.fvw.de/touristik/kreuzfahrt/passagierzahlen-kreuzfahrt-verband-sieht-erholung-bis-ende-2023-225705. Zugegriffen: 29. Nov. 2023.

Mundt, J. (2011). *Reiseveranstaltung: Lehr- und Handbuch*. Oldenbourg.

Nause, N. (2021). *Arbeiten, Leben und Lernen an Bord von Seeschiffen*. Oldenburg.

Pilar, C. von (6 März 2020). Branchenbilanz: Kreuzfahrt wächst 2019 zweistellig. *fvw*. https://www.fvw.de/touristik/kreuzfahrt/branchenbilanz-kreuzfahrt-waechst-2019-zweistellig-206800. Zugegriffen: 3. Dez 2023.

Schulz, A., & Auer, J. (2010). *Kreuzfahrten und Schiffsverkehr im Tourismus*. Oldenbourg.

Statista. (2023). Kreuzfahrt: Passagiere aus Deutschland bis 2022. https://de.statista.com/statistik/daten/studie/180388/umfrage/passagiere-von-kreuzfahrten-aus-deutschland/. Zugegriffen: 3. Dez. 2023.

Steinecke, A. (2018). *Kreuzfahrttourismus*. Utb.

Stettner, A. (29 November 2023). Gehalt auf See: Wie viel verdienen Mitarbeiter auf einem Kreuzfahrtschiff? *Merkur.* https://www.merkur.de/leben/karriere/aida-gehalt-wie-viel-verdienen-mitarbeiter-kreuzfahrtschiff-geld-jobs-org-zr-91228753.html. Zugegriffen: 29. Nov. 2023.

Wood, B. (2015). *Jobs auf Kreuzfahrtschiffen – Geld verdienen und Spaß haben: Die Welt sehen, mehr erleben.* Epubli.

Prof. Dr. Steffen Spiegel arbeitete nach einer Ausbildung zum Reiseverkehrskaufmann bei Hapag-Lloyd in Bremen als Reiseleiter für den TUI Service auf der portugiesischen Insel Madeira. Während des anschließenden Studiums des Tourismusmanagements an der Hochschule Bremen gelangte er „per Zufall" als Reiseleiter auf sein erstes Kreuzfahrtschiff. Schnell wurde er an Bord der Schiffe deutscher und internationaler Veranstalter vom Reiseleiter zum Ausflugsleiter und schließlich zum Kreuzfahrtdirektor befördert. Neben der Arbeit auf Fluss- und Hochseeschiffen lehrte er an verschiedenen Hochschulen in tourismuswissenschaftlichen Studiengängen. Inzwischen blickt er auf mehr als 20 Jahre Erfahrung in der Seefahrt (u.a. bei Hurtigruten, Plantours Kreuzfahrten, Sea Cloud Cruises, Phoenix Reisen) und mehr als zehn Jahre in der Lehre zurück. Er verbindet nach wie vor Theorie und Praxis: Zusätzlich zu seiner Professur für Tourismusmanagement am Campus Bremen der IU Internationale Hochschule ist er weiterhin als Kreuzfahrtdirektor für Phoenix Reisen im Einsatz.

Arbeiten in Autovermietungen

13

Barbara Norz

Inhaltsverzeichnis

13.1	Einleitung	130
13.2	Aufgaben	131
13.3	Anforderungen	134
13.4	Arbeitszeit	135
13.5	Weiterbildung und Karriere	137
13.6	Einkommen	137
13.7	Zukünftige Entwicklungen	138
13.8	Fazit	139
Literatur		139

Zusammenfassung

Die Autovermietung ist Teil der Mobilitätsbranche – ein innovativer und zugleich zukunftsfähiger Wirtschaftszweig. Die vergangenen Jahre weisen einen durchweg positiven Trend auf, ausgenommen der Nachfrage- und Umsatzeinbruch während der Covid-19-Pandemie. Die Unternehmen der Branche bieten durch die Arbeit an den Mietstationen sowie in der Hauptverwaltung vielseitige Berufsmöglichkeiten. Ein Einstieg ist mit Ausbildung, Studium und/oder Berufserfahrung, je nach Bereich und Position, möglich. Weiter bieten die Unternehmen neben Weiterbildungs- und Entwicklungsmöglichkeiten attraktive Vorteile für Mitarbeitende wie beispielsweise vergünstigte Mitarbeitertarife für Mietwagen. Die positiven Aussichten der Branche

---

B. Norz (✉)
Sixt SE, München, Deutschland
E-Mail: barbara.norz@sixt.com

© Der/die Autor(en), exklusiv lizenziert an Springer Fachmedien Wiesbaden GmbH, ein Teil von Springer Nature 2024
S. Bösl und S. Werther (Hrsg.), *Berufsfelder und Perspektiven im Tourismus*,
https://doi.org/10.1007/978-3-658-44933-9_13

steigern die Attraktivität der Unternehmen als Arbeitgeber. Welche konkreten beruflichen Perspektiven und Karrieremöglichkeiten eine Autovermietung besonders für Personen mit touristischem Hintergrund bietet, wird in diesem Beitrag aufgezeigt.

13.1 Einleitung

Die Autovermietungsbranche bietet Kund:innen die Möglichkeit, verschiedene Arten von Fahrzeugen für die unterschiedlichsten Bedürfnisse zu mieten, ohne sie besitzen zu müssen. Themen wie das Flottenmanagement, welches sich mit der Planung und Verfügbarkeit der Fahrzeuge (= Flotte) beschäftigt, die Fahrzeugwartung und Versicherungsangelegenheiten werden von der Autovermietung geregelt.

Die Mobilitätsbranche verzeichnete in den vergangenen zehn Jahren ein Umsatz- und Flottenwachstum. Dieses Wachstum ist kontinuierlich, abgesehen von einem der Covid-19-Pandemie geschuldeten Einbruch im Jahr 2021. Die Branche war von den Folgen der Pandemie stark betroffen und die Anzahl der Personenkraftwagen in deutschen Autovermietungen sank im Jahr 2021 um knapp 18% auf 228.894 Fahrzeuge. Durch die Auflösung von pandemiebedingten Einschränkungen wie z.B. Grenzöffnungen sowie durch das wieder wachsende Mobilitätsbedürfnis wuchs die Anzahl der Personenkraftwagen bei Autovermietern in Deutschland direkt im Folgejahr 2022 und weiter auf ein Allzeithoch von 311.696 Pkws im Jahr 2023, wie in Abb. 13.1 ersichtlich.

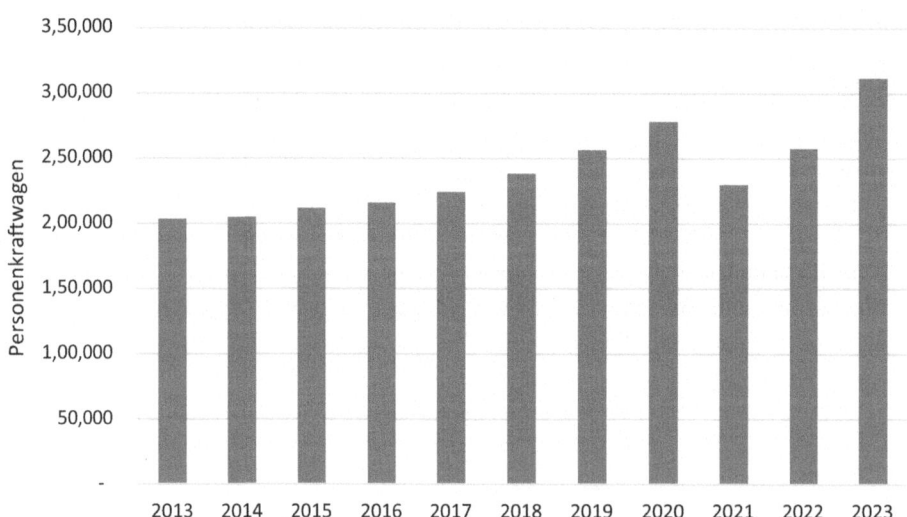

Abb. 13.1 Anzahl der Personalkraftwagen bei Autovermietern in Deutschland 2013–2023. (Quelle: Kraftfahrtbundesamt, zitiert nach Statista, 2023, S. 17)

Der Anstieg an Personenkraftwagen deckt sich mit dem Anstieg der Umsatzzahlen großer Autovermietungen in den Jahren 2021 bis 2023 und ist Ergebnis einer wachsenden Nachfrage am Markt. Die Zahlen zeigen, dass die Relevanz von Autovermietungen in der Mobilitätsindustrie kontinuierlich zunimmt. Dieser Präsenz- und Bedeutungszuwachs wirkt sich positiv auf die Arbeitgeberattraktivität aus.

Das Produkt- und Serviceportfolio von Autovermietungen kann sich je nach Zielgruppe unterscheiden. Grob können die Kundengruppen je nach Buchungskanal in drei Gruppen eingeteilt werden: Direktkunden, Geschäftskunden und Drittkunden, die über Partner buchen. Alle Kundengruppen benötigen vorübergehend ein Fahrzeug. Unterschiede gibt es jedoch bei Notwendigkeit, Zweck, Ort und Dauer der Anmietung. Üblicherweise bieten Autovermietungen eine Vielzahl von Fahrzeugtypen an – von Klein- und Mittelklassewagen oder Vans bis hin zu Luxus- oder Spezialfahrzeugen. Einige Unternehmen vermieten auch Lastwagen für kommerzielle oder private Zwecke. Auch Wohnwagen und Elektroroller werden in den letzten Jahren vermehrt nachgefragt und sind daher immer häufiger Teil des Angebots. Die klassische Autovermietung hat Mietstationen an Flughäfen, an Bahnhöfen, in Stadtzentren und an anderen strategisch sinnvollen Orten.

In den folgenden Abschnitten wird aufgezeigt, welche Aufgaben und Anforderungen das Berufsfeld der Autovermietung für Berufseinsteiger:innen mit sich bringt. Ebenso wird auf die Arbeitszeit, Weiterbildungs- und Entwicklungsmöglichkeiten, zukünftige Entwicklungen der Branche und das Einkommen eingegangen.

13.2 Aufgaben

Die Aufgaben in einer Autovermietung sind vielfältig und werden entweder an der Mietstation selbst oder an den Verwaltungsstandorten durchgeführt. Ein Einstieg für Personen mit touristischem Hintergrund ist grundsätzlich in allen Unternehmensabteilungen möglich. Im Folgenden wird beispielhaft auf die Aufgabengebiete an der Mietstation sowie die Aufgaben des Eventmanagements, des Pricing- und Revenue-Managements sowie des Produkt- und Partnermanagements eingegangen, da sich diese besonders für einen Einstieg von Personen mit touristischem Hintergrund eignen. Als weitere Einstiegsmöglichkeit wird zuletzt noch die Möglichkeit von Trainee-Programmen vorgestellt.

Mietstation

Die Mietstationen sind eines der wichtigsten Aushängeschilder einer Autovermietung und die Mitarbeitenden dort sind erste Ansprechpersonen für die Kund:innen. Die Kundenberater:innen, die an einer Mietstation tätig sind, prüfen typischerweise die Kundenreservierungen im System, erstellen einen Mietvertrag für das jeweilige Fahrzeug und die Mietdauer und verkaufen für die Kund:innen passende Zusatzprodukte. Dies können neben Schutzoptionen, die mögliche Unfälle oder Schäden am Fahrzeug abdecken, beispielsweise

Navigationssysteme, Kindersitze oder Tankoptionen, wie beispielsweise die Vorauszahlung für eine volle Tankfüllung, sein. Wird die Zustellung bzw. Abholung von Fahrzeugen zu oder von den Kund:innen durch die Autovermietung abgedeckt, wird auch diese Aufgabe vom Stationspersonal übernommen. Weitere Aufgaben an einer Mietstation umfassen die Schadensaufnahme, Reinigung und Sicherheitschecks der Fahrzeuge nach Rückgabe wie auch die Disposition der Fahrzeuge, damit für die Mieten eines jeweiligen Tages die richtige Anzahl und Modellart am Standort zur Verfügung stehen. Die Stationsleitung an Mietstationen gewährleistet den reibungslosen Ablauf der operativen Prozesse (z. B. Flottenmanagement, Rechnungsverarbeitung, Beschwerdehandling) einer Station und verantwortet die Erreichung der Ziele und Kennzahlen. Die Personaleinsatzplanung sowie die Führung und Weiterentwicklung der Mitarbeitenden gehören genauso wie die Steuerung möglicher externer Dienstleister zum Aufgabenbereich einer Stationsleitung. Insgesamt ist das Aufgabenspektrum an Vermietungsstationen vielfältig und kundennah.

Eventmanagement
Eine andere Einstiegsmöglichkeit bietet das Eventmanagement (vgl. Kap. 23). Der Bereich verantwortet in einem ersten Schritt die Konzeption und Planung von Veranstaltungen inklusive der Budgetierung, in einem zweiten Schritt die Durchführung von Veranstaltungen, u. a. mit der Steuerung und Abstimmung mit externen Dienstleistern wie beispielsweise Caterern, Technikfirmen oder sonstigen Stakeholdern. Nach Abschluss der Veranstaltung kümmert sich das Eventmanagement um die Nachbereitung, die je nach Veranstaltung unterschiedlich aufwendig ausfallen kann, aber mindestens die Einholung von Feedback und die kritische Reflexion des Veranstaltungsablaufs umfasst. Mit Offline-, Online- oder hybriden Veranstaltungen stehen unterschiedliche Formate zur Verfügung. Typische Veranstaltungen einer Autovermietung sind u.a. die Teilnahme an touristischen oder sonstigen branchenrelevanten Messen oder Events zur Kunden- oder Partnerpflege, beispielsweise für wichtige Firmenkund:innen. Weiter kann die Umsetzung interner Veranstaltungen für Mitarbeitende dem Eventmanagementbereich unterliegen.

Pricing- und Revenue-Management
Das Pricing- und Revenue-Management bietet ebenso eine gute Einstiegsmöglichkeit in die Branche. Im Pricing-Bereich wird die Preis- und Produktgestaltung mitentwickelt und umgesetzt. Nicht nur durch die Knappheit und Nicht-Lagerfähigkeit des Gutes, sondern auch durch das Verursachen von Kosten bei Nichtnutzung und das Uno-actu-Prinzip (die Produktion und der Konsum des Produktes/der Dienstleistung fallen zeitlich zusammen), wird der Bezug des Produktes zum Tourismus deutlich. Daher betreiben die Autovermietungen meist professionelles Revenue- und Yield-Management. Das Preismodell bei Autovermietungen umfasst und berücksichtigt verschiedene Faktoren wie beispielsweise die Unternehmensstrategie, den Anmietort, die Mietdauer, den Fahrzeugtyp, die gefahrenen Kilometer sowie mögliche Zusatzprodukte. Die Grundidee des Revenue-Managements ist die Ertragsoptimierung,

z. B. durch die dynamische Preissteuerung. Laufende Markt-, Kunden- und Wettbewerbsanalysen bilden die Grundlage. Die Aufgabe besteht darin, die Preise zielgruppengerecht über verschiedene Kanäle zu steuern. Das richtige Produkt am richtigen Ort zum richtigen Preis an den richtigen Kunden oder die richtige Kundin zu verkaufen, ist das Ziel. Das Yield-Management ist ein Teilgebiet des Revenue-Managements und verfolgt das Ziel, die Auslastung der Fahrzeugflotte zu verbessern, um so zur Umsatzoptimierung beizutragen.

Produkt- und Partnermanagement
Eine weitere Einstiegsmöglichkeit ist das Produkt- und Partnermanagement. Dieser Bereich hat das Ziel, die passenden Produkte für die jeweiligen Partner einer Autovermietung umzusetzen und anzubieten. Die Partner einer Autovermietung sind vielseitig. Hierzu zählen Firmenkund:innen, Reisebüros, Vergleichsportale, Airlines oder Hotels, um nur einige zu nennen. In vielen Autovermietungen gibt es verschiedene Teams, die sich auf bestimmte Partnergruppen fokussieren, um gezielt und professionell auf die jeweiligen Bedürfnisse eingehen zu können. Grundsätzliche Aufgabe des Produkt- und Partnermanagements ist es, die Partner operativ zu unterstützen und gemeinsam strategische Konzepte zu entwickeln. Um Verantwortung für eine Partnerschaft zu übernehmen, ist es wichtig, das Produktportfolio der Autovermietung zu kennen. Für strategisch wichtige Partner werden nicht selten neue Produkte aufgesetzt und geschaffen, um den jeweiligen Markt oder spezielle Kundengruppen anzusprechen. Die Entwicklung und Integration neuer Partnerschaften sind häufig auch Teil des Produkt- und Partnermanagements. Der genannte Geschäftsbereich umfasst zahlreiche Jobprofile und Tätigkeitsbereiche, wie beispielsweise Account Management, Controlling, Accounting, Customer Service, Sales, technisches Schnittstellenmanagement und Training, um nur einige zu nennen.

Trainee-Programme
Trainee-Programme sind zeitlich limitiert und erlauben einen Einblick in verschiedene Bereiche eines Unternehmens. Die Grundidee ist es, Berufseinsteiger:innen in kurzer Zeit einen breiten Einblick in relevante Themenfelder zu ermöglichen und die Produkte, Dienstleistungen, Prozesse und Zusammenhänge kennenzulernen. Im Rotationsverfahren lernt ein Trainee die unterschiedlichen Aufgaben eines Bereichs kennen. Trainee-Programme werden meist in verschiedenen Bereichen angeboten, beispielsweise in Mietstationen oder im Pricing- und Revenue-Management.

Wichtig zu erwähnen ist außerdem, dass die großen Autovermietungen (vgl. Abb. 13.2) international tätig und aufgestellt sind. Es besteht die Möglichkeit, in einem internationalen Umfeld zu arbeiten. Einige der vorgestellten Rollen und Aufgaben beschränken sich nicht auf den Heimatmarkt.

Abschließend kann festgestellt werden, dass das Berufsfeld Autovermietung spannende und interessante Einstiegsmöglichkeiten für Personen mit touristischem Hintergrund bietet. Einige der Anforderungen für den Einstieg in den beschriebenen Bereichen werden nachfolgend erläutert.

Abb. 13.2 Die fünf wertvollsten Autovermietungsmarken weltweit 2022. (Quelle: Brand Finance, 2023)

1. enterprise rent-a-car
2. Hertz
3. AVIS
4. Europcar
5. SIXT

13.3 Anforderungen

Der Einstieg in eine Autovermietung ist grundsätzlich für Personen mit unterschiedlichen Ausbildungshintergründen möglich. Verschiedene Tätigkeiten setzen häufig unterschiedliche Profile bzw. Schwerpunkte voraus. Die typischen Anforderungen für den Einstieg in die in Abschn. 13.2 genannten Bereiche werden nachfolgend aufgeführt (Tab. 13.1) und erläutert.

Für den Einstieg an einer **Mietstation** wird oftmals eine Ausbildung im Einzelhandel, Hotellerie, Gastronomie, oder mit Bezug zu Kundenservice vorausgesetzt. Ein Quereinstieg mit entsprechender Berufserfahrung und Motivation ist ebenfalls möglich. Sprachkenntnisse in Deutsch sollten vorhanden sein, je nach Kundenstruktur am Einsatzort kann auch Englisch eine nötige Grundlage sein. Kenntnisse in zusätzlichen Sprachen sind von Vorteil. Eine weitere Einstiegsbedingung ist ein gültiger Führerschein, um die Fahrzeuge bewegen zu können. In den Mietstationen steht die Kunden- und Dienstleistungsorientierung im Vordergrund. Neben einer ausgeprägten Serviceorientierung ist auch Überzeugungskraft gefragt, um optionale Zusatzprodukte erfolgreich verkaufen zu können. Kommunikationsstärke und Empathie sowie ein offener, professioneller und guter Umgang mit Menschen sind wichtig. Darüber hinaus werden Flexibilität und Organisationsvermögen vorausgesetzt. Die Mitarbeitenden werden regelmäßig zu Fahrzeugen geschult, ein Interesse an Pkws hilft, die notwendigen Kenntnisse aufzubauen. Eine Stationsleitung sollte darüber hinaus relevante Erfahrung in der Mitarbeiterführung aufgebaut haben, da Personalverantwortung Teil der Arbeit ist. Analytische Fähigkeiten, eine strukturierte Arbeitsweise und die Motivation des Stationsteams sind wichtig, um die Zielerreichung der Mietstation sicherzustellen zu können.

In den Bereichen des **Eventmanagements, Pricing- und Revenue-Managements** und des **Produkt- und Partnermanagements** wird eine abgeschlossene Ausbildung oder ein Studium bei Einstieg vorausgesetzt. Anforderungen im Eventmanagement sind neben

Organisationsgeschick, um mehrere Aufgaben parallel vereinen und verschiedene Stakeholder koordinieren zu können, auch gute analytische und konzeptionelle Kenntnisse, um Veranstaltungsbudgets planen und einzuhalten zu können. Kreativität und Ideenreichtum sind bei der Planung von Veranstaltungen gefragt. Da Veranstaltungen an verschiedenen Orten stattfinden können, sind Flexibilität sowie die Offenheit für regelmäßige Reisen eine Voraussetzung.

Im **Pricing- und Revenue-Management** sind analytische Fähigkeiten besonders wichtig. Ein Einstieg in diesem Bereich erfordert ein Interesse an Datenbanken und Auswertungssystemen sowie strukturiertes und detailliertes Arbeiten, was für Datenanalysen und daraus folgende Ableitungen unabdingbar ist. Problemlösungskompetenzen helfen, neue Wege zu finden und aufzuzeigen, um die Leistung des Unternehmens zu steigern.

Im **Produkt- und Partnermanagement** sind der Austausch und die Zusammenarbeit mit externen Partnern ein Hauptbestandteil der Aufgabe. Neben Gesprächs- und Verhandlungsführung sind Präsentationskenntnisse und ein selbstbewusstes Auftreten wichtige Voraussetzungen. Die Tätigkeit in diesem Bereich kann mit Reisen verbunden sein, weshalb Reisebereitschaft gewünscht wird.

Für eine **Traineeposition** sind neben einer abgeschlossenen Ausbildung oder einem Studium besonders Neugierde und Lernbereitschaft gefragt. Ein Trainee sollte Wissenshunger und Interesse mitbringen, um sich schnell in neue Themengebiete einarbeiten zu können. Weil verschiedene Stationen während des Trainee-Programmes durchlaufen werden, ist es hilfreich, wenn man sich schnell in einem neuen Umfeld und Team zurechtfinden kann. Je nach Position bzw. Bereich werden Englischkenntnisse vorausgesetzt. Gleiches gilt für interkulturelle Kompetenzen im Umgang mit Kolleg:innen, Partnern und anderen Stakeholdern.

Zusammengefasst kann festgehalten werden, dass sich die Anforderungen nach Bereich, Rolle und Verantwortungsumfang unterscheiden können und es empfehlenswert ist, die Anforderungen der konkreten Stelle zu verstehen, die einen interessiert. Die Stellenausschreibung, aber auch die Personalabteilungen der Unternehmen sind hier gute erste Informationsquellen. Ergänzend wird nachfolgend ein kurzer Überblick über die Arbeitszeiten in den Bereichen gegeben.

13.4 Arbeitszeit

Auch bei den Arbeitszeiten gibt es je nach Position und Bereich Unterschiede. Die Arbeitstage und -zeiten an einer Mietstation variieren je nach Öffnungszeiten. Es kann zu Wochenend- und Nachtarbeitszeiten kommen. So sind beispielsweise an Flughafenstationen mehr Abendschichten und Wochenendarbeit möglich als in Mietstationen in ländlicheren Orten. Weiter kann es vorkommen, dass Mitarbeitende an unterschiedlichen Stationen eingesetzt werden. Dies ist häufig in Großstädten der Fall, wo die Stationsdichte hoch ist. Es wird darauf geachtet, dass Dienstpläne verbindlich sind und frühzeitig

Tab. 13.1 Anforderungen an Tätigkeitsbereiche in Autovermietungen

Bereich	Abschluss[a]	Kompetenzen/Fähigkeiten
Mietstation: Kundenberater:in Stationsleiter:in	Ausbildung im Einzelhandel, Hotellerie oder Gastronomie Zusätzlich: Arbeitserfahrung	Deutsch, weitere Fremdsprachen von Vorteil Kundenorientierung, Serviceorientierung, Kommunikationsstärke, Empathie, Flexibilität, Organisationsvermögen Zusätzlich: Motivationsfähigkeit, Mitarbeiterführungsvermögen und analytische Fähigkeiten
Eventmanagement	Ausbildung oder Studium im Bereich Eventmanagement, Hotellerie oder Betriebswirtschaft	Englisch, weitere Sprachkenntnisse je nach Einsatzbereich Organisationsvermögen, analytische Fähigkeiten und Kreativität, Flexibilität, Offenheit
Pricing- und Revenue-Management	Ausbildung oder Studium im Bereich Tourismus, Wirtschaft (VWL, BWL), Logistik oder Mathematik	Englisch, weitere Sprachkenntnisse je nach Einsatzbereich Analytische Fähigkeiten, Problemlösungsvermögen, Genauigkeit und Lernbereitschaft
Produkt- und Partnermanagement	Ausbildung oder Studium im Bereich Tourismus oder Wirtschaft (VWL, BWL)	Englisch, weitere Sprachkenntnisse je nach Einsatzbereich Lernbereitschaft, Gesprächs- und Verhandlungsführung und Präsentationskenntnisse
Trainee	Ausbildung oder Studium im Bereich Tourismus, Wirtschaft (VWL, BWL), Logistik oder Mathematik	Sprachkenntnisse je nach Einsatzbereich Neugierde, Lernbereitschaft und zusätzlich spezifische Kenntnisse je nach Tätigkeitsbereich

[a]*Quereinsteiger:innen mit passendem Profil stehen diese Tätigkeitsfelder ebenso offen*

erstellt werden, um Mitarbeitenden Planungssicherheit zu geben. Neben Vollzeitstellen ist an vielen Stationen auch ein Anstellungsverhältnis in Teilzeit möglich. In den Verwaltungsbereichen wird üblicherweise von Montag bis Freitag gearbeitet. In Bereichen wie dem Eventmanagement oder Produkt- und Partnermanagement können auch Abendveranstaltungen stattfinden und bei Dienstreisen lässt sich eine Überlappung mit dem Wochenende nicht immer vermeiden.

Nach dem Einstieg in die Autovermietungsbranche bietet diese vielzählige Weiterbildungs- und Karrieremöglichkeiten, die im folgenden Abschnitt aufgezeigt werden.

13.5 Weiterbildung und Karriere

Üblicherweise finden regelmäßige Mitarbeiter- und Leistungsbeurteilungen statt, um Entwicklungsziele und individuelle Weiterbildungsmöglichkeiten zu definieren. Vorgezeichnete Karrierepfade und Entwicklungsprogramme können, müssen aber nicht immer der richtige Weg sein. Das Portfolio von Weiterbildungsmöglichkeiten ist grundsätzlich breit gefächert und reicht von On-the-Job-Trainings über E-Learnings, interne und externe Trainings bis hin zum Coaching. Je nach Interesse, Ziel und Lerntyp können die individuellen Weiterbildungsmöglichkeiten zusammengestellt werden. Beispielsweise nehmen Kundenberater:innen der Stationen regelmäßig an Persönlichkeits-, Flotten- und Verkaufstrainings teil. Die Kundenberater:innen haben die Chance, bei Eignung eine Position mit mehr Verantwortung in der eigenen oder in einer anderen Station zu übernehmen. Weiterführend besteht die Möglichkeit, sich beispielsweise zur Stations- oder Regionalleitung weiterzuentwickeln. Bei internationalen Autovermietungen gibt es neben Karriere- und Aufstiegsmöglichkeiten im eigenen Land auch spannende Möglichkeiten im Ausland. So besteht bei Tätigkeitsbereichen, auch bei den hier beschriebenen, die Möglichkeit, Erfahrung im Ausland in anderen Märkten einzubringen. Die Option, die Erfahrungen und Kenntnisse aus der Autovermietung in anderen Branchen und Industrien zu nutzen, soll hier auch erwähnt werden. Für Mitarbeitende einer Mietstation könnte beispielsweise die Hotellerie spannend sein – denn die Kunden- und Dienstleistungsorientierung stehen bei beiden Branchen im Mittelpunkt.

13.6 Einkommen

Über konkrete Einkommensmöglichkeiten in der Branche kann schwer eine Aussage getroffen werden. Eine fundierte Datenbasis zu Löhnen innerhalb der Branche gibt es nicht. Die Löhne an einer Mietstation sind auf einem ähnlichen Niveau wie in anderen touristischen Dienstleistungsbranchen einzuordnen. Die Vergütung in Positionen wie beispielsweise dem Pricing- und Yield-Management oder dem Produkt – und Partnermanagement liegen teilweise über der Vergütung in vergleichbaren Positionen touristischer Betriebe. Der Gehaltseinstufung dieser Positionen liegen Branchen außerhalb des Tourismus zugrunde. Einige Autovermietungen führen regelmäßig Gehaltsanalysen im Branchenvergleich durch und passen daraufhin ihre Gehaltstrukturen an, um wettbewerbsfähige Löhne zu zahlen. Das Grundgehalt bildet bei allen Autovermietungen die Basis der

Einkommensstruktur. Mitarbeitende in verschiedenen Positionen, sei es in der Kundenbetreuung oder Verwaltung, erhalten ein festes Gehalt, das immer auf den spezifischen Aufgabenbereich sowie häufig auf Erfahrung und Qualifikationen zugeschnitten ist. Viele Autovermietungen haben darüber hinaus Bonussysteme, um Mitarbeitende zu motivieren und ihre Leistung zu belohnen. Mitarbeitende in den Mietstationen erhalten beispielsweise häufig Provisionen basierend auf dem generierten Umsatz. Bei einigen Arbeitgebern sogar in unbegrenzter Höhe, gemessen an den gesetzten Zielen. Diese leistungsabhängigen Bonuszahlungen schaffen attraktive Anreize und tragen gleichzeitig zur Rentabilität des Unternehmens bei. Zu beachten ist natürlich, dass die Bonuszahlungen auch von den spezifischen Herausforderungen der Branche beeinflusst werden können. Schwankungen in der Nachfrage, saisonale Veränderungen oder technologische Entwicklungen können sich auf Bonuszahlungen und Zusatzleistungen auswirken.

Neben finanziellen Vergütungen bieten Autovermietungen oft auch nicht-monetäre Leistungen an, um die Mitarbeiterbindung zu stärken und ein attraktives Arbeitsumfeld zu schaffen. Zu diesen Zusatzleistungen gehören oft Mitarbeitervergünstigungen für Mietwagen, Versicherungspakete, betriebliche Altersvorsorge, Schulungs- und Weiterbildungsmöglichkeiten sowie flexible Arbeitszeiten, wenn möglich. Diese Vorteile tragen dazu bei, die Work-Life-Balance zu verbessern und die Zufriedenheit der Mitarbeitenden zu steigern. Die Kombination aus Fixgehalt, Bonuszahlungen und Zusatzleistungen verdeutlicht die Vielfalt der Einkommensperspektiven in dieser dynamischen Branche.

13.7 Zukünftige Entwicklungen

Die Zukunft der Autovermietungsbranche wird sowohl von Digitalisierung und Daten getrieben sein als auch von externen Innovationen und Entwicklungen, die nachfolgend kurz erläutert werden.

Einen großen Einfluss auf die Entwicklung der Autovermietungsbranche haben digitale Technologien. Dazu gehören die Weiterentwicklung mobiler Apps sowie die Optimierung, Digitalisierung und, wenn sinnvoll, die Automatisierung der Prozesse über die gesamte Customer Journey. Ein Beispiel ist die Weiterentwicklung des gesamten Anmietprozesses von der Reservierung des Fahrzeuges bis hin zur Abrechnung. Dieser Prozess kann mittlerweile über das Mobiltelefon abgeschlossen werden, ohne Kontakt zu einem Stationsmitarbeitenden zu haben. Ein weiteres Beispiel ist die vermehrte Nutzung von Daten und künstlicher Intelligenz (KI), um das Kundenerlebnis, aber auch die Qualität und Effizienz von Unternehmensprozessen zu steigern. Vor allem mit der vermehrten Nutzung von KI-basierten Produkten und Prozessen, der zunehmenden Bedeutung von Nachhaltigkeit (Anstieg von Hybrid- und Elektrofahrzeugen) aber auch aufgrund von verändertem Mobilitätsverhalten der Kund:innen werden sich Produkte und Interaktionswege verändern. Sixt beispielsweise erweiterte sich zum Mobilitätsdienstleister, weg von der klassischen Autovermietung. Kund:innen haben neben der Buchung eines Mietwagens auch die Möglichkeit, Mobilitätsformen wie beispielsweise ein Auto-Abo, Carsharing, E-Scooter, Fahrräder oder Taxis über die eigene Sixt App zu buchen. Die Entwicklungen werden auch Auswirkungen auf die Rollen, Arbeitsweise und Anforderungen von heute haben. Aufgabenbereiche werden sich fortlaufend wandeln und die Anforderungsprofile werden sich an diese Entwicklungen anpassen müssen. Es bleibt spannend, die Entwicklung zu beobachten und aktiv mitzugestalten.

13.8 Fazit

Die Autovermietung ist eine bunte und vielfältige Branche, die für Personen mit verschiedensten Interessen eine Einstiegsmöglichkeit bietet. Es ist ein breites Tätigkeitsspektrum geboten von Positionen mit direktem Kundenkontakt bis hin zu Positionen mit analytischem oder konzeptionellem Schwerpunkt. Karrieremöglichkeiten im In- und Ausland runden das Angebot ab. Es wird prognostiziert, dass die positive Entwicklung der Branche anhält und die Industrie zukünftig an Relevanz gewinnen wird, da sie mit innovativen Mobilitätskonzepten und Alternativen zum eigenen Autobesitz zur Mobilitätswende beitragen kann. Diese positiven Aussichten der Branche steigern die Faszination der Unternehmen als Arbeitgeber. Die Internationalität der Branche, seien es die Märkte, Mitarbeitenden oder Themen, runden die Attraktivität ab. Es macht Spaß, in einem solchen Umfeld zu arbeiten.

Literatur

Brand Finance. (2023). Carrental services 10 2022 Ranking. https://brandirectory.com/rankings/car-rental-services.
Statista. (2023). Industrien & Märkte. Autovermietung. https://de.statista.com/statistik/studie/id/21415/dokument/autovermietung-statista-dossier/. Zugegriffen: 9. Nov. 2023.

Barbara Norz begann ihre touristische Laufbahn mit einer Ausbildung zur Hotelfachfrau in Brenners Park-Hotel & Spa in Baden-Baden. Nach einigen beruflichen Stationen in der Hotellerie absolvierte sie ihren Bachelor in Tourismus- und Freizeitwirtschaft am Management Center Innsbruck. Nach dem erfolgreichen Abschluss stieg Barbara Norz in die Mobilitätsbranche bei der Sixt SE ein. Für Sixt hat sie mehrere Jahre das Pricing- & Yield Management für die Länder Österreich, Schweiz und Benelux mitverantwortet. Aufgrund der Restriktionen durch Covid-19 entschied sich Barbara Norz 2020 für das Masterstudium Hospitality Management an der Hochschule München. Nach erfolgreichem Masterabschluss orientierte sie sich intern bei der Sixt SE um und arbeitet heute im Produkt- und Partnermanagement. Dort ist sie federführend für das Outbound-Geschäft aus Asien verantwortlich und unterstützt Sixt Franchiseländer in der Region sowohl operativ als auch strategisch im Partnermanagement.

Teil IV
Übernachtung und Kulinarik

Nachdem wir uns bereits mit der Stufe der Inspiration, Planung und Buchung und mit der Stufe der Anreise, Mobilität am Reiseziel und Abreise beschäftigt haben, gewinnt jetzt die Stufe der Übernachtung und Kulinarik als essenzieller Bestandteil des Urlaubserlebnisses an Bedeutung. Nachdem die Weichen für eine angenehme Reise durch die Wahl der Transportmittel gestellt worden sind, bietet die Beherbergung schließlich die lang ersehnte Erholung oder eine komfortable Nacht bei Geschäftsreisen und stellt zugleich einen Ausgangspunkt für kulinarische Entdeckungen dar. Die gewählte Übernachtungsmöglichkeit ist dabei weitaus mehr als nur ein Platz zum Schlafen; sie ist eine vorübergehende Heimat, ein Raum des Wohlbefindens und oftmals auch ein Spiegelbild der lokalen Kultur. Von der familiären Pension, die Herzlichkeit und persönlichen Kontakt zum Gastgeber verspricht, bis hin zum luxuriösen internationalen Hotelkomplex, der mit seinen weitreichenden Angeboten kaum Wünsche offenlässt, kann die Qualität und Atmosphäre der Unterkunft die Stimmung und Zufriedenheit von Reisenden stark beeinflussen. Darüber hinaus bietet die Welt der Kulinarik eine unendliche Vielfalt an Geschmackserlebnissen, die maßgeblich zur Attraktivität eines Reiseziels beitragen können. Denn Gäste suchen in ihrer Unterkunft und den kulinarischen Angeboten oftmals weit mehr als Funktionalität: Sie suchen Authentizität, Qualität und eine bleibende Verbindung zu dem Ort, den sie besuchen. Darum ist es von essenzieller Wichtigkeit, dass Anbieter im Tourismus in dieser Stufe der Wertschöpfungskette nicht nur Standards erfüllen, sondern auch individuelle Akzente setzen, die Reisende begeistern und einen bleibenden positiven Eindruck hinterlassen. Und genau dafür braucht es begeisterte und leidenschaftliche Gastgeber:innen und Mitarbeiter:innen. Tauchen wir ein in die faszinierende Welt rund um Übernachtung und Kulinarik!

Innerhalb der Stufe Übernachtung und Kulinarik existieren vielfältige Berufsfelder und Tätigkeiten, die maßgeblich zum Gelingen eines jeden touristischen Aufenthalts beitragen. Alexander Thurm gibt in Kap. 14 Einblicke in die **Individualhotellerie** und deckt dabei die ganze Bandbreite der beruflichen Möglichkeiten innerhalb der Hotellerie ab. Von der unmittelbaren Gästebetreuung an der Rezeption über die strategische Planung im Management bis hin zu kreativen Aufgaben im Marketing – die Individualhotellerie fordert ein auf die Gästewünsche zugeschnittenes und zugleich authentisches Dienstleistungsangebot.

In der **Kettenhotellerie,** thematisiert durch Sascha Dalig (Kap. 15), liegen die Arbeitsmöglichkeiten insbesondere in der Skalierung und Reproduzierbarkeit von Service-Standards. Große internationale Hotelketten bieten Herausforderungen und Chancen an Standorten auf allen Kontinenten, wobei Strukturen auf globaler Ebene koordiniert werden müssen – eine Arbeit, die ebenso umfangreiche Karriereentwicklungen ermöglicht.

David Serenus Schad beleuchtet die Karrieremöglichkeiten rund um das Thema **Food & Beverage (F&B)** und das dazugehörige Management (Kap. 16). Der Fokus liegt auf der Gestaltung eines besonderen gastronomischen Erlebnisses und der Bereitstellung einer exzellenten Servicequalität. Aufgaben in diesem Bereich erfordern eine enge Verzahnung von kreativer Küche, effizientem Betriebsmanagement und kundenorientierter Servicephilosophie, um den Aufenthalt der Gäste kulinarisch bereichern zu können.

Matthias Heel beschreibt schließlich die Spezialdisziplin des **Revenue-Managements** (Kap. 17). Hierbei spielt die strategische Preisgestaltung von Übernachtungs- und Gastronomieleistungen eine Schlüsselrolle, um die Profitabilität zu steigern, ohne dabei die Kundenzufriedenheit aus den Augen zu verlieren. Diese Tätigkeit vereint analytisches Denken und Marktverständnis, um auf Basis von Buchungsdaten und Markttrends die Einnahmen zu optimieren.

Zum Schluss dieses Teils sprechen wir mit Verena Wogatai zu ihrer Rolle als **Business-Development-Managerin** (Kap. 18). Sie zeigt das komplexe Zusammenspiel von Sales, Marketing und Revenue-Management in einer internationalen Hotelkette auf, um den Umsatz zu steigern und die Wettbewerbsfähigkeit zu erhalten. Sie spricht offen über die Arbeitsbelastung als Führungskraft und die Verdienstmöglichkeiten.

14 Arbeiten in der Individualhotellerie

Alexander Thurm

Inhaltsverzeichnis

14.1	Einleitung	144
14.2	Aufgaben	145
14.3	Anforderungen	147
14.4	Arbeitszeiten	149
14.5	Weiterbildung und Karriere	150
14.6	Einkommen	150
14.7	Selbstständigkeit	152
14.8	Zukünftige Entwicklungen	152
14.9	Fazit	153

Zusammenfassung

Die Individualhotellerie zeichnet sich durch Einzigartigkeit und eine persönliche Note aus. Im Gegensatz zu standardisierten Hotelketten wird auf individuelles Design, maßgeschneiderten Service und eine enge Verbindung zur lokalen Kultur gesetzt. Das Kapitel gibt einen detaillierten Überblick über die vielfältigen Karrieremöglichkeiten in der Individualhotellerie, einschließlich verschiedener Tätigkeitsfelder, der Bedeutung von Weiterbildungen und dem persönlichen Einsatz der Mitarbeitenden. Dabei werden Anforderungen an das Personal, wie fachliche Qualifikationen, Soft Skills und Flexibilität, näher erläutert. Zudem werden Einblicke in die Arbeitszeiten, Einkommensmöglichkeiten und die Chancen zur Selbstständigkeit in diesem Sektor dargestellt. Abschließend werden die Entwicklungen in der Hotellerie-Branche erläutert, hierzu gehört die Bedeutung von Digitalisierung, Personalisierung und Nachhaltigkeit.

A. Thurm (✉)
Das Rübezahl | Romantic Hideaway & Boutique Spa, Schwangau, Deutschland

14.1 Einleitung

Im facettenreichen deutschen Hotelmarkt gibt es eine klare Unterscheidung zwischen der Individualhotellerie und der Kettenhotellerie. Die Individualhotellerie, auch bekannt als Privathotellerie, umfasst einzigartige und unabhängige Hotels, die sich durch ihren lokalen Charme und ihre persönliche Note auszeichnen. Sie repräsentieren je nach Studie bis zu 90% der Hotels auf dem deutschen Markt und stehen für ein maßgeschneidertes Gästeerlebnis, das sich auf Kreativität und individuellen Service stützt. Im Gegensatz dazu wird der Marktanteil der Kettenhotellerie (vgl. Kap. 15), die für ihre standardisierten und zentralisierten Prozesse bekannt ist, mit etwa 10 bis 15% angegeben und zeigt eine Tendenz zum Wachstum.

Die Vielfalt innerhalb der Individualhotellerie ist enorm und reicht von großen Hotelresorts, die teils zu den besten Hotels der Welt gezählt werden, bis hin zu kleinen, charmanten Boutiquehotels, deren Erfolg maßgeblich vom persönlichen Einsatz und dem Charakter der Inhaber geprägt sind. Ungeachtet der Größe oder Ausrichtung teilen all diese Betriebe das Merkmal der Einzigartigkeit und bieten eine Arbeitsumgebung, die eng mit dem Hotelbetrieb verbunden ist und eine enge Beziehung zu den Gästen pflegt.

In typischen privat geführten Hotels finden sich essenzielle Kernbereiche wie Front Office (Rezeption), Reservierung, Food & Beverage (kurz: F&B), Housekeeping und das Management, die für den Betrieb und den Erfolg des Hotels unverzichtbar sind. Der signifikante Unterschied zur Kettenhotellerie liegt hier in der individuellen Führung und Gestaltung dieser Schlüsselabteilungen. Kürzere Entscheidungswege und ein größerer Spielraum für persönliche Noten ermöglichen es, individuell auf die Bedürfnisse und Wünsche der Gäste einzugehen und ihnen ein unverwechselbares Erlebnis zu bieten.

Während viele Aufgaben in der Kettenhotellerie zentralisiert sind, tendiert die Individualhotellerie dazu, Funktionen wie Buchhaltung, Marketing, Vertrieb und weitere Bereiche direkt im Hotel oder in enger Zusammenarbeit mit lokalen Partnern zu managen. Dieses Modell fördert Kreativität und Innovation, erlaubt individuelle Konzepte und sorgt für einzigartige Angebote, die sich in besonderen Designelementen, Serviceleistungen oder charakteristischen Gastronomiekonzepten manifestieren können.

Mit flachen Hierarchien und der Möglichkeit, schnell Verantwortung zu übernehmen, bieten sich in der Privathotellerie häufig schnelle Aufstiegschancen. Diese Perspektiven sind jedoch sehr individuell und abhängig von der Größe und Struktur des jeweiligen Betriebs. In den folgenden Abschnitten werden die vielfältigen Karriereperspektiven innerhalb der Individualhotellerie näher betrachtet.

14.2 Aufgaben

Die Vielfalt der Tätigkeiten ist groß und erstreckt sich von operativen Aufgaben im direkten Gästekontakt bis hin zu strategischen und kreativen Beschäftigungsfeldern in Bereichen wie Marketing und Eventmanagement (vgl. Abb. 14.1). Durch die allgemein kleineren Strukturen und das Fehlen einer zentralen Verwaltung sind die Mitarbeiter:innen eng mit dem Hotelbetrieb verbunden und übernehmen breit gefächerte Verantwortungsbereiche. Abwechslungsreiche oder zum Teil abteilungsübergreifende Misch-Positionen sind keine Seltenheit in kleinen bis mittelgroßen Privathotels. Im Folgenden werden typische Aufgabenfelder erläutert.

Inhaber:in/Hoteldirektion
In der Individualhotellerie erfordert die Hoteldirektion ein breites Spektrum an Fähigkeiten und Kenntnissen. Direktor:innen sind oft direkt in die täglichen Abläufe des Hotels involviert und tragen die Verantwortung für das Gesamtmanagement des Hotels. Dies umfasst Bereiche wie Personalwesen, Finanzen, Marketing, strategische Planung und die Sicherstellung eines hochwertigen Gästeerlebnisses. Aufgrund der engeren Strukturen haben Hoteldirektor:innen nicht selten direkten Kontakt zu Gästen sowie Mitarbeitenden und können so unmittelbar auf Bedürfnisse eingehen und auch auf Feedback reagieren. In den meisten Fällen sind in der Privathotellerie Inhaber:in, Hoteldirektion bzw. Management ein und dieselbe Person oder eine Inhaber-Familie.

Front Office und Reservierung
Der Bereich Front Office und Reservierung ist das Herzstück eines jeden Hotels. Die Mitarbeiter:innen an der Rezeption sind für den ersten Eindruck, den Gäste von einem Hotel

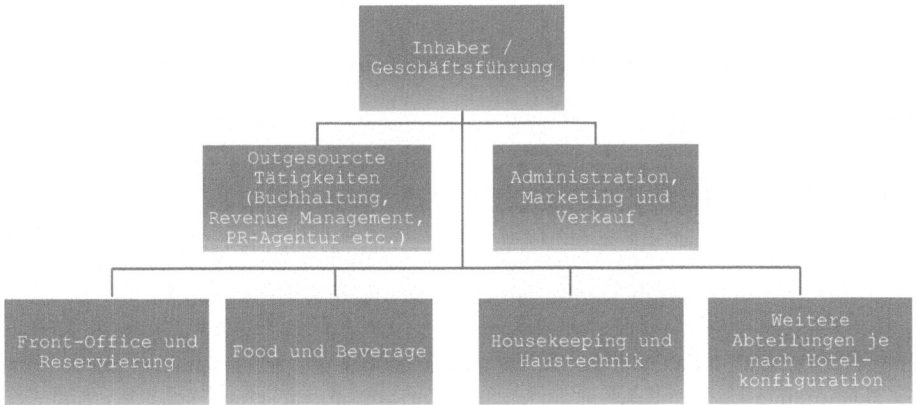

Abb. 14.1 Typisches Organigramm eines Individualhotels

erhalten, verantwortlich. Zu ihren Aufgaben zählen der Check-in und Check-out, die Gästebetreuung, die Zimmerreservierung und das Beschwerdemanagement. Hier ist es besonders wichtig, die Fähigkeit zu besitzen, schnell auf unterschiedliche Gästeanfragen zu reagieren, sowie ein hohes Maß an Servicefokus mitzubringen. Die Individualhotellerie bietet Mitarbeiter:innen in diesen Bereichen oft mehr Spielraum für eigenständige Lösungen, um maßgeblich zur Gästezufriedenheit beizutragen.

F&B-Bereich
Der F&B-Bereich bietet in der Regel eine von lokalen Spezialitäten und kreativen Konzepten inspirierte Kulinarik. Mitarbeiter:innen im F&B-Bereich haben die Möglichkeit, an der Entwicklung von Speise- und Getränkeangeboten mitzuwirken, persönliche Ideen einzubringen und umzusetzen, um auch hier direkten Einfluss auf das Gästeerlebnis zu haben. Von der Küchenarbeit über den Service bis hin zum Management des Gastronomiebereichs erfordert diese Abteilung ein breites Spektrum an Fähigkeiten und Expertise in der Gastronomie. Vertiefte Einblicke in den F&B-Bereich finden sich in Kap. 16.

Housekeeping und Haustechnik
Im Bereich Housekeeping und Haustechnik sind Mitarbeiter:innen für die Sauberkeit, Ordnung und Instandhaltung in den Gästezimmern und öffentlichen Bereichen zuständig. Organisiert wird diese Abteilung von Facility-Manager:innen (oft auch unterteilt in Haustechnik-Leitung und Housekeeping-Manager:innen). Dabei wird in Privathotels normalerweise ein höherer Standard an Personalisierung und Aufmerksamkeit für Details erwartet als in Kettenhotels. Neben den typischen Pflichten wie Reinigung, Wartung und Reparatur ist auch das Vorbereiten spezieller Gästewünsche, beispielsweise das Bereitstellen von Blumen oder besonderen Aufmerksamkeiten für Jubiläen oder Geburtstage, Teil des Aufgabengebiets. Die Organisation dieses elementaren Bereichs erfordert strukturiertes Arbeiten, eine sorgfältige Kontrolle der Ergebnisse, darüber hinaus spezielles Fachwissen, z.B. zu der Pflege und Reinigung von besonderen Materialien und Stoffen in den Zimmern, und Affinität für Details.

Marketing und Verkauf
In der Individualhotellerie übernimmt das Marketing eine besondere Rolle: Die Einzigartigkeit und der Charme des Hotels müssen überzeugend widergespiegelt werden, um gezielt die gewünschten Zielgruppen anzusprechen. Hier werden von Mitarbeiter:innen ein hohes Maß an Kreativität sowie innovative Marketingstrategien gefordert. Um das persönliche Flair des Hotels in Szene zu setzen, müssen ansprechende Konzepte erarbeitet werden, welche sämtliche Arten von Werbemedien nutzen. Heutzutage sind auch die Präsenz in sozialen Medien und ein souveräner Internetauftritt unerlässlich, aber auch die Organisation von Events und die abgestimmte Zusammenarbeit mit lokalen Tourismusorganisationen müssen erfolgreich koordiniert werden.

Im Verkaufsbereich liegt der Fokus auf individuellen Angeboten für Gäste und dem Aufbau von langfristigen Beziehungen zu Stammgästen. Für den Erfolg im Bereich Verkauf werden daher ausgeprägte Kommunikationsfähigkeit und ein umfassendes Verständnis für die Bedürfnisse und Wünsche der Gäste gefordert. Vertiefte Einblicke in Tätigkeiten in Marketing und Verkauf finden sich in Kap. 8 und 20.

Weitere Abteilungen
Neben den klassischen Aufgabenbereichen gibt es eine große Bandbreite an weiteren Tätigkeitsfeldern. Diese sind abhängig von der Größe, der Lage und dem speziellen Angebot des Hotels. Zu den tourismusspezifischen Aufgabenbereichen können u.a. gehören:

- Wellness- und Spa-Abteilung (vgl. Kap. 27)
- Eventmanagement (vgl. Kap. 23)
- Guest-Relations-Abteilung (persönliche Betreuung der Hotelgäste, insbesondere für Stammgäste oder VIP-Kunden)

Weiterhin werden je nach Hotel auch Bereiche abgedeckt, welche eher weniger mit Hotels in Verbindung gebracht werden und eigene Ausbildungen außerhalb des Tourismus voraussetzen. Beispiele hierfür wären:

- Retail (von engl. „Einzelhandel") in Hotelshops
- Golfclubs
- Trainer und Coaches für verschiedene Aktivitäten (z.B. geführte Bergwanderungen, Yoga, Beratung im Bereich Mental Health)
- Floristik und Dekoration

Außerdem werden in der Individualhotellerie oft bestimmte Bereiche outgesourct und von externen Geschäftspartnern unterstützt. Typische Beispiele für ausgelagerte Dienstleistungen sind Wäscherei, Buchhaltung, Controlling, Revenue-Management (vgl. Kap. 16), PR-Arbeiten und die Durchführung von Nachhaltigkeits-Audits. Diese Outsourcing-Strategien ermöglichen es Hotels, sich auf ihr Kerngeschäft zu konzentrieren und gleichzeitig Zugang zu spezialisiertem Fachwissen zu erhalten. Hier lassen sich Parallelen zu den zentralisierten Abteilungen der Kettenhotellerie erkennen.

14.3 Anforderungen

Fachliche Qualifikationen
Die Anforderungen variieren je nach Position und Aufgabenbereich, aber bestimmte grundlegende fachliche Qualifikationen sind in vielen Rollen wichtig und unerlässlich. Für die

meisten Positionen ist eine Ausbildung in der Hotellerie oder im Tourismus von Vorteil, sei es durch eine Berufsausbildung, ein Studium oder Fachkurse.

Für spezialisierte Positionen wie im Marketing, Revenue-Management oder in der Finanzabteilung sind spezifische Kenntnisse und Erfahrungen erforderlich.

Soft Skills
Neben fachlichen Qualifikationen sind Soft Skills in der Individualhotellerie von elementarer Bedeutung. Hierzu gehören:

- **Kommunikationsfähigkeit:** Die Fähigkeit, klar und gezielt zu kommunizieren, ist in der Hotellerie essenziell, besonders in Bereichen mit direktem Gästekontakt.
- **Serviceorientierung:** Ein hohes Maß an Gastfreundschaft und die Bereitschaft, den Gästen einen außergewöhnlichen Service zu bieten, sind besonders wichtig.
- **Flexibilität und Anpassungsfähigkeit:** Mitarbeiter:innen müssen oft flexibel auf wechselnde Anforderungen und unvorhersehbare Situationen reagieren können sowie in stressigen Situationen einen kühlen Kopf behalten.
- **Teamfähigkeit:** Die enge Zusammenarbeit in kleinen Teams erfordert ein gutes Teamgefühl und die Fähigkeit, effektiv mit Kolleg:innen zusammenzuarbeiten.
- **Kreativität:** Besonders in Bereichen wie Marketing, F&B und Eventmanagement ist Kreativität gefragt, um individuelle und innovative Konzepte zu entwickeln.
- **Problemlösungskompetenz:** Die Fähigkeit, Probleme schnell und effizient zu lösen, ist in der Hotellerie unerlässlich, um einen reibungslosen Betriebsablauf zu gewährleisten.
- **Organisationstalent:** Gute organisatorische Fähigkeiten sind wichtig, um die vielfältigen Aufgaben in einem Hotel effektiv zu managen.

Bereitschaft zur Weiterbildung
In der schnelllebigen Hotelbranche ist die Bereitschaft zur ständigen Weiterbildung entscheidend. Die Individualhotellerie ist durch kontinuierliche Veränderungen und neue Trends gekennzeichnet, weshalb Mitarbeiter:innen offen für neue Lernmöglichkeiten und Anpassungen an neue Technologien und Methoden sein sollten.

Sprachkenntnisse
In einer globalisierten Welt sind Sprachkenntnisse in der Hotellerie ein großer Vorteil. Die lokale Sprache sollte beherrscht werden und sichere Englischkenntnisse sind in der Regel unerlässlich. Zusätzliche Fremdsprachenkenntnisse können in vielen Positionen von Vorteil sein.

Persönliche Eigenschaften
Persönliche Eigenschaften wie Zuverlässigkeit, Engagement, Professionalität und ein positives Auftreten sind besonders wichtig. Mitarbeiter:innen repräsentieren das Hotel und tragen wesentlich zum Gesamteindruck bei.

Zusammenfassend erfordert die Arbeit eine Kombination aus fachlichen Qualifikationen, Soft Skills, der Bereitschaft zur regelmäßigen Weiterbildung und bestimmten persönlichen Eigenschaften. Diese Vielfalt an Anforderungen macht die Arbeit herausfordernd, aber auch besonders bereichernd und vielfältig.

In privatgeführten Hotels werden insbesondere eine größere Flexibilität im Aufgabenbereich sowie ein ausgeprägter Teamgeist erwartet. Dies resultiert aus den üblicherweise kleineren und tendenziell weniger standardisierten Organisationsstrukturen.

14.4 Arbeitszeiten

Die Arbeitszeiten sind angepasst an die unterschiedlichen Anforderungen des Hotelbetriebs. Sie können je nach Bereich vielfältig und flexibel gestaltet sein, saisonabhängig variieren oder eher strengere Zeitmodelle erfordern. Besonders in Urlaubsregionen, wo Haupt- und Nebensaison die Auslastung des Hotels bestimmen, müssen Mitarbeiter:innen häufig mit wechselnden Arbeitszeiten rechnen, einschließlich Wochenend- und Feiertagsarbeit, vor allem in Bereichen mit direktem Gästekontakt wie Rezeption, Gastronomie und Eventmanagement.

Viele Hotels führen zunehmend verschiedene Arbeitszeitmodelle ein, um ihren Mitarbeitenden eine ausgewogene Work-Life-Balance zu ermöglichen. Zu diesen Modellen gehören flexible Arbeitszeiten, Teilzeitarbeit und für bestimmte Tätigkeiten mit administrativem Schwerpunkt auch die Option für mobiles Arbeiten. Diese Anpassungsfähigkeit spielt eine entscheidende Rolle dabei, die Individualhotellerie als attraktiven Arbeitsplatz zu positionieren. Im Gegensatz dazu stehen die oft starren und streng vorgegebenen Arbeitszeiten anderer Branchen, die weniger Spielraum für eine persönliche Lebensgestaltung lassen. Obwohl häufig die Herausforderungen dieser Arbeitszeitgestaltung im Vordergrund stehen, gibt es auch zahlreiche Vorteile, die es wert sind, hervorgehoben zu werden.

Insbesondere die Möglichkeit der flexiblen Freizeitgestaltung wird von vielen Mitarbeitenden geschätzt. Die Hotellerie ist nicht an starre Wochenpläne, Feiertagsregelungen oder die typischen „9 Uhr bis 5 Uhr"-Arbeitszeiten gebunden. Dadurch sind Mitarbeitende bspw. nicht auf die kostspieligen Ferienzeiten für Urlaube angewiesen, Wochenenden mit Staus und überfüllten Attraktionen können vermieden werden. Private Termine, z.B. Arzt oder Friseur, können vereinfacht wahrgenommen werden. Durch geschicktes Kombinieren von Feiertags- und Wochenendausgleich können Kurzurlaube genossen werden, ohne Urlaubstage zu opfern.

Diese Flexibilität in der Arbeitszeitgestaltung trägt maßgeblich dazu bei, die Arbeit in der Hotellerie nicht nur als berufliche Verpflichtung, sondern auch als Chance für eine individuelle Lebensführung zu sehen, und stellt einen deutlichen Kontrast zu den rigiden Arbeitszeitmodellen anderer Sektoren dar. In vielen modernen Hotelbetrieben werden diese Vorteile immer weiter zur Steigerung der Arbeitgeberattraktivität ausgebaut.

14.5 Weiterbildung und Karriere

Die Karrieremöglichkeiten sind vielseitig und bieten Chancen für persönliches und berufliches Wachstum. Aufgrund der kleineren Betriebsstrukturen haben Mitarbeiter:innen erleichterte Möglichkeiten, ein breites Spektrum an Aufgaben zu übernehmen und sich in verschiedenen Bereichen des Hotelbetriebs zu bewähren. Dies ermöglicht das Sammeln umfassender Erfahrung, persönliche Entwicklung und das Erlernen eines breiten Fähigkeitenkatalogs.

In der Individualhotellerie ist die Karriereentwicklung stärker von individuellen Leistungen und Fähigkeiten abhängig als von formalen Qualifikationen. Dies eröffnet Chancen für den Quereinstieg und für diejenigen, die bereit sind, sich kontinuierlich weiterzubilden und neue Herausforderungen anzunehmen.

In der gehobenen Management-Ebene sind verfügbare Positionen in der Regel stark begrenzt, da diese Stellen meist von den Inhabern besetzt sind. Dennoch werden Stellen wie die Hoteldirektion, F&B-Management oder Einkaufsleitung häufiger gesucht, je größer das Unternehmen ist.

In vielen Betrieben werden Weiterbildungsmaßnahmen für Mitarbeiter:innen noch stiefmütterlich behandelt. Gleichzeitig gibt es viele Hotels, die die Bedeutung von Weiterbildungs- und Karrieremöglichkeiten, nicht zuletzt für die Mitarbeiterbindung, schon erkannt haben. Im Bewerbungsgespräch kann und sollte nach diesen Punkten konkret gefragt werden.

Idealerweise verfügt der Hotelbetrieb über ein breites Netzwerk aus lokalen und regionalen Kooperationen, Branchenverbänden und Tourismusorganisationen, von dem Mitarbeiter:innen profitieren können. Diese Netzwerke bieten wertvolle Ressourcen für berufliche Entwicklung, Austausch von Best Practices und Karrierechancen.

14.6 Einkommen

Das Einkommen variiert stark und ist abhängig von verschiedenen Faktoren, wie der Größe und Lage des Hotels, der spezifischen Position, der Berufserfahrung und Qualifikation der Mitarbeiter:innen. Viele Individualhotels bieten für motivierte und engagierte Mitarbeitende aufgrund ihrer kleineren Struktur Möglichkeiten einer schnelle Karriereentwicklung, dies wirkt sich meist auch positiv auf das Einkommen aus.

Managementpositionen, wie Hoteldirektion, Küchenchef oder F&B-Management, bieten höhere Gehälter (65.000 bis 100.000 € brutto), ebenso spezialisierte Rollen in

Tab. 14.1 Tarifvertrag DEHOGA Bayern, gültig seit 1. April 2022

Position	Brutto-Gehalt pro Monat	Nach 3-jähriger Betriebszugehörigkeit
Gruppe 3,11. Bspw. Hoteldirektion, Küchenchef, Restaurantchef	Freie Vereinbarung (siehe oben)	Freie Vereinbarung (siehe oben)
Gruppe 3,09. Bspw. Empfangschef, Oberkellner, Hausdame (Housekeeping)	3.642,00 €	3.993,00 €
Gruppe 3,07. Stellvertretende Abteilungsleitungen	3.143,00 €	3.441,00 €

Bereichen wie Marketing und Revenue-Management (40.000 bis 72.000 € brutto). Zudem gibt es die Möglichkeit, durch Leistungsprämien und Boni das Einkommen zu steigern, insbesondere wenn Mitarbeitende direkt zum wirtschaftlichen Erfolg des Hotels beitragen.

Einen ersten Anhaltspunkt geben die jeweils gültigen Tarifverträge, diese variieren in Deutschland je nach Bundesland. Hier werden Gehälter nach Position, Erfahrung und Betriebszugehörigkeit gestaffelt, wie Tab. 14.1 zeigt.

Je nach Unternehmen und persönlichem Lebenslauf werden diese Gehälter teils deutlich übertroffen, dies kann durch zusätzliche Lohnbestandteile und Zusatzleistungen geschehen, die die Arbeit in der Hotellerie besonders attraktiv machen und die zum Teil in anderen Branchen außerhalb des Tourismus eher unüblich sind. Dazu gehören:

1. **Weiterbildungsmöglichkeiten:** Individualhotels unterstützen in der Regel die berufliche Weiterbildung ihrer Mitarbeiter:innen durch Schulungen oder die Übernahme von Kosten für externe Kurse und Zertifikate. Dies ermöglicht Mitarbeiter:innen, ihre Fähigkeiten zu erweitern und ihre Karrierechancen zu verbessern.
2. **Rabatte:** Mitarbeiter:innen erhalten Rabatte auf Übernachtungen und Dienstleistungen im eigenen Hotel oder in Partnerhotels, wenn das Individualhotel entsprechende Vereinbarungen hat. Dies ist ein attraktiver Benefit, insbesondere für diejenigen, die gerne reisen.
3. **Gesundheits- und Wellnessangebote:** Nicht selten werden Gesundheits- und Wellnessprogramme für Mitarbeiter:innen angeboten, z.B. vergünstigte Mitgliedschaften in Fitnessstudios, Yoga-Kurse oder Massagen.
4. **Essenszuschüsse:** Mitarbeiter:innen in der Gastronomie und Küche profitieren oft von kostenlosen oder vergünstigten Mahlzeiten während der Arbeitszeit oder darüber hinaus.
5. **Betriebliche Altersvorsorge:** Einige Individualhotels bieten ihren Mitarbeiter:innen Unterstützung bei der betrieblichen Altersvorsorge an.

6. **Unterkünfte:** Insbesondere in touristischen Regionen oder Großstädten bieten einige Individualhotels Unterstützung bei der Suche nach einer Unterkunft bzw. stellen vergünstigte bzw. im Gehalt enthaltene Mitarbeiterunterkünfte zur Verfügung.
7. **Trinkgeld:** Wie in vielen Dienstleistungsbranchen ist Trinkgeld ein wichtiger Bestandteil des Gesamterwerbs und kann je nach Position und Unternehmensregelung bis zu ein Drittel des Netto-Gehalts ausmachen.

14.7 Selbstständigkeit

Ein weiterer Aspekt der Karriere ist die Möglichkeit zur Selbstständigkeit. Erfahrene Fachkräfte haben oft die Gelegenheit, eigene Geschäftsideen zu entwickeln und umzusetzen, sei es durch die Übernahme eines bestehenden oder die Gründung eines eigenen Hotelbetriebs.

Die Selbstständigkeit in diesem Bereich geht allerdings mit bestimmten Herausforderungen einher. Eine der größten Hürden bei der Gründung eines eigenen Hotels ist der hohe Kapitalbedarf für Immobilien, Infrastruktur und die Anfangsinvestition. Zusätzlich erschweren bürokratische Hemmnisse den Prozess erheblich, von der Beantragung der notwendigen Genehmigungen bis hin zur Einhaltung aller relevanten Vorschriften und Normen. Um diese Herausforderungen erfolgreich zu meistern, ist viel Erfahrung in der Branche nötig. Potenzielle Hoteliers müssen nicht nur über tiefgreifendes Wissen in den Bereichen Gastgewerbe und Betriebsführung verfügen, sondern auch ein solides Verständnis für die finanziellen und rechtlichen Aspekte des Geschäfts mitbringen. Trotz dieser Schwierigkeiten bietet die Selbstständigkeit in der Hotellerie eine einzigartige Chance, eigene Visionen umzusetzen und direkt am Erfolg des eigenen Unternehmens teilzuhaben.

Ein generell einfacherer Weg in die Selbstständigkeit ist die Gründung eines Unternehmens, welches verschiedenste Lösungen für die Hotellerie bietet bzw. entwickelt. Die Individualhotellerie ermöglicht ein ideales Umfeld für Unternehmertum und Innovation, da sie weniger durch starre Strukturen und Vorgaben eingeschränkt ist. Zudem wird im Vergleich zu großen Hotelketten ein wesentlich höherer Anteil an Fremdleistungen bezogen.

Beispiele möglicher Unternehmensformen wären: Marketing- und PR-Agenturen (vgl. Kap. 8), Personalvermittler oder Entwickler von digitalen Lösungen.

14.8 Zukünftige Entwicklungen

Auch zukünftig wird sich die Arbeitswelt in der Hotellerie fortlaufend verändern, bedingt durch Einflüsse technologischer Entwicklungen, höhere Erwartungen der Gäste und den Trend zur Nachhaltigkeit. Digitalisierung und Automatisierung werden eine größere Rolle spielen, was zu einer Effizienzsteigerung in verschiedenen Bereichen wie Buchungssystemen, Gästekommunikation und Zimmerverwaltung resultieren kann. Um in dieser dynamischen Branche konkurrenzfähig zu bleiben, werden nicht nur von den Mitarbeiter:innen Anpassungsfähigkeit und die Bereitschaft, neue Technologien zu erlernen gefordert, sondern auch Mut von Geschäftsführer:innen, sich auf Innovationen einzulassen und sich stetig über neue Alternativen zu informieren.

Insbesondere in der Privathotellerie wird die Personalisierung des Gästeerlebnisses zunehmend wichtiger. Hotels werden verstärkt individuelle Bedürfnisse und Vorlieben ihrer Gäste berücksichtigen. Dies erfordert eine flexible und kreative Herangehensweise im Service und im Angebot.

Der Nachhaltigkeitstrend beeinflusst jetzt schon die Hotellerie und wird immer wichtiger. Um die Beliebtheit des Hotels zu steigern, muss auf das immer größer werdende Umweltbewusstsein von Reisenden mit umweltfreundlichen Praktiken und sozialer Verantwortung reagiert werden. Cleveres Nachhaltigkeitsmanagement kann auch neue Arbeitsbereiche in der Hotellerie oder mehr lokale Community-Partnerschaften schaffen.

Insgesamt wird die Zukunft der Hotellerie-Arbeitswelt von einem Balanceakt zwischen technologischer Innovation, personalisiertem Service und Nachhaltigkeitsbestrebungen geprägt sein.

14.9 Fazit

Die Individualhotellerie ist ein dynamischer und flexibler Arbeitsbereich, der eine Vielzahl an Herausforderungen und Chancen für ein persönliches und berufliches Wachstum bietet. Sie ermöglicht kreative Entfaltung und unterstützt individuelle Karrierewege, was die Individualhotellerie besonders attraktiv für Karriereinteressierte im Tourismussektor macht. Die Branche zeichnet sich durch ihre vielseitigen Einsatzorte aus und bietet weltweit umfangreiche Möglichkeiten zur beruflichen Verwirklichung. Insbesondere Personen mit individuellen Persönlichkeiten finden hier große Entfaltungsmöglichkeiten.

Alexander Thurm leitet das familiengeführte Wellnesshotel „Das Rübezahl" in dritter Generation. Das Hotel ist direkt vor den weltberühmten Königsschlössern Neuschwanstein und Hohenschwangau im Allgäu gelegen. Die 54 Zimmer und Suiten sowie drei F&B-Outlets und ein großzügiger Wellnessbereich werden von der Unternehmerfamilie und weiteren 75 Mitarbeiter:innen betrieben. Alexander Thurm absolvierte seine Ausbildung an der DHBW Ravensburg mit einem Bachelor of Arts im Bereich Hotel- & Gastronomiemanagement. Seine berufliche Laufbahn führte ihn durch renommierte Hotels wie das Schloss Elmau, verschiedene Individualhotels in Österreich sowie kleine, exklusive Hotelgruppen wie die Giardino Hotel Group in der Schweiz. Lange Zeit war er bei den Fidelity Hotels & Resorts, hier war er für das Marketing von sechs europäischen Hotels verantwortlich und auch mehrfach als Interims-Hoteldirektor tätig. Mehrere Hoteleröffnungen sowie geplante Schließungen durfte er im DACH-Raum sowie in Italien intensiv begleiten. Die Expertise, die der Junghotelier während dieser Zeiten sammeln konnte, helfen ihm heute dabei, „Das Rübezahl" erfolgreich zu führen.

Arbeiten in der Kettenhotellerie

Sascha Dalig

Inhaltsverzeichnis

15.1 Einleitung 156
15.2 Aufgaben 157
15.3 Anforderungen 163
15.4 Arbeitszeit 163
15.5 Weiterbildung und Karriere 163
15.6 Einkommen 166
15.7 Selbstständigkeit 167
15.8 Fazit 167

Zusammenfassung

Neben den klassischen Berufen im operativen Hotelbetrieb hat die Kettenhotellerie eine Vielzahl von möglichen Arbeitsbereichen (z.B. Marketing), die nicht direkt dem Hotelbetrieb zugeordnet werden können. Daneben ist die Möglichkeit der persönlichen Karriere über Länder- und Markengrenzen hinweg möglich. In Hotelketten gibt es feste Programme zur Entwicklung der Mitarbeiter:innen, mit dem Ziel, Mitarbeiter:innen im Unternehmen langfristig zu halten und den eigenen Nachwuchs für Führungspositionen zu entwickeln.

S. Dalig (✉)
HotelPartner Deutschland GmbH, Garbsen, Deutschland

© Der/die Autor(en), exklusiv lizenziert an Springer Fachmedien Wiesbaden GmbH, ein Teil von Springer Nature 2024
S. Bösl und S. Werther (Hrsg.), *Berufsfelder und Perspektiven im Tourismus*,
https://doi.org/10.1007/978-3-658-44933-9_15

15.1 Einleitung

Die Kettenhotellerie bietet ein weites Spektrum an Tätigkeiten, die sich nicht nur auf den reinen Hotelbetrieb konzentrieren. Außerdem bieten Hotelketten die Möglichkeit an, die unterschiedlichen – oftmals internationalen – Standorte kennenzulernen und an diesen zu arbeiten.

Die Arbeit im Hotel selbst, die im Front Office und in der Reservierungsabteilung, aber auch im F&B, Housekeeping und Hoteldirektion stattfindet, ist die Basis des Erfolgs von Hotelketten. Diese Tätigkeitsbereiche sind mit denen in Individualhotels identisch.

In Hotelketten sind oftmals viele Funktionen und Tätigkeiten aus dem Hotel ausgelagert und werden zentral für alle Hotels übernommen. Dies können sein:

- Buchhaltung
- Marketing
- Loyalty-Management
- Verkauf/Sales
- Strategisches Management
- Kommunikation und PR
- Nachhaltigkeitsmanagement
- Immobilienmanagement

Die Zentralisierung dieser Aufgaben unterstützt die Hotels in ihrem täglichen Handeln und bündelt gleichzeitig Kräfte, die somit mehr als einem Hotel zur Verfügung stehen. Durch diese Bündelung und einen zentralen Standort ergeben sich für die Mitarbeiter:innen Vorteile und oft auch die Möglichkeit flexibel zu arbeiten, z.B. im Homeoffice.

Für das Unternehmen sind neben dem finanziellen Vorteil bei der Bündelung von Kräften das Benchmarking (Vergleich zwischen den Hotels innerhalb der Kette) sowie das Erkennen und Ausmerzen von Problemen, durch einheitliche Betrachtungsstandards, wesentliche Faktoren bei der Zentralisierung.

In der Hotellerie werden immer wieder neue Arbeitsfelder entwickelt. In Hotelketten ist dies oft einfacher möglich als in Einzelhotels. Wegen der vorhandenen Infrastruktur kann ein neues Arbeitsfeld getestet werden, ohne zusätzliche Ressourcen aufzuwenden. Diese neuen Arbeitsfelder können sich z.B. mit der fortschreitenden Digitalisierung der Hotelbranche beschäftigen und diese umsetzen. Beispiele sind Spezialist:innen im Marketing oder das F&B-Design, bei dem Restaurantkonzepte inkl. Design, Ausstattung, Serviceabläufen und Speisenplanung bearbeitet werden. Die Kommunikation der Kette wird häufig in Newsrooms (siehe Abschnitt „Kommunikation und PR") organisiert, in denen alle Informationen aus der Kette zusammenfließen und die durch die Expert:innen ausgewertet und verteilt werden.

Ein Beispiel der Entwicklung neuer Tätigkeitsfelder ist das Revenue-Management (siehe Abschnitt „Strategisches Management"). Hotelketten waren die Ersten, die dafür eigene Abteilungen und Positionen geschaffen haben.

15.2 Aufgaben

Die Aufgaben in der Kettenhotellerie reichen von Buchhaltung über Marketing bis hin zu Loyalty-Management, Sales/Verkauf und Immobilienmanagement. Die einzelnen Aufgaben und die damit verbundenen Besonderheiten werden in den folgenden Abschnitten dargestellt.

Buchhaltung
Die zentralisierte Buchhaltung hat die Aufgabe, die Hotels bei den täglichen buchhalterischen Aufgaben zu entlasten. Dazu gehören:

- Tägliches Reporting, Kontenchecks
- Ausgleichen von fälligen Rechnungen innerhalb der Fristen
- Überwachung und Durchführung des Mahnwesens
- Abstimmung einzelner Posten mit den Hotels
- Zusammenführung der einzelnen Hotels in einem übergreifenden Reporting
- Nutzung von zentralen Tools

Durch die Zentralisierung kann ein:e Buchhalter:in gleichzeitig mehrere Hotels betreuen. Definierte Standards zu Reportings, Mahnwesen und Zahlungsabläufen werden in der Arbeit mit den Hotels angewandt und vereinfachen Abläufe auf beiden Seiten. Buchhalter:innen stehen im direkten Austausch mit ihren Hotels und stimmen Handlungen und Reports stetig miteinander ab. Buchhalter:innen unterstützen bei der Jahresbudgetplanung wie auch bei der regelmäßigen Kostenanalyse.

Eine mögliche Karriereentwicklung in der Buchhaltung ist die Weiterentwicklung zum:zur Analyst:in oder Controller:in (siehe Abschnitt „Strategisches Management").

Marketing
Im Marketing finden sich Spezialist:innen aus verschiedenen Bereichen. Dabei überschneiden sich die Aufgaben immer wieder und werden zum Teil von einer Person in Mehrfachfunktion ausgeführt.

- Designer:innen
- Marketing-Expert:innen
- Kampagnen-Manager:innen
- Brand-Manager:innen

- Analyst:innen

So vielfältig wie die Positionen sind auch die Aufgaben. Der Fokus von Marketing ist die Positionierung der Hotelkette als Marke, zunehmend auch online, wie Kap. 8 detailliert beschreibt, um den bestmöglichen Verkauf zu unterstützen. Das beginnt mit der Erstellung und dem regelmäßigen Update von Markenhandbüchern, die den Kern der Marke, die Sprache, den Außenauftritt und die anzusprechenden Zielgruppen definieren.

Die Designer:innen unterstützen diese Markenbildung mit einer entsprechenden Bildsprache, Vorlagen für die tägliche Arbeit und dem Design von Kampagnen. Diese werden von den Hotels genutzt, um einen einheitlichen Auftritt der Marke nach außen – für die Gäste – zu ermöglichen. Dazu werden beispielsweise folgende Dokumente erstellt:

- Brief-/E-Mail-Vorlagen
- Poster
- Flyervorlagen
- Visitenkartenvorlagen
- Internetkampagnen und Bildmotive

Die Marketing- und Kampagnen-Manager:innen sind für die Umsetzung des Designs in der Marketingstrategie verantwortlich. Sie treffen die Entscheidungen, wo Marketing und Werbung Mehrwerte für die Hotels und die Kette bieten. Dabei definieren sie KPIs (Kennzahlen), um zu messen, ob die eingesetzten Maßnahmen für die Hotels und die Marken erfolgreich sind.

Neben der Bewerbung einzelner Hotels und Angebote ist im Marketing immer auch das Thema Brand Awareness wesentlich. Brand Awareness beschreibt die Aufmerksamkeit, die eine Marke in der Öffentlichkeit hat. Diese kann jährlich durch verschiedene Umfragen ausgewertet werden.

Die wichtigsten KPIs im Marketing sind:

Die wichtigsten KPIs im Marketing

- **ROAS** (Return on Advertising spent): Kosten, die für Werbung ausgegeben wurden
- **KUR** (Kosten Umsatz Relation): Verhältnis zwischen Kosten und erzieltem Umsatz durch eine Maßnahme
- **CPA** (Cost per Acquisition/Action): Kosten pro Aktivität. Die Kosten, die entstehen, um einen Neukunden zu gewinnen.
- **CPC** (Cost per Click): Kosten pro Klick auf eine Werbeanzeige

- **CR** (Conversion Rate): Anzahl von Besuchen im Verhältnis zu Anzahl Buchungen

Loyalty-Management

Stammgäste sind für den Erfolg eines jeden Hotels wesentlich, und Hotels kennen ihre Stammgäste in der Regel gut. In Hotelketten wird die Arbeit mit Stammgästen professionalisiert, da sich Ketten besonders für die Einführung von Kundenbindungsprogrammen (von engl. „Loyalty Program" = Treueprogramm) eignen. Beispiele für solche Programme sind das Treueprogramm Wyndham Rewards, Hilton Honors oder Accor Live Limitless.

Durch die vielen einer Kette zugehörigen Hotels bietet das jeweilige Loyalty-Programm direkte Vorteile bei den Stammgästen der Kette. Affiliate Shops (von engl. „affiliate" = Partner) zur Prämieneinlösung sowie die Möglichkeit, Punkte und Meilen mit anderen Loyalty-Programmen zu verbinden (z.B. Fluggesellschaften) sind weitere Anreize, den Programmen beizutreten. Das Ziel der Loyalty-Programme ist es, die Gäste an die Hotels zu binden und Reisen innerhalb der eigenen Kette bevorzugt durchzuführen.

Loyalty-Manager:innen gestalten diese Programme. Sie entwickeln die Rahmenbedingungen wie Punkte- oder Belohnungssysteme und sind die Schnittstelle zwischen dem Programm und den Hotels. Moderne Hotelsysteme, sogenannte Property-Management-Systeme (PMS), haben oft Schnittstellen zu den Loyalty-Programmen, was die Arbeit bei der Datenerfassung vereinfacht.

Viele Loyalty-Programme bieten die Möglichkeit, als Gast Präferenzen für den Aufenthalt zu hinterlegen. Die Teams in den Hotels haben durch diese Datenbasis die Chance, den Aufenthalt der Gäste bestmöglich vorzubereiten und individuell zu gestalten. Ob es ein spezielles Zimmer, ein Lieblingsessen oder eine Überraschung zum X-ten Aufenthalt des Gastes ist – die Hotelteams können die gesammelten Daten gut nutzen. Neben der Gestaltung des Programms selbst sind Loyalty-Manager:innen auch für die Planung und Organisation von Veranstaltungen des Loyalty-Programms zuständig. Diese Veranstaltungen sind speziell für die Loyalty-Gäste mit einem besonders hohen Übernachtungs- und Umsatzvolumen der Kette kreiert und in der Regel nicht frei zugänglich. Dieser exklusive Kreis von Gästen darf als Dank für die Treue mit der Kette etwas Einzigartiges erleben, um so die Bindung an die Kette aufrechtzuerhalten oder weiter zu steigern.

Die Analyst:innen (siehe Abschnitt „Strategisches Management") einer Hotelketten können die Daten des Loyalty-Programms nutzen, um Auswertungen zum Reiseverhalten ihrer Stammgäste zu erstellen, oder auch, um Umfragen zu kreieren, die die Stammgäste nutzen, um ihre Erwartungen an die Hotelkette auszudrücken.

Sales/Verkauf

Die Zentralisierung des Sales- bzw. Verkaufsteams ermöglicht es Hotelketten, ihre Kräfte zu bündeln und Kund:innen, die Hotels der Kette an mehr als einem Standort buchen, über nur eine Ansprechperson zu betreuen. Das bietet den Vorteil von reduzierter und gezielter Kommunikation und, auf Kettenseite, den Vorteil eines besseren und detaillierteren Überblicks.

Durch das Wissen um Kundenvolumen bei Übernachtungen lässt sich das Verkaufsteam strukturieren und die Kräfte dort einsetzen, wo sie für die Ketten am wirkungsvollsten sind.

Eine typische Aufteilung im Verkaufsteam besteht aus

- zentraler Verkaufsdirektion
- Key-Account-Management
- Regional-Sales-Management
- MICE Sales (Veranstaltungsverkauf)
- Leisure Sales (Freizeitreisen)

Je nach Aufstellung der Hotelkette kann der Fokus im Key-Account-Management im Bereich der Geschäfts-, Freizeit- oder Tagungsreisen liegen. Die Key-Account-Positionen werden zudem meist von regionalen Teams unterstützt, um in den Destinationen der Hotels Ansprechpersonen für die Kund:innen zu haben. In den Bereich der regionalen Teams fallen damit auch Kund:innen, die nicht im Key Account betreut werden und ein sehr regionales und unregelmäßiges Kaufverhalten aufweisen.

Je nach Größe eines Hotels in der Kette kann es sein, dass es ein:e Hotelverkäufer:in (Sales-Manager:in, Verkaufsrepräsentant:in, Local-Account-Manager:in) gibt, der oder die sich speziell um die Kund:innen des einzelnen Hotels kümmert und die zentralen Verkaufsfunktionen wie Key-Account-Management oder Regional-Account-Management unterstützt.

Kap. 20 widmet sich der Tätigkeit als Sales-Manager:in im Detail, weshalb an dieser Stelle auf weitere Details im Aufgabenbereich Sales/Verkauf verzichtet wird.

Strategisches Management
Hotelketten müssen nicht nur täglich das operative Geschäft bewältigen, sondern sie arbeiten auch strategisch unter verschiedenen Gesichtspunkten und brauchen dafür Teams aus

- Revenue- und Channel-Manager:innen
- Analyst:innen
- Development-Manager:innen
- Acquisition-Planer:innen

Revenue- und Channel-Manager:innen sind zuständig für die strategische Verkaufsplanung von Hotels. Dabei verfolgen sie das Ziel, das Hotel an jedem Tag zum besten Preis an den besten Kunden zu verkaufen. Sie steuern dabei die Preis- und Ratenstruktur von Hotels und zugleich die Verkaufskanäle, auf denen das Hotel verfügbar ist. Gemeinsam mit den Verkaufs- und Marketingteams analysieren sie das vergangene, aktuelle und zukünftig geplante Geschäftsvolumen. Sie stellen sicher, dass Marketingkampagnen und Verkaufsaktivitäten zielgerichtet stattfinden, um das Unternehmensziel der Umsatz- und Ergebnisoptimierung zu erreichen. Kap. 17 widmet sich der Tätigkeit als Revenue-Manager:in im Detail.

Analyst:innen arbeiten oft im Hintergrund und werten Datenmaterial aus. Sie werten Daten aus dem Bereich Finanzen (Umsätze und Kosten), Revenue-Management, Sales und Marktintelligenz aus und bereiten diese als Entscheidungsgrundlagen auf. Diese Arbeit ist wesentlich, um Entscheidungen zu treffen, die die Wirtschaftlichkeit der Hotelkette beeinflussen.

Development-Manager:innen haben das Ziel, die Hotelkette wachsen zu lassen. Dies kann, je nach Geschäftsmodell der Hotelkette, durch Abschluss von Hotelmanagementverträgen, Hotelkäufen oder durch Abschluss von Franchiseverträgen geschehen. Development-Manager:innen sind im regelmäßigen Austausch mit Investor:innen und Planer:innen und gestalten die Hotellandschaft in ihrem Bereich maßgeblich mit.

Acquisition-Planer:innen verfolgen ein ähnliches Ziel wie das Development-Team, jedoch mit einem anderen Ansatz. Ihre Hauptaufgabe ist die Begleitung und Steuerung von Käufen (von engl. „Acquisition" = Kauf). Jeder Kauf eines Hotels oder einer anderen Hotelkette wird von diesen Planer:innen hinsichtlich Wirtschaftlichkeit berechnet und mit einer Empfehlung an die Geschäftsleitung versehen. Außerdem sind sie in der Hotellandschaft gut vernetzt und nehmen an Gesprächen über mögliche An- und Verkäufe teil.

Kommunikation und PR
Das Kommunikationsteam einer Hotelkette hat die Herausforderung einer möglichst einheitlichen Kommunikation zu bewältigen. Für sie gilt es, die Kommunikation des Unternehmens intern und extern zu steuern. Häufig bedient man sich Newsrooms. Ein Newsroom bezeichnet keinen festen Raum, sondern eine Plattform, über die die Informationen rund um die Kommunikation zusammenlaufen und abrufbar sind.

Im Rahmen von PR-Maßnahmen (von engl. „Public Relations" = Öffentlichkeitsarbeit) stehen die Teams eines Newsrooms in Kontakt mit der Presse, um offizielle Mitteilungen der Hotelkette gezielt zu steuern. Die Teams überwachen aber auch Presseberichte, um negative, lückenhafte oder falsche Berichterstattung wahrzunehmen und, wenn nötig, professionell zu reagieren. Besonders in Zeiten von Krisen bildet das Team des Newsrooms eine zentrale Anlaufstelle, um Informationen aus den Medien im Unternehmen verfügbar zu machen und umgekehrt zielgerichtet Mitteilungen an die Presse herauszugeben.

Auch die Bild- und Wortsprache des Marketingteams und deren Aktivitäten wird mit dem Kommunikationsteam abgestimmt, um die gewünschte Außendarstellung einer Hotelkette zu erreichen.

Intern ist das Team für die Verteilung der Information im Unternehmen verantwortlich, es erstellt Vorlagen für Pressearbeiten und begleitet interne und externe Veranstaltungen zur Unternehmensrepräsentation. In Zeiten von Krisen bildet das Team des Newsrooms eine zentrale Anlaufstelle, um sicherzustellen, dass alle Informationen, intern und extern gezielt gesteuert werden. Informationen aus den Medien werden verfügbar gemacht und Falschmitteilungen verfolgt, kommentiert und wenn nötig korrigiert.

Nachhaltigkeitsmanagement
Nachhaltigkeit spielt für Hotels schon lange eine Rolle, u.a. weil die Inanspruchnahme von Hotelleistungen mit einem hohen Ressourcenverbrauch einhergeht. Gäste werden seit vielen Jahren auf die Mehrfachnutzung von Handtüchern hingewiesen und auch die Abschaffung von Plastikartikeln und Wegwerfgeschirr ist in fast allen Hotels zu beobachten.

In Hotelketten ist ein organisiertes Nachhaltigkeitsmanagement wichtig, um den Anforderungen der EU-Richtlinien für Unternehmen sowie Kunden- und Mitarbeiterwünschen zu entsprechen. Nachhaltigkeits- bzw. CSR-Manager:innen (von engl. „Corporate Social Responsibility" = gesellschaftliche Verantwortung von Unternehmen) verantworten die Umsetzung einer unternehmensweiten Strategie der Nachhaltigkeit. Sie motivieren und trainieren die Verantwortlichen in den Hotels und in zentralen Funktionen, entsprechend den Richtlinien zu handeln und zu reporten. Immer wichtiger wird für CSR-Manager:innen die Zusammenarbeit mit Instituten für Nachhaltigkeitszertifizierungen, die die Nachhaltigkeit der Hotels bewerten und ggf. weitere Verbesserungsmöglichkeiten aufzeigen. Das Reporting zu Nachhaltigkeit wird durch die Nachhaltigkeitsmanager:innen zusammengefasst und unternehmensweit aufbereitet, um einen jährlichen Bericht der Aktivitäten und Erfolge darzustellen.

Nachhaltigkeit ist kein „Nice to have" für Hotelketten. Geschäftskund:innen unterliegen gesetzlichen Pflichten zur Berichterstattung im Bereich der Nachhaltigkeit und werden in Zukunft Hotels ohne Konzept und Zertifizierung weniger bis gar nicht buchen. Damit wird Nachhaltigkeitsmanagement zu einem wesentlichen Erfolgsfaktor in der Zukunft der Hotelketten.

Immobilienmanagement
Das Team des Immobilienmanagements ist für die Betreuung der Immobilien einer Hotelkette zuständig. In diesem Team arbeiten Asset Manager:innen (von engl. „Asset" = Vermögen), Development Manager:innen (siehe Abschnitt „Strategisches Management") und zentrale Technikfunktionen. Zu den Aufgaben gehören:

- Planung und Überwachung von Installationen, Wartungen und Reparaturen
- Bewertung von Immobilien, die neu in eine Hotelkette hinzukommen (vgl. Kap. 26)
- Bewertung der Kosten für Renovierung/Sanierung und den Pacht-/Kaufpreis

Das Immobilienmanagement steht im Austausch mit den Eigentümer:innen der Immobilien, der Hoteltechnik vor Ort, mit Wartungsfirmen und mit externen Partner:innen der technischen Gebäudeüberwachung. Ein großer Fokus der Immobilien- bzw. Asset Manager:innen liegt, zusammen mit den Techniker:innen in den Hotels, auf den vorbeugenden Wartungs-

und Instandhaltungsmaßnahmen. Hierfür arbeiten sie auch mit externen Firmen zusammen, die die Gebäudefernwartung verantworten und Maßnahmen einleiten können, bevor kostenintensive Reparaturen anstehen.

15.3 Anforderungen

Die meisten Expertenfunktionen in Hotelketten sind mit einer abgeschlossenen kaufmännischen Ausbildung zu erreichen. Weiterbildungen wie Studiengänge im Tourismus- oder Hotelmanagement unterstützen die eigene Karriere. Branchenfremde Ausbildungen und Studiengänge sind ebenfalls als Einstiegsqualifikation möglich, die Fachrichtung damit jedoch meist vorgegeben. Beispiel: Mit einer Ausbildung Bankkaufmann/-frau eignet man sich für die Buchhaltung/Analyst:in.

Das Wissen rund um Hotellerie und Gastronomie hilft, die speziellen Anforderungen der Branche zu verstehen und die Expertenfunktionen erfolgreich auszufüllen. Tab. 15.1 zeigt die Anforderungen je Funktion im Überblick.

15.4 Arbeitszeit

Grundsätzlich sind die Arbeitszeiten der verschiedenen Positionen von Montag bis Freitag geplant und in einer Kernarbeitszeit, etwa 9 bis 17 Uhr, zu schaffen. Durch Reisen und Veranstaltungen (Messen, Trainings, Hotelbesuche) sind Abwesenheiten vom Arbeitsplatz möglich. Bei anfallenden Überstunden werden diese festgehalten und ausgeglichen.

Im Bereich der Kommunikation und PR ist eine Bereitschaft an Wochenenden und Feiertagen durchaus üblich, um sicherzustellen, dass im Fall einer Ausnahmesituation die Abteilung schnell einsatzbereit ist.

Schichtdienste sind in den beschriebenen Bereichen unüblich, können aber in Abstimmung innerhalb des Teams oder der Abteilung eingerichtet werden, um persönliche Bedürfnisse zu unterstützen. Auch eine Arbeit in Teilzeit ist in den meisten Bereichen möglich. Je nach Wunsch der Mitarbeiter:innen kann es sich um eine reduzierte Wochenarbeitszeit oder reduzierte Tage pro Woche handeln. Die Vereinbarung hierzu ist individuell für jede:n Mitarbeitende:n.

15.5 Weiterbildung und Karriere

Die Funktionen in einer Hotelkette werden oft von Mitarbeiter:innen besetzt, die zuvor im Hotel gearbeitet haben. Damit sind diese Aufgabenbereiche schon Karriereentwicklungen. Oft spezialisieren sich die Mitarbeiter:innen in den gewählten Bereichen mit

Tab. 15.1 Anforderungen an Mitarbeiter:innen für verschiedene Funktionen in der Kettenhotellerie

Funktion	Ausbildung	Anforderungen	Soft Skills
Buchhaltung	Ausbildung Hotelfach, Studium BWL, Studium Hotelmanagement	zahlenaffin, analytisch, genau, erklärend	Teamplayer auf Entfernung, verantwortungsbewusst
Marketing	Ausbildung Hotelfach, Studium mit Marketingschwerpunkt, Studium Hotelmanagement	kreativ, kommunikationsstark, adaptiv, analytisch, umsetzungsorientiert	Trendsetter:in, ganzheitliches Verständnis für Marken und Betriebe, Lernbereitschaft außerhalb des eigenen Bereichs
Verkauf/Sales	Ausbildung Hotelfach, Zusatzqualifikation Verkaufstrainings	Kommunikationstechnik, Verhandlungstaktik, Selbstorganisation, Reisefreudigkeit	Spaß am Verkauf, Verständnis für Hotel-Operations und -administration, Frustrationstoleranz, persönliches Auftreten
Loyalty-Management	Ausbildung Hotelfach, Studium Marketing- und Loyalty-Management, Studium Hotelmanagement	kreativ, analytisch, reisefreudig	kundenorientiert, zuhörend, verantwortungsbewusst
Strategisches Management	Ausbildung Hotelfach, Studium Hotelmanagement, Zusatzqualifikation Revenue-Management, Studium strategisches Management	analytisch, planend, organisiert, weitblickend, umsetzungsstark, kommunikationsstark	selbstständig arbeitend, Arbeiten mit indirekter Führungsverantwortung, langfristig denkend

(Fortsetzung)

Tab. 15.1 (Fortsetzung)

Funktion	Ausbildung	Anforderungen	Soft Skills
Kommunikation und PR	Studium Kommunikation, Ausbildung Hotelfach und Zusatzqualifikation Kommunikation	kommunikationsstark, Medienkenntnis, vermittelnd, digitale Medienkenntnis	starkes öffentliches Auftreten, vermittelnd und erklärend, beschützend
Nachhaltigkeitsmanagement	Studium Nachhaltigkeitsmanagement, Studium Hotelmanagement	kommunikationsstark, erklärend, durchsetzungsstark, Vorbildfunktion	Treiber für Nachhaltigkeit, Durchhaltevermögen, langfristig denkend
Immobilienmanagement	Studium Immobilienmanagement, Ausbildung Immobilienbereich	zahlenaffin, Technikverständnis, erklärend, reisefreudig	vermittelnd über verschiedene Bereiche, durchsetzungsstark

Fortbildungen oder berufsbegleitenden Studiengängen noch weiter. In Hotelketten sind Trainingsabteilungen vorhanden, die interne Weiterbildungen anbieten und auch mit externen Weiterbildungspartnern arbeiten, um Zusatzqualifikationen zu ermöglichen. Für viele Bereiche gibt es Zertifikate, die die Qualifikation belegen und eine weitere Karriere unterstützen.

Mit dem Eintritt in die beschriebenen – oder weitere – Expertenfunktionen sind Expertenkarrieren in den jeweiligen Bereichen möglich. Beispiele:

- Revenue-Management – Revenue-Expert:in und Team Lead – Corporate-Revenue-Manager:in
- Marketing – Online-Marketing-Manager:in – Head of Marketing

Hotelketten führen jährliche Entwicklungsgespräche mit ihren Mitarbeiter:innen, um festzustellen, wie die individuellen Karrierewünsche der Mitarbeiter:innen und die Planungen der Kette zusammenpassen. Die Mitarbeiter:innen können über Länder- und Kontinent-Grenzen hinweg Karrieren in den Hotelketten machen und so, neben Fachwissen, die Chance wahrnehmen, andere Kulturen hinsichtlich Arbeit und Leben kennenzulernen. Auch ist eine Rückkehr aus Expertenfunktionen in das operative Hotelgeschäft ist immer möglich, da die Expert:innen ihr Wissen in Führungspositionen einzelner Hotels gewinnbringend einsetzen können.

15.6 Einkommen

Die Gehälter der Positionen orientieren sich an den Tarifverträgen der Hotellerie des jeweiligen Bundeslandes. In Deutschland sind die Entgelttarifverträge bei der Gewerkschaft NGG oder dem Arbeitgeberverband DEHOGA zu erhalten. Für die beschrieben Berufsbilder finden sich in den Entgelttarifverträgen der Bundesländer Annäherungswerte für die Monats-Bruttogehälter:

- Buchhaltung etwa 3.152 bis 3.642 €
- Marketing etwa 2.826 bis 3.143 €
- Sales etwa 2.994 bis 3.642 €
- Revenue-Management etwa 2.994 bis 3.642 €
- Kommunikation etwa 2.994 bis 3.143 €
- Loyalty-Management etwa 2.826 bis 3.143 €
- Immobilienmanagement etwa 2.994 bis 3.642 €

Die Bereiche sind in den Tarifverträgen nicht komplett abgebildet, werden von Hotelketten aber als Vergleichswerte gerne herangezogen. Mit zunehmender Verantwortung, vor allem

Mitarbeitendenverantwortung, sind erhöhte Gehälter und auch Bonuszahlungen verknüpft, die sich außerhalb des Tarifvertrags bewegen.

Hotelketten bieten neben attraktiven Gehaltspaketen oft weitere Benefits an, z.B.:

- Bezuschussung öffentlicher Nahverkehr/Dienstfahrrad/Dienstwagen
- Homeoffice-Regelungen
- Betriebliches Gesundheitsmanagement
- Verpflegungschecks bei Arbeitsorten außerhalb der Firmenzentrale
- Firmenevents
- Firmenfitnesspartnerschaften
- Mitarbeiter:innenraten innerhalb der Hotelkette für Übernachtungen
- Mitarbeiter:innenraten für Gastronomie
- Spezielle Raten mit Partnern (Autovermietung, Bahn, Flug)
- Teilnahme am ketteneigenen Loyalty-Programm

15.7 Selbstständigkeit

In den Bereichen strategisches Management, Marketing, Kommunikation/PR und Immobilienmanagement gibt es die Möglichkeit, sich mit dem erworbenen Wissen selbstständig zu machen und die Dienstleistung Hotels anzubieten. Um erfolgreich zu sein, muss beachtet werden, dass die Hotelketten diese Bereiche intern bewusst aufbauen und daher im Vergleich zu Individualhotels nur selten auf externe Partner:innen zurückgreifen. Um die eigene Unternehmung bekannt zu machen, bieten sich Branchenveranstaltungen, Messen und die Arbeit in Verbänden an.

15.8 Fazit

Die Hotellerie bietet eine unglaubliche Vielfalt in der Arbeitswelt an. Gerade in der Kettenhotellerie besteht für Mitarbeiter:innen die Möglichkeit, außerhalb des eigenen Landes zu arbeiten und so das Erleben der Welt und Arbeiten in anderen Kulturen zu ermöglichen. Mit der Definition von Standards und Prozessen hilft die Arbeit in der Kettenhotellerie auch bei einem weiteren Weg in der Privathotellerie oder anderen Branchen.

Die Hotellerie insgesamt ist eine mit Leidenschaft erfüllte Branche, die sich permanent verändert und neue Arbeitswelten und neue Hotelprodukte erfindet. Dabei ist sie eine der ältesten Branchen der Welt und verbindet Menschen rund um den Globus.

Sascha Dalig ist Managing Director & Chief Business Development Officer für HotelPartner Revenue Management. Er hat eine klassische Hotelfachausbildung absolviert und zusätzlich einen

Bachelor Professional Business Administration & Operations. Seine Leidenschaft für den Nachwuchs der Branche treibt ihn in der Arbeit als Vorsitzender des Prüfungsausschusses der IHK Hannover an. Durch diese Arbeit durfte er die Ausbildung in der Hotellerie in Deutschland neugestalten und arbeitet dazu mit dem DEHOGA, dem BIBB und der Gewerkschaft NGG zusammen. Er hat die Umsetzungshilfen des BIBB zur neuen Ausbildung sowie das Heft „Start in den Beruf" der IHK-Bildungsgesellschaft geschrieben und arbeitet am Schulbuch Hotelfach mit dem Verlag Handwerk & Technik. Durch seine Arbeit im Expertenkreis „HR & Employer Branding" der HSMA Deutschland e.V. arbeitet er über die Grenzen der eigenen Firma an neuen Arbeitsumgebungen, Arbeitsbedingungen und Technologien. Er berät Hotels in operativen Fragen, aber auch bei der Umsetzung digitaler Projekte. Als Vortragsredner ist er regelmäßig auf Branchenveranstaltungen zu Gast.

Arbeiten im F&B und F&B-Management

16

David Serenus Schad

Inhaltsverzeichnis

16.1	Einleitung	170
16.2	Aufgaben	170
16.3	Anforderungen	174
16.4	Arbeitszeit	176
16.5	Weiterbildung und Karriere	176
16.6	Einkommen	177
16.7	Selbstständigkeit	178
16.8	Zukünftige Entwicklungen	178
16.9	Fazit	180

Zusammenfassung

Ein professionelles F&B-Management ist wesentlich für den Erfolg einer jeden Gastronomie. Es erfordert die komplexe Planung, Koordination und Qualitätsüberwachung der gastronomischen Angebote, von der Menügestaltung über den Einkauf von Lebensmitteln und Getränken bis hin zur Durchführung von Veranstaltungen und dem Service am Gast. In einem Hotelbetrieb umfasst es verschiedene Abteilungen wie Küche, Service und Veranstaltungsorganisation. Neben den fachlichen Fähigkeiten müssen Mitarbeiter:innen in diesem Bereich Stressresistenz und Flexibilität mitbringen. Jedoch ermöglicht der Bereich spannende Erlebnisse und Begegnungen mit Menschen sowie eine kontinuierliche Weiterentwicklung in verschiedenen Bereichen. Die Branche ist dynamisch und bietet die Möglichkeit, international zu arbeiten und die Welt zu entdecken.

D. S. Schad (✉)
25hours Hotels, Kopenhagen, Dänemark

© Der/die Autor(en), exklusiv lizenziert an Springer Fachmedien Wiesbaden GmbH, ein Teil von Springer Nature 2024
S. Bösl und S. Werther (Hrsg.), *Berufsfelder und Perspektiven im Tourismus*,
https://doi.org/10.1007/978-3-658-44933-9_16

16.1 Einleitung

„Wer nichts wird, wird Wirt." Diese ironische Redensart, welche wohl aus den Zeiten des Wirtschaftswunders stammt, ist längst überholt. Hinter einem gut laufenden Restaurant oder der Gastronomie eines Hotels verbirgt sich eine Vielzahl an komplexen Prozessen, verschiedenen Abteilungen und fachlichen Voraussetzungen, welche im F&B-Management (von engl. „Food & Beverage" = Speisen und Getränke) zusammenfließen. Hier wird die tägliche Operative geplant und durchgeführt, Strategien und Konzepte werden entwickelt, Personalthemen behandelt, Prozesse und Qualität überwacht, Kalkulationen erstellt und betriebswirtschaftlich die Übersicht behalten. Ein gut funktionierendes F&B-Management ist Grundlage einer erfolgreichen Gastronomie. In diesem Kapitel werden die verschiedenen Schwerpunkte genau beschrieben und es wird auf Entwicklungsmöglichkeiten sowie Chancen und Risiken eingegangen, um ein möglichst umfassendes Bild dieses Fachbereiches zu schaffen.

16.2 Aufgaben

Die Zusammensetzung und Größe eines gastronomischen Betriebes sind sehr variabel, kommt es doch darauf an, in welchem Umfeld sich der Betrieb befindet, und welche Rahmenbedingungen gegeben sind. Ein beispielhafter Faktor ist die Frage, ob es sich um ein kleines, familiengeführtes Restaurant oder um einen großen Hotelbetrieb handelt, in welchem mehrere sogenannte F&B-Outlets zusammenlaufen. Um die vielen Möglichkeiten zu veranschaulichen, wird ein größerer Betrieb als Beispiel genommen, bei welchem auch ein F&B-Management benötigt wird. In kleinen Betrieben werden die Aufgaben im F&B-Management z.B. vom Küchenchef oder von der Geschäftsleitung übernommen. Folgende klassische F&B-Abteilungen gibt es dabei in einem Hotel, wobei jede meist von einer Abteilungsleitung koordiniert wird und eigene, spezifische Aufgaben und Anforderungen mit sich bringt:

- **Restaurant:** Das Restaurant ist meist das größte F&B-Outlet in einem Hotel. Dieses ist Dreh- und Angelpunkt vieler F&B-Leistungen. Hier beginnt für viele Gäste mit dem Frühstück der Tag, ehe später zum Lunch oder Dinner gebeten wird. Je nach Größe des Hotels gibt es mehrere Restaurants in verschiedenen Abstufungen. So findet man in gehobenen Häusern von einem Michelin-Restaurant bis zu einer rustikaleren Weinstube oder einem Bistro verschiedene Möglichkeiten, sich zu verpflegen.
- **Lobby-Bar/Café:** Da die klassischen Zeiten im Restaurant meist nur mittags oder abends gedeckt sind, ist es oft üblich, eine Bar oder ein Café in Nähe der Rezeption zu betreiben. So haben die Gäste zu jeder Tageszeit die Möglichkeit, ein Getränk, einen Snack oder ganz klassisch Kaffee und Kuchen zu sich zu nehmen.

- **Bar:** Gegen Abend hin öffnet dann die Bar. Dies ist das Outlet, welches am längsten bis in die Nacht hinein geöffnet ist. Viele Bars spezialisieren sich auf bestimmte Cocktails oder gehen bei einer bestimmten Getränkekategorie in die Tiefe, um sich von anderen Bars zu unterscheiden. Der Hauptfokus liegt klar auf den Getränken. Es ist nicht unüblich, auch eine kleine Snackkarte im Angebot zu haben. Ein Zusatzangebot können zudem Zigarren sein.
- **Room Service:** Ein Room Service kann freiwillig in Hotels angeboten werden, ist aber ab einer 5-Sterne-Kategorie verpflichtend. Da es Hotels mit weit mehr als 300 Zimmern gibt, ist diese Abteilung nicht zu unterschätzen. Hier muss alles genau getaktet und vorbereitet sein, eine Hotbox zum Warmhalten der Speisen vorgewärmt und der Room-Service-Trolley (von engl. „trolley" = Servierwagen) mit frischen Tischtüchern und Besteck eingedeckt sein, bevor man über die Flure flitzt. Denn das Essen soll schließlich warm ankommen.
- **Bankett:** Eine private Tagung mit fünf Gästen oder ein Ballsaal voll mit 1000 Gästen? Hier ist alles je nach Größe und Infrastruktur des Hauses möglich. Oft gibt es hierfür eine eigene Küche und auch ein eigenes Team, da die Anforderungen verschieden zu einem À-la-carte-Restaurant sind. Bei Banketten geht es oft stoßweise zu. Eine Woche ist niemand da, dann müssen 1000 Hauptgänge innerhalb von 20 min den Gästen serviert werden. Eine gute Organisation und Absprache ist dabei elementar und kann viel Zeit in Anspruch nehmen. Durch die unterschiedlichen Anforderungen sind hier aber höhere Margen möglich, weswegen eine gut laufende Bankettabteilung gewinnbringend sein kann.
- **Küche:** All die genannten Servicebereiche wären nicht möglich ohne eine oder mehrere Küchen. Hier wird geschnitten, gehackt, geschält, blanchiert, gedünstet und gebraten, kurzum gekocht. Je höher die Klassifizierung und der Qualitätsanspruch einer Küche sind, desto früher beginnt die Verarbeitung der Zutaten. In Sternerestaurants werden die Lebensmittel meist im ursprünglichen Zustand geliefert, bspw. Jakobsmuscheln noch in der Schale, während in der Systemgastronomie das Meiste bereits vorgefertigt und teilweise bereits vorgegart geliefert wird. Die Faustregel in traditionell handwerklichen Küchen beträgt meistens 80 % Mise en Place (Vorbereitung) und 20 % Zubereitung (das Schicken). Sprich: Es ist elementar, dass vor Beginn der Servicezeit alle Speisen in den jeweiligen Posten vorbereitet sind, sodass die Zubereitung auf Abruf des Service starten kann.
- **Stewarding/Spüle:** Hierbei handelt es sich um eine Abteilung, die oft im Hintergrund steht, ohne die aber nichts funktioniert. Denn jedes Messer und jede Gabel, jeder Teller, welcher serviert wird, muss sauber und bei Bedarf poliert an den Gast gelangen. Oft wird unterschätzt, wie viele Besteckteile, Teller und Gläser dies sein können. Hinzu kommen die Kochutensilien der Küche. Meistens ist diese Abteilung dem Küchenchef unterstellt, da dieser für die allgemeine Hygiene in der Küche und im Spülbereich zuständig ist. Hier richtet man sich nach den international anerkannten Qualitätsrichtlinien des HACCP (Hazard Analysis and Critical Control Points), mit welchen man

kritische Kontrollpunkte festlegt und hygienische Rahmenbedingungen aufstellt. Eine einwandfreie Hygiene ist Voraussetzung für jedes Restaurant.
- **F&B-Administration:** Dies ist das Büro eines gastronomischen Betriebes. Jemand muss die zahlreichen Reservierungswünsche telefonisch oder schriftlich beantworten. Es müssen Menükarten geschrieben werden, Übersetzungen getätigt und Sonderwünsche sowie Unverträglichkeiten mit der Küche abgestimmt werden. Zudem steht man hier meistens mit den zahlreichen Lieferanten in Kontakt, koordiniert Termine und kümmert sich um das interne Reporting (z. B. Auswertung von Umsatzzahlen und Gästeanzahl).
- **F&B-Management:** All die genannten Abteilungen und Bereiche laufen im F&B-Management zusammen. Hier findet die Koordination aller Bereiche statt. Dienstpläne werden überprüft und das Angebot wird erstellt. Man ist hierbei mit allen Abteilungsleitungen in Kontakt und hat regelmäßige Meetings, mal einzeln, aber oft abteilungsübergreifend. Zudem findet hier die Entwicklung der Abteilungen statt und es werden Personalentscheidungen getroffen. In der Gastronomie herrscht traditionell eine hohe Fluktuation, was bedeutet, dass viele Vorstellungsgespräche geführt werden müssen. Nicht zu vergessen ist die betriebswirtschaftliche Verantwortung und entsprechend müssen Maßnahmen ergriffen werden, sollte ein Bereich finanziell nicht gut dastehen. Denn das F&B-Management ist meist erster Ansprechpartner bei entsprechenden Rückfragen der Geschäftsführung oder den Eigentümern. Zentral ist auch, ein immer offenes Ohr für die Mitarbeitenden aller Abteilungen zu haben und auf Anregungen, Wünsche, aber auch Kritik einzugehen und eine Lösung zu finden. Schließlich repräsentiert man das F&B nicht nur extern, sondern auch intern und in Beidem liegt eine große Verantwortung.

Neben den genannten Abteilungen, welche direkt dem F&B-Management unterstellt sind, gibt es zahlreiche weitere, mit denen es größere und kleinere Schnittpunkte gibt, ohne die ein gastronomischer Betrieb aber nicht arbeiten kann. Das F&B-Management koordiniert hier Folgendes mit den entsprechenden Abteilungen:

- **Einkauf:** Eine gut funktionierende Logistik mit entsprechendem Einkauf und den damit einhergehenden Lagermöglichkeiten sind von großer Bedeutung. Denn Lebensmittel haben ein Mindesthaltbarkeitsdatum und einige laufen bereits nach wenigen Tagen ab. Deswegen ist es wichtig, den genauen Bedarf zu kennen und Lagermöglichkeiten mit den richtigen Temperaturen vor Ort zu haben. Die Lieferkühlkette darf dabei nicht unterbrochen werden und muss dokumentiert sein. Neben Lebensmitteln herrscht auch ein stetiger Bedarf an Porzellan, Gläsern, Servietten und anderen Produkten, welche in den F&B-Outlets zum Einsatz kommen.
- **Technik:** In Restaurants, welche einem Hotel angeschlossen sind, gibt es meistens eine Haustechnik. Ansonsten kann dies je nach Bedarf von einem Hausmeister oder

einer externen Firma übernommen werden. Der gesamte technische Bereich muss einwandfrei funktionieren. Alle Glühbirnen sollten leuchten, der Strom fließen und die Kühlhäuser kühlen. Denn nichts ist schlimmer, als wenn das Restaurant voll ist und plötzlich der Herd nicht mehr funktioniert.
- **Reinigung:** Die Reinigungsfrage muss geklärt sein. In einem Hotel übernimmt diese meist das Housekeeping, in kleineren Häusern entweder das eigene Team oder eine Fremdfirma. Wer möchte schon in ein schmutziges Restaurant kommen? In einigen Restaurants muss dreimal am Tag gereinigt werden, denn die Gäste zum Mittagstisch möchten sicher nicht die Krümel der Frühstücksgäste vorfinden. Das Gleiche gilt für die Küche. Hier findet oft nachts eine Grundreinigung statt.
- **Personalabteilung/HR:** In Zeiten des Fachkräftemangels ist diese eine der wichtigsten Abteilungen. Denn die Rekrutierung von Mitarbeitenden muss bei unbesetzten Stellen proaktiv stattfinden. Ohne Personal kann ein Unternehmen nicht funktionieren. Sprich: Fachmessen und Jobbörsen wollen besucht und gepflegt sein und Interessenten überzeugt. Die Arbeit ist mit der Einstellung noch nicht beendet, denn jede:r Mitarbeitende muss offiziell angemeldet sein, hat individuelle Bedürfnisse und Entwicklungspläne und möchte natürlich seinen bzw. ihren Lohn pünktlich auf dem Konto haben. Auch wenn „der Schuh mal drückt" muss das HR für die Mitarbeitenden da sein und gemeinsam mit der jeweiligen Abteilung Lösungen finden. Umgekehrt muss es auch disziplinarisch den Finger in die Wunde legen, wenn jemand über die Stränge schlägt und sich nicht an die gesetzten Rahmenbedingungen hält.
- **Sales/Marketing:** All die genannten Abteilungen und Tätigkeiten sind vorhanden, aber trotzdem ist das Restaurant leer? Dies wäre fatal, hat man doch laufende Kosten zu stemmen wie Löhne und Pacht und ist auf zahlende Gäste angewiesen. Im Sales werden hier klassisch Klinken geputzt und die eigene Dienstleistung wird verkauft. Kommt ein größeres Unternehmen öfters, kann es andere Konditionen aushandeln als bei individuellen Gästen. Gleichzeitig muss entsprechend für das eigene Produkt geworben werben, was meistens im Marketing stattfindet. Je nach Schwerpunkt können hier Kooperationen geschlossen werden, Anzeigen geschaltet oder auf Social-Media-Kanälen mit Influencern oder Testimonials das Produkt platziert werden, um Betten und Sitzplätze zu füllen. Für detaillierte Einblicke in Sales und Marketing vgl. Kap. 8 und 20.
- **Accounting:** All die genannten Tätigkeiten könnten nicht stattfinden, wenn die vom Gesetzgeber vorgeschriebenen Rahmenbedingungen nicht eingehalten werden. Die Firma muss gegründet und mit entsprechenden Lizenzen angemeldet sein, Inventuren müssen geführt werden und zum Monats- und Jahresabschluss korrekte Abschlüsse stattfinden. Hier schaltet und waltet das Accounting bzw. die Administration. Daneben müssen Kreditoren und Debitoren geführt, kontrolliert, bezahlt und gemahnt werden, Kontenrahmen eingehalten und Kennzahlen analysiert werden.

16.3 Anforderungen

Die Anforderungen variieren nach Abteilung und Aufgabenstellung und können je nach Betrieb sehr individuell ausfallen. Je nach Größe und Schwerpunkt können Aufgaben geclustert und damit zentral für mehrere Betriebe organisiert werden oder auch in einzelnen Abteilungen in Aufgaben verteilt werden. Die wohl wichtigsten sind aber, dass einem die Arbeit mit Menschen Spaß macht, man in hektischen Momenten Stressresilienz mit sich bringt, physisch belastbar ist und auch die Bereitschaft vorhanden ist, nicht zu klassischen Bürozeiten zu arbeiten. Daneben gibt es sprachliche Anforderungen, welche im Zuge der Globalisierung aber auch mehr und mehr dynamisch sind. Englisch ist zumindest im europäischen Ausland Voraussetzung, wünschenswert ist die Sprache, welche vor Ort gesprochen wird. Alle weiteren Sprachen sind gerade in dieser internationalen Branche von Vorteil.

Klassisch beginnt man in Hotellerie und Gastronomie mit einer Berufslehre. Dies kann Koch:Köchin, Hotelfachmann:frau, Restaurantfachmann:frau oder eine der zahlreichen ähnlichen Ausbildungen sein. Je nach Tätigkeitsfeld kann man dann innerhalb einer Abteilung Stufe für Stufe angehen und sich die entsprechenden Anforderungen erarbeiten.

Abb. 16.1 veranschaulicht die gängige Aufstellung einer Küchenbrigade.

Dieses Schema kann natürlich je nach Betrieb und Größe ausgeweitet oder verkleinert werden. Auch kann es auf weitere Abteilungen übertragen werden, welche oft ähnlich aufgebaut sind. Zudem gibt es Spezifikationen wie bspw. einen Sommelier oder eine Sommelière, welche:r sich durch spezielle Fortbildungen vertieftes Fachwissen in

Abb. 16.1 Aufstellung einer Küchenbrigade

einer Thematik erarbeitet hat. Inzwischen werden klassische Hierarchien im New-Work-Zeitalter mehr und mehr aufgeweicht und neue Formen und Modelle finden Einzug in den Arbeitsalltag. Wichtig dabei bleibt, dass Verantwortlichkeiten geklärt sind und es intern und extern klare Ansprechpersonen gibt.

Je nach Grad der Verantwortung steigen nämlich sowohl die Anforderungen als auch die Komplexität. Um dies weiterhin am Beispiel der Küche zu veranschaulichen, hier ein Beispiel: Ein Chef de Partie (in anderen Bereichen die Schichtleitung) ist dafür verantwortlich, dass sein Posten alle Vorbereitungen für den anstehenden Service getätigt hat, operativ funktionsfähig ist und eine Übersicht über anstehende Bestellungen und Produkte, welche bald ausgehen, vorhanden ist. Es geht also mehr in die Tiefe als in die Breite. Beim Küchenchef (bzw. Abteilungsleitung) ist dies bereits umgekehrt, denn er oder sie ist nicht nur für einen Posten, sondern gleich für mehrere Stationen verantwortlich. Hier muss dafür gesorgt werden, dass sowohl operativ (Dienstpläne geschrieben, Rezepte ausprobiert, Speisen handwerklich zubereitet, Team geschult) als auch administrativ (Warenaufwände kalkuliert, Hygienerichtlinien dokumentiert, Personalentwicklungen vorangebracht, Ausgaben unter Kontrolle) alles rund läuft. Sprich: Zur operativen Basis kommen Führungsaufgaben und betriebswirtschaftliche Elemente, welche man überblicken muss. Die Anforderungen steigen entsprechend.

Wie man sich diese Fähigkeiten erarbeitet, ist sehr individuell. Wie ein Sprichwort sagt, führen viele Wege nach Rom. Sprich: Den einen Weg gibt es nicht. Grundsätzlich ist eine Ausbildung oder ein Studium (oft auch in Kombination, denn das eine schließt das andere nicht aus) eine solide Basis für einen erfolgreichen Weg im Gastgewerbe. So lernt man die Operative bereits detailliert kennen und kann die Aufgaben und Anforderungen besser einschätzen, welche danach auf einen zukommen. In Zeiten des Fachkräftemangels gibt es immer häufiger Quereinsteiger:innen, welche zwar intensiver trainiert werden müssen, aber mit der richtigen Einbindung des Betriebes und der entsprechenden Motivation erfolgreich Karriere im Gastgewerbe machen können.

Auf der Stufe einer stellvertretenden Abteilungsleitung sollte man sich Fähigkeiten erarbeitet haben, welche es einem ermöglichen, ein Team selbständig zu führen und betriebswirtschaftliche Entscheidungen zu treffen. Denn Ein- und Ausgaben müssen sorgfältig geplant werden, Ergebnisse analysiert und entsprechend gerechtfertigt werden können.

Je höher es dann in der Hierarchie geht, desto komplexer werden die Aufgaben, denn mehr und mehr Abteilungen und Mitarbeitende kommen hinzu, für welche man die Verantwortung trägt. Gleichzeitig darf die wirtschaftliche Gesamtübersicht nicht aus den Augen verloren werden. Neben fachlichen Fähigkeiten und Anforderungen kommt es hier oft auf einen entscheidenden Aspekt an: Erfahrung. Wer jahrelang erfolgreich eine Abteilung oder ein Unternehmen geführt hat, Stressresilienz bewiesen und schwarze Zahlen geschrieben hat, bringt Wissen, Routine und Sicherheit mit sich, welche für jedes Unternehmen wertvoll sein können.

16.4 Arbeitszeit

Wie bereits in den Anforderungen angedeutet, ist dies eines der herausforderndsten Themen im F&B. Viele Dienstleistungen finden vor oder nach klassischen Bürozeiten statt, an sieben Tagen die Woche. Dies bedeutet, dass gerade in den operativen Abteilungen die Bereitschaft vorhanden sein muss, auch zu unüblichen Zeiten zu arbeiten, was es oft schwierig macht, qualifiziertes Personal zu finden. Obwohl neue Formen und Modelle im Zuge von New Work (vgl. Kap. 29) Einzug halten, bleiben klassische Öffnungszeiten bestehen. Im F&B-Management kann etwas weniger Flexibilität nötig sein, wenn die operativen Prozesse reibungslos laufen. Restaurants führen aber immer öfter feste Schließtage ein oder öffnen nur abends.

Je höher die Kategorisierung eines Hotels ausfällt, desto umfassender muss das gastronomische Angebot sein und eine Verpflegung teils rund um die Uhr garantiert werden. Das Frühstück beginnt oft gegen 6.30 Uhr, was bedeutet, dass Küche und Service ca. eine Stunde früher da sein sollten, um alles aufzubauen und vorzubereiten. Es folgt der Lunch, welcher meist zwischen 12.00 und 15.00 Uhr stattfindet. Hier übernimmt dann die Spätschicht, welche liegengebliebene Aufräumarbeiten der Frühschicht übernimmt und sich dann auf das Abendessen konzentriert. Wenn die letzten Gäste gegen 23.00 Uhr das Restaurant verlassen, muss noch aufgeräumt und wieder für das Frühstück vorbereitet werden. Neben dem Restaurant macht meist gegen 18.00 Uhr die Bar auf, welche dann bis tief in die Nacht zur Verfügung steht. In gehobenen Häusern besteht zudem die Möglichkeit auch nach Mitternacht noch Speisen und Getränke via Room Service zu bestellen. Häufig wird dieser Service dann über die Rezeption abgedeckt bis die Frühschicht wieder zum Frühstück erscheint.

16.5 Weiterbildung und Karriere

Wie bei den Aufgaben bereits veranschaulicht, ist das Gastgewerbe breit aufgestellt. Durch die Möglichkeit, bereits während der Lehre oder dem Studium verschiedene Bereiche kennenzulernen, kann man so feststellen, wo die eigenen Stärken liegen und was einem Freude bereitet. Entsprechende Vertiefungen und Spezifikationen sind daher üblich und gerne gesehen und können durch Weiterbildungen gefördert werden. Beispiele hierfür sind der Ausbilderschein, um dem Nachwuchs etwas beibringen zu dürfen, der Küchenmeister, Sommelier oder Fachwirt im Gastgewerbe. Über all diese Weiterbildungen kann man sich in den meisten Fällen bei seiner zuständigen IHK informieren und dort auch teilnehmen. Eine klare Empfehlung an der Stelle ist, sich direkt mit seiner Personalabteilung abzustimmen. Oft gibt es hier bereits Erfahrungswerte und Kontakte zu Bildungsinstituten, sodass individuell auf die Wünsche der Weiterbildung eingegangen werden kann. Auch ist der Betrieb oft selbst daran interessiert, seine Mitarbeitenden zu entwickeln, und unterstützt entsprechende Kurse finanziell. Zusätzlich sind auch sogenannte Cross-Trainings üblich, bei welchen man bei Interesse andere Abteilungen intern besser kennenlernen kann. Bei internationalen Hotelketten kann dies mit einem Auslandsaufenthalt verbunden werden.

Einer der Vorteile ist es sicher auch, dass man gute Karrieremöglichkeiten im In- und Ausland hat. Wer eine schnelle Auffassungsgabe hat, sich weiterentwickelt und bereit ist, Verantwortung zu übernehmen, kann bereits in jüngeren Jahren eine Führungsposition mit Personalverantwortung übernehmen. Auch kann man die Möglichkeit nutzen, in anderen Ländern zu leben und zu arbeiten, um so seinen persönlichen, als auch beruflichen Horizont zu erweitern. Die Bereitschaft zu einer gewissen geographischen Flexibilität ist hier von Vorteil. Um ein Restaurant oder Hotel schlussendlich selbst zu leiten, bedarf es dann der bereits angesprochenen Erfahrung, welche man sich über die Berufsjahre hin erarbeiten kann.

16.6 Einkommen

Wie in vielen anderen Branchen auch, variieren die Einkommen je nach Land, Bundesland, Position und Erfahrung. Bereits im nahen europäischen Ausland gibt es große Unterschiede zu Deutschland, nach oben wie nach unten. Oft gibt es neben dem Einkommen verschiedene Benefits von Arbeitgebern, um möglichst attraktive Bedingungen zu schaffen. Dies kann von einer Personalunterkunft oder einer Vier-Tage-Woche über kostenfreie Übernachtungen bis hin zu vergünstigten Dienstleistungen oder Weihnachts- und Urlaubsgeld sein.

Nicht zu unterschätzen ist auch das Trinkgeld, welches zwar kein offizieller Lohnbestandteil ist, für viele aber – besonders im Service – ein entscheidender Faktor ist und je nach interner Aufteilung auch hoch ausfallen kann.

Viele Betriebe richten sich nach dem Tarifvertrag, welcher in Deutschland in 18 Tarifgebieten zwischen der Gewerkschaft NGG und dem deutschen Hotel- und Gaststättenverband Dehoga verhandelt wird. Der Entgeltvertrag ist derzeit nicht allgemeinverbindlich, gibt jedoch eine gute Übersicht über branchenübliche Einkommen. Hier als Beispiel ein Auszug aus dem Tarifvertrag in Bayern, welcher im deutschen Ländervergleich eher weiter oben einzuordnen ist (Löhne in Brutto pro Monat; Quelle: Entgelttarifvertrag für das Gaststätten- und Beherbergungsgewerbe in Bayern, gültig ab 01. April 2022):

- Ausbildungsvergütung 1. Lehrjahr: 1.000 €
- Ausbildungsvergütung. 2. Lehrjahr: 1.100 €
- Ausbildungsvergütung 3. Lehrjahr: 1.200 €
- Spüle/Stewarding: 2.239 €
- Kellner-/Kochcommis im 1. Gehilfenjahr: 2.368 €
- Kellner:in, Koch:Köchin: 2.622 €
- Chef de Rang, Chef de Partie: 2.882 €

- Souschef: 3.143 €
- Restaurantchef:in, Küchenchef:in: Freie Vereinbarung (Richtwert 3.500–4.000 €)
- F&B-Manager:in: Freie Vereinbarung (Richtwert 4.000 €)

16.7 Selbstständigkeit

Wer die genannten Aufgaben nicht scheut und bereit ist, unternehmerisches Risiko einzugehen, kann sich mit der Selbständigkeit auseinandersetzen. Häufig geschieht dies besonders mit Restaurants, da hier nicht gleich ein ganzes Hotel gepachtet und betrieben werden muss. Trotzdem sollte dies sorgfältig geprüft werden, da im Normalfall die Gewinnmargen in der Gastronomie geringer sind als in der Hotellerie und es durch den Fachkräftemangel schwierig geworden ist, fachlich versiertes Personal zu finden.

Die Rahmenbedingungen müssen genau geprüft, Businesspläne geschrieben, Pachtverträge oder Käufe kalkuliert und etwaige Kredite finanziert werden. Dabei muss man sich der kontinuierlichen Verbindlichkeiten bewusst sein und des Drucks, einen gewissen Umsatz zu erwirtschaften, um kostendeckend arbeiten zu können. Oft ist es hier auch hilfreich, sich breit aufzustellen und gemeinsam mit Partnern oder der Familie das Risiko auf mehrere Schultern zu verteilen und so auch die fachlichen Maxime und Erfahrung zu erhöhen. Denn die Komplexität darf nicht unterschätzt werden.

16.8 Zukünftige Entwicklungen

„Nichts ist beständiger als der Wandel", gerade in einer Branche, welche so nah an den Menschen und am Zeitgeist ist. Neue Trends kommen auf, neue Formen und Möglichkeiten entstehen und Debatten werden auf unterschiedlichsten Ebenen geführt.

Eine davon dürfen wir gerade mitverfolgen, in welcher es um die Rahmenbedingungen der Branche geht: die Aufhebung der reduzierten Mehrwertsteuer seit dem 01.01.2024: Die Mehrwertsteuer wurde von 7 auf 19 % auf Speisen in der Gastronomie erhöht. Politik und Gesellschaft diskutieren darüber, was als tragbar und fair einzustufen ist, während Hoteliers und Gastronomen oft eine andere Sichtweise haben. Argumente und ein Für und Wider findet man auf beiden Seiten. Eine Entwicklung dabei wird eine Erhöhung der Preise sein und auch, dass Margen neu errechnet und Konzepte hinterfragt werden. In Zeiten des Fachkräftemangels wird es darauf hinauslaufen, dass persönlicher und professioneller Service zu einem Luxusgut werden wird, welchen sich einige nicht mehr leisten können. Denn betriebswirtschaftlich gesehen sind Mitarbeitende oft der größte Kostenblock in einer Gewinn- und Verlustrechnung und dazu noch eine schwankende Variable, da Urlaube, Krankmeldungen und individuelle Wünsche die Planung erschweren. Folglich werden Konzepte mit geringen Personalkosten und damit höheren Margen an Popularität gewinnen und persönlicher Service wird eine Preisfrage werden.

Unaufhaltbar sind auch die digitale Entwicklung und die damit entstehenden Möglichkeiten. Social Media und smarte Bezahl- und Buchungsplattformen sind bereits als Standard anzusehen. Derzeit ist KI auf dem Vormarsch, welche beim Beantworten von Bewertungen, Anfragen oder Buchungen unterstützt. Auch die ersten Roboter, welche Gäste bedienen, oder Drohnen, welche das Essen liefern, sind bereits operativ tätig und bestätigen damit die Entwicklung, dass individueller und menschlicher Service ein Luxusgut wird. „Digital Experience" hilft zudem heute schon in erfolgreichen Restaurants, die Gästeerfahrung durch neue Formate zu erweitern. Und wir stehen hier erst noch am Anfang der Entwicklung. Viele neue Ebenen und Formate werden durch die kontinuierliche Digitalisierung in Zukunft erschlossen werden und die Gastronomie dadurch stark beeinflussen.

Die Gäste als Verbraucher entscheiden schlussendlich, wie weit sich Trends etablieren können und ob sie bereit sind, dafür zu bezahlen. War vor wenigen Jahren die Molekularküche in aller Munde, entwickelte sich daraufhin ein Hype um Restaurants, welche sich auf das Ursprüngliche und Lokale besannen. Auf Tagesbasis wird dabei entschieden, was für Lebensmittel die Natur heute bietet und Konzepte mit einem möglichst autarken Ansatz waren besonders in Skandinavien erfolgreich. Derzeit ist ein Trend festzustellen, welchen man der Rubrik „Entertainment" zuordnen würde. Das Essengehen soll zum Erlebnis werden, man möchte dabei unterhalten werden. Dies kann durch extravagante Konzepte, Show-Einlagen, außergewöhnliche Räumlichkeiten und Designs oder die bereits erwähnte digitale Unterstützung erfolgen.

Schlussendlich sei hier noch die Nachhaltigkeit erwähnt, welche sich auf verschiedenen Ebenen bemerkbar macht. Zum einen geht es um die Lebensmittel selbst, zum anderen auch um den Bezug und die Verpackung der Lebensmittel. Um die Lebensmittel ist ein eigener neuer Markt entstanden, welcher auch neue Technologien mit sich bringt. Als Beispiele seien hier *Regenerative Food* (dieser Ansatz ist darauf bedacht, die Biodiversität zu fördern und die Auswirkungen des Klimawandels damit einzudämmen), *Plant-Based Food* (pflanzliche Alternativen, welche geschmacklich und von der Konsistenz her dem tierischen Original ähneln sollen) oder *Nose To Tail* („vom Kopf bis zum Schwanz" – die Verarbeitung und Verwertung möglichst aller Teile eines Tieres) genannt. Eine spannende Debatte wird zudem um synthetisches Fleisch geführt – also um echtes Fleisch, für welches keine Tiere mehr sterben müssten, da es aus deren Zellen im Labor kommt. Singapur ist dabei weltweit das erste Land, in welchem das Stammzellenfleisch vermarket und verkauft werden darf.

Der bereits angesprochene Bezug wird auch mehr und mehr thematisiert und saisonale, aber auch regionale Produkte rücken in den Vordergrund. Auch die Verpackung steht dem in nichts nach, findet man doch einige plastikfreie Alternativen in den Märkten. Zu erwähnen sei hier noch die Reduzierung von Lebensmittelresten, welche durch technische Hilfsmittel analysiert und verringert werden können (hier kommt wieder KI ins Spiel), und auch Organisationen, welche sich darauf spezialisieren, fast abgelaufene oder nicht gegessene Lebensmittel noch auf den Tisch zu bekommen.

16.9 Fazit

In Vorstellungsgesprächen, welche ich führe, ist es mir besonders bei Nachwuchskräften wichtig, transparent über die Vor- und Nachteile zu sprechen, die es mit sich bringt, im Gastgewerbe zu arbeiten. Denn einige Rahmenbedingungen können nicht geändert werden. Wenn Gäste früh zum Frühstück gehen, bedeutet dies, dass wir noch früher aufstehen und vorbereiten müssen, oder wenn zum Wochenende abends das Restaurant ausgebucht ist, bedeutet dies, dass wir auch am Wochenende da sein müssen und erst spät nach Hause kommen. Dabei ist man einigem an Stress sowie physisch harter Arbeit ausgesetzt, bei welcher man viel auf den Beinen steht.

Wem all dies nichts ausmacht, der oder die hat eine der schönsten Branchen für sich gefunden, bei welcher man sehr nah am Leben ist. Geburtstage und Hochzeiten, aktuelle Trends, berühmte Persönlichkeiten, internationale Gäste, hippe Partys und relevantes Zeitgeschehen finden direkt vor einem statt. Man ist am Puls der Zeit. Hotels und Restaurants tragen häufig entscheidend zu einem Stadt- oder Ortsbild bei. Es sind Orte, bei welchen das gesellschaftliche Leben stattfindet und aktuelle Themen aufgegriffen und umgesetzt werden. Sei es in der Kulinarik, der Kunst oder der Kultur. Dies führt zu viel Abwechslung, tollen Erlebnissen und Begegnungen mit Menschen aus aller Welt. Auch lernt man auf vielen verschiedenen Feldern, welche in Abschn. 16.2 erläutert sind. Langweilig wird es dabei bestimmt nicht, und wem es in der Heimat zu eng wird, dem steht die weite Welt offen.

Für mich überwiegen klar die Vorteile, weswegen ich seit 14 Jahren in dieser Branche tätig bin, viele tolle Menschen kennenlernen durfte, bei außergewöhnlichen Veranstaltungen dabei sein durfte und in verschiedenen Ländern leben konnte. Wer offen für ein aufregendes, vielfältiges und pulsierendes Leben ist, dem darf ich meine Branche wärmstens empfehlen.

David Serenus Schad wurde 1990 in Filderstadt geboren und begann seine Karriere in der Hotellerie und Gastronomie nach dem Abitur mit einer Kochlehre im 5-Sterne-Hotel am Schlossgarten in Stuttgart. Nach verschiedenen Stationen im Service in Sternerestaurants studierte er an der Schweizerischen Hotelfachschule Luzern (SHL) Hotelmanagement. Während des dualen Studiums war er auf Island und in Estland tätig, bevor er 2017 erfolgreich sein Studium abschloss. Danach war er als F&B Manager in Österreich und Italien für die Fidelity Hotels & Resorts tätig, bevor er 2019 Assistant Director of F&B im 5-Sterne superior Hotel Grand Hyatt Berlin wurde. 2021 wechselte er als Operations Manager nach München, wo er in stellvertretender Funktion das 25hours Hotels „The Royal Bavarian" leitete und für drei F&B-Outlets verantwortlich war. Aktuell leitet er als Hotel Manager das 25hours Hotel Indre By Kopenhagen in Dänemark. 2023 gewann er den Deutschen Hotelnachwuchs-Preis (DHNP). Dieser fördert junge Führungskräfte und würdigt vorbildliche Karrieren in der Hotellerie.

Arbeiten im Revenue-Management

17

Matthias Heel

Inhaltsverzeichnis

17.1 Einleitung... 182
17.2 Aufgaben.. 182
17.3 Anforderungen... 184
17.4 Arbeitszeit 184
17.5 Weiterbildung und Karriere 185
17.6 Einkommen 185
17.7 Selbstständigkeit 186
17.8 Künftige Entwicklungen.. 186
17.9 Fazit 186

Zusammenfassung

Das Revenue-Management ist ein kritischer Bereich für die Optimierung von Preisen und Erträgen in Unternehmen. Im Zuge dieser Entwicklung könnten Bots und KI-Systeme eine entscheidende Rolle spielen, indem sie die Effizienz und Genauigkeit im Revenue-Management erheblich steigern. In diesem Kapitel untersuchen wir die Auswirkungen von Bots und KI im Revenue-Management bezüglich Aufgaben, Anforderungen, Arbeitszeit, Weiterbildung, Entwicklungen und Einkommensstrukturen. Dabei wird beleuchtet, wie Automatisierung und datengesteuerte Entscheidungen die Arbeitsweise und berufliche Entwicklung von Fachkräften in diesem Sektor beeinflussen können. Die Darstellung zielt darauf ab, ein klareres Bild der zukünftigen Landschaft des Revenue-Managements im Kontext der digitalen Transformation zu skizzieren.

M. Heel (✉)
Hotellistat, München, Deutschland
E-Mail: Matthias-Heel@gmx.de

17.1 Einleitung

Revenue-Management bezeichnet die Vorhersage von Kundennachfrage, um den Verkauf von Produkten und Dienstleistungen zu optimieren. Im Hotelbereich bedeutet dies, den richtigen Preis zur richtigen Zeit für das richtige Zimmer an den richtigen Kunden zu verkaufen. Der direkte Verkauf über die eigene Website ist in der Hotellerie bevorzugt, da er höhere Margen und eine direkte Gästebeziehung ermöglicht.

Im Revenue-Management unterscheidet man zwischen einfachen Pricing-Tools und umfassenderen Revenue-Management-Systemen. Pricing-Tools helfen bei der Festlegung der Zimmerpreise basierend auf bestimmten Faktoren wie Nachfrage und Wettbewerb, sind jedoch in ihrer Funktionalität begrenzt. Auf der anderen Seite bieten vollständige Revenue-Management-Systeme eine breite Palette von Funktionen, darunter automatisierte Preisoptimierung, detaillierte Berichterstattung und Analyse sowie Integrationen mit anderen Systemen wie Property-Management-Systemen (PMS) und Central-Reservation-Systemen (CRS), um eine ganzheitliche Strategie für die Preisgestaltung und den Vertrieb zu ermöglichen. Die harmonische Verknüpfung dieser Systeme ermöglicht eine umfassende Datenerfassung und -analyse, die wiederum präzise, datengestützte Entscheidungen in Echtzeit ermöglicht. Komplexe Revenue-Management-Systeme ermöglichen die Erstellung von Prognosen und unterstützen die Entwicklung von Strategien für Inventar (Hotelkapazitäten), Preise und Restriktionen, um eine optimierte Revenue-Management-Praxis zu gewährleisten.

▶ Der Einsatz von KI im Revenue-Management ermöglicht eine automatisierte Preisoptimierung und verbesserte Datenauswertung. Zum Beispiel können KI-gestützte Systeme Preise dynamisch anhand von Marktbedingungen anpassen. Zudem erleichtert KI die Vorhersage von Nachfragetrends und automatisiert Berichterstattung, wodurch Revenue-Manager:innen Zeit sparen und sich auf strategische Entscheidungen konzentrieren können. Weitere Anwendungsbereiche sind neben den historischen Daten auch zukünftige Datenquellen von Expedia, Predict HQ oder Trivago, die Impulse für die Zukunft geben.

17.2 Aufgaben

Ein:e Revenue-Manager:in beginnt die Karriere mit dem Fokus auf die Analyse von Marktdaten, unterstützt die Preisgestaltung und lernt, Buchungstrends zu interpretieren. Diese Phase dient dem Aufbau eines soliden Verständnisses für die Dynamik des Hotelmarktes und die Grundlagen effektiver Umsatzstrategien. Mit zunehmender Erfahrung rücken die Entwicklung und Implementierung eigener Preisstrategien, die aktive Beteiligung an der Budgetplanung und das Management von Gruppen-Displacement in den Vordergrund. Im Gruppen-Displacement wird bewertet, ob Gruppenbuchungen mehr einbringen als verdrängte Einzelbuchungen. Ein weiterer kritischer Bereich ist das Inventarmanagement. Die kontinuierliche Überwachung der Verfügbarkeit von Zimmern und Annehmlichkeiten ist entscheidend, um Überbuchungen zu vermeiden und den Gästen einen angenehmen Aufenthalt zu garantieren. Schließlich dürfen wir die Performance-Messung und -optimierung nicht außer Acht lassen. Tägliche Berichte und Analysen helfen uns, Schwachstellen im Betrieb zu identifizieren und gezielte Verbesserungen vorzunehmen.

In der mittleren Karrierestufe nutzen Revenue-Manager:innen fortgeschrittene Analysetools, um die Preisgestaltung zu optimieren, bewerten den Einfluss von Gruppenbuchungen auf die Verfügbarkeit und den Ertrag und tragen durch fundierte Umsatzprognosen zur finanziellen Planung des Hotels bei.

In höheren Positionen übernehmen sie die vollständige Verantwortung für die Umsatzstrategie des Hotels. Sie leiten die Budgeterstellung, entwickeln umfassende Umsatzstrategien, einschließlich der Feinabstimmung von Gruppen-Displacement-Strategien, und setzen Standards für die Preisgestaltung und Umsatzoptimierung.

Die Rolle von Revenue-Manager:innen erfordert eine enge Zusammenarbeit mit der Geschäftsführung, um die finanzielle Ausrichtung und langfristige Ziele des Hotels zu definieren. Über alle Karrierestufen hinweg sind ein tiefes Marktverständnis, analytische Fähigkeiten und strategisches Denken entscheidend, um den finanziellen Erfolg des Hotels zu steuern und zu sichern.

Wöchentliche Aufgaben
Um im Markt erfolgreich zu sein, ist es entscheidend, regelmäßig die eigene Position und das Wettbewerbsumfeld zu analysieren. Deshalb finden wöchentliche Revenue Meetings statt, in denen die aktuelle Marktsituation bewertet wird. Diese Treffen sind nicht nur eine Gelegenheit, um die Preisstrategie anzupassen, sondern auch, um auf Veränderungen im Markt schnell reagieren zu können. Zusätzlich dazu ist die Segmentierung ein wichtiger Aspekt. Durch die genaue Überprüfung der verschiedenen Marktsegmente, aus denen Buchungen generiert werden, kann das Marketingteam eine viel gezieltere Strategie entwickeln. So wird sichergestellt, dass die Marketingmaßnahmen genau dort ansetzen, wo sie den größten Effekt haben.

Außerordentliche Aufgaben
Weitere Aufgaben im Revenue-Management sind die Erstellung von Jahresbudgets und Benchmarks. Unter Benchmarks versteht man Vergleiche von Performance-Metriken wie RevPar (von engl. „revenue per available room"), ADR (von engl. „average daily rate" = durchschnittliche Tagesrate) und Belegungsrate mit Konkurrenzbetrieben, um Marktanteile und Trends zu bewerten und strategische Entscheidungen zu treffen.

17.3 Anforderungen

Ein:e Revenue-Manager:in in einem Hotel spielt eine zentrale Rolle beim finanziellen Erfolg des Unternehmens, indem er oder sie strategische Entscheidungen trifft, die auf einer tiefgreifenden Analyse von Marktdaten basieren. Diese Position erfordert in der Regel einen Hochschulabschluss in Bereichen wie Hotelmanagement, Tourismus oder Betriebswirtschaft, wobei ein weiterführendes Studium oder spezifische Branchenzertifizierungen wie das Certified Revenue Management Executive (CRME) die beruflichen Perspektiven verbessern können. Fachliche Expertise ist unerlässlich, insbesondere in der Anwendung von Marktanalyse-Tools, Revenue-Management-Software, Datenanalyse sowie ein solides Verständnis der Prinzipien von Marketing und Vertrieb.

Darüber hinaus sind ausgeprägte analytische Fähigkeiten, Entscheidungskompetenz und Anpassungsfähigkeit an sich schnell ändernde Marktbedingungen gefragt. Effektive Kommunikationsfähigkeiten ermöglichen es den Revenue-Manager:innen, ihre Strategien und Analysen überzeugend zu präsentieren und eine enge Zusammenarbeit mit anderen Abteilungen wie Verkauf und Marketing zu pflegen. Teamarbeit ist ebenfalls ein Schlüsselelement, da die Abstimmung mit verschiedenen Teams innerhalb des Hotels zur Erreichung gemeinsamer Ziele beiträgt. Praktische Erfahrung in der Hotelbranche und ein tiefes Verständnis des lokalen Marktes sind zusätzliche Vorteile, die zur Entwicklung effektiver Preisstrategien und zur Maximierung des Zimmerertrags beitragen. In diesem dynamischen Berufsfeld ist die Bereitschaft zur kontinuierlichen Weiterbildung und Anpassung an neue Technologien und Marktbedingungen entscheidend für den Erfolg.

17.4 Arbeitszeit

Die Flexibilisierung der Arbeitszeiten und der Einsatz digitaler Tools haben die Arbeitsbedingungen im Bereich Revenue-Management deutlich verbessert. Modelle wie Teilzeitarbeit, flexible Arbeitsmodelle und Job-Sharing bieten den Mitarbeitenden mehr Freiraum und Work-Life-Balance. Die Möglichkeit für Revenue-Manager:innen, von zu Hause aus zu arbeiten, hat sich im Vergleich zu vor zehn Jahren erheblich verbessert, hauptsächlich durch den technologischen Fortschritt und die Digitalisierung. Cloud-basierte Technologien und SaaS-Lösungen („Software as a Service") ermöglichen nun den Zugriff auf wichtige Systeme und Daten in Echtzeit von überall aus. Kommunikationstools wie Zoom und Slack erleichtern die Zusammenarbeit und Entscheidungsfindung auf Distanz. Die Pandemie hat diese Entwicklung beschleunigt und die Akzeptanz von Remote-Arbeit verstärkt, was Revenue-Manager:innen eine größere Flexibilität und eine bessere Work-Life-Balance ermöglicht, ohne die Produktivität zu beeinträchtigen.

17.5 Weiterbildung und Karriere

Der Karrierepfad im Revenue-Management beginnt oft als Revenue-Analyst:in, entwickelt sich zum:zur Revenue-Manager:in und kann schließlich in eine Rolle im Business Development führen (siehe dazu das Interview mit Verena Wogatai in Kap. 18). Diese Progression nutzt die im Revenue-Management erworbenen Fähigkeiten – von der Datenanalyse und Preisstrategie bis hin zur Umsatzoptimierung. Als Revenue-Manager:in sammelt man Erfahrungen, die für das Business Development entscheidend sind, wie Marktkenntnis und strategische Planung. Der Übergang zum:zur Business-Development-Manager:in oder Director of Business Development ist eine natürliche Weiterentwicklung, die es ermöglicht, die erworbenen Kompetenzen zur Identifizierung und Realisierung neuer Geschäftsmöglichkeiten einzusetzen, um das Unternehmenswachstum voranzutreiben.

Weiterbildungsmöglichkeiten in der Hotellerie sind vielfältig und reichen von Studiengängen bis zu Management-Trainings, was den Mitarbeitenden hilft, ihre Karriere voranzutreiben. Allerdings ist es in dieser Branche immer noch möglich, mit einer einfachen Ausbildung mit dem richtigen Einsatz und etwas Glück eine außerordentliche Karriere zu machen. Sehr beliebt sind weiter die Kurse und Zertifikate der Cornell University. Diese sind im Bereich Revenue-Management besonders beliebt, da sie von einer renommierten Institution angeboten werden, die für ihre Expertise in der Hotellerie und im Gastgewerbe bekannt ist. Die Kurse kombinieren theoretisches Wissen mit praktischen Anwendungen, was den Teilnehmenden hilft, aktuelle Herausforderungen in der Branche effektiv zu meistern und ihre Karrierechancen zu verbessern. Neben den Angeboten der Cornell University gibt es eine Vielzahl von Online-Kursen auf Plattformen wie Coursera, LinkedIn Learning und YouTube, die eine breite Palette von Themen abdecken. Diese reichen von grundlegenden Einführungen ins Revenue-Management bis hin zu spezialisierten Themen wie Datenanalyse und Preisstrategien. Die Zugänglichkeit und Flexibilität dieser Online-Kurse machen sie für Berufstätige attraktiv, die ihre Fähigkeiten erweitern und auf dem neuesten Stand der Branchentrends bleiben möchten.

17.6 Einkommen

Im Revenue-Management in Deutschland liegen die Einstiegsgehälter in der Regel höher als in vielen anderen Hotelbereichen, was die spezialisierten Fähigkeiten und den direkten Einfluss auf den finanziellen Erfolg reflektiert. Ein realistisches Brutto-Grundgehalt für Einsteiger:innen kann bei etwa 30.000 € jährlich beginnen. Die steigenden Vergütungen in der Hotellerie, besonders bei Positionen wie dem Director of Revenue mit Brutto-Gehältern ab 80.000 €, zeigen den Branchenbedarf, qualifizierte Mitarbeitende zu gewinnen und zu halten. Oft ist das Gehalt zusätzlich an Zielvorgaben geknüpft, was bedeutet, dass ein Teil des Einkommens variabel ist und von der Erreichung bestimmter finanzieller Ziele abhängt, was die Gesamtvergütung attraktiv macht.

Hotels bieten zusätzlich Anreize wie freie Übernachtungen und flexible Arbeitszeitenmodelle wie die Vier-Tage-Woche an, um attraktiv zu sein. Diese Maßnahmen zielen auf eine bessere Work-Life-Balance und höhere Mitarbeiterzufriedenheit ab, wodurch eine positivere Arbeitsumgebung und stärkere Teambindung angestrebt werden.

17.7 Selbstständigkeit

Selbstständigkeit im Revenue-Management ist attraktiv, da mehr und mehr Hotels die Bedeutung des Revenue-Managements erkannt haben und noch Beratungspotenzial haben. Unabhängige Expert:innen bieten hier maßgeschneiderte Lösungen. Ihre Expertise erleichtert den Übergang zu modernen Systemen und optimiert die Rentabilität. Die Flexibilität selbstständiger Expert:innen ermöglicht individuelle, wertvolle Strategien für Hotels.

17.8 Künftige Entwicklungen

Die Zukunft des Revenue-Managements in der Hotellerie wird maßgeblich durch die fortschreitende Integration von künstlicher Intelligenz (KI) geprägt sein, die automatisierte Preisoptimierung und verbesserte Datenauswertung ermöglicht. Die Transformation im Revenue-Management durch technologische Fortschritte macht Revenue-Manager:innen zu Schlüsselfiguren im Hotelgewerbe. Sie sind nicht mehr nur für Datenanalyse und Preisstrategien zuständig, sondern agieren als strategische Entscheidungsträger, die direkt den finanziellen Erfolg beeinflussen. Mit der Integration von KI in ihre Werkzeuge müssen sie technologisch versiert sein und kontinuierlich lernen, um mit den Entwicklungen Schritt zu halten. Diese Rolle eröffnet neue Karrierewege und führt zu attraktiveren Vergütungspaketen, wobei von ihnen erwartet wird, dass sie als innovative Strateg:innen und Technologieexpert:innen agieren, die maßgeblich die Zukunft der Hotellerie mitgestalten. Außerdem sieht sich die Hotellerie mit steigenden Personal- und Energiekosten konfrontiert, was die Notwendigkeit effizienterer Betriebsmodelle unterstreicht. Zukünftige Entwicklungen könnten daher eine stärkere Automatisierung und Digitalisierung sein, um diese Herausforderungen zu bewältigen.

17.9 Fazit

Abschließend lässt sich festhalten, dass der Bereich Revenue-Management – besonders nach den Herausforderungen durch die Corona-Pandemie – eine signifikante Aufwertung erfahren hat. Während große Hotelketten ihre Revenue-Management-Systeme bereits optimiert haben, sind nun vor allem mittlere bis kleine Hotelbetriebe aktiv auf der Suche, um ihre Performance zu steigern. Revenue-Management-Systeme haben sich als unverzichtbare Werkzeuge etabliert, die einen direkten Einfluss auf die finanzielle Leistung eines Hotels haben, und sind daher zunehmend ein fester Bestandteil in den Technologie-Strategien der Hotellerie. Die rasante Weiterentwicklung von Revenue-Management- und Distributionssystemen, angetrieben durch künstliche Intelligenz, ist beeindruckend und transformiert die Branche in einem atemberaubenden Tempo. Die Hotellerie steht vor einer spannenden Zukunft, weit entfernt von ihrem einstigen Image der Monotonie. Heute ist sie dynamischer und faszinierender denn je, bereit, die neuen Möglichkeiten, die moderne Technologien bieten, voll auszuschöpfen.

Matthias Heel ist Director of Product and Integration bei hotellistat, einem der führenden Anbieter für Revenue-Management-Software. Seine Aufgabe besteht darin die Lösung weiterzuentwickeln und sicherzustellen, dass die profitabelsten Systeme integriert werden können. Seine letzte Station war bei duetto, wo es seine Aufgabe war, den Hotel-Partnern maßgeschneiderte Revenue-Management-Lösungen anzubieten. Hierbei konzentrierte er sich auf die Entwicklung von Preisstrategien und die Unterstützung bei der Optimierung von Umsätzen. Vor seinem Engagement bei duetto war er als Director of Revenue bei Ruby Hotels tätig. Bei Ruby Hotels war er maßgeblich am Aufbau eines effizienten Revenue-Management-Teams beteiligt. Zusätzlich ist er ein Mitglied des HSMA Revenue Expert Circle, einer Gemeinschaft von Expert:innen, die sich auf den Austausch von Best Practices und die Weiterentwicklung von Revenue-Management-Strategien spezialisiert hat. Dieses Engagement ermöglicht es ihm, auf dem Laufenden zu bleiben und sein Netzwerk in der Branche zu erweitern. Die Kombination aus praktischer Erfahrung in verschiedenen Hotels, seiner aktuellen Rolle bei hotellistat und seiner Mitgliedschaft im HSMA Revenue Expert Circle hat sein Verständnis und seine Expertise im Bereich Revenue-Management erheblich erweitert und stellt eine solide Basis dar, um effektive und innovative Lösungen im Umsatzmanagement zu entwickeln.

Interview: Business Development Director einer internationalen Hotelkette

18

Verena Wogatai

> **Zusammenfassung**
>
> Sales, Marketing und Revenue-Management – alles unter einem Hut? Und wer bestimmt dann? Alle drei Bereiche müssen nahtlos zusammenarbeiten, um den Umsatz zu steigern und die Wettbewerbsfähigkeit zu erhalten. Sie müssen agil sein, ständig lernen und ihre Strategien anpassen. Um diese laufenden Auseinandersetzungen produktiv zu koordinieren, ist in Hotelketten eine Business-Development-Rolle erforderlich, die nach innen und außen aktiv kommuniziert und leitet. Um mehr zu dieser Führungsposition zu erfahren, haben wir mit Verena Wogatai gesprochen.

Liebe Verena, wer bist du und was machst du?
Mein Name ist Verena Wogatai und ich leite seit über 20 Jahren Commercial/Business-Development-Teams für Hilton Hotels & Resorts in verschiedensten internationalen Hotels. Die Begriffe Commercial und Business Development werden dabei übrigens häufig synonym verwendet. Wir bei Hilton haben die Position der Director of Business Development vor ein paar Jahren in Commercial Director umgetauft. Das ist so klarer, denn bei Business Development gab es immer mal wieder Verwechslungen mit den Teams, die sich um Hotel Development kümmern, also z.B. Hotelmanagementverträge abschließen (vgl. Kap. 15).

Nach dem Abschluss einer berufsbildenden höheren Hotelfachschule in Österreich kam ich erst klassisch über das Front Desk recht bald zum Revenue-Management in der Rolle des Commercial Director. Dabei führten mich meine Wege unter anderem nach Dubai, Kairo, Sharm-El-Sheikh, Wien, Rom, Stockholm, Prag, Mailand, Berlin, Peking und München.

V. Wogatai (✉)
München, Deutschland

© Der/die Autor(en), exklusiv lizenziert an Springer Fachmedien Wiesbaden GmbH, ein Teil von Springer Nature 2024
S. Bösl und S. Werther (Hrsg.), *Berufsfelder und Perspektiven im Tourismus*,
https://doi.org/10.1007/978-3-658-44933-9_18

Als Commercial Director koordiniere ich die Zusammenarbeit von Sales, Marketing, Revenue-Management und GM&E (Group, Meetings & Events), arbeite mit meinem Team eng mit den operativen Abteilungen der betreuten Hotels (das Commerical-Team in München arbeitet für zwei große Häuser, nämlich Hilton Munich City und Hilton Munich Park) und den regionalen und globalen Support-Strukturen der Hotelkette. Als Commercial Director ist man auch Ansprechperson für die Eigentümer:innen, die Betreibergesellschaft und die Hotels.

Was ist das Aufgabenfeld als Commercial/Business Development Director?
Commercial/Business Development Directors sind für die geschäftliche strategische Führung des Hotels verantwortlich, indem sie effektive Arbeitsbeziehungen mit anderen Teammitgliedern aufbauen, insbesondere mit dem General Manager, dem Director of Operations, dem Director of Finance und dem Director of Human Resources.

Diese Rolle bietet dem General Manager Unterstützung und Beratung bei der strategischen Planung der allgemeinen Geschäftsziele, bei Fragen der Geschäftsentwicklung, der Marke und des Hotels sowie dem Schutz und der Wahrung von Unternehmensstandards, Markenintegrität und Hotelimage.

Bei der Geschäftsentwicklung geht es darum, neue Möglichkeiten für ein Unternehmen zu identifizieren und zu verfolgen, um seine Geschäftstätigkeit und Einnahmequellen zu erweitern. Dazu gehören Aktivitäten wie Marktforschung, die Identifizierung potenzieller Partnerschaften und die Entwicklung neuer Produkte oder Dienstleistungen, um den Kundenbedürfnissen gerecht zu werden.

Das Revenue-Management ist dafür verantwortlich, sicherzustellen, dass strategische Ziele durch einen methodischen Ansatz bei der Preisgestaltung erreicht werden. Mithilfe von Technologie und Big Data streben sie danach, Umsätze und Erträge zu maximieren, wie Kap. 17 zeigt.

Durch die enge Zusammenarbeit und Abstimmung der beiden Bereiche trägt ein:e Director of Commercial/Business Development dazu bei, die Rentabilität des Unternehmens zu steigern, ohne dabei den Kundenwert aus den Augen zu verlieren. Dies erfordert kontinuierliches Monitoring, die Anpassung von Strategien und die Fähigkeit, flexibel auf sich ändernde Marktbedingungen zu reagieren.

Ich persönlich glaube, dass ein:e Commercial/Business-Development-Rolle in einem Hotel eine faszinierende Aufgabe ist, da sie ein breites Spektrum abdeckt, äußerst flexibel ist und durch ein dynamisches Umfeld ein ständiges Lernen ermöglicht – und verlangt.

Als Teamleiter:in kommt dazu außerdem die Freude, mit verschiedenen Talenten zusammenzuarbeiten, Teammitglieder zu coachen und sie bei ihrer eigenen beruflichen Entwicklung zu unterstützen.

Welche Anforderungen muss man dabei erfüllen?
Da ein:e Commercial/Business Development Director eine entscheidende Rolle bei der Koordination des strategischen Gleichgewichts zwischen Sales und Revenue-Management

spielt, erfordert die Rolle ein tiefes Verständnis für die Unternehmensziele und die Fähigkeit, diese in klare Verkaufsstrategien umzusetzen. Generell müssen Mitarbeiter:innen im Commercial/Business Development über ein hohes Maß an Eigeninitiative verfügen, Verantwortungsbewusstsein und Teamgeist zeichnen sie aus. Dazu kommt eine hohe Bereitschaft, Veränderungen anzunehmen, Flexibilität und Lernbereitschaft, stetig neue Kenntnisse und Fähigkeiten zu erwerben.

Erfahrung in verschiedenen Märkten im In- und Ausland ist von Vorteil, gepaart mit einem natürlichen Interesse für unterschiedlichste Kund:innen und Mitarbeiter:innentypen. Für die großen Ketten ist Englisch die vorrangige Firmensprache und die verpflichtende Basis. Die jeweilige Landessprache ist von Vorteil, aber nicht immer ein Muss. Als Commercial Director arbeitet man in der Regel mit internationalen Teams und in den meisten großen Städten sprechen nicht alle im Team die jeweilige Landessprache – ähnlich wie ja auch die Kund:innen/Gäste. Dies mag natürlich für kleinere oder mehr Leisure-orientierte Destinationen mit stärkerem inländischem Gästeanteil anders sein.

Wie verfolgt man konkret den Karriereweg?
Als Teil einer Hotelkette ist der Zugriff auf und die Unterstützung durch die vorhandenen zentralen Strukturen sehr hilfreich und nützlich. Es gibt Möglichkeiten zum Austausch mit Kolleg:innen in anderen Hotels/Märkten, regelmäßige Meetings und damit die Möglichkeiten zur Vernetzung. Praktische Erfahrung im Hotel ist eine hervorragende Ausgangslage für eine erfolgreiche Karriere in der Hotellerie. In allen großen Ketten gibt es gute interne Möglichkeiten, sich über zielgerichtete Entwicklungsprogramme aufzubauen, ein Studium ist nicht unbedingt erforderlich. Es kommt vielmehr auf die erwähnten persönlichen Eigenschaften an – und damit eröffnen sich viele Wege, über die man ins und auch im Commercial-Team wachsen kann: Mitarbeitende aus operativen Abteilungen wachsen je nach Interesse gerne zuerst in einen einzelnen Bereich wie Sales, GM&E, Revenue-Management. Von hier aus haben alle gleich gute Chancen, sich in den jeweils anderen Bereichen intern fortzubilden, sich zum Commercial „Allrounder" und schließlich zum:zur Director aufzubauen. Commercial/Business Development Directors können als nächsten Schritt zum:zur General Manager:in eines Hotels aufsteigen. Aber auch Rollen in den regionalen oder globalen Support-Strukturen im Sales, Revenue-Management oder Marketing können interessant sein.

Oft kommen auch Anfragen aus anderen Industrien, die gerne aus der Hotellerie Leute abwerben, wenn es sich um Rollen mit großem Kunden- oder Mitarbeiterfokus handelt, beides wird ja in der Hospitality auf hohem Niveau aufgebaut.

Wie sind die Arbeitszeiten und die Arbeitsbelastung als Führungskraft im Commercial/Business Development?
Die Zeiten mit 24/7 und 16 h, die der Hotellerie oft nachgesagt werden, sind lange vorbei. Die Arbeitsbelastung ist vollkommen normal und im Rahmen der gesetzlichen Stunden, man muss natürlich gut organisiert und effizient sein. Ich mache täglich eine Mittagsrunde

mit meinem Bürohund – die restliche Zeit gehe ich aber wirklich effizient mit meiner Zeit um.

Messen, Events etc. überlasse ich dem Sales-Team, die Hauptansprechpersonen für Kunden sind. Es gibt aber natürlich Hotels, in denen das Team vielleicht etwas kleiner ist und die Commercial-Rolle mehr Kundenkontakt vorsieht. In meinem Fall kommen ca. zwei Dienstreisen pro Jahr auf mich zu, zu Meetings oder Konferenzen, bei denen sich die Commercial-Teams der Hotels vernetzen.

Ich persönlich habe im Sommer 2019 meinen Vertrag auf 80 %, verteilt auf vier Tage pro Woche, gekürzt. Dies funktioniert sehr gut, weil ich ein großes und professionelles Team habe. Zudem habe ich eine Commercial-Manager-Aufbauposition mitlaufen, um für die Firma regelmäßig „Nachwuchs" zu produzieren.

Wenn mal eine Überstunde anfällt, nehme ich mir den Ausgleich, wo es dann geht – genauso wie die Commercial-Teams. Die Commercial-Teams sind vorrangig zu normalen Bürozeiten und Wochentagen im Dienst – die Zeiten sind den Kund:innen und dem Markt angepasst. Schichtdienste oder Wochenenden kommen kaum vor. Eine gute Mischung von Mobile/Homeoffice und Anwesenheit im Büro ist mittlerweile oft möglich und üblich.

Wie sind die Verdienstmöglichkeiten?
Die Brutto-Gehälter von Commercial/Business Development Directors liegen in der Hotellerie ca. zwischen 60.000 und 110.000 € pro Jahr, je nach Größe des Teams und den Verantwortungsbereichen. Dazu kommen üblicherweise Bonusstrukturen von ca. 20 bis 30 %, abhängig von der Erreichung von Jahresbudgets und anderen KPIs.

Welche Trends und aktuellen Entwicklungen kannst du in deinem Bereich feststellen?
Die letzten Jahre haben bei vielen großen Ketten eine Verschiebung von „Sales Operations" (eher fokussiert auf Sales-Prozesse und die Mitarbeitenden im Vertrieb) hin zu einer weiter angelegten „Revenue Operations"-Strategie gesehen – mit einem umfassenderen Blick auf alle Bereiche des gesamten Umsatzes.

Im Bereich Sales, Distribution, Marketing, E-Commerce werden weiterhin stetige Veränderung und Entwicklung die Rolle sehr spannend halten. Megatrends, Generationenwechsel und globale Einflüsse werden ihre Auswirkungen haben, Strategien werden laufend angepasst. Beispielsweise stellen wir fest, dass sich der „Weg zum Kunden" ändert. Persönliche Sales-Termine nehmen ab, denn auch die Kund:innen arbeiten verstärkt mobil oder von zu Hause aus. Dafür liegt der Fokus stärker auf Messen und Events, auf denen man sich dann trifft.

Allerdings bleiben die fundamentalen Eigenschaften und Anforderungen dieselben: Man muss sich ehrlich für Menschen interessieren – sowohl als Mitarbeitende aller Generationen als auch unterschiedlichster Kundentypen. Gäste aus verschiedensten Kulturkreisen müssen mit den jeweils relevantesten Kommunikationswegen erreicht werden. Es bleibt spannend und abwechslungsreich.

Verena Wogatai leitet seit über 20 Jahren Commercial / Business Development Teams für Hilton Hotels & Resorts in verschiedensten internationalen Hotels. Nach dem Abschluss einer höheren berufsbildenden Hotelfachschule in Österreich kam sie erst klassisch über das Front Desk recht bald zum Revenue Management zur Rolle des Commercial Director. Ihre Karriere führte sie unter anderem nach Dubai, Kairo, Sharm-El-Sheikh, Wien, Rom, Stockholm, Prag, Mailand, Berlin, Peking und München.

Teil V
Freizeit, Erholung und Aktivitäten vor Ort

In der letzten Stufe der Wertschöpfungskette im Tourismus führt der Weg die Reisenden zu dem Kern, für den sie oft die längsten Wege auf sich nehmen: Freizeit und Erholung sowie die Aktivitäten vor Ort. Nachdem die Reisenden eine angenehme Anreise und Mobilität vor Ort erfahren, in ausgewählten Beherbergungsbetrieben entspannt und kulinarische Erlebnisse genossen haben, folgt nun die Stufe, die den Wunsch nach Abwechslung und Erlebnis oder auch Entspannung mit sich bringt. Diese Stufe umfasst das breite Spektrum an Aktivitäten, die Besucher:innen in ihr Reiseprogramm aufnehmen können – von abenteuerlichen Outdoor-Erlebnissen über kulturelle Besichtigungen bis hin zu entspannten Tagen am Strand oder in Wellness-Oasen. Lokale Erlebnisanbieter spielen dabei als Leistungsträger vor Ort eine zentrale Rolle. Gleichzeitig werden Attraktionen und Veranstaltungen, die in enger Zusammenarbeit mit den Destinationen und anderen touristischen Akteuren entwickelt wurden, zu wichtigen Pfeilern der touristischen Infrastruktur. Die Gestaltung und Vermarktung dieser Angebote stellt die Tourismusindustrie vor die Herausforderung, stets Innovatives und Einzigartiges zu bieten, um den Erwartungen und Bedürfnissen von Reisenden gerecht zu werden. Eine immer größere Bedeutung spielt dabei die Balance zwischen der kommerziellen Verwertung von Freizeitangeboten und dem Schutz von natürlichen sowie kulturellen Ressourcen. Diese Stufe der Wertschöpfungskette beschreibt also nicht nur das reine Angebot von Aktivitäten und Erholungsmöglichkeiten, sondern beinhaltet auch ein komplexes Zusammenspiel verschiedenster touristischer Unternehmen und Organisationen.

In der touristischen Wertschöpfungskette bietet die Stufe Freizeit und Erholung sowie Aktivitäten unterschiedliche berufliche Perspektiven, die direkt auf das Erleben und das Wohlbefinden der Reisenden ausgerichtet sind. In Bezug auf die **Freizeitwirtschaft** gibt Torsten Widmann einen umfassenden Überblick über die Karrieremöglichkeiten, die sich vom allgemeinen Management bis hin zur Kundenbetreuung in Freizeitparks und kulturellen Einrichtungen erstrecken (Kap. 19). Diese Bereiche erfordern vielfältige Kompetenzen sowie ein tiefes Verständnis für die Gestaltung von Besuchererlebnissen.

Darüber hinaus geht Judith Günther auf das **Sales-Management** bei Freizeitattraktionen ein (Kap. 20). Ziel ist es, Freizeitattraktionen zu vermarkten und Vertriebsstrategien zu entwickeln, die den Verkauf und die Buchungszahlen bei verschiedenen Zielgruppen steigern. Während der Fokus in diesem Kapitel auf Freizeitattraktionen liegt, spielt Sales-Management natürlich auch in allen anderen Stufen der Wertschöpfungskette eine sehr große Rolle.

Daniel Sebastian Menzel setzt sich mit den Tätigkeiten im **Destinationsmanagement** auseinander (Kap. 21). Er betrachtet ausführlich, wie Destinationsmanagementorganisationen (DMOs) und vergleichbare Tourismusorganisationen nicht nur an der Vermarktung von Zielgebieten arbeiten, sondern auch Strategien entwickeln, um einen nachhaltigen Tourismus zu fördern, der die lokalen Ressourcen schützt und gleichzeitig die Besucherströme effektiv lenkt.

Arbeiten in der Freizeitwirtschaft

19

Torsten Widmann

Inhaltsverzeichnis

19.1	Einleitung	198
19.2	Aufgaben	199
19.3	Anforderungen	201
19.4	Arbeitszeit	202
19.5	Weiterbildung und Karriere	203
19.6	Einkommen	205
19.7	Selbstständigkeit	206
19.8	Zukünftige Entwicklungen	207
19.9	Fazit	209

Zusammenfassung

Die Welt der Freizeitwirtschaft bietet ein Tätigkeitsfeld voller Möglichkeiten. Als Querschnittsbranche hält sie touristische und gastgewerbliche Berufe vor, aber auch technische und klassische betriebswirtschaftliche Fachkompetenzen sind für das Kundenerlebnis wichtig. Die Bereitschaft zum Arbeiten in einem unkonventionellen Umfeld mit oft an Kundenbedürfnissen angepassten Arbeitszeiten schafft Chancen zur persönlichen Weiterentwicklung in einer dynamischen Branche.

T. Widmann (✉)
Ravensburg, Deutschland
E-Mail: widmann@dhbw-ravensburg.de

19.1 Einleitung

In einer Welt, die sich zunehmend auf Freizeit und Erholung fokussiert, stellt die Freizeitwirtschaft ein Tätigkeitsfeld dar, das nicht nur eine breite Palette an Karrieremöglichkeiten bietet, sondern auch einen bedeutenden wirtschaftlichen Einfluss hat. Mit einem globalen Marktvolumen, das in die Milliarden geht, und einem stetigen Wachstum, das durch den zunehmenden Freizeitbedarf und technologische Innovationen angetrieben wird, steht die Freizeitwirtschaft im Zentrum moderner Lebensgestaltung.

Dieses Tätigkeitsfeld umfasst eine Vielzahl von Branchen, von Freizeitparks und Ferienresorts über Freizeitbäder bis hin zu Indoor-Attraktionen. Es ist charakterisiert durch seine Fokussierung auf Unterhaltung, Erholung und das Erlebnis der Kunden. Im Gegensatz zu traditionellen Wirtschaftsbereichen, die sich häufig auf die Herstellung von Gütern oder die Bereitstellung grundlegender Dienstleistungen konzentrieren, richtet sich die Freizeitwirtschaft direkt an das Wohlbefinden und die Freizeitgestaltung der Menschen. Dementsprechend bietet sie eine beeindruckende Vielfalt an Berufsfeldern und Karrierewegen. Von der Verwaltung von Freizeitanlagen bis zur Gestaltung aufregender Attraktionen in Freizeitparks, von der Organisation von Sportveranstaltungen bis zur Vermarktung von Freizeitbädern und der Führung touristischer Ressorts – die Möglichkeiten sind breit gefächert. Für diejenigen, die sich für eine Karriere in der Freizeitwirtschaft interessieren, bieten sich zahlreiche Chancen, um ihre Leidenschaft für Unterhaltung, Sport und Erholung in einen erfüllenden Beruf umzuwandeln.

Die Freizeitwirtschaft unterscheidet sich von anderen Tourismusbereichen durch ihren starken Fokus auf lokale und regionale Freizeitaktivitäten und -anlagen, im Gegensatz zum internationalen oder Fernreisetourismus. Gleichwohl generieren manche Freizeitanlagen, wie beispielsweise Themenparks, eine überregionale Nachfrage und somit können die Kundengruppen der Freizeitwirtschaft durchaus international sein. Die Freizeitwirtschaft ist geprägt von einer hohen Kundeninteraktion, einem starken Erlebnischarakter und in vielen Fällen auch von saisonalen Geschäftszyklen.

Die folgenden Seiten bieten einen detaillierten Einblick in dieses faszinierende Berufsfeld – von den vielfältigen Karrieremöglichkeiten über die spezifischen Anforderungen und Arbeitsbedingungen bis hin zu den Zukunftsaussichten in einer Branche, die kontinuierlich im Wandel ist. Tauchen Sie ein in die Welt der Freizeitwirtschaft – ein Bereich, in dem Arbeit nicht nur Einkommen bedeutet, sondern auch Vergnügen und Lebensfreude.

19.2 Aufgaben

Die Aufgaben im Bereich der Freizeitwirtschaft sind vielseitig und können je nach Position und Bereich sowohl operative als auch strategische Elemente beinhalten. Um einen umfassenden Überblick zu bieten, wird dieser Abschnitt in verschiedene Schlüsselbereiche unterteilt: Management, Marketing, Betrieb und Instandhaltung sowie Kundenbetreuung und Entertainment. Diese Kategorisierung hilft, die Vielfalt der Aufgaben und die spezifischen Anforderungen in jedem Bereich zu verstehen.

Management
Im Management der Freizeitwirtschaft liegen die strategischen und operativen Verantwortlichkeiten, um den reibungslosen Ablauf und den wirtschaftlichen Erfolg der Einrichtungen zu gewährleisten.

- **Strategische Planung:** Entwickeln langfristiger Pläne zur Sicherstellung der Wettbewerbsfähigkeit und Attraktivität der Einrichtung
- **Budgetierung und Finanzmanagement:** Überwachen und Verwalten des Budgets, Finanzplanung und -analyse
- **Personalmanagement:** Einstellung, Schulung und langfristige Entwicklung von Personal sowie kurz- und mittelfristige Personaleinsatzplanung
- **Compliance und Sicherheitsmanagement:** Sicherstellen, dass alle Betriebsabläufe den gesetzlichen Bestimmungen und Sicherheitsstandards entsprechen

Marketing und Vertrieb
Marketing- und Vertriebsaufgaben in der Freizeitwirtschaft zielen darauf ab, die Sichtbarkeit und Attraktivität des Angebots zu erhöhen.

- **Marktforschung:** Analysieren von Markttrends und Kundenpräferenzen
- **Werbung und Promotion:** Entwickeln von Werbekampagnen und Promotion-Aktivitäten, um neue Kunden anzuziehen
- **Social-Media- und Online-Marketing:** Pflege der Online-Präsenz und Interaktion mit Kunden über soziale Medien
- **Kundenbeziehungsmanagement/Customer-Relationship-Management (CRM):** Aufbau und Pflege langfristiger Kundenbeziehungen

Für detaillierte Einblicke zur Tätigkeit als Sales-Manager:in bei Freizeitattraktionen verweisen wir auf Kap. 20.

Betrieb und Instandhaltung
Die Aufgaben im Betrieb und in der Instandhaltung sind entscheidend, um eine sichere und angenehme Erfahrung für Besucher:innen zu gewährleisten.

- **Tagesbetrieb:** Durchführung und Koordination des täglichen Betriebs, inklusive Öffnungszeiten und Personaleinsatzplanung. Diese tagesbetrieblichen Aufgaben und Berufsfelder sind so vielfältig wie die Branche selbst. Einige Teilbereiche der Freizeitwirtschaft, wie der Beherbergungs- und Gastronomiesektor, haben hierbei ihre eigenen Berufsbilder (z.B. Koch/Köchin, Hotelkaufmann/-frau). In der Bäderbranche wird der operative Betrieb beispielsweise von Fachangestellten für das Bäderwesen gewährleistet.
- **Wartung und Reparatur:** Regelmäßige Überprüfung und Instandhaltung der Anlagen und Ausstattung
- **Qualitätssicherung:** Überwachen der Servicequalität und Implementierung von Verbesserungsmaßnahmen
- **Notfallmanagement:** Entwicklung und Überprüfung von Notfallplänen und Sicherheitsverfahren

Kundenbetreuung und Entertainment
In der Kundenbetreuung und im Entertainment liegt der Fokus auf der Schaffung eines einzigartigen und unvergesslichen Erlebnisses für die Besucher:innen.

- **Kundenservice:** Bieten von hervorragendem Service, Beantwortung von Kundenanfragen und Bearbeitung von Beschwerden
- **Programmgestaltung:** Entwicklung und Koordination von Unterhaltungsprogrammen und Events
- **Guiding und Animation:** Führung von Besuchergruppen und Durchführung von Unterhaltungsaktivitäten
- **Feedbackmanagement:** Sammeln und Auswerten von Kundenfeedback zur stetigen Verbesserung des Angebots

Diese Aufzählung bietet einen detaillierten Einblick in die typischen Aufgaben innerhalb der Freizeitwirtschaft, wie beispielsweise in Freizeitparks, Indoor-Attraktionen (z.B. die Betriebe der Merlin Entertainments-Gruppe, wie SeaLife, Madame Tussauds, Dungeons) oder Ferienresorts und kann je nach spezifischem Kontext weiter angepasst und vertieft werden. Beispielsweise kommen bei multifunktionellen Ferienanlagen, wie den großen Bungalowparks (z.B. der Center Parcs Gruppe oder den Roompot Parks) oder auch auf Kreuzfahrtschiffen (vgl. Kap. 12) die entsprechenden beherbergungsbezogenen Aufgaben hinzu, die bereits in Kap. 14 und Kap. 15 geschildert wurden. Die Vielfalt der Aufgaben zeigt, wie dynamisch und abwechslungsreich die Arbeit in diesem Bereich sein kann.

19.3 Anforderungen

In der Freizeitwirtschaft werden Mitarbeiter:innen mit unterschiedlichen Qualifikationen und Fähigkeiten benötigt, um den vielfältigen Anforderungen gerecht zu werden. Diese Anforderungen umfassen sowohl formale Bildungsabschlüsse als auch spezifische fachliche Kenntnisse und persönliche Eigenschaften oder Soft Skills. Im Folgenden wird ein Überblick über die typischen Anforderungen in diesem Tätigkeitsfeld gegeben:

Formale Bildung und Ausbildung

- **Berufsausbildung:** Für viele operative Rollen, wie in der Instandhaltung oder im Gastgewerbe, sind berufliche Ausbildungen z.B. als Mechaniker:in, Elektriker:in, Koch/Köchin oder Hotelfachfrau/-mann erforderlich.
- **Aufstiegsfortbildung/Meisterausbildung:** Für verschiedene relevante Ausbildungsberufe ist eine berufliche Weiterentwicklung zum/zur Meister:in möglich, beispielsweise zum/zur geprüften Küchenmeister:in oder Meister:in für Bäderbetriebe, um in diesen Feldern einen beruflichen Aufstieg zu ermöglichen und Führungsrollen zu vergeben.
- **Studium:** Für Management- und spezialisierte Marketingrollen ist oft ein Hochschulabschluss in Bereichen wie Allgemeine Betriebswirtschaft, Tourismusmanagement im Studienschwerpunkt Freizeitwirtschaft – wie er an der Dualen Hochschule Baden-Württemberg (DHBW) in Ravensburg angeboten wird – oder in vergleichbaren Studiengängen wünschenswert. Im Bereich der technischen Führung einer Anlage wird oft eine entsprechende Ingenieursausbildung erwartet, zum Beispiel Bauingenieur:in.
- **Weiterbildungen und Zertifikate:** Spezielle Weiterbildungen oder Zertifikate, beispielsweise in Sicherheitsmanagement, Erste Hilfe, Eventmanagement oder in digitalen Technologien, können je nach Position erforderlich sein. Zur Übernahme von Ausbildungsverantwortung im Unternehmen ist die Ausbildungseignungsprüfung „AEVO/AdA-Schein" der IHK sinnvoll.

Fachliche Kenntnisse

- **Branchenspezifisches Wissen:** Ein tiefgreifendes Verständnis der Tourismus- und Freizeitbranche sowie Kenntnisse über aktuelle Trends und Herausforderungen sollten gegeben sein.
- **Technische Fähigkeiten:** Für technische Rollen sind Kenntnisse in Wartung, Reparatur und Umgang mit spezifischen Maschinen oder Anlagen wichtig.
- **Marketing und Vertrieb:** Kompetenzen im Bereich Marketing, insbesondere digitales Marketing und Social Media, sind für Marketingrollen unerlässlich.
- **Finanz- und Personalmanagement:** Grundkenntnisse in Finanzbuchhaltung, Budgetierung und Personalmanagement sind für Führungskräfte wichtig.

Persönliche Eigenschaften und Soft Skills

- **Kommunikationsfähigkeit:** Die Fähigkeit, klar und effektiv mit Kolleg:innen, Kunden und Geschäftspartnern zu kommunizieren, ist entscheidend.
- **Kundenorientierung:** Ein starker Fokus wird auf Kundenservice und die Fähigkeit, auf die Bedürfnisse und Erwartungen der Besucher:innen einzugehen, gelegt.
- **Teamfähigkeit:** In der Freizeitwirtschaft ist oft eine enge Zusammenarbeit in Teams erforderlich, daher sind Teamfähigkeit und Kollaborationskompetenzen wichtig.
- **Flexibilität und Anpassungsfähigkeit:** Angesichts der sich schnell ändernden Anforderungen und Bedingungen in der Freizeitbranche ist Anpassungsfähigkeit ein Schlüsselfaktor.
- **Problem-Solving und kritisches Denken:** Die Fähigkeit, Probleme schnell zu identifizieren und effektive Lösungen zu entwickeln, ist in vielen Rollen unerlässlich.
- **Kreativität und Innovationsgeist:** Für die Entwicklung neuer Angebote und Marketingstrategien sind Kreativität und ein Sinn für Innovation gefragt.

Diese Übersicht zeigt, dass die Anforderungen in der Freizeitwirtschaft vielschichtig sind und eine Kombination aus formaler Bildung, fachlichen Kenntnissen und persönlichen Fähigkeiten erfordern. Je nach spezifischer Rolle können sich die Gewichtungen dieser Anforderungen unterscheiden.

19.4 Arbeitszeit

Die Arbeitszeitgestaltung in der Freizeitwirtschaft unterscheidet sich je nach Tätigkeitsbereich von traditionellen Büro- oder 9-to-5-Jobs und wird stark durch die spezifischen Anforderungen des Sektors beeinflusst. Aufgrund der Natur der Branche, die darauf ausgerichtet ist, Freizeit- und Unterhaltungsdienstleistungen anzubieten, sind die Arbeitszeiten oft an die Bedürfnisse und Erwartungen der Kunden angepasst. Dies gilt vor allem in operationalen Bereichen, also in der Beschäftigung mit dem Gast. Nachfolgend werden die typischen Arbeitszeitmuster in diesem Bereich dargestellt:

- **Wochenendarbeit:** Viele Freizeiteinrichtungen, insbesondere Freizeitparks, Zoos und Museen, erfahren am Wochenende einen erhöhten Besucherandrang. Daher ist die Arbeit am Wochenende in vielen Positionen, vor allem in der Kundenbetreuung und im operativen Betrieb, üblich und oft erforderlich.
- **Schichtarbeit:** Schichtarbeit ist in der Freizeitwirtschaft weit verbreitet, insbesondere in Bereichen wie Gastronomie, Hotellerie und bei Veranstaltungen. Früh-, Spät- und Nachtschichten können je nach Art der Einrichtung und den spezifischen Anforderungen des Betriebs notwendig sein. In technischen und Wartungsrollen können

Schichten auch außerhalb der normalen Betriebszeiten anfallen, um Wartungsarbeiten durchzuführen, wenn die Anlagen geschlossen sind.
- **Saisonale Schwankungen:** Die Arbeitszeiten können je nach Saison variieren. In vielen touristischen Zielen gibt es Hochsaison- und Nebensaisonzeiten, die die Arbeitslast und die Arbeitsstunden beeinflussen. Während der Hochsaison kann es zu längeren Arbeitszeiten und weniger freien Tagen kommen, während in der Nebensaison möglicherweise reduzierte Arbeitszeiten oder temporäre Schließungen üblich sind und hier größere zusammenhängende Urlaubszeiten möglich sind.
- **Flexibilität und Resilienz:** Flexibilität ist ein Schlüsselaspekt der Arbeitszeitgestaltung in der Freizeitwirtschaft. Mitarbeiter:innen müssen oft bereit sein, ihre Arbeitszeiten anzupassen, um den wechselnden Anforderungen der Branche gerecht zu werden. Bei Veranstaltungen, Sonderaktionen oder im Eventmanagement können auch unregelmäßige Arbeitszeiten oder Überstunden erforderlich sein. Hierfür ist ein gutes Durchhaltevermögen gefragt.
- **Teilzeitarbeit und befristete Verträge:** Teilzeitarbeit und befristete Arbeitsverträge sind in der Freizeitwirtschaft nicht ungewöhnlich, insbesondere in Bereichen, die stark von saisonalen Schwankungen abhängig sind.

Zusammenfassend lässt sich sagen, dass Arbeitszeiten in der Freizeitwirtschaft stark von der Art der Tätigkeit, der jeweiligen Saison und den spezifischen Bedürfnissen der Einrichtung abhängen. Flexibilität und die Bereitschaft zu unkonventionellen Arbeitszeiten sind oft wichtige Anforderungen in diesem Sektor. Allerdings erlauben insbesondere betriebswirtschaftliche Fachaufgaben (z.B. Marketing, Controlling, Einkauf) konventionelle Arbeitszeiten. Auch Homeoffice-Arbeitsplätze sind in diesen Bereichen möglich.

19.5 Weiterbildung und Karriere

Karrieremöglichkeiten in der Freizeitwirtschaft sind vielseitig und bieten sowohl innerhalb dieses Sektors als auch in anderen Bereichen des Tourismus Chancen für berufliches Wachstum. Weiterbildung ist dabei ein entscheidender Faktor für die berufliche Entwicklung und kann sowohl durch formelle Bildungsprogramme als auch durch berufsspezifische Schulungen und interne Weiterbildungsmaßnahmen erfolgen.

Karrieremöglichkeiten

- **Führungspositionen:** Mitarbeiter:innen in operativen Rollen haben die Möglichkeit, sich in Führungspositionen weiterzuentwickeln.
- **Spezialisierung:** Spezialisierungsmöglichkeiten in Bereichen wie Eventmanagement, Marketing oder Technik bieten Chancen für fachliche Vertiefung.

- **Branchenwechsel:** Fähigkeiten aus der Freizeitwirtschaft können auch in anderen Tourismusbereichen, wie dem Hotelmanagement oder dem Reisevertrieb, angewendet werden.

Weiterbildungsmöglichkeiten

- **Duale Hochschulen und HAW (Hochschulen für angewandte Wissenschaften):** Diese Institutionen bieten Studiengänge in Tourismusmanagement oder Betriebswirtschaft mit Schwerpunkt Tourismus, die eine solide Basis für eine Karriere in der Freizeitwirtschaft bilden. Die Duale Hochschule Baden-Württemberg (DHBW) Ravensburg bietet einen Studienschwerpunkt „Freizeitwirtschaft" innerhalb des dualen Bachelor-Studiengangs BWL – Tourismus, Hotellerie und Gastronomie an. Hier ist der Hochschulzugang bereits mit einer Aufstiegsfortbildung oder Meisterausbildung möglich. Einen freizeitpädagogischen Schwerpunkt bietet die Hochschule Bremen mit ihrem Bachelor-Studiengang „Angewandte Freizeitwissenschaft". Das Management Center Innsbruck (MCI) widmet sich im Bachelor-Studiengang „Unternehmensführung, Tourismus & Freizeitwirtschaft" den speziellen Anfordernissen der Branche.
- **Berufsspezifische Lehrgänge und Zertifikate:** Spezielle Kurse in Bereichen wie Eventmanagement, Freizeitparkmanagement oder Gästeservice erweitern Fachkenntnisse.
- **Online-Kurse und Workshops:** Viele Institutionen, insbesondere privatwirtschaftliche Bildungsträger, bieten Online-Kurse an, die sich auf spezifische Aspekte des Tourismusmanagements konzentrieren.

Weiterbildung im Betrieb

- **Interne Schulungen:** Viele Unternehmen in der Freizeitwirtschaft bieten Schulungen an, um die Fähigkeiten ihrer Mitarbeiter:innen kontinuierlich zu verbessern.
- **Mentoring und Coaching:** Mentoring-Programme ermöglichen es, von erfahrenen Kolleg:innen zu lernen.
- **Job Rotation:** Der Wechsel zwischen verschiedenen Rollen innerhalb des Unternehmens kann ein breiteres Verständnis für den Betrieb fördern.
- **Aufstiegsfortbildung:** Viele Betriebe unterstützen ihre beruflich qualifizierten operativ tätigen Mitarbeiter:innen in der Aufstiegsfortbildung, z. B. Meister:in, Techniker:in, Fachwirt:in.

Externe Weiterbildungseinrichtungen

- **Duale Hochschulen und HAW:** Verschiedene Hochschulen bieten spezialisierte Studiengänge und Weiterbildungsprogramme in Tourismus- und Freizeitmanagement an.
- **Berufsschulen und Fachschulen:** Hier wird die berufliche Aufstiegsfortbildung angeboten.

- **Branchenspezifische Seminare und Konferenzen:** Diese Veranstaltungen bieten wertvolle Einblicke und Netzwerkmöglichkeiten. Branchenverbände wie die EWA (European Waterpark Association) oder der VDFU (Verband Deutscher Freizeitunternehmen) bieten für Beschäftigte in Mitgliedsbetrieben Online- und Präsenzseminare zu aktuellen branchenrelevanten Fragestellungen an.

Die Kombination aus formeller Bildung, praktischer Erfahrung und kontinuierlicher beruflicher Entwicklung ist entscheidend für eine erfolgreiche Karriere in der dynamischen Freizeitwirtschaft. Die Bereitschaft zur ständigen Weiterbildung und Anpassung an neue Herausforderungen ist ein Schlüsselelement für den beruflichen Erfolg in diesem Bereich.

19.6 Einkommen

Die Verdienstmöglichkeiten in der Freizeitwirtschaft variieren stark je nach Rolle, Qualifikation, Erfahrung und Standort. Zusätzlich zu den Gehältern bieten viele Unternehmen in der Branche eine Reihe von zusätzlichen Benefits an, um Mitarbeiter:innen zu gewinnen und zu halten.

Verdienstmöglichkeiten

- **Einstiegspositionen:** In Einstiegspositionen, beispielsweise im operativen Betrieb oder im Kundenservice, sind die Gehälter in der Regel niedriger. Diese Positionen können stunden- oder teilzeitbasiert sein und sind oft von lokalen Mindestlohnregelungen abhängig. Einstiegsgehälter können je nach Qualifikation und Verantwortungsbereich aktuell zwischen 1.800 und 3.500 € brutto pro Monat liegen.
- **Fach- und Führungspositionen:** In Fach- und Führungspositionen, wie im Management, Marketing oder in technischen Berufen, sind die Gehälter höher und spiegeln die höhere Verantwortung und erforderliche Qualifikation wider. In diesen Bereichen können die Einkommen deutlich über dem Durchschnitt liegen, insbesondere mit zunehmender Erfahrung und Spezialisierung. Die Gehaltsspanne liegt hier derzeit etwa bei 3.500 bis 6.000 € brutto pro Monat, hinzu können Erfolgsprämien und Gratifikationen kommen.
- **Tarifverträge:** In einigen Ländern und Branchenbereichen können Tarifverträge gelten, die Mindestgehälter für bestimmte Positionen festlegen (z.B. Tarifverträge des Gastgewerbes). Die genaue Höhe variiert je nach Region und spezifischem Tarifvertrag.

Zusätzliche Benefits

- **Reisevergünstigungen:** Mitarbeiter:innen in der Freizeitwirtschaft, insbesondere in Unternehmen, die Teil einer größeren Tourismusgruppe sind, können oft von Reisevergünstigungen profitieren.
- **Flexible Arbeitszeiten:** In einigen Bereichen der Freizeitwirtschaft werden flexible Arbeitszeitmodelle angeboten, die eine bessere Work-Life-Balance ermöglichen.
- **Vergünstigungen und Freizeitangebote:** Ermäßigungen oder freier Zugang zu den eigenen Freizeiteinrichtungen und Veranstaltungen können ebenfalls Teil des Benefits-Pakets sein.
- **Weiterbildungsmöglichkeiten:** Viele Unternehmen bieten Schulungen und Weiterbildungsprogramme an, die sowohl die berufliche Entwicklung fördern als auch die Bindung an das Unternehmen stärken.

Es ist wichtig zu beachten, dass die Gehälter und Benefits je nach Unternehmen, Standort und spezifischem Arbeitsmarkt variieren können. Daher sollten Interessierte sich stets aktuelle Informationen von Arbeitgebern, Branchenverbänden oder über einschlägige Gehaltsportale beschaffen. Generell gilt, dass eine höhere Qualifikation und Spezialisierung in der Regel zu besseren Verdienstmöglichkeiten führen.

19.7 Selbstständigkeit

Selbstständigkeit in der Freizeitwirtschaft bietet spannende Möglichkeiten für Unternehmer:innen und Fachleute, die ihre eigenen Geschäftsideen umsetzen möchten. Von der Gründung eigener Freizeiteinrichtungen über Beratungsdienstleistungen bis hin zu Eventmanagement gibt es verschiedene Wege, sich in diesem Bereich selbstständig zu machen. Die Selbstständigkeit erfordert jedoch neben branchenspezifischem Wissen auch unternehmerische Fähigkeiten und Ressourcen.

Möglichkeiten zur Selbstständigkeit

- **Eigene Freizeiteinrichtungen:** Gründen oder Übernehmen von Freizeitanlagen wie kleinen Freizeitparks, Erlebnisbädern oder Sportanlagen, häufig als Zusammenspiel von privaten Firmen und der öffentlichen Hand
- **Eventmanagement:** Organisation und Durchführung von Events, Festivals oder speziellen Freizeitaktivitäten, in Form einer Eventagentur oder Künstlervermittlung
- **Beratungsdienstleistungen:** Fachberatung für bestehende Freizeiteinrichtungen und in Bereichen wie Betriebsführung, Marketing, Personalentwicklung, Sicherheitsmanagement oder Machbarkeitsanalysen für geplante Projekte

- **Freiberufliche Tätigkeiten:** Als freiberufliche:r Trainer:in, Entertainer:in oder in der Gestaltung von Freizeiterlebnissen

Voraussetzungen für die Selbstständigkeit

- **Fachkenntnisse:** Tiefgehendes Wissen in der Freizeitbranche ist unerlässlich. Dies umfasst Kenntnisse über Marktbedingungen, Zielgruppenanalyse und Branchentrends.
- **Unternehmerische Fähigkeiten:** Grundlegende Kenntnisse in Geschäftsführung, Finanzplanung und Marketing sind entscheidend für den Erfolg.
- **Netzwerk und Partnerschaften:** Der Aufbau eines starken Netzwerks und die Möglichkeit, Partnerschaften mit anderen Unternehmen und Dienstleistern einzugehen, kann entscheidend sein.
- **Finanzierung:** Zugang zu Kapital für die Gründung und Aufrechterhaltung des Geschäfts ist ein wesentlicher Faktor. Dies kann Eigenkapital, Kredite oder Investorenfinanzierung umfassen.
- **Rechtliche Aspekte und Lizenzen:** Ein Verständnis der rechtlichen Anforderungen und Erlangung der notwendigen Genehmigungen (z. B. Gaststättenkonzession bzw. Schanklizenz) und Lizenzen für die Nutzung geistigen Eigentums („Intellectual Property", z. B. Musik, Markenrechte, fiktionale Charaktere) sind notwendig.
- **Standortwahl:** Die Wahl des richtigen Standorts, der sowohl für die Zielgruppe zugänglich als auch wirtschaftlich sinnvoll ist, bildet eine weitere nicht zu unterschätzende Grundvoraussetzung für die erfolgreiche Selbständigkeit.

Die Selbstständigkeit in der Freizeitwirtschaft bietet vielfältige und erfüllende Möglichkeiten, erfordert aber auch Engagement, Risikobereitschaft und eine gründliche Vorbereitung. Es ist wichtig, sich im Vorfeld umfassend über die spezifischen Herausforderungen und Anforderungen des gewählten Geschäftsfeldes zu informieren und einen soliden Geschäftsplan zu entwickeln.

19.8 Zukünftige Entwicklungen

Die Freizeitwirtschaft ist ein dynamisches und sich ständig veränderndes Feld, das von einer Reihe von Faktoren beeinflusst wird, darunter technologische Innovationen, gesellschaftliche Trends und ökonomische Veränderungen. Die Prognose zukünftiger Entwicklungen in diesem Bereich erfordert daher eine Analyse potenzieller Disruptionen und Trends, die das Berufsfeld beeinflussen könnten.

Technologische Innovationen

- **Digitalisierung und Virtual Reality (VR):** Der zunehmende Einsatz von VR-Technologien könnte die Art und Weise, wie Freizeiterlebnisse gestaltet werden, grundlegend verändern. Dies wird neue Berufsfelder in der Entwicklung und Umsetzung von VR-Erlebnissen eröffnen.
- **Künstliche Intelligenz (KI):** KI kann in Bereichen wie Kundenanalyse, Personalisierung von Dienstleistungen und im Betriebsmanagement eingesetzt werden, was zu einem Bedarf an Fachkräften mit Kenntnissen in KI und Datenanalyse führen wird.

Gesellschaftliche Trends und Umwelttrends

- **Nachhaltigkeit:** Das wachsende Umweltbewusstsein wird zu einer stärkeren Nachfrage nach nachhaltigen Freizeitangeboten führen. Dies erfordert Fachkenntnisse in nachhaltigem Management und grünen Technologien.
- **Demografischer Wandel:** Die Entwicklung der Altersstruktur der Bevölkerung wird zu veränderten Nachfragemustern führen, was Anpassungen in der Angebotsgestaltung und im Marketing nach sich zieht.

Wirtschaftliche Veränderungen

- **Globalisierung:** Die zunehmende Vernetzung der Weltwirtschaft wird auch in der Freizeitwirtschaft zu einem verstärkten internationalen Wettbewerb führen, wodurch Sprachkenntnisse und interkulturelle Kompetenzen an Bedeutung gewinnen.
- **Wirtschaftliche Unsicherheiten:** Konjunkturelle Schwankungen der globalen Wirtschaft können die Freizeitwirtschaft beeinflussen, was Flexibilität und Anpassungsfähigkeit in der Geschäftsstrategie erforderlich macht.

Potenzielle Disruptionen

- **Pandemien und Gesundheitskrisen:** Wie die Covid-19-Pandemie gezeigt hat, können Gesundheitskrisen zu massiven Einschränkungen im Tourismus- und Freizeitsektor führen. Dies erfordert die schnelle Anpassungsfähigkeit und Entwicklung neuer Sicherheits- und Hygienekonzepte.
- **Neue Freizeittrends:** Veränderungen in den Freizeitvorlieben und dem Freizeitverhalten der Bevölkerung können bedingt durch technologische und gesellschaftliche Entwicklungen recht kurzfristig erfolgen. Neue Freizeittrends können bestehende Geschäftsmodelle herausfordern und die Notwendigkeit für Innovation und Diversifikation mit sich bringen.

In Anbetracht dieser potenziellen Entwicklungen wird deutlich, dass Flexibilität, fortlaufende Weiterbildung und die Bereitschaft zur Anpassung an neue Technologien und gesellschaftliche Trends Schlüsselfaktoren für Fachkräfte in der Freizeitwirtschaft sind. Die Fähigkeit, vorausschauend zu denken und proaktiv auf Veränderungen zu reagieren, wird entscheidend sein, um in diesem Berufsfeld erfolgreich zu sein.

19.9 Fazit

Die Freizeitwirtschaft ist ein facettenreicher und dynamischer Sektor, der eine Vielzahl an Karrieremöglichkeiten bietet. Von operativen Rollen in Freizeitparks und Sportanlagen bis hin zu strategischen Positionen im Management und Marketing bietet dieser Bereich eine breite Palette an Beschäftigungsmöglichkeiten. Die Anforderungen sind dabei ebenso vielfältig wie die Tätigkeitsfelder selbst, einschließlich spezialisierter Fachkenntnisse, starker Soft Skills und der Bereitschaft zur kontinuierlichen Weiterbildung.

Die Arbeit in der Freizeitwirtschaft kann herausfordernd sein, insbesondere aufgrund der oft erforderlichen Flexibilität in Bezug auf Arbeitszeiten und Arbeitsbelastung. Gleichzeitig bietet sie jedoch die Möglichkeit, kreative und innovative Dienstleistungen zu entwickeln und umzusetzen, die Freude und Erholung für eine breite Öffentlichkeit bieten.

Die zukünftige Entwicklung des Sektors scheint vielversprechend, getrieben durch technologische Fortschritte, sich ändernde gesellschaftliche Trends und ein wachsendes Bewusstsein für Nachhaltigkeit. Diese Entwicklungen eröffnen neue Karrierechancen und erfordern gleichzeitig eine Anpassung bestehender Rollen und Geschäftsmodelle. Für angehende Fachkräfte und Unternehmer:innen in der Freizeitwirtschaft bedeutet dies, dass Anpassungsfähigkeit, Innovationsbereitschaft und ein lebenslanges Lernen entscheidende Faktoren für den beruflichen Erfolg sind.

Insgesamt bietet die Freizeitwirtschaft ein spannendes und lohnendes Arbeitsumfeld, das sowohl persönliche Erfüllung als auch berufliches Wachstum ermöglicht. Für diejenigen, die Leidenschaft für Tourismus und Freizeitgestaltung mitbringen, eröffnen sich vielfältige und aufregende Karrierewege.

Prof. Dr. Torsten Widmann ist seit 2009 Studiengangsleiter des dualen Bachelorstudiengangs BWL – Tourismus, Hotellerie und Gastronomie, Studienschwerpunkt Freizeitwirtschaft an der Dualen Hochschule Baden-Württemberg (DHBW) in Ravensburg. Aus dem dualen Studiengang sind bis heute zahlreiche Fach- und Führungskräfte hervorgegangen. Zuvor war er Professor und Head of Tourism Management Department an der Cologne Business School in Köln. Torsten Widmann hat Tourismusgeographie, BWL und VWL an der Universität Trier studiert und nach einigen Jahren der beruflichen Tätigkeit bei Beratungsunternehmen dort promoviert. Neben seiner Tätigkeit als Hochschullehrer leitet er das Steinbeis-Transferzentrum Tourismus und Freizeitwirtschaft. Als Tourismus- und Freizeitwissenschaftler liebt er Ausflüge in die Natur zum Wandern, Segeln oder Skifahren – erfreut sich aber auch sehr an den Attraktionen der modernen Themenparks und Freizeitbäder.

Arbeiten im Sales-Management bei Freizeitattraktionen

20

Judith Günther

Inhaltsverzeichnis

20.1	Einleitung	212
20.2	Aufgaben	212
20.3	Anforderungen	215
20.4	Arbeitszeit	215
20.5	Weiterbildung und Karriere	217
20.6	Einkommen	218
20.7	Fazit	218

Zusammenfassung

Touristische Sales-Manager:innen spielen eine entscheidende Rolle bei der Umsatzsteigerung und Erfolgssicherung touristischer Unternehmen. Sie sind bei fast allen touristischen Leistungsträgern wie Airlines, Bus und Bahn, Hotels, Freizeitattraktionen etc. zu finden. Dieses Kapitel beschäftigt sich mit Sales-Management bei Freizeitattraktionen im Tourismus. Je nach Unternehmen oder Produkt umfasst der Aufgabenbereich unter anderem Tätigkeiten des Account-Managements, des klassischen Vertriebs und der Marktbetreuung, aber auch des Marketings oder der PR. Im Vertrieb liegt der Fokus auf der Identifikation und Gewinnung neuer Kund:innen, während das Account-Management die langfristige Betreuung bestehender Kundenbeziehungen beinhaltet. Die Marktbetreuung kombiniert Vertrieb und Account-Management, um nachhaltige

J. Günther (✉)
Kundl, Österreich
E-Mail: Judith_guenther@gmx.at

© Der/die Autor(en), exklusiv lizenziert an Springer Fachmedien Wiesbaden GmbH, ein Teil von Springer Nature 2024
S. Bösl und S. Werther (Hrsg.), *Berufsfelder und Perspektiven im Tourismus*,
https://doi.org/10.1007/978-3-658-44933-9_20

Wettbewerbsvorteile zu erzielen. Sales-Manager:innen benötigen fundierte Branchenkenntnisse, Verhandlungsgeschick und exzellente Kommunikationsfähigkeiten. Die Arbeitszeit ist flexibel und oft mit Reisen verbunden.

20.1 Einleitung

Der Tourismussektor ist eine der dynamischsten und wettbewerbsintensivsten Branchen weltweit, in dem touristische Leistungsträger wie Hotels, Reiseveranstalter, Destinationsmanagementorganisationen (DMOs), Fluglinien oder Kulturstätten um Kund:innen und Marktanteile konkurrieren. Die touristischen Sales-Manager:innen spielen eine entscheidende Rolle bei der Umsatzsteigerung und Erfolgssicherung touristischer Unternehmen.

Die Position als Sales-Manager:in ist eine der abwechslungsreichsten, die der Tourismus zu bieten hat. Je nach Unternehmen oder Produkt umfasst der Aufgabenbereich unter anderem Tätigkeiten des Account-Managements, des klassischen Vertriebs und der Marktbetreuung, aber auch des Marketings oder der PR. So vertreten Sales-Manager:innen ihre Unternehmen (Museen, Destinationsmanagementorganisationen, Seilbahnen etc.) beispielsweise bei Messen, halten Sales Meetings oder Sales Calls mit Partnern (z. B. Reiseveranstaltern) und organisieren verkaufsfördernde Maßnahmen – all dies basierend auf der Marktstrategie, die die Sales-Manager:innen erarbeitet haben.

20.2 Aufgaben

Ein:e erfolgreiche:r Sales-Manager:in verfügt über fundiertes Produktwissen, kennt den Markt und die Kundenbedürfnisse und beherrscht Verhandlungstechniken, um die Verkaufszahlen zu steigern.

Vertrieb, Account-Management und Marktbetreuung sind entscheidende Funktionen von touristischen Sales-Manager:innen, um Kundenbeziehungen aufzubauen, Umsätze zu steigern und eine starke Marktpräsenz zu erreichen. Ein strategisch ausgerichteter **Vertrieb** ermöglicht es, neue Märkte zu erschließen und Umsatzpotenziale voll auszuschöpfen. Durch effektives **Account-Management** können Unternehmen ihre Kundenbindung stärken und langfristige Partnerschaften aufbauen. Die **Marktbetreuung** ist ein kontinuierlicher Prozess, der es touristischen Unternehmen und DMOs ermöglicht, den Markt im Blick zu behalten und sich den Herausforderungen anzupassen. In vielerlei Hinsicht verschmelzen diese Funktionen oft miteinander bzw. sind schwer trennbar. Dennoch soll hier ein kurzer Einblick in die Tätigkeiten der einzelnen Funktionen gegeben werden.

Vertrieb
Der Vertrieb ist ein wesentlicher Bestandteil des Marketings und befasst sich mit dem Verkauf von touristischen Produkten und Dienstleistungen. Die Identifizierung und Gewinnung neuer Kund:innen (Akquise) ist eine der Hauptaufgaben im Vertrieb. Generell kann zwischen B2B und B2C unterschieden werden. Im B2B-Bereich konzentrieren sich Vertriebsaktivitäten auf den Aufbau von Partnerschaften mit Reiseveranstaltern und anderen Unternehmen. Aufgabe von Sales-Manager:innen ist, dass das von ihnen repräsentierte Produkt in das Portfolio der Reiseveranstalter und Partner aufgenommen wird und so an die Endkund:innen vermarktet und verkauft wird.

Die Akquise kann beispielsweise durch folgende Maßnahmen erfolgen:

- Kaltakquise: Ansprache neuer Kontakte (telefonisch, persönlich, E-Mail/Post etc.)
- Warmakquise: (Re-)Aktivierung von Kontakten, die bereits mit dem Produkt vertraut sind
- Teilnahme an Messen, Verkaufsveranstaltungen oder Networking-Events
- Online-, Social-Media-, Influencer-, Content-Marketing, Suchmaschinenoptimierung (SEO)
- Kooperationen oder Partnerprogramme
- Organisation und Durchführung von Site Inspections (Vor-Ort-Besichtigungen) und Fam-Trips

▶**Fam-Trip** (von engl. „familiarization trip"): Organisierte Reise, bei der Reiseveranstalter:innen, Pressevertreter:innen oder sonstige wichtige Partner-/Kund:innen lokale touristische Leistungsträger testen und besichtigen. Fam-Trips werden in der Regel von den lokalen touristischen Partnern finanziert. Ziel ist es, das Bewusstsein und die Nachfrage für das Reiseziel zu steigern.

Im B2C-Bereich hingegen geht es darum, direkt an Endkund:innen zu verkaufen, sei es über traditionelle Vertriebskanäle wie Reisebüros oder über Online-Buchungsplattformen.

Account-Management
Account-Management bezieht sich auf die langfristige Betreuung und Pflege von bestehenden Kundenbeziehungen. Der:die Account Manager:in ist Hauptansprechperson der Kund:innen und arbeitet eng mit ihnen zusammen, um ihre Bedürfnisse zu verstehen, Probleme zu lösen, die Kundenbindung zu stärken und das Wachstum des Kundenkontos voranzutreiben. Account-Manager:innen sind dafür verantwortlich, die Kundenbeziehung zu pflegen, den Kundenerfolg sicherzustellen und weitere Verkaufsmöglichkeiten mit einzelnen Kund:innen zu identifizieren. Der Fokus liegt auf der Maximierung der Kundenbindung und der Steigerung des Umsatzes durch den Ausbau bestehender Kundenbeziehungen.

Die relevanten Stakeholder zu identifizieren, ist Teil der Aufgabe der Sales Manager:innen. Im konkreten Fall des touristischen Account-Management verfügen Sales Manager:innen über ein Portfolio an Kund:innen, das sie betreuen. Je nach Unternehmen und Produkt(en) besteht das Kundenportfolio aus Reiseveranstaltern, Online Travel Agencies (OTAs), Hotels, DMOs, Incoming Agencies und sonstigen Stakeholdern. Für Einblicke in das Account-Management bei Online Travel Agencies, siehe Kap. 7.

Folgende Maßnahmen können Teil des touristischen Account-Managements sein:

- Strategieerarbeitung, Entwicklung und Implementierung
- Budgetplanung
- Kundenanalyse und Auswertung relevanter Statistiken
- Kundenbetreuung – sowohl aktiv als auch reaktiv
- (Weiter-)Entwicklung und Kommunikation bestehender und neuer Produkte und Angebote
- Konflikt- und Krisenmanagement
- Vertragsverhandlungen und -abschlüsse

Es ist wichtig anzumerken, dass in vielen Unternehmen die Vertriebs- und Account-Management-Rollen miteinander verschmelzen oder sich überschneiden können. In solchen Fällen können Mitarbeiter:innen sowohl für die Gewinnung neuer Kund:innen als auch für die Betreuung bestehender Kund:innen verantwortlich sein.

Marktbetreuung
Die Marktbetreuung ist ein ganzheitlicher Ansatz, der Vertrieb und Account-Management vereint, um den Erfolg in den touristischen Märkten sicherzustellen. Dabei geht es darum, den jeweiligen Markt zu beobachten, Kundenbedürfnisse zu identifizieren, Wettbewerbsanalysen durchzuführen und Marktstrategien zu erarbeiten und zu implementieren, um einen nachhaltigen Wettbewerbsvorteil zu erzielen. Je nach strategischer Ausrichtung sind Sales-Manager:innen für einen oder mehrere Märkte zuständig. Kooperationen mit lokalen Agenturen können in manchen Märkten von Vorteil sein – hier übernehmen Sales-Manager:innen die strategische Abstimmung und Koordination.

DMOs spielen eine wichtige Rolle bei der Marktbetreuung eines touristischen Produktes, indem sie diese im B2B- und B2C-Bereich aktiv vermarkten, Events und Kampagnen organisieren und die Zusammenarbeit mit anderen touristischen Leistungsträgern fördern. Überdies verfügen DMOs oft über ein großes Netzwerk an Partnern aus der Reisebranche (hier wird oft vom „Travel Trade" gesprochen) und stellen sowohl das Netzwerk als auch generelle Marktinformationen zur Verfügung.

> **DMO – Beispiel Österreich Werbung (ÖW)**
>
> Die Österreich Werbung verfügt über Niederlassungen in den wichtigsten touristischen Quellmärkten Österreichs und bietet touristischen Partnern eine große Auswahl an Services in Form von Imagekampagnen, Betriebsservices (z.b. eigene Maßnahmenpakete für Hotels), B2B-Veranstaltungen oder Marktpaketen im B2B- und B2C-Bereich (umfangreiche Gesamtpakete mit z.b. Teilnahme an Veranstaltungen, Kommunikationsmaßnahmen oder Kooperationen; Organisation von Fam-Trips).
>
> Networking-Veranstaltungen werden oft gebündelt als „Roadshow" durchgeführt. So finden über einen Zeitraum von ein bis zwei Wochen mehrere Veranstaltungen in verschiedenen Städten eines Zielmarktes statt. ◄

Abb. 20.1 zeigt ein Beispiel der Österreich Werbung Spanien.

20.3 Anforderungen

Das Sales-Management im Tourismus erfordert eine Kombination aus fachlichen und persönlichen Fähigkeiten.

Zu den fachlichen Anforderungen gehören fundierte Kenntnisse über die touristische Branche (idealerweise Berufserfahrung im Bereich Vertrieb und Marketing und/oder ein abgeschlossenes Studium mit Bezug zu Wirtschaft und/oder Tourismus bzw. eine einschlägige touristische Ausbildung), das Verständnis der Kundenbedürfnisse und -trends in der Tourismus- und Freizeitbranche sowie gute Verhandlungs- und Verkaufskompetenzen. Berufspraxis aus Reisebüros und Reiseveranstaltern ist ebenso von Vorteil wie Erfahrungen aus der Tourismus- und Freizeitbranche (Seilbahnen, Museen, DMOs, Kulturstätten etc.).

Darüber hinaus sind exzellente Kommunikationsfähigkeiten, Kundenorientierung, Teamarbeit und ein hohes Maß an Eigeninitiative erforderlich. Sales-Manager:innen sollten zudem bereit sein, flexibel zu arbeiten und ggf. auch Reisen zu unternehmen, um Kund:innen zu besuchen oder an Veranstaltungen teilzunehmen. Ausgezeichnete Deutsch- und Englischkenntnisse in Wort und Schrift sind Voraussetzung, weitere Sprachen von Vorteil.

20.4 Arbeitszeit

Die Arbeitszeit kann je nach Unternehmen und Aufgabenbereich variieren. In der Regel wird von Sales-Manager:innen jedoch ein gewisses Maß an Flexibilität erwartet, da sie Kundenbedürfnisse erfüllen und möglicherweise außerhalb der regulären Bürozeiten arbeiten müssen. Dies kann die Teilnahme an Wochenend- oder Abendveranstaltungen, Messen oder Kundentermine umfassen. Ebenso können je nach betreuten Märkten

> **Rundschreiben ÖW Spanien: Workshop Tour Herbst 2022**
> *18.10. Barcelona, 19.10. Madrid, 20.10. Valencia*
>
> **18.10.2022, Barcelona:**
> Der Workshop findet in den Eventräumen der Bierbrauerei Moritz statt.
>
> Timing:
> Ab 11:00 Setting Tische und Vorbereitung für Medien Lunch bzw. Medienworkshop
> Ab 12:00 Get-together für Medienvertreter
> Ca. 14:30 Ende Medien Lunch
>
> Ab 18:00 Vorbereitung Tische
> Ab 19:00 Start Workshop für Reiseagenten, Reiseveranstalter und Mittler
> Anschließend Flying Buffet
>
> Wir erwarten insgesamt ca. 70 Gäste
>
> **19.10.2022, Madrid:**
> Der Workshop findet in den Eventräumen des Loop 21 im Herzen von Madrid statt.
>
> Timing:
> Ab 11:00 Setting Tische und Vorbereitung für Medien Brunch
> Ab 12:00 Get-together für Medienvertreter
> Ca. 14:00 Ende Medien Brunch
>
> Ab 18:00 Vorbereitung Tische
> Ab 19:00 Start Workshop für Reiseagenten, Reiseveranstalter und Mittler
> Anschließend Flying Buffet
>
> Wir erwarten insgesamt ca. 70 Gäste
>
> **20.10.2022, Valencia:**
> Das Event findet im Gourmet Restaurant „Alma del Temple" statt.
>
> Timing:
> Ab 12:30 Setting
> Ab 13:00 Copa de Bienvenida
> Ab 13:30 Präsentation im Theater- oder Schulstil
> Ab 14:30 gesetztes Mittagessen oder Cocktail mit Stehtischen
>
> In Valencia werden auch einige Medienkontakte zum Lunch eingeladen.
> Insgesamt erwarten wir ca. 50 Personen (inkl. Aussteller und ÖW)

Abb. 20.1 Auszug der Workshop-Serie Österreich Werbung Spanien 2022

aufgrund von Zeitverschiebung Termine außerhalb der regulären Arbeitszeiten erfolgen. Generell erfordert das Sales-Management eine hohe Einsatzbereitschaft und die Bereitschaft, sich den Anforderungen des Marktes anzupassen.

Die Bürowoche eines:r touristischen Sales Manager:in kann, wie Abb. 20.10 zeigt, beispielsweise wie folgt aussehen:

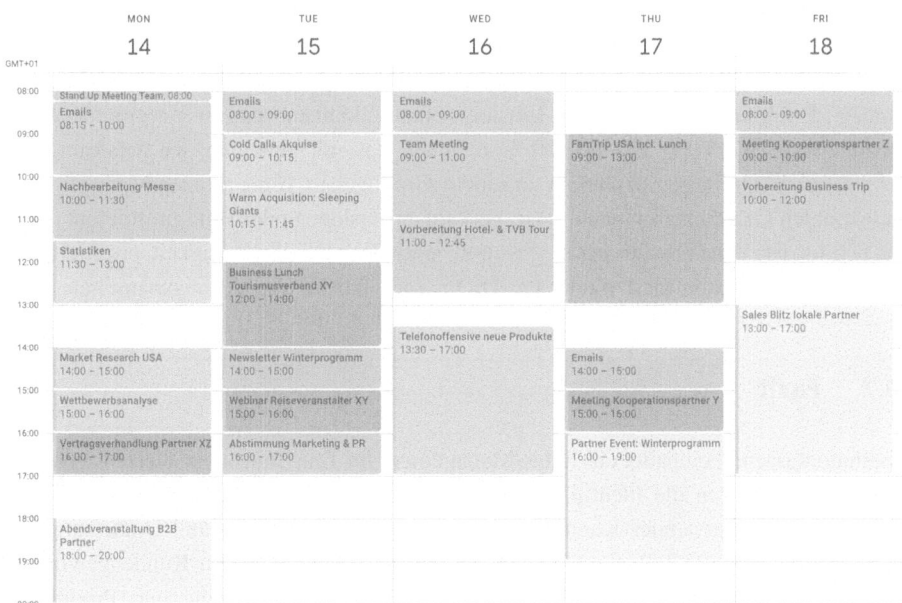

Abb. 20.10 Bürowoche eines:r touristischen Sales Manager:in. (Eigene Darstellung)

20.5 Weiterbildung und Karriere

Um im touristischen Sales-Management erfolgreich zu sein, ist kontinuierliche Weiterbildung unerlässlich. Es gibt verschiedene Möglichkeiten zur Weiterbildung, z.B. branchenspezifische Schulungen, Workshops, Seminare oder berufsbegleitende Studiengänge im Bereich Tourismus- oder Vertriebsmanagement. Destinationsmanagementorganisationen wie die Österreich Werbung oder deren Landesorganisationen organisieren mitunter Netzwerkevents (z.B. „Market Insights Live" – eine Veranstaltung, in der Einsichten in die Märkte und Hintergrundwissen über die Zielgruppen geboten werden). Auch die Teilnahme an internationalen und nationalen touristischen Messen (z.B. ITB – Internationale Tourismus-Börse Berlin, Österreichische Tourismustage, FITUR – Feria Internacional de Turismo, IBTM – Incentives, Business, Travel and Meetings Expo, WTM – World Travel Market Events) ist eine gute Gelegenheit, sein Wissen, aber auch sein Netzwerk zu erweitern.

Zusätzlich ist es hilfreich, Erfahrungen in verschiedenen Bereichen des Tourismus zu sammeln, um ein umfassendes Verständnis der Branche zu entwickeln und die Karrierechancen zu verbessern. Mit zunehmender Erfahrung können Sales-Manager:innen Führungspositionen in größeren Unternehmen übernehmen oder sogar eigene Agenturen (vgl. Kap. 8) gründen.

20.6 Einkommen

Die Verdienstmöglichkeiten im touristischen Sales-Management variieren je nach Unternehmen, Erfahrung und Position. Einsteiger:innen können mit einem grundlegenden Gehalt zwischen 35.000 und 50.000 € rechnen, das mit zunehmender Erfahrung und Karrierefortschritt steigt. Zusätzlich zu einem Grundgehalt können Sales-Manager:innen von variablen Gehaltskomponenten wie Verkaufsprovisionen oder Boni profitieren, die an den Erfolg der Vertriebsaktivitäten geknüpft sind. Je nach Reisetätigkeit profitiert man auch von gesammelten Meilen oder Per Diems (gesetzliche Verpflegungspauschalen).

20.7 Fazit

Zusammenfassend beinhaltet das Sales-Management im Tourismus eine Vielzahl von Aufgaben. Dazu gehören die Identifizierung und Gewinnung neuer Kund:innen, die Pflege und Betreuung bestehender Kundenbeziehungen, die Entwicklung und Umsetzung von Verkaufsstrategien, die Teilnahme an Messen und Veranstaltungen zur Kundengewinnung sowie die Zusammenarbeit mit anderen Abteilungen wie Marketing und Produktentwicklung, um den Vertriebserfolg zu maximieren. Sales-Manager:innen müssen in der Lage sein, Verkaufsgespräche und Verhandlungen zu führen, Angebote zu erstellen und die Kundenbedürfnisse zu verstehen, um maßgeschneiderte Lösungen anzubieten. Somit zählt der Beruf des:der touristischen Sales-Manager:in zu einem der facettenreichsten und spannendsten der Branche.

Nach über 20 Jahren im Tourismus ist der Beruf der touristischen Sales-Managerin für mich persönlich der ideale Weg, all meine gesammelten Erfahrungen (aus doch sehr diversen Seiten des Tourismus) und erlernten Fähigkeiten (wie Fremdsprachen und theoretisches Wissen aus meinem Bachelor- und Masterstudium am Management Center Innsbruck), aber auch meine Reiseleidenschaft und Networking-Begeisterung Erfolg bringend auszuleben.

Judith Günther ist seit mittlerweile 20 Jahren im Tourismus tätig. Bereits während ihrer Ausbildung an der HBLAT (Höhere Bundeslehranstalt für Tourismus) in St. Johann in Tirol und dem anschließenden Studium Entrepreneurship & Tourism am Management Center Innsbruck sammelte sie praktische Erfahrung in unterschiedlichsten touristischen Unternehmen. Ihr Werdegang führte sie von der Gastronomie und Hotellerie über Fluglinien, Event- & Hochzeitsplanung und PR & Marketing bis hin zu Online Travel Agencies und schlussendlich zum Attraktionsmanagement. Seit 2018 arbeitet sie als Senior Tourism & Sales Manager bei einer der meistbesuchten touristischen Attraktionen Österreichs.

Arbeiten im Destinationsmanagement

21

Daniel Sebastian Menzel

Inhaltsverzeichnis

21.1 Einleitung 220
21.2 Aufgaben 220
21.3 Anforderungen 222
21.4 Arbeitszeit 222
21.5 Weiterbildung und Karriere 223
21.6 Einkommen 223
21.7 Fazit 224

Zusammenfassung

Destinationsmanagement leistet einen entscheidenden Beitrag zur Entwicklung von touristischen Orten und Regionen sowie zunehmend von Lebensräumen für die einheimische Bevölkerung. Die Vermittlung von Impulsen und Wissen für die touristische Angebots- und Produktentwicklung, das Führen einer unverwechselbaren Destinationsmarke, ein zukunftsorientiertes Destinationsmarketing sowie das Knüpfen von branchenübergreifenden Netzwerken und Kooperationen spielen dabei tragende Rollen. Doch wer ist für das Management solcher Prozesse verantwortlich? Destinationsmanagementorganisationen (DMOs), wie Tourismusverbände oder Tourismus-Marketinggesellschaften – in der Regel öffentlich-rechtlich finanziert – übernehmen diese Aufgaben bzw. sind als Treiber zu verstehen. Die Personalstärke dieser Organisationen kann je nach Aufgabenbereichen und finanzieller Ausstattung zwischen wenigen Personen und 60 oder mehr Personen stark variieren. In diesem Beitrag wird die Arbeit

---

D. S. Menzel (✉)
Tourismusverband Fläming e.V., Beelitz, Deutschland

einer DMO von verschiedenen Seiten beleuchtet, wobei sowohl strategische Aufgaben als auch einzelne Berufsbilder im Destinationsmanagement berücksichtigt werden.

21.1 Einleitung

Wie positioniert und vermarktet man ein Land, eine Region oder einen Ort einzigartig und glaubwürdig als Einheit auf dem Markt? Wie gelingt es, Impulse zur touristischen Angebots- und Produktentwicklung in Sinne der Destination zu vermitteln? Welche Rolle spielen branchenübergreifende Netzwerke und Kooperationen? Und was bringt Tourismus der einheimischen Bevölkerung?

Destinationsmanagement leistet einen elementaren Beitrag zur Entwicklung und Weiterentwicklung von touristischen Räumen und bietet zugleich die Chance, Strahleffekte für nicht-touristische Branchen sowie Lebensräume zu erzeugen. Dafür sind in der Regel Tourismusverbände oder Marketinggesellschaften zuständig. Diese Organisationen werden überwiegend von öffentlich-rechtlicher Seite finanziert – also von Kommunen, Landkreisen oder Landesministerien.

Auf den folgenden Seiten wird die Arbeit einer Destinationsmanagementorganisation (DMO) von verschiedenen Seiten beleuchtet. Es wird sowohl auf strategische Aufgaben als auch auf die tägliche Arbeit im Destinationsmanagement eingegangen.

21.2 Aufgaben

Früher haben sich DMOs hauptsächlich mit klassischen Marketingaufgaben beschäftigt. Heutzutage ist der Managementaspekt wichtiger denn je. Eine zukunftsfähige DMO ist in der Lage, eine attraktive und relevante Destinationsmarke strategisch zu führen und diese einzigartig auf definierten Inlands- und/oder Auslandsmärkten zu positionieren. Es reicht dabei nicht aus, diese Marke über die verschiedensten Kanäle (online, offline, Social Media) in Richtung der bestehenden und potenziellen Gäste (oder auch zunehmend der einheimischen Bevölkerung innerhalb einer Destination) zu kommunizieren. Vielmehr müssen DMOs in Zukunft immer stärker nach innen arbeiten, um Produktentwicklungsprozesse zu steuern, wobei die touristischen Produkte auf die Destinationsmarke einzahlen sollen. Die Destination sollte als Marke erlebbar und somit greifbar werden. Daher sind Unternehmen bzw. Leistungsträger einer Destination auf Impulse zur markenbezogenen Angebots- und Produktentwicklung angewiesen. Neben dieser wichtigen Arbeit gehört auch das Vermitteln von Wissen zur Schlüsselaufgabe einer DMO. Trendthemen und Entwicklungen in der Marketingkommunikation sowie im Produkt- und Qualitätsbereich müssen bei Leistungsträgern und auch Kommunen ankommen, damit eine Destination als Einheit wettbewerbsfähig bleiben kann.

21 Arbeiten im Destinationsmanagement

Wer im Destinationsmanagement arbeitet, sollte sich durch und durch als Netzwerker:in verstehen. Denn die DMO bündelt touristische Angebote und auch die Innovationskraft der Akteure. Ebenso werden im Rahmen eines zukunftsorientierten Destinationsmanagements branchenübergreifende Netzwerke in der Destination gebildet und begleitet. Die DMO sorgt dafür, Netzwerke gemeinsam zu stärken oder auch Kooperationen anzubahnen. Es geht also auch um das Moderieren von Prozessen und den Aufbau von Multiplikatoren innerhalb der Destination. Wozu ist dies wichtig? Den Akteuren einer Destination soll es gelingen, einen vernetzten und markenorientierten Angebotspool zu schaffen, den die DMO dann gezielt für das Destinationsmarketing einsetzen kann.

Um maßgeblich am Destinationserfolg beteiligt zu sein, bieten sich der Einstieg in einer der folgenden elementaren DMO-Bereiche bzw. Abteilungen an (je nach Organisation gibt es auch weitere Bereiche bzw. Unterteilungen):

Marketing/Marketingkommunikation
Als (Junior) Marketingmanager:in ist man direkt an der Entwicklung neuer Ansätze im Destinationsmarketing beteiligt und unterstützt bei der Vorbereitung, Planung und Umsetzung von Kommunikationsstrategien und -konzepten zur Stärkung der Destinationsmarke. Ebenso entwickelt man Ideen und Formate zur Wissensvermittlung innerhalb der Destination, um beispielsweise Leistungsträgern, Kommunen oder weiteren Partnern neue Trends und Entwicklungen im Bereich Social Media zu vermitteln.

Die Analyse, Auswertung und Interpretation von Marktforschungsstudien und Potenzialanalysen gehört genauso zum Aufgabenbereich wie die Auswahl, das Briefing und die Steuerung externer Dienstleister im Bereich Marketing.

Innerhalb des Marketings werden häufig Schwerpunkte bezüglich der Aufgabenwahrnehmung definiert. So gibt es Positionen, die sich beispielsweise im Kern mit Social-Media- und Online-Kommunikation beschäftigen sowie die Konzeption und Umsetzung von Content für verbandseigene Kanäle übernehmen. Auch die Unterstützung bei Planung, Vorbereitung und die Begleitung von Social-Media-Events (z.B. Bloggercamps, Influencer-Aktionen etc.) zählt in diesem Zusammenhang zu den Aufgaben von Junior Marketing Manager:innen.

Produkt- und Qualitätsentwicklung
In diesem Bereich besteht ebenfalls die Möglichkeit, auf dem Junior-Level ins Destinationsmanagement einzusteigen. Als (Junior) Produktmanager:in unterstützt man bei Strategien zur Weiterentwicklung touristischer Attraktionen und das Vorantreiben von Qualitätsinitiativen in der Destination. Ebenso ist man bei der Entwicklung und Begleitung von innovativen touristischen Angeboten oder Kooperationen entlang der Destinationsmarke direkt beteiligt und entwickelt Workshopformate für zukunftsorientierte Produktentwicklung, von denen Leistungsträger und/oder Kommunen profitieren.

Das interdisziplinäre Arbeiten mit den Bereichen Marketing und Geschäftsführung ist elementar, um konzeptionelle und operative Schnittstellen bzw. Verbindungen zur Destinationsmarke zu schaffen. Insbesondere im Bereich Produkt- und Qualitätsentwicklung spielt das Netzwerkmanagement eine sehr wichtige Rolle. Denn von hier aus werden die Planung und der Aufbau von neuen bzw. die Zusammenarbeit mit bestehenden thematischen Netzwerken oder die Anbahnung von Allianzen innerhalb der Destination vorangetrieben.

Auf diese Weise leistet die DMO einen maßgeblichen Beitrag zur Schaffung einer relevanten branchenübergreifenden Netzwerkstruktur und -kultur zur Interaktion der Netzwerkakteure sowie zur Stärkung der regionalen Wirtschaftskreisläufe.

21.3 Anforderungen

Um den Aufgaben im Destinationsmanagement gerecht zu werden, ist ein Studium eine gute Grundlage. Dabei muss es sich nicht zwingend um Studiengänge im Tourismus- oder Destinationsmanagement handeln. Auch Abschlüsse in den Bereichen Marketing, Geografie, Kulturwissenschaften oder BWL bieten Einstiegsmöglichkeiten ins Destinationsmanagement. Erste Praxiserfahrungen in Form von Praktika oder auch ehrenamtlichen Tätigkeiten, die Bezüge zum Tourismus haben, sind dabei von Vorteil. Wer beispielsweise dazu bereits eine Ausbildung als Tourismuskauffrau/-mann oder Kauffrau/-mann für Marketingkommunikation in der Tasche hat, ist stets ein gern gesehener Bewerbungskandidat bei DMOs.

Im Tourismus zu arbeiten, heißt, sich durchweg mit einem positiven Produkt zu beschäftigen. Um als DMO Innovationen erfolgreich voranzutreiben oder Wissen hinein in die Destination in Form von Workshops, Präsentationen oder digitalen Konferenzen zu vermitteln, sind Überzeugungs- und Kommunikationsstärke gefragt. Dass der sichere Umgang mit gängigen Office-Programmen zum persönlichen Werkzeugkasten gehört, versteht sich dabei von selbst. Im Destinationsmanagement hat man viel mit Menschen in Unternehmen und kommunalen Verwaltungen (u.a. Wirtschaftsförderungen der Landkreise, Bürgermeister:innen, Tourismus- und/oder Marketingreferent:innen einzelner Städte oder Gemeinden) zu tun und sollte deshalb kooperations- und teamfähig sein, Einfühlungsvermögen sowie idealerweise auch empathische Fähigkeiten besitzen. Damit man Entwicklungen und Prozessen zielorientiert begegnet, sind Agilität und Flexibilität weitere wichtige Kompetenzen im Destinationsmanagement. Auf diese Weise kann es beispielsweise gelingen, Herausforderungen und Probleme bei einzelnen Akteuren, Teilregionen, Netzwerken, Projekten oder Themen zu erkennen und gegenzusteuern.

21.4 Arbeitszeit

Wer im Destinationsmanagement arbeitet, kann sich grundsätzlich auf geregelte Arbeitszeiten freuen. Wie auch in anderen Teilbereichen des Tourismus können Messeeinsätze oder gelegentliche Abendveranstaltungen vereinzelt zu Einsätzen außerhalb der

Geschäftsstellenzeiten führen. Dies ist aber nicht die Regel und die Arbeitszeiten in einer DMO sind somit gut kalkulierbar. Hybrides Arbeiten oder Homeoffice sind im Destinationsmanagement ebenfalls sehr gut darstellbar und werden in vielen DMOs ermöglicht. Der Vollständigkeit halber sei erwähnt: sowohl Arbeitszeiten- als auch Homeoffice-Regelungen sind letztlich vom jeweiligen Arbeitgebenden abhängig.

21.5 Weiterbildung und Karriere

Nach dem Einstieg als Junior Manager:in besteht nach zwei bis drei Jahren die Möglichkeit, in das Manager-Level zu kommen. Je nach Größe und Struktur der DMO ist perspektivisch auch die Übernahme von Leitungsfunktionen (Team- oder Abteilungsleitung) möglich.

Grundsätzlich lässt sich feststellen, dass im Destinationsmanagement ein Großteil der Weiterbildung über „training on the job" passiert, da die einzelnen Organisationen mit ganz verschiedenen Themen- und Aufgabenschwerpunkten aufgestellt sind. Es gibt eine ganze Menge an Weiterbildungs- und Qualifizierungsmöglichkeiten, die für das Destinationsmanagement relevant sind und entsprechend von Mitarbeiter:innen in DMOs in Anspruch genommen werden. Hier ein Auszug, der diese Vielfalt zum Ausdruck bringt:

- IHK-Weiterbildungen mit Zertifikat oder IHK-Ausbildereignungsprüfung (AEVO: Ausbildereignungsverordnung) mit entsprechende Vorbereitungsschulung
- Weiterbildungen mit Schwerpunkt Kommunales bei der Kommunalakademie Deutschland
- Zertifikatslehrgänge für Klassifizierungen von Ferienunterkünfte nach den bundesweit gültigen Kriterien des DTV (Deutscher Tourismusverband)
- Zertifikatslehrgänge für Klassifizierungen von Hotels nach den Kriterien der Dehoga
- Reiseleiterzertifikat des Bundesverbandes der Deutschen Tourismuswirtschaft (BTW) und der Hochschule Bremen
- Zertifikatslehrgang der Bayern Tourist GmbH (BTG) zur Erhebung und Zertifizierung von Angeboten im Rahmen des Kennzeichnungssystems „Reisen für Alle"
- Zertifikatslehrgang zur DAV (Deutscher Alpenverein)-Wanderleiter:in zur selbstständigen, verantwortungsbewussten, sichereren und nachhaltigen Durchführung von Wanderungen

21.6 Einkommen

Im Destinationsmanagement kann man je nach Qualifikation und Aufgabenbereichen als Junior Manager:in mit einem Jahresgehalt von 33.000 bis 40.000 € brutto starten. Hierbei ist generell zu beachten, dass es Gehaltsunterschiede bei den landesweiten, regionalen oder lokalen Organisationen geben kann. Die Zahlung von Urlaubs- und/oder Weihnachtsgeldern hängt ebenfalls von der jeweiligen DMO ab. Hybrides Arbeiten ist in diesem Berufsfeld sehr gut möglich. Daher werden oft auch Laptops, Diensthandys zur privaten Nutzung oder auch Jahreskarten für den ÖPNV (Öffentlicher Personennahverkehr) zur Verfügung gestellt.

Mehrere DMOs sind bei den Vergütungen an die Tarifverträge des Öffentlichen Dienstes (TVöD) angelehnt, bei denen neben den Entgeltgruppen auch die Betriebszugehörigkeit bzw. Berufserfahrung in Stufen berücksichtigt werden. So kann sich beispielsweise die Vergütung bei Landesorganisationen nach TV-L, bei regionalen DMOs nach TVöD-VKA richten.

21.7 Fazit

Mit dem Berufsfeld Destinationsmanagement habe ich meine Berufung gefunden. Fast zehn Jahre liegt nun schon mein Weggang von der Marketingagentur hin zum Tourismusverband zurück und ich habe den Wechsel zu keiner Zeit bereut. Habe ich mich als gelernter Werbekaufmann, studierter BWLer und langjähriger Werbeagenturmensch anfangs auf DMO-Seite noch intensiver mit Projekten und Entwicklungen im Bereich Marketingkommunikation befasst, sind mit der Zeit immer mehr strategische Managementmaßnahmen meiner Destination hinzugekommen. Das gemeinsame Wirken – Hand in Hand mit kommunalen Wirtschaftsförderungen, leidenschaftlichen Akteuren und eigens angebahnten Netzwerken – macht meinem Team und mir eine Menge Spaß. Dabei gilt stets zu beachten: Stillstand ist Rückschritt. Will man zukunftsorientiertes Destinationsmanagement betreiben, hat man viel mit Transformations- und Änderungsprozessen sowie neuen strategisch bedeutenden Fragestellungen zu tun. Als gutes Beispiel fällt mir dazu die in den letzten Jahren immer wichtiger gewordene Betrachtung der einheimischen Bevölkerung als nicht zu vernachlässigende Ziel- bzw. Anspruchsgruppe ein. Begriffe wie Tourismusakzeptanz oder Lebensqualität machen die Runde. Welche (neuen) Aufgaben sollten DMOs bei diesen Themen wahrnehmen? Wo sind in diesem Kontext Kooperationen und Allianzen mit weiteren Organisationen aus den Bereichen Wirtschaftsförderung, Natur- und Klimaschutz, Kultur oder Landwirtschaft sinnvoll?

Wer also gern über den Tellerrand schaut, sich als branchen- und themenübergreifende:r Netzwerker:in versteht und die Zukunft von touristischen Räumen aktiv mitgestalten will, ist im Berufsfeld Destinationsmanagement bestens aufgehoben.

Daniel Sebastian Menzel ist gelernter Werbekaufmann und diplomierter Betriebswirt. Er verfügt über mehr als 15 Jahre Erfahrung in verschiedenen Bereichen des Destinationsmanagements. Erste Erfahrungen im strategischen Marketing sammelte Daniel Sebastian Menzel auf Agenturseite im Jahr 2000 als Abteilungsleiter Konzeption bei dem Beratungsunternehmen „conAct Marketing & Communication GmbH". 2002 wurde er zum Geschäftsführer berufen und war mitverantwortlich für die Betreuung von international tätigen Reise- und Touristik-Unternehmen. Ende 2003 wechselte er als geschäftsführender Gesellschafter zur „Stairs Werbeagentur GmbH", wo er ebenfalls für die konzeptionelle Beratung von touristischen Destinationen und Leistungsträgern zuständig war. Im Jahr 2006 machte Daniel Sebastian Menzel sich als strategischer Planer für Tourismus- und Destinationsmarken in Berlin selbständig. 2011 wurde er zum Geschäftsführer bei der „Grafenstein Freizeit- und Tourismuswerbung GmbH" (heute „neusta Grafenstein") berufen. 2015 wechselte er von der Beratungs- auf die Kundenseite und ist bis heute als Geschäftsführer des „Tourismusverband Fläming e.V." für das Management der Destination Fläming in Brandenburg und Sachsen-Anhalt verantwortlich. Mit einer Teamstärke von derzeit neun Personen zählt diese Organisation eher zu den kompakteren Einheiten im Destinationsmanagement. Aufgaben werden daher stets enger Zusammenarbeit und Kooperation mit den Wirtschaftsförderungen der in der Destination gelegenen Landkreise wahrgenommen.

Teil VI
Weitere Berufsfelder im Tourismus

In den vorherigen Kapiteln sind wir in die vier Stufen der touristischen Wertschöpfungskette eingetaucht. Die erste Stufe umfasste Inspiration, Planung und Buchung, in der Reisende auf Basis von Informationen ihre Reise vorbereiten und festlegen. Darauf folgte die Stufe der Anreise, Mobilität vor Ort und Abreise, welche die logistische Komponente der Reise hinsichtlich des Transports zum, vom und innerhalb des Reiseziels beschreibt. Die dritte Stufe war durch Übernachtung und Kulinarik in ihrer ganzen Bandbreite und Vielfalt gekennzeichnet. Abschließend erfasste die vierte Stufe Freizeit, Erholung und Aktivitäten vor Ort, die das Angebot an unterschiedlichen Freizeit- und Erholungsmöglichkeiten sowie lokale Attraktionen und Veranstaltungen umfasst. Doch nicht alle Berufsfelder und Tätigkeiten lassen sich eindeutig einer dieser vier Stufen zuordnen, weshalb wir uns jetzt mit weiteren Berufsfeldern beschäftigen werden. Während die Stufen eins bis vier die sogenannte originäre touristische Wertschöpfung beschreiben, umfassen unsere weiteren Berufsfelder auch nicht-touristische Bereiche.[1] Dazu gehört erstens das große Feld des Geschäftsreisetourismus, der eng verknüpft ist mit der Messewirtschaft und dem Eventmanagement. Geschäftsreisetourismus bringt für die touristischen Anbieter zahlreiche Vorteile mit sich. So sind diese Kunden weniger preissensibel und die Reisen finden eher werktags als am Wochenende und an Feiertagen statt.[2] Darüber hinaus spielen bei den weiteren Berufsfeldern nicht nur nicht-touristische, sondern auch nicht-wirtschaftliche Bereiche eine Rolle. An den Beispielen Gesundheitstourismus, Tourismuslobbying und Tourismuspolitik sowie der beruflichen Bildung wird dies besonders deutlich. Hier verbinden sich im weitesten Sinne vielfältige Gesellschaftsbereiche mit dem Tourismus, was eigene Implikationen für Mitarbeiter:innen mit sich bringt. Werfen wir also einen Blick auf diese vielfältigen Berufsfelder!

Thomas Bauer und Stefan Luppold nehmen die **Messewirtschaft** in den Blick und beleuchten, wie Messen als Plattform für Information, Networking und Geschäfte im Tourismus dienen (Kap. 22). Messen erfordern eine präzise Logistik, starke Kommunikationsfähigkeiten und das Verständnis für die Bedeutung von Live-Kommunikation.

---

[1] Kolbeck, F. & Rauscher, M. (2020). *Tourismus-Management. Die betriebswirtschaftlichen Grundlagen* (3. Aufl.). Vahlen.
[2] Schulz, A.; Eisenstein, B.; Gardini, M. A.; Kirstges, T. H. & Berg, W. (2021). *Grundlagen des Tourismus* (3. Aufl.). De Gruyter Oldenbourg.

Der Tourismus bringt eine große Bandbreite weiterer Berufsfelder mit sich, die entscheidend zur Wertschöpfung der gesamten Branche beitragen. Im Bereich des **Eventmanagements** zeigt Theresa Troglauer auf, wie vielschichtig die Aufgabenbereiche sind (Kap. 23). Von der Planung und Koordination verschiedener Veranstaltungen bis zur Durchführung und Nachbereitung – das Eventmanagement verlangt Kreativität, Organisationstalent und die Fähigkeit, auf unterschiedlichste Kundenwünsche einzugehen. Hierbei spielt die Gestaltung von einmaligen Erlebnissen eine zentrale Rolle.

Markus Pillmayer beschäftigt sich mit den Tätigkeiten **im Tourismuslobbying sowie in der Tourismuspolitik** (Kap. 24). Hier stehen Aufgaben wie die Einflussnahme auf politische Entscheidungen und die Entwicklung von Richtlinien zur Förderung des Tourismus im Vordergrund. Diese Arbeit berücksichtigt das große Bild der Branche und bedarf diplomatischen Geschicks und strategischen Denkens.

In der **touristischen Unternehmensberatung,** die von Isabell Decker thematisiert wird, geht es darum, Tourismusbetriebe in ihrer strategischen Ausrichtung und operativen Exzellenz zu unterstützen (Kap. 25). Berater:innen analysieren Marktpotenziale, entwickeln individuelle Konzepte und helfen bei der Implementierung von Verbesserungsmaßnahmen. Analytisches Denken und ein tiefes Verständnis der Tourismusbranche sind dabei eine wichtige Voraussetzung.

Daran anschließend findet sich im Themenblock der Beratung das Kapitel von Antonia Rothmund, die über Aufgaben, Anforderungen und Co. im Rahmen der **Hotelimmobilienbewertung** bei einer großen Wirtschaftsprüfungsgesellschaft berichtet (Kap. 26). Diese Tätigkeit erfordert analytische Fähigkeiten und betriebswirtschaftliches Know-how, gleichzeitig jedoch touristische Grundlagen. Tourismusabsolvent:innen vereinen diese Expertise, sodass sie gern gesehene Kandidat:innen bei diesen Unternehmen sind.

Erik Lindner befasst sich mit dem wachsenden und internationalen Segment des **Gesundheitstourismus** (Kap. 27). Fachkräfte in diesem Feld kombinieren touristische Expertise mit gesundheitsbezogenem Wissen, um Reisenden Gesundheits- und Wellness-Angebote zu präsentieren, die sowohl Erholung als auch medizinische oder therapeutische Behandlungen beinhalten können.

Abschließend wird die **Lehrtätigkeit an Berufsschulen und weiteren Bildungseinrichtungen** wie Hochschulen durch Hans-Peter Sattler vorgestellt (Kap. 28). Diese Lehrtätigkeiten können ohne Lehramtsstudium aufgenommen werden und bieten die Möglichkeit für eine Verbeamtung, sofern die länder- und hochschulspezifischen Voraussetzungen wie die fachliche und persönliche Eignung festgestellt wurden. Während an Berufsschulen der fachpraktische Unterricht im Fokus steht, geht es an Hochschulen stärker um die Einbettung von wissenschaftlichen Erkenntnissen in die Berufspraxis.

Arbeiten in der Messewirtschaft

22

Thomas Bauer und Stefan Luppold

Inhaltsverzeichnis

22.1	Einleitung	230
22.2	Aufgaben	231
22.3	Anforderungen	232
22.4	Arbeitszeit	234
22.5	Weiterbildung und Karriere	235
22.6	Einkommen	236
22.7	Zukünftige Entwicklungen	237
22.8	Fazit	239
Literatur		239

Zusammenfassung

Deutschland ist Messeland Nr. 1 weltweit. Rund zwei Drittel der sogenannten Leitmessen – die wichtigsten Messen der jeweiligen Branche – finden in Deutschland statt. Dies reflektiert bereits die Relevanz für den Arbeitsmarkt und den Bedarf an Fach- und Führungskräften sowie deren Entwicklungsperspektiven. Ob duale Berufsausbildung (z.B. Veranstaltungskaufleute) oder akademischer Abschluss (z.B. des Bachelor-Studiengangs „BWL – Messe-, Kongress- und Eventmanagement" an der DHBW Ravensburg): Sowohl bei Messeveranstaltern und Geländebetreibern als auch bei Ausstellern und Dienstleistern (z.B. Messebau und Veranstaltungstechnik)

T. Bauer (✉) · S. Luppold
Duale Hochschule Baden-Württemberg (DHBW) Ravensburg, Ravensburg, Deutschland
E-Mail: bauer@dhbw-ravensburg.de

S. Luppold
E-Mail: luppold@dhbw-ravensburg.de

sind spezifische wie auch oft internationale Beschäftigungsangebote vorhanden – mit wachsender Nachfrage! Dabei gibt es sehr unterschiedliche Ausprägungen der Beschäftigungen – von generell operativ orientierten Aufgaben bis hin zu strategischen Managementpositionen. Entsprechend unterschiedlich können Karrieren – berufliche Entwicklungspfade – verlaufen. Auch die damit verbundenen Vergütungen sind entsprechend unterschiedlich. Die Messewirtschaft ist durch ihre hohe Relevanz für die Kommunikation von Unternehmen und Verbänden zukunftssicher. Wichtige und spannende Entwicklungsfelder stehen an, etwa die Schaffung von mehr Nachhaltigkeit oder die Entwicklung von hybriden Messen.

22.1 Einleitung

„Ich arbeite gerne in der Messewirtschaft, da ich hier die Möglichkeit habe, Menschen zu begeistern, innovativen Ideen und Produkten eine Bühne zu bieten und echte Verbindungen zu ermöglichen. Messen sind Teamwork in Aktion. Meine Arbeit ist nicht nur ein Job, sondern eine Leidenschaft, die mir die Chance gibt, Brücken zu bauen und die Welt durch die Linse der Möglichkeiten zu sehen. In der Messewirtschaft gestalten wir einzigartige Erlebnisse, die in Erinnerung bleiben."

Deborah Rothe, Director ITB Berlin – The World's Leading Travel Trade Show®, Messe Berlin

Die deutsche Messewirtschaft gehört zu den weltweit führenden Gastgebern für Geschäftsreisen, als führender Standort internationaler Leitmessen in verschiedensten Branchen. Zu diesen gehören Industriemessen wie die Hannover-Messe, Investitionsgütermessen wie die BAUMA in München, Konsumgütermessen wie die FIBO in Köln sowie die international führende Messefamilie im Tourismus, die ITB. Messen sind per Gewerbeordnung Fachbesuchermessen, während typischerweise auch die für Endverbraucher offenen Konsumentenausstellungen zur Messewirtschaft gerechnet werden. Über alle Formate wird der Messewirtschaft die Sicherung von ca. 230.000 Arbeitsplätzen zugeschrieben. Internationale, nationale und regionale Messen werden von insgesamt 16 Mio. Menschen jährlich besucht und begründen damit einen bedeutenden Teil des Business-Travel-Segments, insbesondere in den gastgebenden Messestädten. Insgesamt spricht der Aussteller- und Messeausschuss der deutschen Wirtschaft (AUMA) von 235.000 Ausstellern jährlich, deren Mitarbeitende, aber auch In- und Auslandsbesucher typischerweise Übernachtungsgäste und damit Gäste für weitere touristische Dienstleistungen darstellen (AUMA, 2023a). Die dadurch geförderte Wirtschaftsleistung wird auch als Umwegrentabilität von Messen bezeichnet.

Als konstitutive Akteure von Messen gelten Veranstalter, Aussteller und Besucher (Robertz, 2017). Messedienstleister, allen voran Messebauer, sind als Interessensgruppen ebenso ein integraler Teil der Branche, da temporäre Installationen in Messehallen und auf Außengeländen den anlassbezogenen und damit zeitlich begrenzten Charakter einer Messe ausmachen.

Der regelmäßige Treffpunkt einer Branche auf Zeit wird daher mit großem Aufwand für eine auf wenige Tage der Messedurchführung begrenzten Zeitraum an einem speziell dafür ausgerichteten Gelände auf- und wieder abgebaut. Laut dem Branchenverband AUMA investieren die ausstellenden Unternehmen auf deutschen Messen über 40 % ihrer Kommunikationsbudgets in das Medium Messe, insbesondere in Business-to-Business-Branchen, in denen ohnehin wenige derart fokussierte Kommunikationsinstrumente zur Verfügung stehen (AUMA, 2019).

22.2 Aufgaben

Sowohl Messeerlebnisse zu schaffen, d. h. erlebnisorientierte Interaktionsformate zu gestalten, als auch das sogenannte Matchmaking, die Zusammenführung von Ausstellern und Besuchern bzw. von Produktangeboten der Aussteller und dem Informations- und Nachfrageinteresse der passenden Besucher, gehört zu den Kernaufgaben aller Akteure. Der Veranstalter lädt passende Zielgruppen als Aussteller und Besucher zur Messe ein.

Dabei werden unterschiedliche Ziele – der ausstellenden Unternehmen wie der Besucher:innen – verfolgt, in der Regel mehrere gleichzeitig. Dazu zählen die Präsentation bzw. das Kennenlernen von Neuheiten, die Steigerung des Bekanntheitsgrades, die Image-Profilierung sowie das Erlebbarmachen bzw. das multisensuale Erleben von Produkten (AUMA, 2023b). Entsprechend bieten **Messeveranstalter** Dienstleistungen an, um die Ziele beider Kundengruppen zu erreichen. Dabei akquiriert der Veranstalter ein breites Spektrum an Ausstellern, das idealerweise den Gesamtmarkt einer Branche repräsentiert. Ferner bietet er den Ausstellern Instrumente für die individuelle Zielerreichung an, z. B. digitale Messekataloge oder Ausstellertickets, um auch Bestandskunden zur Messepräsenz einzuladen. Durch Messemarketing werden ferner potenziell neue oder noch nicht bekannte Marktteilnehmer angesprochen. Durch das Angebot von Rahmenprogramm in Messekongressen, auf Vortrags- und allgemeinen Präsentationsflächen sowie durch kommunikative Begleitung der Messe werden weitere Interessensgruppen einer Branche als potenzielle Kooperationspartner, Arbeitnehmer und allgemein Lösungsanbieter angesprochen und es wird eine breite Öffentlichkeit für Themen der Branche hergestellt. Die Pflege von und Zusammenarbeit mit Verbänden, Presse- und Medienkontakten sowie weiteren Akteuren im Netzwerk einer Branche gehört entsprechend zu den kontinuierlichen Arbeitsfeldern des Veranstalters, unabhängig vom eigentlichen Messezeitraum.

Aussteller laden wiederum zu ihren Messeauftritten ein, gestalten Gespräche und bauen neue Beziehungen auf oder verfestigen bestehende. Dabei sind Messeverantwortliche von ausstellenden Unternehmen zumeist im Marketing oder Vertrieb ihrer Unternehmen angesiedelt, häufig in dedizierten Teams, die sich mit dem Messe- und Eventmanagement ganzheitlich beschäftigen. Sie verfügen gleichzeitig über einen ganzheitlichen Blick auf Marketing und Vertrieb, da die Messebeteiligungen meist nur einen Teil der betrieblichen Kommunikation und Vertriebsaktivitäten darstellen und eines integrierten, abgestimmten Handelns bedürfen.

Messebauer unterstützen Aussteller bei der überzeugenden Kommunikation und gestalten Begegnungsräume, die gleichzeitig eine Informationsvermittlung erlauben. Dabei werden Messebauer bereits weit vor dem Messezeitraum tätig, indem sie Messestände designen und umfassend konzipieren, projektieren und schließlich baulich und logistisch für die Messe vorbereiten. Die finale Installation durch Monteure in Messehallen und die Messestandübergabe an den Aussteller schlagen an dieser Stelle lediglich mit einem kleinerem Anteil des Aufwands eines Messebauprojekts zu Buche. Während der Messe sind Ansprechpartner eines Messebauers jedoch in der Kundenbetreuung und –akquise für Folgeprojekte tätig, bevor die Stände nach Ende des Messezeitraums wieder deinstalliert und anschließend gelagert werden. Die Logistik und das Lagermanagement sind entsprechend weitere wichtige betriebswirtschaftliche Aufgaben im Messebau.

Eine Vielzahl zusätzlicher Dienstleister sind bei der Durchführung von Messen involviert – so im Bereich der Veranstaltungstechnik, für Transport- und Sicherheitsdienstleistungen, als Lieferanten von Standmöblierung und gastronomischer Versorgung sowie als Personaldienstleister, wenn es um Hostessen- oder Dolmetscher-Services geht.

22.3 Anforderungen

Die Messewirtschaft mit ihrer Vielzahl an Gewerben und Akteuren greift auf ein entsprechend breites Spektrum an Mitarbeiter:innen zu, die sich durch ihre Heterogenität und Multidisziplinarität auszeichnen. Somit werden Messe- und Ausstellerteams oftmals hinsichtlich unterschiedlicher Kompetenzen zu Projektteams kombiniert, die sich in ihren Stärken ergänzen und vielseitige Messeprojekte realisieren können. Entsprechend arbeiten in der Messebranche, wie auch in der umfassenderen Veranstaltungsbranche, viele Quereinsteiger:innen mit unterschiedlichstem Ausbildungshintergrund.

Im Kern der Branche stehen jedoch insbesondere organisatorische Rollen, die kaufmännischen Charakter haben, sowie Gewerke mit technischer Ausrichtung. Entsprechend gibt es die Ausbildungsberufe zum Veranstaltungskaufmann bzw. zur Veranstaltungskauffrau sowie für Veranstaltungstechniker:innen. Spezielle Studiengänge, welche für die Veranstaltungswirtschaft dedizierte Studienmodelle und Fächerkombinationen anbieten, bilden die akademische Herangehensweise an die Veranstaltungsbranche ab. Gehrke (2017) listet 70 deutschsprachige Studienangebote auf Bachelor- und Masterniveau. An staatlichen

Hochschulen gehören die Duale Hochschule Baden-Württemberg (DHBW) in Ravensburg und Mannheim, die Hochschule Hannover, die Hochschule Worms, die Hochschule Osnabrück und die Technische Hochschule Mittelhessen (THM) zu den größten und in der Veranstaltungsbranche aktivsten Studiengängen. Bei privaten Hochschulen, die typischerweise Studiengebühren in der Größenordnung von 1.500 bis 5.000 € pro Semester erheben, sind die SRH Hochschule in Berlin, die IST-Hochschule für Management in Düsseldorf und die International School of Management (ISM) in Dortmund anerkannte Institute, deren Lehrende ebenso aktiven Austausch im Qualitätszirkel Veranstaltungs- und Eventstudium (QZVE) der Initiative 100PRO (https://100pro.org/studium/) pflegen.

Als langjährige Studiengangsleiter der Studienrichtung „BWL- Messe-, Kongress- und Eventmanagement" an der DHBW Ravensburg greifen die Autoren im Folgenden auf empirische Ergebnisse von Alumni des besagten Studiengangs zurück, die Ende 2022 erhoben wurden. Die Konzeption der Absolventenstudie in Form einer Longitudinalstudie zielt dabei auf eine längerfristige Erhebung der Berufswege in der Branche ab, die durch Zugang zur Zielgruppe und ihre klare Zurechnung zu Absolventenkohorten ermöglicht wird. Die Grundgesamtheit der Befragung bildeten ca. 1.700 Absolventen der 15 Absolventenjahrgänge von 2008 bis 2022. Mit 382 vollständig ausgefüllten Fragebögen (Bearbeitungsdauer ca. 30 min) konnten 22,5 % der Grundgesamtheit repräsentativ befragt werden (Bauer et al., 2023a, für eine ausführliche Datensatzbeschreibung).

Für diesen Beitrag kann eine Auswahl von 35,2 % (n = 132) der Teilnehmer in Berufen aktiver Akteure der Messewirtschaft klassifiziert werden, die zum Zeitpunkt der Befragung in den Geschäftsmodellen Messeveranstalter (38,8%, n = 46), Messebau (14,4 %, n = 19), Aussteller (31,9 %, n = 42) und Location (18,9 %, n = 25) arbeiten. Mit Locations sind Veranstaltungsstätten gemeint, die als Kongresszentren, Stadthallen oder auch Messeplätze die Infrastruktur für Messen bereitstellen.

Während in Ausbildungsplänen und Curricula des Studienmodells verschiedene Kompetenzen vermittelt werden, ist spannend zu beobachten, welche Kompetenzfelder die Absolventen tatsächlich in ihrer beruflichen Situation nutzen können. Auf einer fünfstufigen Skala von 1 („gar nicht") bis 5 („in sehr hohem Maße") stuften die Befragten die Kompetenzfelder im Mittel unterschiedlich pro Rolle in der Messewirtschaft ein (vgl. Tab. 22.1).

Die von den Messevertretern genutzten Kompetenzen beziehen sich dabei schwerpunktmäßig auf personale und soziale Kompetenzen (4,03), Fachkompetenzen in der Veranstaltungswirtschaft (3,63) sowie betriebswirtschaftliche Fachkompetenzen (3,60). Methodenkompetenzen des wissenschaftlichen Arbeitens (2,21) werden in der praxisorientierten Branche weniger bewusst oder gar nicht zum Einsatz gebracht. Insbesondere Messeveranstalter und Mitarbeiter:innen von Locations rechnen damit den personalen und sozialen Kompetenzen eine noch deutlich stärkere Rolle als in den anderen Geschäftsmodellen zu. In diesen Rollen, die im Kern ihrer Aufgabe Menschen zusammenführen, kann entsprechend noch stärker von „People Business" gesprochen werden als ohnehin in der gesamten Messewirtschaft.

Tab. 22.1 Nutzung von Studienkompetenzen im Berufsfeld Messe

Nutzung von Studienkompetenzen	Messeveranstalter	Messebau	Aussteller	Location	Gesamt
Betriebswirtschaftliche Fachkompetenz (praktische Themenstellung zu identifizieren und zu lösen)	3,61	3,68	3,67	3,40	**3,60**
Fachkompetenz in der Veranstaltungswirtschaft (praktische Themenstellung zu identifizieren und zu lösen)	3,74	3,63	3,40	3,80	**3,63**
Allgemeine Methodenkompetenz (Kenntnis des Spektrums von Methoden und diese im Kontext der Bearbeitung von Problemstellungen kritisch reflektieren und anwenden)	3,35	2,79	3,38	3,08	**3,23**
Methodenkompetenz im wissenschaftlichen Arbeiten (Kenntnis des Spektrums von qualitativen und quantitativen Methoden und diese für Problemstellungen kritisch reflektieren und anwenden)	2,26	2,05	2,36	2,00	**2,21**
Personale und soziale Kompetenz (Selbstständig und eigenverantwortlich Problemstellungen bearbeiten und Diskussion einbringen unter Berücksichtigung von Kommunikations-, Team- und Konfliktfähigkeit)	4,11	3,74	3,95	4,24	**4,03**

22.4 Arbeitszeit

Flexibilität ist eine wichtige Voraussetzung, da die Arbeitszeiten stark von den jeweiligen Projektphasen bestimmt werden. So sind in der Vorbereitungsphase – etwa der Planung und Akquisition von Besuchern und Ausstellern – typische „normale" Arbeitszeiten die Regel, d. h. von Montag bis Freitag, ca. 9 bis 17 Uhr. Kurz vor und während der Veranstaltung ist ein intensiverer Einsatz notwendig, dann auch mit Wochenend- und Abend-Arbeit. Messen finden teilweise nur zwei- oder dreijährlich statt, weshalb entsprechend lange Zyklen die Möglichkeit bieten, die Spitzenbelastung an Arbeit gut auszugleichen.

Hinsichtlich der durchschnittlichen Arbeitsstunden pro Woche ergibt die Absolventenbefragung im Jahresmittel Arbeitszeiten, die sich an typischen Arbeitszeitmodellen orientieren. Dabei sind die angegebenen Arbeitsstunden ggf. noch durch (häufig nebenberufliche) Selbstständigkeit von über 10 % der Befragten verzerrt. Die im Schnitt knapp 41 Arbeitsstunden verteilen sich auf Messeveranstalter mit fast exakt 40 h Wochenarbeitszeit, auf Aussteller (typischerweise aus der Industrie) mit 39,5 h sowie Mitarbeiter:innen von Locations mit 42 h und Messebauern mit über 44 h Wochenarbeitszeit (vgl. Tab. 22.2).

Tab. 22.2 Arbeitsstunden der Absolventen pro Woche und Geschäftsmodell der Messebranche

Arbeitsstunden pro Woche	Durchschnitt in Stunden
Messeveranstalter	40,07 h
Messebau	44,37 h
Aussteller	39,52 h
Location	41,92 h
Gesamt	40,86 h

22.5 Weiterbildung und Karriere

Karrierewege der Messebranche sind wie in allen Bereichen des Tourismus abhängig von Persönlichkeit und den Rahmenbedingungen. Hinsichtlich der Rahmenbedingungen können in jedem Fall der Branche große Chancen attestiert werden, auch für junge Mitarbeiter:innen jedes Ausbildungshintergrunds. Typischerweise haben Akteure der Branche sehr schnell direkte Kundenverantwortung, insbesondere bei Veranstalter- und Dienstleistungsunternehmen. Nach nur wenigen Jahren steht häufig schon die alleinige Projektverantwortung an, die nicht selten auch direkt Teamverantwortung für ein Messebau- oder Messe-Projektteam beinhaltet. Dabei sammeln die Akteure der Branche sowohl wichtiges Prozess-, als auch Kundenwissen. Dieses Erfahrungswissen sowie eine tiefe Marktkenntnis begründen schon nach kurzer Zeit einen Vorteil gegenüber Neueinsteigern in die Branche, der eine Führungsrolle in der kontinuierlichen Weiterentwicklung von Messeformaten und –präsenzen begründet. Immer wieder zeigen überzeugende Persönlichkeiten, dass sie sich auch aus Ausbildungsrollen eines Unternehmens bis in die absoluten Spitzenpositionen von Bereichs- und Geschäftsleitungen entwickeln können. Die Branche ist prinzipiell für einen beruflichen Aufstieg offen und besetzt auch Führungsrollen zu einem großen Teil aus unternehmens- bzw. brancheninternem Personal.

Ferner finden Karrierewege häufig durch Wechsel von Dienstleistungsunternehmen zu ausstellenden Kunden statt. Das Wissen um Prozesse und Lösungen der Branche kann bei Ausstellern aus der Industrie aus einer Auftragsgeberrolle heraus und zu regelmäßigeren Arbeitszeiten angewendet werden.

In der Absolventenstudie wurde ferner deutlich, dass Karrierewege durch Weiterqualifikation, z.B. ein (berufsbegleitendes) Masterprogramm, unterstützt werden können. Dabei ist der Anteil der in zusätzlichen Weiterbildungsprogrammen erworbenen Abschlüsse stark vom beruflichen Fortschritt, sprich auch der Zeit abhängig. Insgesamt hatten in der Befragung jedoch 47,4 % der Alumni zusätzliche Abschlüsse zum in der Befragung einheitlichen Bachelor-Abschluss erworben, darunter ca. die Hälfte mit einem Masterabschluss oder gar einer Promotion eine eindeutig höher eingestufte akademische Weiterbildung. In anderen Fällen handelt es sich z.B. um Berufsausbildungen oder andere berufliche Zertifikate.

Insgesamt erfolgt Weiterbildung in der Messewirtschaft auch „on-the-job", da wie erläutert Projektkenntnisse, Prozesswissen oder Kundenerfahrungen über die Zeit viele Führungspositionen begründen. Allerdings zeigt sich auch in der Veranstaltungsbranche eindeutig, dass höhere Gehälter bei Masterabschluss oder Promotion gezahlt werden, sodass sich Karrierewege und Einkommenschancen auch über Weiterbildung und damit klassische Karrierewege innerhalb der Messewirtschaft eröffnen (Bauer et al., 2023a).

22.6 Einkommen

Das Brancheneinkommen hängt selbstverständlich von der Dauer im Berufsleben und den wahrgenommenen Aufgaben ab, was auch für die Veranstaltungsbranche nachweisbar ist (Bauer et al., 2023a). Speziell in der Messebranche agieren viele Veranstalter auf öffentlich-rechtlichen Messegeländen beim Entgelt im Rahmen des Tarifvertrages für den Öffentlichen Dienst. Private Messeveranstalter und Dienstleister orientieren sich daran und bieten typischerweise Einkommen in vergleichbarer Größenordnung an.

Anhand der Entgelt-Tabelle mit der Gültigkeit ab April 2022, welche für die meisten der sogenannten Großmesseplätze Anwendung findet wie bspw. für die Messe Berlin (Messe Frankfurt GmbH, 2023) oder die Messe Frankfurt (Messe Frankfurt GmbH, 2023), kann abgelesen werden, dass z.B. Bachelor-Absolventen zum Berufseinstieg in die Entgeltgruppe 9b eingestuft werden (Vereinigung der kommunalen Arbeitgeberverbände, 2023). Bei Anrechnung von mindestens einjähriger Berufspraxis bedeutet dies ein Grundgehalt in der Stufe 2 in Höhe von monatlich rund 3.416 €. Die Entgelttabelle sieht steigende Bezüge nach Berufserfahrung vor. Darüber hinaus ist eine tariflich festgelegte Jahressonderzahlung vereinbart, für die beispielsweise in der genannten Entgeltgruppe 9b ein Prozentsatz von 70,28 % eines Monatsgehalts vereinbart ist. Darüber hinaus sind im Tarifvertrag Leistungsentgelte vereinbart, die summarisch gesehen verpflichtend anzuwenden sind, d. h., zu den jeweiligen monatlichen Entgelten können noch Leistungsentgelte hinzukommen.

Um einen Vergleich der verschiedenen Geschäftsmodelle im Rahmen der Messe zu ermöglichen, wurde wiederum eine Auswertung der bereits beschriebenen Messe-Teilstichprobe im arithmetischen Mittel der angegebenen Bruttoeinkommen herangezogen. Während der gesamte Mittelwert der Bruttoeinkommen von Messeakteuren dabei bei 4.499 € monatlich liegt, tritt eine große Differenz zwischen den Akteuren zu Tage. So liegt das Mittel bei Mitarbeiten an Locations bei 4.105 €, von Messeveranstaltern bei 4.288 €, jedoch in der ausstellenden Wirtschaft mit 4.812 € bzw. im Messebau mit 4.836 € deutlich höher. Senioritätsunterschiede der relativ kleinen Teilstichproben können dabei für Teile der Abweichungen verantwortlich sein, da Berufswege in der Messewirtschaft häufig auch berufliche Wechsel von Veranstaltern hin zur ausstellenden Wirtschaft über die Zeit beinhalten (vgl. Abschn. 22.5).

Tab. 22.3 Einkommen nach beruflicher Stellung der Absolventen in der Messebranche

Einkommen nach beruflicher Stellung	Durchschnitt in €
Mit ausführender Tätigkeit nach allgemeiner Anweisung	3.625 €
Mit einer qualifizierten Tätigkeit, die nach Anweisung erledigt wird	4.013 €
Mit eigenständiger Leistung in verantwortlicher Tätigkeit bzw. mit Fachverantwortung für Personal	5.032 €
Mit umfassenden Führungsaufgaben und Entscheidungsbefugnissen	7.583 €
Gesamt	**4.499 €**

Es ist jedoch zu betonen, dass insbesondere die berufliche Stellung von Angestellten in der Messebranche das Entgelt determiniert. So konnte mit Blick auf dieselbe Teilstichprobe festgestellt werden, dass einfache ausführende Tätigkeiten schlechter bezahlt werden als die für Bachelorabsolventen typischen qualifizierten Tätigkeiten. Führungspositionen (zumeist mit Projekt- oder Personalverantwortung) und Geschäftsführungstätigkeiten werden zudem deutlich besser bezahlt (vgl. Tab. 22.3), womit wiederum traditionelle Karrierewege in der Messewirtschaft den größten Einfluss auf das Einkommen besitzen.

22.7 Zukünftige Entwicklungen

Die aktuellen Entwicklungen der Messewirtschaft folgen eindeutig den globalen gesamtwirtschaftlichen Trends, insbesondere in den Themenfeldern Digitalisierung und Nachhaltigkeit (Bauer et al., 2023b).

Die Covid-19-Pandemie, welche einen enormen Einschnitt für die Tourismusbranche insgesamt darstellte, war für die Messewirtschaft sogar der Startpunkt disruptiver Veränderung. Während Reisetätigkeit im Leisure-Segment (Freizeitreisen) einfach aufgeschoben wurde, fanden Akteure im Geschäftsleben weiter zusammen – aber eben digital. Die Messewirtschaft entwickelte Alternativen, um auch auf Online-Plattformen digitalen Austausch anzubieten (Bauer et al., 2020).

Während Präsenzveranstaltungen längst wieder die ursprünglichen Geschäftsmodelle ermöglichen, sind digitale Plattformen und Komponenten nicht wieder vom Markt verschwunden. Messen werden zu großer Zahl weiter hybrid, d. h. in Präsenz und mit digitaler Begleitung durchgeführt. Dabei muss die digitale Begleitung keineswegs zeitgleich stattfinden, vielmehr werden Ansätze wie 365-Tage-Plattformen, digitale Marktplätze, digitale Networking-Events und digitales Matchmaking auch außerhalb der Messezeiten forciert.

Dies bedeutet für das Berufsfeld Messe, dass die Tätigkeit, deren digitale Begleitung bislang insbesondere bei der Besuchsplanung oder vor Ort über Apps unterstützt wurde, nun auch die direkten Kontaktpunkte der Akteure beinhaltet. Digitale Kompetenzen werden entsprechend wichtiger, in der Arbeit mit und von Ausstellern sowie in der Gestaltung der digitalen Touchpoints und dahinterstehenden Funktionalitäten. Unter vielen innovativen Ansätzen könnte insbesondere das Matchmaking, d. h. das Zusammenführen relevanter Kontakte durch den Einsatz künstlicher Intelligenz, schon sehr bald neue Möglichkeiten der Kontaktanbahnung bieten, die anschließend auf der Messe weniger die Kontaktmittelung, als vielmehr die Vertiefung begonnener Dialoge unterstützen. Wenn in einem solchen Szenario zukünftig weniger der Erstkontakt als vielmehr Folgekontakte forciert und Kontaktbeziehungen intensiviert werden sollen, so könnte sich auch der Trend zur Festivalisierung fortsetzen, da das gemeinsame Begegnungserlebnis stärker in den Vordergrund rückt. Festivalisierung (Radtke & Bauer, 2021) oder auch Eventisierung (Bauer & Münch, 2021) bezeichnet dabei die Erweiterung von Messen um Erlebnisse mithilfe des Eventmarketings, indem eigenständige, multisensuale und erlebnisorientierte Inszenierungen in die Veranstaltung integriert werden. Solche Elemente sind beispielsweise Fahrgeschäfte, sportliche Aktivitäten, Club-Night-/After-Work-Parties oder eine Erlebnisgastronomie mittels Street Food Caterings.

Nachhaltigkeit ist insbesondere aufgrund der immensen Reisetätigkeit gerade durch Ausstellertätigkeit oder Besuch von internationalen Fachmessen ein großes Thema. Aktuelle Vorgaben der europäischen Corporate Sustainability Reporting Directive (CSRD) veranlassen Akteure, Nachhaltigkeitsmaßnahmen zu forcieren, bis hin zu umfassenden Berechnungen zum CO_2-Verbrauch an Venues, also Veranstaltungsorten, und in einzelnen Veranstaltungen (Grimm & Bauer, 2024). Zertifizierungen, Nachhaltigkeitsmaßnahmen und CO_2-Kompensation, auch unter Beteiligung von Ausstellern und Besuchern, sind entsprechend neue Arbeitsfelder der Messewirtschaft, die sich durch alle Geschäftsmodelle ziehen.

Ferner führt insbesondere das Thema ökologische Nachhaltigkeit zu einer neuen Betrachtungsweise. Unter dem Aspekt der Vermeidung von CO_2-Ausstoß ist aktuell eine Reduzierung des Business-Travel-Aufkommens Teil der Diskussion, die Messen im Kern ihrer Wertschöpfung treffen kann. Die Messewirtschaft wird sich entsprechend damit befassen müssen, welchen positiven Beitrag sie auf anderen Ebenen der Nachhaltigkeit liefert, insbesondere durch die Anbahnung internationaler Treffen und Wissensvermittlung. An dieser Stelle ist zu vermuten, dass Messen hinsichtlich der UN-Nachhaltigkeitsziele „Hochwertige Bildung", „Menschenwürdige Arbeit und Wirtschaftswachstum", „Industrie, Innovation und Infrastruktur" sowie „Partnerschaften zur Erreichung der Ziele" große Beiträge durch internationale Zusammenarbeit und Handel und damit zum nachhaltigen globalen Zusammenleben leisten können. Ferner unterstützen sie den Technologietransfer und die Verbreitung von ökologisch nachhaltigen Innovationen und Lösungen in allen ausstellenden Branchen.

22.8 Fazit

Die Messebranche bietet spannende Aufgaben mit beruflichen Entwicklungsmöglichkeiten. Sie ist vielfältig und durch ihre hohe Relevanz für die Kommunikation von Unternehmen und Verbänden zukunftssicher. Gleichzeitig offeriert sie wichtige und spannende Entwicklungsfelder, etwa bezogen auf die Schaffung von mehr Nachhaltigkeit oder die Integration von sogenannten digitalen Messe-Verlängerungen (hybride Messen).

Wer in der Messebranche arbeitet, findet im Verlauf des Berufslebens ein vielfältiges Angebot zur persönlichen Weiterentwicklung, häufig auch unter Berücksichtigung der privaten Situation. So begegnen uns Alumni, die nach einer Projektleitungsfunktion die Geschäftsführung einer Auslandstochter eines Messeveranstalters übernehmen ebenso wie Wiedereinsteigerinnen nach einer Familienpause. Teilzeit-Beschäftigung, um berufsbegleitend zu promovieren, der Sprung aus dem Business Development einer mittelgroßen Messegesellschaft an die Spitze eines regionalen Messegeländes, der Seitenwechsel von einem Messeveranstalter hin zur Kommunikationsabteilung eines ausstellenden Industrieunternehmens – die Praxis zeigt, dass diese Karrierewege nicht nur möglich, sondern durchaus üblich sind.

Literatur

AUMA. (2019). MesseTrend 2019. https://www.auma.de/de/medien_/publikationen_/Documents/auma-messetrend-2019/auma-messetrend-2019.pdf. Zugegriffen: 29. Nov. 2023.

AUMA. (2023a). Messeplatz Deutschland. https://www.auma.de/de/zahlen-und-fakten/messeplatz-deutschland. Zugegriffen: 29. Nov. 2023.

AUMA. (2023b). AUMA Praxis – Erfolgreiche Messebeteiligung. Grundlagen. https://www.auma.de/de/medien_/publikationen_/Documents/erfolgreiche-messebeteiligung-grundlagen/auma-praxis-2023-erfolgreiche-messebeteiligung-1-grundlagen.pdf. Zugegriffen: 19. Nov. 2023.

Bauer, T., Kargus, T., & Josephi, F. (2020). NICE TO E-MEET YOU. *Absatzwirtschaft, 10,* 73–77.

Bauer, T., & Münch, F. (2021). Eventisierung von Fachmessen zur Erweiterung des emotionalen Erlebens. Eventisierungskomponenten und ihre Eignung im B2B-Messekontext. In S. Ronft (Hrsg.), *Eventpsychologie: Veranstaltungen wirksam optimieren* (S. 861–890). Springer Fachmedien.

Bauer, T., Mattern, S., & Kuntzemüller, J. (2023a). *Erwerbsbiografien in der Veranstaltungsbranche – Fokus Einkommensentwicklung.* Schriftenreihe der Fakultät für Wirtschaft der Dualen Hochschule Baden-Württemberg. DHBW Ravensburg.

Bauer, T., Mattern, S., & Kuntzemüller, J. (2023b). *Erwerbsbiografien in der Veranstaltungsbranche – Fokus Folgen von Covid-19 und Digitalisierung.* Wissenschaftliche Konferenz Eventforschung, Berlin, 27. Oktober 2023.

Gehrke, G. (2017). *Die Veranstaltungswirtschaft und ihr Personal.* Springer Gabler.

Grimm, V. I., & Bauer, T. (2024). Prognose des locationbezogenen CO_2-Fußabdrucks von Kongressen an der Messe Frankfurt. In T. Knoll, & S. Luppold (Hrsg.), *Nachhaltigkeit in der Messewirtschaft – Konzepte von Veranstaltern, Ausstellern und Dienstleistern* (S. 167–199). Duncker & Humblot.

Messe Berlin GmbH. (2023). Arbeitsumfeld. https://www.messe-berlin.de/de/karriere/was-wir-bieten/arbeitsumfeld/. Zugegriffen: 29. Nov. 2023.

Messe Frankfurt GmbH. (2023). Ausbildung.de. https://www.ausbildung.de/unternehmen/messe-frankfurt/faq/. Zugegriffen: 29. Nov. 2023.

Radtke, B., & Bauer, T. (2021). Festivalisierung. In M. Dinkel, S. Luppold, & C. Schröer (Hrsg.), *Handbuch Messe-, Kongress- und Eventmanagement* (2. Aufl., S. 143–148). Duncker & Humblot.

Robertz, G. (2017). Koalitionen als Herausforderungen des Strategischen Messemanagements. In M. Kirchgeorg, W. M. Dornscheidt, & N. Stoeck (Hrsg.), *Handbuch Messemanagement* (2. Aufl., S. 561–575). Gabler.

Vereinigung der kommunalen Arbeitgeberverbände. (2023). *Durchgeschriebene Fassung des TVöD für den Bereich Verwaltung*, Berlin. https://www.vka.de/assets/media/docs/0/Tarifverträge/TVöD_V_ÄV_15-17_Lesefassung_Stand_01_01_2023(1).pdf. Zugegriffen: 29. Nov. 2023.

Prof. Dr. Thomas Bauer ist seit 2014 als Professor und Studiengangsleiter im Studiengang „BWL-Messe-, Kongress- und Eventmanagement" der Dualen Hochschule Baden-Württemberg (DHBW) in Ravensburg tätig. Nach seinem Studium der Betriebswirtschaftslehre an der Universität Erlangen-Nürnberg und der University of St. Andrews/Schottland promovierte er am Lehrstuhl für Marketing der Universität Erlangen-Nürnberg im Forschungsbereich Data Mining-Verfahren im Marketing. Thomas Bauer verfügt über Erfahrung in Leitungsfunktionen im CRM und Kundenmanagement in der E-Commerce und Tourismusindustrie bei der 1&1 Internet AG sowie der hotel.de AG. Seit 2008 ist er im Veranstaltungsmanagement in einem selbst gegründeten Unternehmen in Philadelphia/USA tätig. Er leitet in dieser Rolle bis heute Veranstaltungsprojekte und entwickelt diese kontinuierlich weiter. Zu seinen Forschungs- und Publikationsfeldern zählen die Digitalisierung im Messewesen, die Veranstaltungsatmosphäre und das multisensuale Erleben auf Messen, die Festivalisierung, Karrierewege in der Veranstaltungsbranche sowie Nachhaltigkeitsmanagement und Business Development für Veranstaltungen.

Prof. Stefan Luppold ist Professor an der staatlichen Dualen Hochschule Baden-Württemberg (DHBW) in Ravensburg; dort lehrt er im Studiengang „BWL – Messe-, Kongress- und Eventmanagement", den er zwölf Jahre geleitet hat. Zuvor war er zwei Jahrzehnte lang in internationale Projekte der Veranstaltungs-Branche eingebunden und hat unter anderem Messegesellschaften in Deutschland, Schweden und den Niederlanden beraten. Daneben war er in Projekte wie die EXPO 2000 involviert. Er ist Herausgeber und Autor von mehr als 30 Fachbüchern, darunter des zentralen Werks „Handbuch Messe-, Kongress- und Eventmanagement". Er wirkt als Mitglied in verschiedenen Beiräten und lehrt an Hochschulen im Ausland, u.a. von 2007 bis 2013 in Shanghai.

Arbeiten im Eventmanagement

23

Theresa Troglauer

Inhaltsverzeichnis

23.1	Einleitung	242
23.2	Aufgaben	243
23.3	Anforderungen	246
23.4	Arbeitszeit	246
23.5	Weiterbildung und Karriere	247
23.6	Einkommen	248
23.7	Selbstständigkeit	249
23.8	Fazit	249

Zusammenfassung

Das Eventmanagement umfasst verschiedene Tätigkeiten und Aufgaben, die sich mit der Planung und Organisation von Veranstaltungen befassen. In diesem Kapitel wird ein Schwerpunkt auf das Eventmanagement in Eventlocations und Tagungshotels gelegt und wird dabei klar vom F&B-orientierten Bankett und dem proaktiven Verkauf abgegrenzt. Das Eventmanagement stellt vielmehr die Schnittstelle zwischen externen Kunden und internen Abteilungen dar. Zu den Aufgaben gehören die Angebots- und Vertragserstellung und die Detailplanung gemeinsam mit dem Veranstaltungskunden ebenso wie interne Abstimmungen und die Erstellung von Ablaufplänen. Neben einer abgeschlossenen Ausbildung oder einem Studium sowie praktischen Erfahrungen

---

T. Troglauer (✉)
München, Deutschland
E-Mail: theresa@troglauer-consulting.de

im Eventumfeld werden insbesondere gute Organisations- und Kommunikationsfähigkeiten, eigenverantwortliches Arbeiten sowie Flexibilität und Stressresistenz vorausgesetzt. Eine Tätigkeit im Eventmanagement ist teilzeit- und teilweise remote-fähig. Zahlreiche digitale Tools sorgen für zunehmende Automatisierung, effizienteres Arbeiten und mehr zeitliche Ressourcen für den persönlichen Kundenkontakt. Umfangreiche Karriere- und Weiterbildungsmöglichkeiten machen dieses Berufsfeld insbesondere für den Berufseinstieg attraktiv.

23.1 Einleitung

Eventmanagement hat auf viele, besonders auch junge Menschen eine anziehende Wirkung. Klingt es doch im Englischen auch viel aufregender als das deutsche Pendant „Veranstaltungsorganisation" und beinhaltet bei genauer Betrachtung sogar noch etwas mehr. Eventmanagement ist kein Beruf an sich, sondern bezeichnet vielmehr Tätigkeiten und Aufgaben, die immer dann und dort anfallen, wenn und wo „Events" geplant, organisiert und durchgeführt werden sollen.

Im Folgenden wird das Eventmanagement aus Sicht eines (Tagungs-)Hotels bzw. einer (Event-)Location dargestellt – also aus Sicht eines Anbieters von insbesondere Räumen, Flächen und gastronomischen Dienstleistungen, die für eine Veranstaltung gebucht werden. Diese sind dabei jedoch nur einer von mehreren Akteuren im sogenannten MICE-Markt, wie in Abb. 23.1 zu sehen ist. „MICE" steht dabei für Meetings, Incentives, Conventions (bzw. Conferences) und Exhibitions (bzw. Events) oder anders ausgedrückt: Veranstaltungen aller Art. Private Veranstaltungen, wie z.B. Hochzeiten, sind dabei explizit Teil des MICE-Marktes. Für einen Großteil der Tagungshotels und Eventlocations machen jedoch Geschäftskunden mit ihren unterschiedlichsten Veranstaltungen den größten Anteil aus – sowohl im Hinblick auf die Anzahl der Events als auch auf den generierten Umsatz.

Für das Eventmanagement in Eventlocations und Tagungshotels existiert sowohl in der Praxis als auch in der Literatur keine einheitliche Abgrenzung oder Bezeichnung: Veranstaltungsleiter, Event Manager, Veranstaltungsverkauf, Convention & Event Sales Manager oder Bankett Manager werden nahezu synonym verwendet. In der Praxis wird mit dem Begriff „Bankett" häufig eine stärkere Beziehung zum F&B-Bereich verbunden, welche an dieser Stelle nicht explizit eingeschlossen ist (vgl. Kap. 16 für Tätigkeiten im F&B-Management). Außerdem soll das Eventmanagement klar vom proaktiven Verkauf oder Sales (vgl. Kap. 20) abgegrenzt werden, auch wenn hier besonders in kleineren Betrieben häufig keine eindeutige Trennung stattfinden kann.

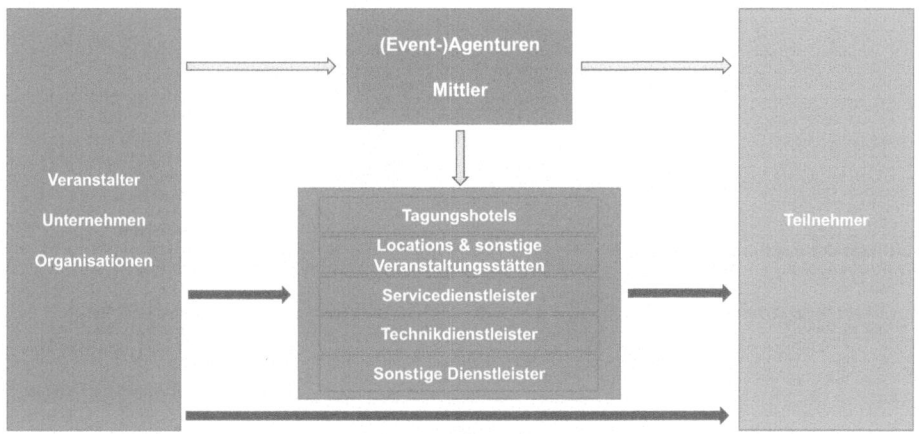

Abb. 23.1 Vereinfachte Wertschöpfungskette des MICE-Marktes

23.2 Aufgaben

Die Aufgaben im Eventmanagement lassen sich im Allgemeinen in strategische, administrative und operative Tätigkeiten unterscheiden. Die konkrete Ausgestaltung und Aufteilung der jeweiligen Verantwortlichkeiten werden dabei von Betrieben unterschiedlich gehandhabt. Die zentralen Funktionen – die Planung und Organisation von Veranstaltungen – mit ihren internen und externen Aufgabengebieten werden daher entlang einer typischen Customer Journey (vgl. Abb. 23.2) erläutert, ohne einen Anspruch auf Allgemeingültigkeit. Die Customer Journey im Eventmanagement beschreibt die verschiedenen Phasen, die während des gesamten Prozesses von der ersten Anfrage des Kunden über die Durchführung der Veranstaltung bis nach dem Event durchlaufen werden.

Die erste Phase beginnt mit einer eingehenden Veranstaltungsanfrage eines Unternehmens, Organisation, (Event-)Agentur oder Privatperson. Dies kann über direkte Kanäle, E-Mail, Webseite, Telefon, oder Mittler sowie Tagungsportale (z.B. Event Inc, MICE Portal oder Cvent) erfolgen. Nach einer ersten Prüfung ist häufig eine erste Rücksprache mit dem Kunden notwendig, um ein vollständiges Angebot erstellen zu können. Die erste Aufgabe des Eventmanagements ist somit, alle für die Angebotserstellung relevanten Aspekte zu erfahren und die für die Veranstaltung benötigten Kapazitäten mit den Möglichkeiten und der Verfügbarkeit am gewünschten Termin abzugleichen. Parallel dazu erfolgen häufig interne Abstimmungen mit der Sales- und Revenue-Abteilung zur Preisgestaltung, zu Konditionen und zu weiteren Besonderheiten. Außerdem sorgen erste Eintragungen in das System, das für die Verwaltung der MICE-Kapazitäten genutzt wird – in der Tagungshotellerie häufig ein Modul des Property-Management-Systems (PMS) – dafür, dass die angefragten Kapazitäten optional geblockt werden. Sofern notwendig, werden auch weitere externe Dienstleister, z.B. Technikfirmen, direkt angefragt.

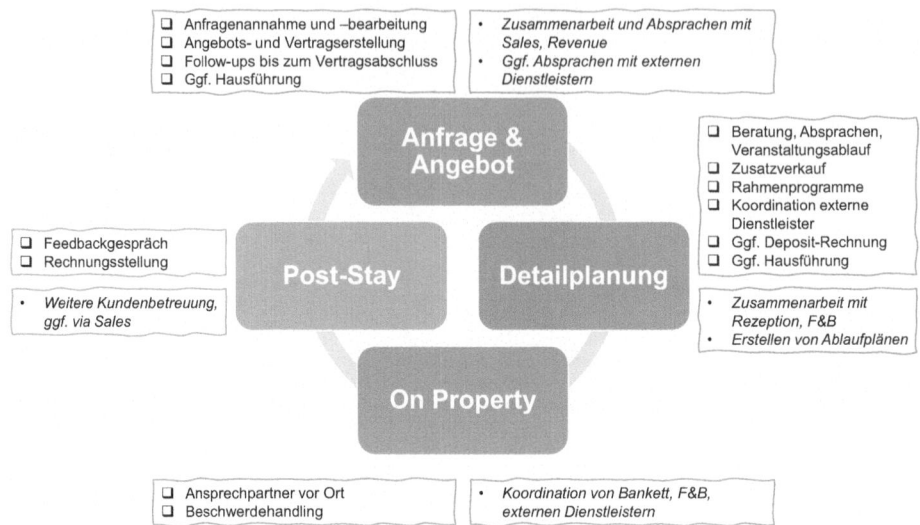

Abb. 23.2 Customer Journey im Eventmanagement

Nach dem Angebotsversand bleibt das Eventmanagement in möglichst engem Kontakt zum Kunden. Mit Follow-up-Anrufen können Rückfragen geklärt, erste Entscheidungstendenzen erkannt und es kann auf eine mögliche Optionsfrist aufmerksam gemacht werden. Ziel dieser Phase ist es, den Kunden zu gewinnen und gleichzeitig möglichst gute Kondition (Raten, Zahlungs- und Stornierungsbedingungen) für den eigenen Betrieb durchzusetzen. Häufig finden bereits in dieser Phase Hausführungen statt, bei denen dem Kunden die angebotenen Räumlichkeiten präsentiert werden.

Die zweite Phase beschäftigt sich intensiver mit der detaillierten Planung der Veranstaltung. Je nach Größe der Veranstaltung und Vorausbuchungszeit ist der Übergang von der Angebotsphase fließend oder auch durch einige Wochen ohne aktive Kommunikation mit dem Kunden geprägt. In der Planungsphase fungiert das Eventmanagement idealerweise als Berater und Verkäufer. Einerseits kann mit Fachwissen und Erfahrung der Kunde unterstützt werden, die bestmögliche Veranstaltung zu organisieren – von Tipps zu Bestuhlungsformen bis zu technischen Möglichkeiten und nahegelegenen Rahmenprogrammen außer Haus. Andererseits bietet sich diese Phase für Zusatzverkäufe von beispielsweise zusätzlichen Gruppenräumen, hochwertigeren F&B-Leistungen oder Zimmerkategorien und eigenen Rahmenprogrammen an. Primäre Aufgabe und Ziel dieser zweiten Phase ist es, die Veranstaltung so zu organisieren, dass die Wünsche und Anforderungen des Kunden bestmöglich erfüllt werden, diese falls erforderlich mit den beteiligten internen Abteilungen sowie externen Dienstleistern abgestimmt werden, alle erforderlichen Personen über den Veranstaltungsablauf und sonstigen Absprachen informiert sind, sodass eine reibungslose Durchführung sichergestellt wird. Dafür werden stets alle relevanten Informationen und Absprachen zentral im System hinterlegt und spätestens in der Woche vor der Veranstaltung in einem sogenannten „Function" – einem Ablaufplan für die Veranstaltung – übersichtlich zusammengefasst, das allen operativen Abteilungen zur Verfügung gestellt wird. Ein vom Eventmanagement geleitetes wöchentliches Function-Meeting dient schließlich dazu, letzte interne Absprachen zu treffen, potenzielle Missverständnisse zu beseitigen und alle Abteilungen auf den identischen Wissensstand für die Veranstaltungen der nächsten Tage oder Wochen zu bringen. Sofern ein Deposit, also eine Anzahlung, vereinbart wurde, erstellt ebenfalls das Eventmanagement eine entsprechende Rechnung in den Wochen vor der Veranstaltung.

Wenn die dritte Phase beginnt, ist der Großteil der Arbeit des Eventmanagement bereits abgeschlossen. Das Bankett-Team übernimmt die operative Durchführung der Veranstaltung nach dem zuvor erfolgten Briefing. Dennoch ist häufig auch die Anwesenheit der Veranstaltungsabteilung von Vorteil: für den persönlichen Kontakt, falls kurzfristige Änderungswünsche seitens des Kunden geäußert werden, interne und externe Dienstleister koordiniert werden müssen oder auf Beschwerden reagiert werden muss.

Mit dem Veranstaltungsende ergibt sich die Möglichkeit für ein Feedbackgespräch, um die Zufriedenheit des Kunden besser einschätzen zu können und ggf. internen Optimierungsbedarf zu ermitteln. Dies kann noch persönlich vor Ort bei Abreise oder spätestens wenige Wochen im Nachgang erfolgen. Außerdem verantwortet das Eventmanagement in der vierten Phase die Erstellung der Schlussrechnung. Um den Kunden langfristig zu binden und auch zukünftig Veranstaltungsbuchungen zu erhalten, wird der Kunde nun weiter von der Sales-Abteilung betreut.

Darüber hinaus fallen übergeordnete und administrative Aufgaben an. Dazu zählen insbesondere regelmäßige Meetings mit Sales, Revenue und F&B, die Teilnahme an Strategiemeetings, Erstellung von Statistiken und Reportings, eine kontinuierliche Marktbeobachtung und Mitbewerberchecks sowie die jährliche Erstellung des MICE-Budgets und die Mitarbeit beim Sales- und Marketingplan.

Viele dieser Aufgaben können mittlerweile mithilfe von digitalen Tools gesteuert und zum Teil automatisiert werden. Solche Tools gleichen beispielsweise das für ein Event angefragte Datum selbständig mit dem Belegungsplan ab und antworten bei nicht ausreichenden Verfügbarkeiten dem Kunden direkt mit einer Rückfrage nach Alternativdaten, ohne dass ein Mensch involviert wird. Andere Tools übernehmen das MICE Revenue-Management und berechnen auf Basis historischer Daten, ob und zu welcher Rate oder zu welchem Mindestumsatz das angefragte Event angeboten werden kann, um die Auslastung und den erzielten Umsatz zu optimieren. Dadurch werden zeitliche Ressourcen frei, um Kunden noch individueller zu betreuen und bei der Veranstaltungsplanung zu beraten. Bisher stellt die Direktbuchbarkeit im MICE noch eher die Ausnahme dar und eher wenige Hotels bilden eine vollständige digitale Customer Journey ab. Dennoch kann davon ausgegangen werden, dass zukünftig insbesondere wiederkehrende, monotone Aufgaben zunehmend digitalisiert und automatisiert werden.

23.3 Anforderungen

Aufgrund der Komplexität und Vielseitigkeit des Eventmanagements wird für eine Anstellung in der Regel eine abgeschlossene Ausbildung oder Hochschulstudium vorausgesetzt. Zu den gängigen Ausbildungen zählen dabei die dualen Ausbildungen in der Hotellerie und als Veranstaltungskaufleute. Auch die duale Ausbildung der Tourismuskaufleute sowie schulische Ausbildungen, z.B. zum:zur Tourismusassistent:in, bilden eine gute Basis. In der Hochschullandschaft bieten sich insbesondere (duale) Bachelorstudiengänge mit touristischer Ausrichtung und Schwerpunkten im Hotel-, Event- oder auch Business Travel Management sowie allgemeine Betriebswirtschaftslehre an. Ein darauf aufbauendes Masterstudium ist möglich, aber für den Einstieg im Eventmanagement nicht notwendig.

Zudem sind alle praktischen Erfahrungen in der operativen Hotellerie oder Gastronomie, auf Messen oder sonstigen Events vorteilhaft, um die jeweiligen operativen Abläufe zu verstehen. Neben den praktischen Elementen in einer dualen Ausbildung oder einem dualen Studium eigenen sich hier ebenfalls Praktika sowie Werkstudenten- oder Aushilfsjobs, z.B. als Servicekraft oder Messehostess.

Für die Tätigkeit im Eventmanagement sollten Mitarbeitende über Organisationsgeschick, lösungsorientiertes Denken und sehr gute Kommunikationsfähigkeiten verfügen. Je internationaler die Zielgruppen des Betriebes sind, desto wichtiger sind Sprachkenntnisse – Englisch ist jedoch meistens ausreichend – und interkulturelle Kompetenzen. Die vielfältigen Aufgaben fordern zudem ein eigenverantwortliches und strukturiertes Arbeiten, Stressresistenz und Flexibilität, Verantwortungsbewusstsein, Kreativität und Aufgeschlossenheit sowie Teamgeist. Ein gewisses Maß an analytischem Verständnis sowie Grundlagen der Betriebswirtschaftslehre erleichtern Vieles und sind für strategische Entscheidungen notwendig, die spätestens als Führungskraft getroffen werden. Mit der zunehmenden Digitalisierung im MICE-Bereich sollten auch ein gewisses logisches Denken sowie Offenheit und Affinität für den Einsatz von unterschiedlichen Tools und Systemen vorhanden sein.

23.4 Arbeitszeit

Die genauen Arbeitszeiten im Eventmanagement hängen nicht selten stark von den internen Betriebsabläufen sowie den jeweiligen Kundengruppen ab. Überwiegend handelt es sich jedoch um geregelte Arbeitszeiten zu klassischen Büroarbeitszeiten von Montag bis Freitag. Je nach Betriebsstruktur, Größe der Veranstaltungsabteilung und Herkunft der MICE-Kunden wird mitunter auch mit kleinen Schichten gearbeitet, um beispielsweise die Veranstaltungsabteilung von 7:00 Uhr bis 20:00 Uhr zu besetzen. Damit wird eine längere Erreichbarkeit für Kundenanfragen wie auch für interne Absprachen sichergestellt.

In Hotels und Locations mit starkem Fokus auf Hochzeiten und privaten Feiern kommen Arbeitszeiten am Abend und am Wochenende häufiger vor, ebenso wie bei größeren Events, die eine Anwesenheit des Eventmanagements erfordern.

Eine Tätigkeit im Eventmanagement ist grundsätzlich teilzeit- und mindestens teilweise remote-fähig, sofern die internen Strukturen dies zulassen. Flexible Arbeitszeiten sind insofern sowohl möglich als auch teilweise notwendig. Wie in der gesamte Hotel- und MICE-Branche lassen sich auch speziell im Eventmanagement gewisse Spitzenzeiten mit einem erhöhten Arbeitsaufkommen – bedingt beispielsweise durch ein hohes Anfragevolumen oder mehrere parallel stattfindende, komplexere Veranstaltungen – nicht vermeiden. Die in diesen Phasen entstehenden Überstunden können erfahrungsgemäß bei einer entsprechenden Personalplanung in ruhigeren Zeiten auch wieder gut mit Freizeit ausgeglichen werden.

23.5 Weiterbildung und Karriere

Die Weiterbildungsmöglichkeiten und Karrierewege im Eventmanagement sind ebenfalls sehr vielseitig und lassen sich sehr gut nach persönlichen Interessen und Präferenzen planen und durchführen, da selbst die Betriebsstrukturen bereits eine hohe Diversität aufweisen.

Einerseits stehen, insbesondere nach einer dualen Ausbildung, die klassischen Fortbildungen zum:zur staatlich geprüften:r Betriebswirt:in, z.B. mit Fachrichtung Hotellerie oder Veranstaltungs- und Eventmanagement, zum:zur staatlich geprüften:r Veranstaltungsfachwirt:in zur Wahl. Auch ein Bachelorstudium an einer Hochschule kann eine Möglichkeit der persönlichen Weiterbildung darstellen. Je nach Institution können diese berufsbegleitend, in Vollzeit oder als Fernlehrgang bzw. Fernstudium absolviert werden.

Neben betriebsinternen Schulungen, die insbesondere zur eingesetzten Tagungs- und Veranstaltungstechnik, dem gastronomischen Angebot und Brandschutz regelmäßig erfolgen sollten, führen branchenbekannte Anbieter, wie z.B. die Deutsche Hotelakademie (DHA), der DEHOGA oder diavendo, auch Seminare speziell für Mitarbeitende in den Veranstaltungsabteilungen durch. Inhaltlich finden sich hier fachspezifische Themen wie z.B. Verkaufstrainings, Trends in der MICE-Branche und neue Eventformate, Nachhaltigkeit sowie Präsentations- und Kommunikationstechniken. Mit zunehmender Berufserfahrung und als Vorbereitung oder zu Beginn einer Führungsposition werden branchen- und positionsunabhängige Weiterbildungen zu weiteren Soft Skills und Führungsthemen relevanter.

Für die Karriereplanung von Vorteil ist häufig die zentrale Rolle, die das Eventmanagement innerhalb des Betriebes einnimmt und tiefergehende Einblicke in andere Bereiche und Abteilungen ermöglicht. So ergeben sich nicht nur Aufstiegsmöglichkeiten innerhalb der Abteilung oder in zentralisierte Convention Sales Teams, bei denen mehrere Hotels und Eventlocations betreut werden. Auch Abteilungswechsel innerhalb eines Betriebes bieten sich an. Neben klassischen Wechseln in den proaktiven Sales oder andere Vertriebspositionen sind auch nicht selten Entwicklungen in Richtung Personalabteilung oder Operations Manager Positionen, in denen alle operativen Abläufe eines Hotels verantwortet werden, zu beobachten.

Ein weiterer beliebter Karriereweg führt aus der Branche heraus auf die Kundenseite zu (Event-)Agenturen und Unternehmen. Dort finden Eventmanager:innen aus der Hotellerie eine Anstellung im Event- oder Travel-Management. Hier können die Aufgaben neben den Absprachen mit Hotels und Locations beispielsweise die strategische Veranstaltungsplanung und Terminabstimmungen, interne und externe Bewerbung der Veranstaltung, Beauftragen und Koordination weiterer Dienstleister (z.B. Technik, Mobilitätsdienstleister, Rahmenprogramme, Host:essen), das Teilnehmermanagement und die Budgeteinhaltung sowie die Vereinbarung von Rahmenverträgen umfassen. Ebenfalls ist ein Wechsel zu anderen Dienstleistern innerhalb des MICE-Marktes (vgl. Abb. 23.1) relativ einfach möglich, z.B. zu Technikdienstleistern, Anbietern für digitale Tools, Tagungsportalen oder einem Convention Bureau.

23.6 Einkommen

Wie viele andere Aspekte hängt auch das Einkommen vom jeweiligen Betrieb (Klassifizierung, Größe, Umsatzanteil des Segments MICE, Lage etc.), der jeweiligen internen Struktur, der tatsächlichen Position innerhalb der Abteilung sowie dem persönlichem Erfahrungslevel ab. Ganz allgemein kann in Deutschland bei Berufsanfänger:innen von einem Brutto-Monatsgehalt ab etwa 2.400 € ausgegangen werden. Mit zunehmender Erfahrung, Budget- und Führungsverantwortung steigt dies bis zu einem Brutto-Jahresgehalt von etwa 50.000 bis 60.000 € oder mehr an.

Zusätzlich sind individuelle sowie teambezogene Bonuszahlungen möglich. Diese können sich beispielsweise am generierten MICE-Umsatz, an Zusatzverkäufen sowie an der Budgeterreichung orientieren. Auch Trinkgelder können im Eventmanagement eingenommen werden, wenngleich dies bei Weitem nicht bei jeder organisierten Veranstaltung der Fall ist.

Weitere Benefits richten sich an den gesamten Betrieb bzw. Hotelkette oder Betreibergesellschaft, sind nicht allein dem Eventmanagement vorbehalten, oder stehen allen Beschäftigten der Hotel- und Tourismusbranche offen.

23.7 Selbstständigkeit

Eine selbständige Tätigkeit, bei der für Tagungshotels oder Eventlocations die Angebotserstellung und Veranstaltungsplanung mit dem Kunden übernommen wird, stellt derzeit eher die Ausnahme dar. Dennoch gibt es im MICE-Markt einige wenige Unternehmen und auch Freelancer, die eben dies als ausgelagerte Dienstleistung anbieten.

Häufiger finden sich Karrierewege, bei denen Eventmanager:innen als selbständige Wedding Planner oder Hotelvermittler:innen und Location Scout tätig werden – also für Firmenkunden oder Privatpersonen auf Kommissionsbasis die Suche nach dem geeigneten Hotel oder der passenden Location übernehmen. Nach Absprache mit dem Arbeitgeber kann dies auch als Nebenjob erfolgen.

23.8 Fazit

Das Eventmanagement von Eventlocations und Tagungshotels stellt ein sehr abwechslungsreiches und vielseitiges Tätigkeitsfeld dar. Individuelle Präferenzen hinsichtlich der Betriebsart, Internationalität des Kundenumfeldes, Art der Veranstaltung – von Standardmeetings über Tagungen und Messen bis hin zu exklusiven Events – und Arbeitsweisen lassen sich aufgrund der Diversität der MICE-Branche relativ gut bei der Karriereplanung berücksichtigen. Dank seiner zahlreichen Möglichkeiten zur fachlichen und persönlichen Weiterentwicklung eignet sich dieses Berufsfeld auch besonders nach einer abgeschlossenen Ausbildung oder absolviertem Hochschulstudium für Berufseinsteiger:innen mit Organisationsgeschick und einer eigenverantwortlichen Arbeitsweise oder Quereinsteiger:innen, die bereits die ein oder andere praktische Event-Erfahrung mitbringen. Kurzum: Die MICE-Welt bietet spannende Tätigkeiten, bei denen es nie langweilig wird.

Theresa Troglauer ist Hospitality- & MICE-Expertin mit langjähriger Vertriebserfahrung in der Privat- und Kettenhotellerie. Sie studierte Tourismusmanagement an der Technischen Hochschule Deggendorf und begann anschließend ihre Karriere im Hotel Sales in einem Individualhotel südlich von München. Nach dem Wechsel in eine inhabergeführte Hotelkette mit mehreren Tagungshotels in Deutschland und Österreich spezialisierte sie sich auf das Segment „MICE". Für eine Hotelbetreibergesellschaft mit rund 100 Häusern im DACH-Raum verantwortete sie bis 2020 den Vertriebsbereich „MICE & Business Groups". Während der Covid-19-Pandemie schloss Theresa Troglauer erfolgreich ihr Masterstudium in Hospitality Management an der Hochschule München ab. Parallel dazu war sie im Sales Operations für ein Start-up für Meeting-Technologie sowie als Freelancerin in vertrieblichen und touristischen Projekten tätig. Heute unterstützt und berät Theresa Troglauer als Sparringspartnerin unter anderem Hotels, touristische Organisationen und Tech-Startups bei strategischen wie operativen Themen im Bereich MICE, Sales, Digitalisierung und den Besonderheiten der Hospitality-Branche. Außerdem liegt ihr Nachwuchsförderung am Herzen, sie ist als Lehrbeauftragte und Dozentin an Hochschulen tätig und Co-Autorin von „Der Hotelkompass".

Ausbildung oder Studium". Zudem interessiert sie sich für die bauliche (Weiter-)Entwicklung von Hotelimmobilien und Eventlocations aus der Mitarbeitenden- und Gastperspektive.

Arbeiten in Tourismuslobbying und Tourismuspolitik

24

Markus Pillmayer

Inhaltsverzeichnis

24.1	Einleitung	252
24.2	Aufgaben	253
24.3	Anforderungen	255
24.4	Arbeitszeit	256
24.5	Weiterbildung und Karriere	256
24.6	Einkommen	256
24.7	Selbstständigkeit	257
24.8	Fazit	257
Literatur		258

Zusammenfassung

Dieser Beitrag skizziert das vielfältige Aufgabenspektrum von Interessenvertreter:innen in der Freizeit- und Tourismusindustrie. Neben klassischen Aufgaben wie der strategischen Führung, dem Vertrieb und der Vermarktung verschiedener touristischer Leistungen sind in den letzten Jahren vermehrt neue Aufgabenstellungen im Tourismusmanagement hinzugekommen, die eine Begleitung tourismuspolitischer Entscheidungen notwendig machen. Bedingt durch Herausforderungen wie bspw. Arbeits- und Fachkräftemangel, Digitalisierung, Klimawandel oder auch Overtourism sind tourismuspolitische Rahmenbedingungen erforderlich, um diesen Herausforderungen angemessen zu begegnen. Denn die Tourismusstrukturen sind in erster Linie vor dem Hintergrund föderaler Strukturen, unterschiedlicher Zuständigkeiten und Kompetenzen

M. Pillmayer (✉)
Hochschule München University of Applied Sciences, München, Deutschland
E-Mail: markus.pillmayer@hm.edu

und verschiedener Akteure aus Tourismuspolitik und Freizeit- und Tourismusindustrie durch eine gewisse Komplexität charakterisiert. Somit zählt auch die touristische Interessenvertretung bzw. das Tourismuslobbying zu den zentralen Aufgaben der vielseitigen Akteur:innen in der Freizeit- und Tourismusindustrie.

24.1 Einleitung

Tourismuspolitik hat zum Ziel, die Wettbewerbsfähigkeit der Branche zu stärken und gleichzeitig die langfristige Entwicklung des Tourismus zu fördern. Hierbei geht es um die Schaffung von notwendigen Rahmenbedingungen, die den Tourismus als wichtigen Wirtschaftsfaktor stärken und die gleichzeitig ökologisch und sozial verantwortungsvoll gestaltet werden (Pforr et al., 2024; UNWTO, 2024).

Ein wichtiger Faktor für die Tourismuspolitik ist die Förderung von Investitionen in Infrastruktur und Servicequalität, um das touristische Angebot für Einheimische und Gäste weiter zu verbessern. Hierzu gehören Investitionen u.a. in den Ausbau von Verkehrsverbindungen und die Verbesserung von Übernachtungsmöglichkeiten sowie die Förderung von qualitativ hochwertigen touristischen Angeboten. Dabei berücksichtigt die Tourismuspolitik auch die Bedürfnisse und Erwartungen insbesondere der Besucher:innen, um das touristische Erlebnis kontinuierlich zu verbessern und eine hohe Zufriedenheit der Gäste zu gewährleisten. Themen wie Barrierefreiheit, Nachhaltigkeit und kulturelle Vielfalt spielen in diesem Kontext eine wichtige Rolle.

Allerdings ist Tourismuspolitik mit einigen Herausforderungen konfrontiert: Neben den Nachwirkungen der Covid-19-Pandemie, die immer noch spürbar sind – so sind verschiedene Quellmärkte für Destinationen von den Ankunfts- und Übernachtungszahlen her noch nicht auf Prä-Covid-19-Niveau, andere Destinationen verzeichnen hingegen eine erhöhte Nachfrage – gilt es für touristische Akteur:innen und Leistungsträger:innen, sich regelmäßig in unterschiedlicher und geeigneter Form in den tourismuspolitischen Dialog einzubringen (Hörtnagl-Pozzo et al., 2023; Neumair & Schlesinger, 2021). Sie agieren damit als Tourismuslobbyist:innen (Pillmayer & Scherle, 2013, 2024). Sinn und Zweck ist es, Tourismuspolitik im Sinne der Branche zu gestalten und die notwendigen Rahmenbedingungen zu erhalten, ggf. anzupassen bzw. neu zu schaffen. Essenziell für die Akzeptanz von Tourismuslobbying ist eine transparente, nachvollziehbare Kommunikation und Einbindung relevanter Stakeholder. Nur somit kann Vertrauen in Tourismuslobbying gestärkt und Vorwürfen wie bspw. einer Hinterzimmerpolitik proaktiv begegnet werden. So ist bspw. die Inanspruchnahme von Corona-Staatshilfen in 2020/2021 durch die Lufthansa AG mit der Begründung, ein Logistik- und kein Touristikunternehmen zu sein, diskutabel. Die Verabschiedung einer nationalen Tourismusstrategie in Deutschland 2022 hingegen darf zu Recht als Meilenstein bezeichnet werden.

Viele Destinationen sind aufgrund ihrer föderalen Strukturen mit verschiedenen Verwaltungsebenen konfrontiert, die für einen tourismuspolitischen Dialog oftmals Herausforderungen darstellen, da Anliegen auf unterschiedliche Arten, in unterschiedlicher Form und zu unterschiedlichen Zeitpunkten in Richtung Tourismuspolitiker:innen adressiert werden müssen. Ebenso wichtig ist es zu identifizieren, welche politische Ebene für welches Ansinnen zuständig ist – von der kommunalen Ebene über die Landkreis-, Regierungsbezirks- und Landesebene bis hin zur Bundesebene.[1] Die unterschiedlichen Herausforderungen durch die Vielzahl an Bedürfnisgruppen, die stets sowohl räumlich als auch zeitlich berücksichtigt werden müssen, beinhalten eine Komplexität, die die Tätigkeit von Tourismuslobbyist:innen äußerst abwechslungsreich gestaltet.

24.2 Aufgaben

Grundsätzlich interagieren Tourismuslobbyist:innen in verschiedenen Kontexten auf verschiedenen Ebenen, die wiederum von spezifischen Herausforderungen geprägt sind. Abb. 24.1 zeigt beispielhaft in Grundzügen die komplexe Struktur bzw. den Aufbau des Tourismus in Deutschland mit ausgewählten Stakeholdern, die die verschiedenen föderalen Ebenen adressieren. Je nach Auftrag bzw. Tätigkeitsbeschreibung bspw. einer Destinationsmanagementorganisation (DMO), eines Unternehmens, eines Interessenverbandes o. Ä., können Tourismuslobbyist:innen hier in unterschiedlicher Intensität aktiv sein. Das heißt, die Vertreter:innen der verschiedenen Organisationen und Institutionen können neben ihren beruflichen Aufgaben durchaus auch als Tourismuslobbyist:innen fungieren.

Insbesondere im Kontext eines erfolgreichen Tourismuslobbyings ist es für die Interessenvertreter:innen essenziell zu wissen, mit welchem Anliegen welche politische Ebene zu adressieren ist, um Tourismuspolitik möglichst langfristig zu begleiten und erfolgreich gestalten zu können. Inhaltlich ermöglicht Tourismuslobbying – unabhängig von der konkreten Ausgestaltung – das Platzieren von Informations- und Unterstützungsangeboten ebenso wie das Adressieren von Forderungen. Hierbei ist zu beachten, dass sinnstiftendes und erfolgreiches Tourismuslobbying alle Aspekte in Betracht zieht und den gesamten politischen Prozess wie bspw. von der ersten Idee bis zur Verabschiedung und Veröffentlichung eines Gesetzes nutzt, um aktiv zu werden. Tourismuslobbying steht für eine Form der strategischen Interessenvertretung in Freizeit- und Tourismusindustrie, Tourismuspolitik und Gesellschaft, bei der touristische Interessengruppen versuchen, Exekutive,

---

[1] Diese Strukturen gelten in Deutschland. In anderen Ländern existieren andere Verwaltungsstrukturen mit unterschiedlichen Zuständigkeiten und Rahmenbedingungen. So ist bspw. Großbritannien der einzige europäische Staat ohne eine ausformulierte Verfassung. In Frankreich dominiert eine zentralistisch ausgeprägte Verwaltungsstruktur. In Ländern mit anderen politischen Systemen wie bspw. China mit einer Einparteienpolitik sind die Prozesse nochmals anders gelagert. Die europäische und internationale Ebene soll im vorliegenden Beitrag hingegen nicht näher betrachtet werden, gleichwohl findet Tourismuslobbying hier ebenfalls statt.

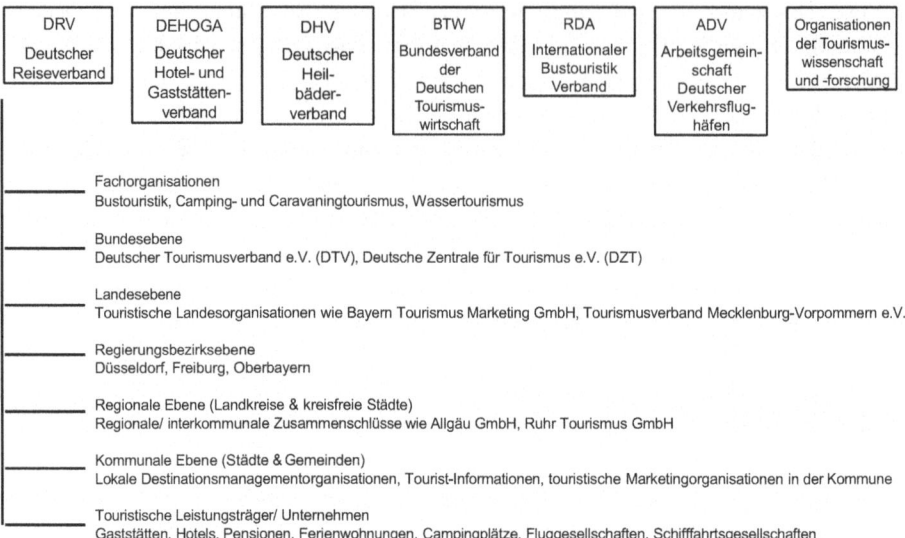

Abb. 24.1 Struktur des Tourismus am Beispiel von Deutschland mit seinen (ausgewählten) Akteuren. (nach Pillmayer & Scherle, 2024)

Legislative und andere offizielle Stellen bei der Ausgestaltung politischer Entscheidungen in ihrem Sinne kritisch zu begleiten. Dies erfolgt vor allem über die Pflege persönlicher Kontakte, Fach- und Branchengespräche, aber auch über eine gezielte Öffentlichkeitsarbeit, mit der Tourismuslobbyist:innen versuchen, tourismuspolitische Mandatsträger:innen zu informieren und in ihrem Sinne zu lenken. In Zeiten von Massenmedien – und insbesondere Social Media – hat dieser Aspekt noch einmal zusätzlich an Relevanz gewonnen, war es doch – gerade aus technologischer Perspektive – noch nie so einfach, eine breite Öffentlichkeit zu erreichen (Pillmayer & Scherle, 2022).

Die ausgeprägte Heterogenität respektive Fragmentierung der Freizeit- und Tourismusindustrie erschwert es den verschiedenen Tourismuslobbyist:innen immer wieder, eine schlagkräftige und vor allem geschlossene Allianz zu bilden und tourismuspolitische Entscheidungen zugunsten der Branche herbeizuführen. Dies wird seitens der Tourismuspolitik durchaus bemängelt, da es der Freizeit- und Tourismusindustrie bis dato nicht gelungen ist, mit einer oder zumindest wenigen Stimmen zu sprechen. Abb. 24.1 veranschaulicht diese Fragmentierung. Darüber hinaus mangelt es an konzertierter Koordination zwischen den einzelnen Akteur:innen, um kontinuierlich auf den unterschiedlichen politischen Ebenen Gehör zu finden. Die Neigung zahlreicher touristischer Interessengruppen, im Rahmen ihrer Tourismuslobbyingaktivitäten mit einer fragmentierten Agenda aufzuwarten, führt immer wieder dazu, dass institutionellen bzw. politischen Vertreter:innen nur eingeschränkt ersichtlich wird, wie sie die Branche am besten unterstützen können. Vor diesem Hintergrund würden es die meisten politischen Mandatsträger:innen begrüßen, wenn die Freizeit- und Tourismusindustrie ihre Partikularinteressen verstärkt bündelt respektive konzertiert auftritt (Vogler, 2022).

Im Kontext eines erfolgreichen Tourismuslobbyings gibt es angesichts der ungemein komplexen Transformationsprozesse und Herausforderungen, mit denen die Freizeit- und Tourismusindustrie konfrontiert wird, kein Patentrezept. Tourismuslobbying ist stets maßgeschneidert an die jeweiligen Bedürfnisse der einzelnen Stakeholder anzupassen. Oder wie González postuliert: „Lobbyism can be regarded as an investment" (2006, S. 295).

24.3 Anforderungen

Tourismuslobbyist:innen im deutschsprachigen Raum kommen aus den unterschiedlichsten Disziplinen. So finden sich neben verschiedenen beruflichen Ausbildungsberufen wie bspw. der/dem Kauffrau/Kaufmann für Tourismus und Freizeit oder der/dem Tourismusfachwirt:in auch Absolvent:innen verschiedener universitärer Studiengänge wie bspw. Betriebswirtschaftslehre, Geographie, Politikwissenschaft oder auch Soziologie. Angesichts des Rückzugs der meisten Universitäten aus dem Freizeit- und Tourismussegment (Hörtnagl-Pozzo et al., 2021) stoßen verstärkt Studiengänge aus dem Hochschulbereich in diese Lücke, die sich zumindest im Rahmen einzelner Lehrformate mit Tourismuspolitik und ggf. mit Tourismuslobbying beschäftigen. Die vielseitigen Anforderungen an Tourismuslobbyist:innen lassen sich vor dem Hintergrund des steten Wandels der Branche daher nicht auf einen Ausbildungsschwerpunkt oder einen Studiengang reduzieren. Arbeitgeber:innen sollten sich jedoch bewusst machen, dass ein Mindestmaß an Fachkenntnissen der Freizeit- und Tourismusindustrie eine unabdingbare Voraussetzung darstellt, gerade in einem internationalen Wettbewerbsumfeld. Zu oft erweist sich eine Personalentscheidung aufgrund nur einer Kompetenz wie bspw. Kenntnisse der Betriebswirtschafts- oder reiner Managementlehre mittel- bis langfristig als nicht ausreichend. Die Probezeit wird entweder nicht erfolgreich absolviert, oder es erfolgt eine Trennung im gegenseitigen Einvernehmen nach nur kurzer Zeit. Beides kann nicht im Interesse der zahlreichen Stakeholder in der Freizeit- und Tourismusindustrie sein. Neben relevanten Fachkenntnissen sollten Tourismuslobbyist:innen auch über ausgewiesene soziale Kompetenzen verfügen, um sich angemessen auf unterschiedliche Szenarien einstellen zu können (Hristov & Zehrer, 2015; Pillmayer et al., 2023). So erfordert das Management der verschiedenen Bedürfnisgruppen, die allesamt ihre individuellen Interessen verfolgen, ein hohes Maß an Flexibilität und Empathie. Vor dem Hintergrund der starken Politisierung des Tourismus gerade in tourismusstarken Destinationen, ist ebenfalls ein Interesse an tourismuspolitischen Entscheidungsprozesse von Nöten, die es aktiv zu begleiten und mitzugestalten gilt (Pillmayer & Scherle, 2013). Daher liegen die Motive, sich als Tourismuslobbyist:in zu engagieren, auf der Hand: Zum einen ist es die Notwendigkeit, die gesetzlichen Rahmenbedingungen der Querschnittsbranche Tourismus – bestehend u.a. aus den Segmenten Mobilität, Unterkunft, Einzelhandel, Handwerk, um nur wenige zu nennen – aktiv mitzugestalten. Zum anderen gilt die Freizeit- und Tourismusindustrie seit Jahren global als Wachstumsbranche und leistet einen immanenten Beitrag zur Lebensqualität von Tourist:innen und Einheimischen vor Ort.

24.4 Arbeitszeit

Die Arbeitszeit von Tourismuslobbyist:innen bewegt sich in der Regel innerhalb der üblichen Bürozeiten. Allerdings können gerade bei Branchenveranstaltungen oder im Zuge von Wahlen auch Abendtermine oder Termine an Sonn- und Feiertagen anfallen, ebenso wie ggf. an Wochenenden.

24.5 Weiterbildung und Karriere

Durch die verschiedenen Ebenen und Akteur:innen in der Freizeit- und Tourismusindustrie besteht die Möglichkeit, innerhalb oder zwischen den Ebenen zu wechseln (vgl. Abb. 24.1). Ebenso können Tourismuslobbyist:innen bei einem Leistungsträger im Netzwerk tätig sein oder in einer nahegelegenen Branche wie bspw. Consulting, Kulturförderung, Natur- und Umweltschutz, Stadtmarketing, Standortentwicklung, Wirtschaftsförderung u.a. Sofern sich touristische Akteur:innen wie bspw. Unternehmer:innen politisch engagieren, kann auch ein Wechsel in die Legislative (= Parlament) oder Exekutive (= Regierung) möglich sein. Das ist bspw. in Ländern wie Deutschland, Österreich oder der Schweiz durchaus realistisch. Für den politischen Dialog bieten sich zahlreiche Möglichkeiten der beruflichen Weiterentwicklung, die im Netzwerk erfolgen können. Anbieter können privater Natur sein oder bspw. Branchenvertretungen umfassen.

24.6 Einkommen

Das Einkommen kann sich nach dem Tarifvertrag für den Öffentlichen Dienst (TVöD) bzw. nach dem Tarifvertrag für den öffentlichen Dienst der Länder (TVL) richten. Beides unterscheidet sich im Vergleich der Bundesländer, kann also differieren. Das Spannungsfeld bewegt sich von etwa 45.000 bis 80.000 € (brutto) Jahresgehalt. Ist die/der Tourismuslobbyist:in bspw. bei einem Unternehmen in Form einer GmbH angestellt, kann eine außertarifliche Entlohnung erfolgen (etwa 100.000 € brutto Jahresgehalt). Weitere Benefits wie bspw. dienstliches Smartphone, Homeoffice oder Reisevergünstigungen sind möglich, jedoch Verhandlungssache.

24.7 Selbstständigkeit

Eine Selbstständigkeit im Tourismuslobbying ist nicht vorgesehen. Wird das Tourismuslobbying aber bspw. durch eine Agentur übernommen, kann es sich um eine selbstständige Tätigkeit handeln.

24.8 Fazit

Die Tätigkeit als Tourismuslobbyist:in ist von großem Abwechslungsreichtum und hoher Interaktion mit den verschiedensten Menschen geprägt. Hinzu kommt, dass Tourismuslobbyist:innen mit allen Teilbranchen der Freizeit- und Tourismusindustrie in Berührung kommen, sei es Airline, Consulting, Gastgewerbe, Reiseveranstalter oder Unterkunftsgewerbe, um nur wenige zu nennen. Auf politischer Seite können sich Tourismuslobbyist:innen auf allen politischen Ebenen bewegen, je nach Anlass und Fragestellung. Tourismuslobbyist:innen können sich bei einem erfolgreichen Wechsel in die Legislative oder Exekutive – sofern sie sich parteipolitisch engagieren und zur Wahl stellen – auch direkt in die Ausgestaltung von Gesetzen oder Verordnungen einbringen. Engagierte und innovative Tourismuslobbyist:innen leisten einen maßgeblichen Beitrag zum tourismuspolitischen Dialog mit politischen Mandatsträger:innen, zur Freizeit- und Tourismusentwicklung, und verfügen im Kontext ihrer Rahmenbedingungen über ein hohes Maß an Gestaltungsmöglichkeiten.

Weiterführende Links zu Websites
Arbeitskreis Tourismusforschung in der Deutschen Gesellschaft für Geographie (DGfG) e.V. (AKTF): https://www.ak-tourismusforschung.org/de/wir-ueber-uns/
Bundesministerium für Landwirtschaft, Regionen und Tourismus: https://www.bml.gv.at/
Bundesministerium für Wirtschaft und Klimaschutz (BMWK): https://www.bmwk.de/Redaktion/DE/Dossier/tourismus.html
Deutsche Gesellschaft für Tourismuswissenschaft e.V. (DGT): https://www.dgt.de
Deutsche Zentrale für Tourismus e.V. (DZT): https://www.germany.travel/de/startseite.html
Deutscher Bundestag, Ausschuss für Tourismus: https://www.bundestag.de/tourismus
Deutscher Tourismusverband e.V. (DTV): https://www.deutschertourismusverband.de/
Staatssekretariat für Wirtschaft SECO: https://www.seco.admin.ch/seco/de/home/Standortfoerderung/Tourismuspolitik.html
UNWTO (World Tourism Organization der UN): https://www.unwto.org/

Literatur

González, P. d. R. (2006). Implementing the EU emissions trading directive in Spain: A comparative study of corporate concerns and strategies in different industrial sectors. In R. Antes, R. Antes, & B. Hansjürgens (Hrsg.), *Emissions trading and business* [workshop in November 2003 at the Leucorea, the former University of Wittenberg/Germany (S. 293–312)]. Physica-Verlag. https://doi.org/10.1007/3-7908-1748-1_20.

Hörtnagl-Pozzo, T., Klein, A., Pillmayer, M., Roth, R., & & Schmude, J. (Hrsg.). (2023). *Schriften zu Tourismus und Freizeit: Bd. 26. Transformation im Tourismus: Perspektiven für eine resiliente und nachhaltige Erlebnisökonomie* (1. Aufl.). Schmidt KG. https://www.ESV-Campus.de/978-3-503-21187-6. https://doi.org/10.37307/b.978-3-503-21187-6.

Hörtnagl-Pozzo, T., Klein, A., Pillmayer, M., & Schmude, J. (2021). Auswirkungen der COVID-19-Pandemie auf die deutschsprachige Tourismushochschullandschaft – aktuelle Einschätzungen und zukünftige Perspektiven. *Zeitschrift für Tourismuswissenschaft, 13*(3), 387–404. https://doi.org/10.1515/tw-2021-0031

Hristov, D., & Zehrer, A. (2015). The destination paradigm continuum revisited: DMOs serving as leadership networks. *Tourism Review, 70*(2), 116–131. https://doi.org/10.1108/TR-08-2014-0050

Neumair, S.-M., & Schlesinger, D. M. (2021). *Tourismuspolitik. De Gruyter Studium.* De Gruyter Oldenbourg. https://doi.org/10.1515/9783110663891.

Pforr, C., Pillmayer, M., Joppe, M., Scherle, N., & Pechlaner, H. (Hrsg.). (2024). *Tourism policy-making in the context of contested wicked problems.* Emerald Publishing Limited.

Pillmayer, M., Obermeyer, N. J., Scherle, N., & Rundshagen, V. (2023). Sustainable development goals and humanistic management in hospitality and tourism: Systemic approaches and application-oriented perspectives using the example of family businesses. *Zeitschrift für Tourismuswissenschaft, 15*(2), 134–152. https://doi.org/10.1515/tw-2023-2005

Pillmayer, M., & Scherle, N. (2013). Tourismuslobbying als strategisches Instrumentarium für eine erfolgreiche Interessenpolitik im Spannungsfeld von Destinationsmanagement und Tourismuspolitik? Das Fallbeispiel Bayern. *Zeitschrift für Tourismuswissenschaft, 5*(1), 89–106. https://doi.org/10.1515/tw-2013-0108.

Pillmayer, M., & Scherle, N. (2022). Lobbying. In D. Buhalis (Hrsg.), *Encyclopedia of tourism management and marketing* (S. 89–91). Elgar. https://doi.org/10.4337/9781800377486.lobbying.

Pillmayer, M., & Scherle, N. (2024). Only those who can shout loud enough will be heard? Tourism lobbying in a turbulent world of wicked problems in Germany. In C. Pforr, M. Pillmayer, M. Joppe, N. Scherle, & H. Pechlaner (Hrsg.), *Tourism policy-making in the context of contested wicked problems.* Emerald Publishing Limited.

UNWTO. (23 Januar 2024). Policy and destination management|UNWTO. https://www.unwto.org/policy-destination-management. Zugegriffen: 26. Apr. 2024.

Vogler, R. (2022). Lobbying in tourism. In D. Buhalis (Hrsg.), *Encyclopedia of tourism management and marketing* (S. 91–94). Elgar. https://doi.org/10.4337/9781800377486.lobbying.in.tourism.

Prof. Dr. Markus Pillmayer lehrt Destinationsmanagement, Destinationsentwicklung und Tourismuspolitik an der Hochschule München. Zuvor hatte er die Professur für International Destination Management an der Technischen Hochschule Deggendorf inne. Er ist u.a. im Fachbeirat Tourismus Oberbayern München e.V. (TOM), im Forschungsbeirat Deutsches Wirtschaftswissenschaftliches Institut für Fremdenverkehr e.V. an der Universität München (dwif e.V.), im wissenschaftlichen Beirat Deutsches Institut für Tourismusforschung e.V. und im Vorstand der Deutschen Gesellschaft für

Tourismuswissenschaft e.V. (DGT) aktiv. Vor seiner akademischen Laufbahn war er in führenden Positionen der deutschen Tourismuswirtschaft und -politik tätig.

Arbeiten in touristischen Unternehmensberatungen

25

Isabell Decker

Inhaltsverzeichnis

25.1 Einleitung 262
25.2 Aufgaben 262
25.3 Fazit 264
25.4 Anforderungen 265
25.5 Arbeitszeit 266
25.6 Weiterbildung und Karriere 266
25.7 Selbstständigkeit 268
25.8 Einkommen 268
Literatur 269

Zusammenfassung

Dieses Kapitel beschreibt das Berufsfeld der touristischen Unternehmensberatung, welches ideal ist für Menschen, die langfristig eine steile Lernkurve und abwechslungsreiche Projekte in einem dynamischen Umfeld bevorzugen, Veränderung bewirken und den Wandel aktiv gestalten wollen. Die touristische Unternehmensberatung ist nicht vergleichbar mit bekannten Beratungsunternehmen wie McKinsey, Boston Consulting und Co. Die Arbeitszeiten können zwar auch projektbedingt variabel sein und ein gewisses Maß an entsprechender Flexibilität und Eigeninitiative erfordern, jedoch sind aufgrund der begrenzten Projektbudgets die Reiseintensität und Gehälter nicht vergleichbar. Die Karrieremöglichkeiten sind vielfältig. Berufsanfänger:innen übernehmen sowohl operative als auch unterstützende strategische Arbeiten und begleiten Projekte in allen Phasen. Zu den operativen Tätigkeiten gehört beispielsweise

---

I. Decker (✉)
Saint Elmo's Tourismusmarketing GmbH, München, Deutschland
E-Mail: i.decker@saint-elmos.com

das Projektmanagement, d.h. die Koordination von Terminen, die Kommunikation mit den Kund:innen sowie unterstützende Tätigkeiten im Hintergrund. Darüber hinaus übernehmen sie Verantwortung in der Analysephase, führen Recherchen durch und entwickeln gemeinsam mit erfahrenen Kolleg:innen Lösungsansätze und Konzepte. Für den Einstieg ist einschlägige Erfahrung durch Praktika und/oder Werkstudent:innen-Tätigkeiten von Vorteil und oftmals mehr als gewünscht. Bei den Bewerber:innen zählt eine gute Kombination aus fachlicher, methodischer, sozialer und persönlicher Kompetenz.

25.1 Einleitung

Das Berufsfeld der touristischen Unternehmensberatung ist insbesondere für Menschen geeignet, die eine schnelle Entwicklung und steile Lernkurve bevorzugen. Aufgrund des Projektgeschäftes ist die Arbeit in der Unternehmensberatung sehr abwechslungsreich. Es gibt immer wieder neue Kund:innen bzw. Auftraggeber:innen, Themen, Herausforderungen und Fragestellungen. Touristische Unternehmensberater:innen gestalten gemeinsam mit den Kund:innen den Tourismus von morgen. Entsprechend kann man in jedem Projekt wertvolles Wissen generieren, sich neue Fähigkeiten aneignen und von Beginn an ein Netzwerk aufbauen.

Die Beratung bietet gute Aufstiegschancen, man sollte aber eine hohe Motivation und intrinsischen Antrieb mitbringen, die Branche zu gestalten.

25.2 Aufgaben

Als Einsteiger:in, d.h. Projektassistenz bzw. Analyst:in oder auch Junior Consultant (Hinweis: oftmals werden die Stellen Projektassistenz und Analyst:in synonym verwendet. Für den Einstieg als Junior Consultant wird in der Regel einschlägige Erfahrung durch Praktika und/oder Werkstudent:innen-Tätigkeit gefordert) in der touristischen Unternehmensberatung nimmt man sowohl operative als auch unterstützende strategische Aufgaben wahr. Die operativen Aufgaben nehmen dabei zeitlich den größten Anteil ein. Projekte können je nach Auftrag und Volumen in drei bis fünf Phasen unterteilt werden. In den meisten Fällen gibt es aber immer eine Analysephase, eine Konzeptions-/Entwicklungsphase und eine Umsetzungsphase, manchmal eine Gestaltungs- und/oder Überprüfungsphase.

In zahlreichen touristischen Beratungen übernehmen Einsteiger:innen die Koordination und das Projektmanagement. Dazu gehören bspw. das Anlegen eines gemeinsamen Kommunikationskanals und die Freischaltung einer Plattform zum Austausch, für die Ablage und gemeinsame Bearbeitung von Dokumenten, die Koordination von Terminen und Teilnahme an möglichen Jour-fixe-Terminen mit dem:der Auftraggeber:in, interne Tätigkeiten wie das Anlegen von Abrechnungsplänen etc.

Als Berufseinsteiger:in bearbeitet man insbesondere in der ersten Phase, der Analysephase, viele Aufgaben zwar in Abstimmung mit der Projektleitung und ggf. einem oder einer Sparringspartner:in bzw. Mentor:in, man arbeitet jedoch zu einem großen Teil eigenverantwortlich. Solche Aufgaben sind beispielsweise Recherchearbeiten, Sekundäranalysen und Desk Research, das Beschaffen und Auswerten projektrelevanter Daten und deren Visualisierung in anschaulicher Form (bspw. Info-Grafiken). Die Ergebnisse der Analyse werden anschließend zusammengefasst und gemeinsam mit erfahrenen Kolleg:innen diskutiert. Hier unterstützt bspw. der:die Einsteiger:in und bereitet die Ergebnisse auf.

Während oder am Ende einer Analysephase finden oftmals erste Termine mit Workshopformaten mit dem Kunden und weiteren Akteurs- und Anspruchsgruppen statt. Hier arbeitet der:die Analyst:in bei der Vorbereitung der Veranstaltung mit, d.h. bei der Aufbereitung einer anschaulichen Präsentation, der Entwicklung von Moderations- und Workshopkonzepten und auch bei der Organisation von Workshop- und Moderationsmaterial, Einladungsmanagement etc. Je nach Budget und Format begleitet der:die Einsteiger:in auch die Veranstaltung vor Ort oder digital und kümmert sich um die Nachbereitung und Dokumentation. Hierzu gehören Aufgaben wie das Überprüfen des (digitalen) Veranstaltungsraums auf Basis des Formats (Bestuhlung, Utensilien, Breakout-Sessions etc.), der Technikcheck, die Prüfung von Informations- und Workshopmaterial vor Ort und je nach Format die gemeinsame Präsentation oder Übernahme von Teilbereichen der Präsentation (bspw. Analyseergebnisse) sowie Co-Moderation bei Workshopsequenzen.

Nach Abschluss der Analysephase entwickelt das Projektteam je nach Auftrag gemeinsam Lösungsansätze bzw. Konzepte und/oder Strategien. Auch hier unterstützt der:die Analyst:in, koordiniert interne Arbeitstermine und bereitet diese gemeinsam mit dem Team inhaltlich und organisatorisch vor. Falls auch in der Entwicklungsphase Kundentermine geplant sind, wirkt der:die Einsteiger:in auch bei diesen mit.

Wenn die Lösungsvorschläge oder Strategien verabschiedet wurden, gilt es oftmals, ein Ergebnisdokument zu entwickeln. Hier unterstützt der:die Einsteiger:in und verfasst (Unter-)Kapitel in Abstimmung mit erfahrenen Kolleg:innen, erstellt Grafiken, visualisiert Inhalte (bspw. Umsetzungsplan mit Zeitachse), übernimmt Formatierungsarbeiten etc.

Neben der Projektarbeit beteiligt man sich als Berufseinsteiger:in auch an der Akquise neuer Kund:innen. In diesen Kontext gehören Aufgaben wie das Bereitstellen von gemeinsam zu bearbeitenden Dokumenten, die Aufbereitung von standardisierten Bausteinen wie bspw. die Unternehmensvorstellung oder die Vorstellung des Projektteams in enger Abstimmung mit dem Akquisitionsteam und/oder dem:der jeweiligen verantwortlichen Kolleg:in. Darüber hinaus können auch Recherche (z.B. touristische Ausgangslage) und/oder erste Analysetätigkeiten (z.B. relevante Kennzahlen) anfallen.

Mit steigender Projekterfahrung und Kompetenz (fachlich, methodisch, sozial und persönlich), nimmt die Verantwortung in den Projekten zu. Das heißt, zunächst werden Aufgabenpakete eigenverantwortlich bearbeitet, anschließend dem Team präsentiert, gemeinsam diskutiert und weiterentwickelt. Anschließend können kleine (Teil-)Projekte folgen, die schrittweise selbst verantwortet werden. Damit steuert der:die Consultant nach und nach Projekte, übernimmt die Kommunikation mit Kund:innen und Projektpartner:innen und das Controlling von Projektbudgets. Das bedeutet, der:die Consultant wächst sukzessive in die Leitung von Projekten hinein, entwickelt sich zum „Senior", führt in diesem Rahmen Projektteams und entwickelt persönlich fachliche/thematische Schwerpunkte.

Im Rahmen der fachlichen Entwicklung kann der:die Senior Consultant weitere Aufgaben übernehmen. Hierzu gehören beispielsweise die (Weiter-)Entwicklung von bestehenden oder neuen Produkten und Leistungen auf Basis der Anforderungen des Marktes, Vorträge und Keynotes zu konkreten Themen oder Fragestellungen und/oder die aktive Akquise von neuen Kund:innen (d.h. Begleitung von Ausschreibungen, Angebotslegung, Kalkulation etc.) sowie das Binden von Bestandskund:innen mit oder ohne klar definierte Umsatzziele.

Eine Perspektive aus meiner Beratungspraxis

Seit mehr als sieben Jahren bin ich in der touristischen Unternehmensberatung tätig und bis heute schätze ich die Arbeit mit unterschiedlichen Kund:innen, Projektpartner:innen, Teams, Fragestellungen und Projekten sehr. Die inhaltlichen Schwerpunkte sind vielfältig und die Lernkurve ist kontinuierlich steil.

Die Berater:innen sollten im Rahmen der Projekte die richtigen Fragen stellen. Es geht oftmals nicht darum, die perfekte Antwort zu geben, sondern darum, was das Ziel ist („Wo wollen wir hin?"). Auf dieser Basis kann ein Weg zum Ziel aufgezeichnet werden („Wie kommen wir dorthin?"), um dann klar zu definieren, welche konkreten Maßnahmen umgesetzt werden müssen („Was genau ist zu tun?") um das Ziel zu erreichen.

Wichtig ist, die Kund:innen und je nach Fragestellung auch deren Zielgruppe im Detail zu kennen und echtes Verständnis für Anforderungen und Bedürfnisse aufzubauen.◄

25.3 Fazit

Die touristische Unternehmensberatung ist für motivierte Menschen, die etwas bewegen wollen, ein toller Einstieg und kann auch langfristig das richtige Berufsfeld bleiben. Eine gewisse Belastbarkeit sollte vorhanden sein, da oftmals mehrere Projekte zeitlich parallel bearbeitet werden. Berater:innen sollten Projekte jonglieren und sich immer wieder schnell an neue Situationen, Fragestellungen etc. anpassen können. Dazu kommt Reisetätigkeit, die ebenfalls ein hohes Maß an Flexibilität verlangt, wenngleich sowohl Reiseintensität und Gehälter aufgrund begrenzter Projektbudgets nicht vergleichbar sind mit bekannten Beratungsunternehmen wie McKinsey, Boston Consulting und Co. Die Lernkurve ist steil, insbesondere wenn der:die (Junior) Consultant Eigeninitiative und Engagement zeigt. Arbeitgeber:innen achten verstärkt auf eine gute Balance zwischen Arbeit und Freizeit, die Vereinbarkeit von Familie und Beruf etc. und entwickeln individuelle Lösungen auf Basis der Anforderungen und Bedürfnisse der Mitarbeiter:innen.

Menschen, die Wert auf Abwechslung legen, sind in der touristischen Unternehmensberatung genau richtig. Fragestellungen, Situationen, Kund:innen, Ansprechpartner:innen und Projektpartner:innen verändern sich stetig. Darüber hinaus knüpft man viele Kontakte. Dieses Netzwerk ist sowohl privat als auch beruflich ein toller Nebeneffekt.

25.4 Anforderungen

Um in der touristischen Unternehmensberatung einsteigen zu können, wird ein abgeschlossenes (Fach-)Hochschulstudium mit Bachelor- oder Masterabschluss oder eine vergleichbare Qualifikation als ein „Hard-Skill" benötigt. Der Schwerpunkt kann beispielsweise Betriebs- oder Volkswirtschaftslehre, Geografie, Tourismus o. Ä. sein.

Erste berufliche Erfahrungen im Tourismus sind ideal. Dazu gehören beispielsweise eine Ausbildung im Tourismus, d.h. in Tourismusorganisationen, -verbänden, in der Hotellerie oder Gastronomie, im Event- und Veranstaltungsbereich o.Ä. sowie einschlägige Praktika und/oder Tätigkeiten als studentische Hilfskraft. Darüber hinaus sollten sehr gute Sprach- und MS-Office-Kenntnisse (Excel, Word, PowerPoint) sowie ein guter Umgang mit digitalen Produktmanagement- und Kommunikationstools vorliegen.

Soft Skills kann man in methodische, persönliche und soziale Kompetenzen unterscheiden. Für den Tourismus und die Arbeit in der touristischen Unternehmensberatung haben die persönlichen Kompetenzen erfahrungsgemäß die höchste Relevanz, denn grundsätzlich sollte eine große Begeisterung für den Tourismus vorhanden sein. Das Interesse an bzw. die Affinität zu Reisen und Urlaub ist in diesem Kontext nicht ausreichend, sondern es geht darum, den Tourismus und das System zu verstehen und den Tourismus von morgen zu gestalten. Voraussetzung dafür sind intrinsische Motivation und Antrieb, Engagement und Neugierde, um Fragestellungen oder Herausforderungen für touristische Kund:innen zu lösen, und Verständnis für die Branche mit all ihren Facetten, um zielorientierte Ansätze und Lösungen zu entwickeln.

Darüber hinaus sollten methodische Kompetenzen wie sehr gute analytische, konzeptionelle und kommunikative Fähigkeiten sowie Auffassungsgabe vorhanden sein, um komplexe Fragestellungen und/oder Herausforderungen bearbeiten zu können. Es braucht unternehmerisches Denken und ein Hohes Maß an Verständnis für die Kund:innen, deren

Zielgruppe und Produkte sowie den eigenen Betrieb. Es sollte ein hohes Maß an Eigeninitiative gezeigt werden. Selbstständiges, strukturiertes sowie ergebnisorientiertes Arbeiten innerhalb eines Teams sind essenziell. Dazu gehört eine ausgeprägte Kundenorientierung.

Insbesondere durch die möglichen hohen Anteile an Remote- bzw. Mobile-Office ist ein hohes Maß an Selbstmanagement, Eigenverantwortung, Zuverlässigkeit und Vertrauenswürdigkeit das A und O.

In der touristischen Unternehmensberatung arbeitet man für und mit Menschen. Projekte werden oftmals als Team mit mehreren Mitgliedern mit unterschiedlichen Schwerpunkten bearbeitet. Ebenso gibt es auch auf Kundenseite Projektteams, Steuerungsgruppen o. Ä. sodass soziale Kompetenzen ebenso wichtige „Soft Skills" darstellen wie die vorab genannten methodischen und persönlichen Kompetenzen. Wichtig sind Kompetenzen wie Empathie, Teamfähigkeit und -orientierung, Verantwortung sowie Reflexion.

25.5 Arbeitszeit

Die Arbeitszeit in der touristischen Unternehmensberatung ist stark abhängig vom Projektgeschäft und variiert entsprechend den Projektphasen, Kund:innen, jeweiligen Rollen und Verantwortlichkeiten.

Die Arbeit ist definitiv kein „9-to-5"-Job. Hochphasen mit entsprechend höherer Arbeitsbelastung entstehen oftmals vor Präsentationsterminen, Fristen und Abgaben, Veränderungen aufgrund externer, nicht berechenbarer Faktoren oder auch kritischer Projektphasen.

Grundsätzlich hat in den letzten Jahren auch hier ein Umdenken stattgefunden und 60 bis 80 Stundenwochen oder unberechenbare Arbeitszeiten gehören der Vergangenheit an. Die grundsätzliche Bereitschaft, einen Schritt mehr zu gehen, und Flexibilität im Kontext der Arbeitszeit sind weiterhin aufgrund des Projektgeschäftes und auch der damit einhergehenden Reisetätigkeit gefordert. Neben den, auch von touristischen Unternehmensberatungen, einzuhaltenden Rahmenbedingungen des Arbeitszeitgesetzes ist eine deutliche Entwicklung hin zur Work-Life-Balance mit individuellen Maßnahmen erkennbar. Arbeit an Wochenenden sollte nur in Ausnahmefällen anfallen.

25.6 Weiterbildung und Karriere

Die Karrieremöglichkeiten in der touristischen Unternehmensberatung sind vielfältig. Um in einer touristischen Unternehmensberatung zu arbeiten, brauchen Mitarbeiter:innen eine gewisse Motivation und den Antrieb, lebenslang zu lernen und sich konsequent weiterzuentwickeln, nicht zuletzt, da sich die Anforderungen und Rahmenbedingungen der Branche und der Kund:innen dynamisch verändern.

Grundsätzlich ist es immer möglich, innerhalb der touristischen Unternehmensberatung eine Fach- oder Führungskarriere oder auch Kombination aus Beidem anzustreben. Klassische Beförderungsstufen sind hier Projektassistenz/Analyst:in, Junior Consultant, Consultant, Senior Consultant. Der Aufstieg erfolgt klassisch durch Leistung, Kompetenz und Berufserfahrung. Je nach Betriebsgröße gibt es weitere Positionen für Führungskräfte (Head of, Teamlead etc.). Die Größe der Teams ist abhängig von unterschiedlichen Faktoren und kann sich entsprechend den Marktbedingungen sowie der Unternehmensstrategie verändern. Die Positionen verantworten in der Regel inhaltliche Bereiche/Portfolios/Geschäftsfelder sowie die zugeordneten Mitarbeiter:innen fachlich und disziplinarisch. Das heißt, neben Aufgaben zur Weiterentwicklung des Portfolios/Geschäftsfelds mit konkreten (Lösungs-)Ansätzen und Produkten werden auch Aufgaben im Kontext von Teamführung inkl. administrative Aufgaben (Koordination von Entwicklungs- und Jahresgesprächen etc.) übernommen.

In der Freizeit- und Tourismuswirtschaft kann beispielsweise zwischen den fachlichen Schwerpunkten Destination (d.h. Tourismusorganisationen, Regionen, Kommunen etc.) und Infrastruktur (Betriebe wie Hotellerie, Thermen- und Bäder, freizeit-touristische Betriebe etc.) differenziert werden. Darüber hinaus gibt es Bereiche/Themen/Funktionen wie Organisationsentwicklung, Prozessoptimierung, Digitalisierung, Markenentwicklung, Vertrieb, Betriebsanalysen, strategisches Marketing, Unternehmensnachfolge, Transaktionsberatung, Betreibersuche u.Ä., welche zahlreiche Möglichkeiten zur fachlichen Spezialisierung bieten. Neben den breit aufgestellten touristischen Unternehmensberatungen gibt es weitere, die sich beispielsweise auf Hotellerie, Gastronomie, Bäderbetriebe, Mobilität etc. spezialisiert haben und auch hier unterschiedlichste Disziplinen (Bewertung, Controlling, Marketing, HR etc.) abdecken. Um Fachexpert:in und erste Ansprechperson für ein Thema zu werden, ist Erfahrung aus zahlreichen Projekten erforderlich, die durch unterschiedliche interne und externe fachliche Fort- und Weiterbildungen, Zertifikatslehrgänge, Schulungsprogramme o.Ä. ergänzt werden kann. Unterstützen können hier zahlreiche Universitäten, Fach- und Hochschulen, aber auch die regionalen IHK-Akademien und Agenturen. Zu empfehlen sind in diesem Kontext auch internationale Anbieter, die den Horizont mit internationalen Teilnehmer:innen und Themen erweitern wie bspw. die DesignThinkers Academy.

Empfehlenswert sind einschlägige Branchenevents mit inhaltlichen Mehrwerten durch Workshopsequenzen oder hochwertige Keynotes und Netzwerkcharakter (beispielsweise das DestinationCamp, TalkTourism, 101 Future Hospitality Days, ÖHV Kongress etc.). Darüber hinaus gibt es zahlreiche BarCamps (bspw. Castlecamp, Hotelcamp etc.) mit unterschiedlichen Schwerpunkten, die praxisnahe Einblicke bieten.

Darüber hinaus ist die Entwicklung von Fähigkeiten und Kompetenzen im Bereich der Kommunikation und Präsentation in der Beratung essenziell. In zahlreichen Projekten sind verschiedenste Veranstaltungsformate (Jour fixe, Arbeitssitzungen, Workshops, Ergebnispräsentationen etc.) mit unterschiedlichsten Teilnehmer:innenzahlen integriert. Auch hier gibt es diverse Trainings, wie beispielsweise Grundlagen der Moderation, Workshopmoderation, Mediation etc., um sich verbal und methodisch für Veranstaltungen in Präsenz oder auch im digitalen Raum fit zu machen. Die Erfahrung im Bereich Kommunikation zeigt, dass durch „Training on the job", d.h. die Übernahme von kleinen Präsentationen, die Vorbereitung und die Durchführung von einzelnen Workshopsequenzen mit direktem Feedback von erfahrenen Kolleg:innen als Trainer:innen, sehr gute Ergebnisse in kurzer Zeit erzielt werden und der:die Lernende Sicherheit und Routine entwickeln kann.

Neben Kompetenz im Bereich der Kommunikation ist Methodenkompetenz für die erfolgreiche Bearbeitung von Projekten, Problem- oder Fragestellungen von Kund:innen von Relevanz. Auch hier ist „Training on the job" eine Möglichkeit, die durch externes Training und Ausbildungen ergänzt werden kann. Hierzu zählen bspw. Methoden wie Design Thinking, Scrum Master, Lean Management etc.

Des Weiteren können je nach Betriebsgröße weitere Aufgaben und Rollen übernommen werden, beispielsweise Recruiting und Talentmanagement für unterschiedliche Level, Partnerschaften und Kooperationen, Teamevents etc.

25.7 Selbstständigkeit

Grundsätzlich gibt es vielfältige Möglichkeiten der Selbstständigkeit im Kontext der touristischen Unternehmensberatung, auch nebenberuflich. Oftmals ist es hilfreich oder sogar Voraussetzung, dass bereits einige Jahre Berufserfahrung gesammelt und ein Netzwerk aufgebaut wurde. Zahlreiche Einblicke in Möglichkeiten der Selbstständigkeit in allen anderen Kapiteln gelten auch für die touristische Unternehmensberatung. Darüber hinaus finden sich in Kap. 31 weitere Perspektiven auf freiberufliche und selbstständige Tätigkeiten.

25.8 Einkommen

Der Unterschied zwischen touristischen Unternehmensberatungen und den bekannten Unternehmensberatungen (bspw. McKinsey, Roland Berger, Horváth, Boston Consulting), die unterschiedlichste Industrien und Branchen außerhalb des Tourismus, teilweise im Bereich Travel/Touristik (d.h. Reiseveranstalter, Mobilitätsunternehmen etc.) beraten, ist groß. Die noch vor der Corona-Pandemie als normal geltenden Geschäftsreisen der Beratungsunternehmen (Montag bis Donnerstag beim Kunden vor Ort) gab es in den touristischen Unternehmensberatungen noch nie. Das liegt sowohl an den stark begrenzten Budgets als auch den Aufgabenstellungen. Die begrenzten Budgets spiegeln sich auch in den Gehältern der Mitarbeiter:innen touristischer Unternehmensberatungen wider.

Laut Squeaker, einem Anbieter für Recruiting und Employer Branding im Consulting, können Einsteiger:innen in der Unternehmensberatung mit einem Jahresgehalt zwischen ca. 36.000 und 58.000 € brutto rechnen (Squeaker, o. J.) Die Erfahrung zeigt, dass einige Beratungsunternehmen aus anderen Branchen auch höhere Gehälter zahlen. Die Einstiegsgehälter in der touristischen Unternehmensberatung sind im unteren Bereich anzusiedeln.

Nach dem Studium (Bachelor- oder Masterabschluss) steigt man in der Regel als Projektassistenz oder Analyst:in, je nach Erfahrung auch als Junior Consultant ein. Einstiegsgehälter reichen oft von etwa 35.000 bis 42.000 € brutto pro Jahr, abhängig vom Standort und von der Fachrichtung. Gehaltsanpassungen sind oftmals an Beförderungen gekoppelt, d.h. beispielsweise vom Junior Consultant zum Consultant. Weihnachts- oder Urlaubsgelder sind nicht die Regel.

Neben dem Grundgehalt gibt es auch die Möglichkeit von zusätzlichen Leistungen wie Boni bei Erreichung von klar definierten Zielen, Umsatz- oder Leistungsprämien, betriebliche Altersvorsorge, Nutzung von steuerfreien Sachbezügen, Fort- und Weiterbildungsbudgets, Hardware wie Handys und Laptops zur privaten Nutzung, Sport-, Freizeit- und Gesundheitsangebote, Job-Rad, Mitarbeitendenangebote, Zusatzurlaub, anlassbezogene Zuwendungen u.Ä. Die zusätzlichen Leistungen variieren stark zwischen den touristischen Unternehmensberatungen.

Literatur

Squeaker (o. J.). Gehalt als Unternehmensberater*in. https://www.squeaker.net/ratgeber/karriere/gehalt/. Zugegriffen: 01. Febr. 2024.

Isabell Decker hat Tourismus in der Luxushotellerie im Hotel Bareiss in Baiersbronn von der Pike auf gelernt. Auch während ihres Studiums (Unternehmensführung, Tourismus- & Freizeitwirtschaft) am Management Center Innsbruck konnte sie zahlreiche Stationen in der Praxis durchlaufen. Hierzu gehören die Baiersbronn Touristik, das Sternerestaurant Seesteg auf Norderney und auch die Inhouse-Beratung der Deutschen Bahn. Nach ihrem Praxissemester bei der führenden Strategieberatung für die Tourismus- und Freizeitwirtschaft in Deutschland PROJECT M konnte sie auch hier erfolgreich in das Berufsleben einsteigen – zunächst als Junior Consultant, anschließend als Consultant mit Fokus auf Destinationsentwicklung und -management. Nach rund vier Jahren wagte Isabell Decker den Wechsel auf die Kundenseite und übernahm die Abteilung Gäste- und Partnermanagement bei der GaPa Tourismus GmbH in Garmisch-Partenkirchen mit vier Resorts und ca. 30 Mitarbeiter:innen. Heute ist Isabell Decker Head of Strategic Design und Gesellschafterin bei Saint Elmo's Tourism. Sie verantwortet den Bereich „Strategie" u.a. mit dem Schwerpunkt Employee Experience Design.

Arbeiten in der Hotelimmobilienbewertung

26

Antonia Rothmund

Inhaltsverzeichnis

26.1 Einleitung... 272
26.2 Aufgaben 272
26.3 Anforderungen.. 273
26.4 Arbeitszeit 273
26.5 Weiterbildung und Karriere 273
26.6 Einkommen 273
26.7 Selbstständigkeit 274

Zusammenfassung

Die Bewertung von Hotelimmobilien ist ein komplexes Berufsfeld, das sowohl Fachwissen im Bereich Tourismus und Hotellerie als auch allgemeinwirtschaftliche und mathematische Kenntnisse erfordert. Daher sind einerseits praktische Einblicke in die Abläufe eines Hotelbetriebs und andererseits theoretisches Wissen, das durch ein Studium mit wirtschaftlichem Fokus erlangt werden kann, Voraussetzung für einen Einstieg in dieses Berufsfeld. Im Zuge der Bewertungstätigkeit können wertvolle Einblicke in das Geschehen diverser Märkte gewonnen werden und es kann ein umfassendes Verständnis der Branche erlangt werden, wodurch das Berufsfeld eine spannende und vielseitige Möglichkeit für Tourismus- und Hotelbegeisterte mit analytischer Veranlagung darstellt.

A. Rothmund (✉)
München, Deutschland

26.1 Einleitung

Die Tätigkeit der Hotelimmobilienbewertung ist aufgrund ihrer Bewertungsnatur bei größeren Unternehmen in der Regel in der Abteilung „Valuation" (Bewertung) angesiedelt und wird von einem Team aus Immobilienexpert:innen durchgeführt. Aufgrund der Vielzahl an Spezifika der Hotelbranche werden für die Bewertung von Immobilien der Asset-Klasse Hotel und teilweise auch anderer Sonderimmobilienarten wie beispielsweise Freizeitparks Mitarbeiter:innen mit speziellen Hotel- und Tourismusfachwissen hinzugezogen.

Wenngleich die Tätigkeit eines Beraters mit Fokus auf der Hotelbranche nicht nur auf die Bewertung von Hotelimmobilien beschränkt ist, sondern sich über eine Vielzahl unterschiedlicher Projekte erstreckt, wird im Folgenden ein kurzer Überblick über den Alltag in der Beratung mit Fokus auf der Bewertung von Hotelimmobilien gegeben.

26.2 Aufgaben

Die Bewertung von Hotelimmobilien kann aus vielerlei Gründen beauftragt werden, sei es für die Finanzierung des Baus einer Hotelimmobilie, für den Verkauf derselbigen, zur Ermittlung des Jahresabschlusses eines Unternehmens mit Immobilieneigentum oder zu Versicherungszwecken. Daher zählt die Bewertungstätigkeit zu den am häufigsten angefragten Dienstleistungen in einer Wirtschaftsprüfungsgesellschaft bzw. wird auch bei touristischen Unternehmensberatungen, insbesondere mit Fokus auf die Hospitality-Branche, beauftragt.

Für die fundierte Bewertung einer Hotelimmobilie ist vom Bewerter zunächst eine Vor-Ort-Besichtigung der Immobilie und der Umgebung durchzuführen. Daher geht mit diesem Berufsfeld in der Regel eine hohe Reisetätigkeit einher. Im nächsten Schritt wird die Marktsituation mithilfe diverser Marktberichte und anderer Onlinequellen eingehend recherchiert. Auf Grundlage der erlangten Informationen und des Fachwissens des Bewerters wird dann unter Zuhilfenahme interner Bewertungstools der Wert der Hotelimmobilie ermittelt. Da die Wahl der angewendeten Parameter zumindest bis zu einem gewissen Grad dem gutachterlichen Ermessen unterliegt, wird die erstellte Bewertung in mehreren Review-Schleifen intern geprüft und die Wahl der Parameter kritisch hinterfragt. So wird sichergestellt, dass der ermittelte Wert der Immobilie die Realität möglichst genau abbildet und auch externen Prüfungen standhält.

26.3 Anforderungen

Um in den Bereich der Hotelimmobilienbewertung beruflich einzusteigen, sind analytisches Denken sowie ein grundlegendes Verständnis über die Hotelbranche und die Spezifika des Hotelbetriebs notwendig. Daher ist ein Bachelorstudium im touristischen Bereich in der Regel die Mindestanforderung entsprechender Stellenausschreibungen. Eine Ausbildung wie beispielsweise die zum/zur Hotelfachmann/-frau sowie ein Masterstudium sind zudem vorteilhaft, um sich ein weitreichendes Fachwissen anzueignen und sich so gegenüber anderen Bewerber:innen abzusetzen.

26.4 Arbeitszeit

Die Arbeitszeiten eines Projektmitarbeiters sind in der Regel auf die Werktage beschränkt. Aufgrund der beschriebenen Tätigkeit besteht ein Teil der Arbeitszeit aus Reisezeit, die teilweise auch über die reguläre Arbeitszeit hinaus und an Wochenenden anfallen kann. Je nach Projektlage sind phasenweise Überstunden im Arbeitsalltag zu erwarten. Alle anfallenden Überstunden werden jedoch vollständig erfasst und abgegolten.

26.5 Weiterbildung und Karriere

Da die Bewertung von Hotelimmobilien gesetzlichen und branchenüblichen Standards unterliegt, kann es sinnvoll sein, eine Zertifizierung in diesem Bereich zu erlagen. Eine Weiterbildung und Zertifizierung bei Institutionen wie der HypZert oder der Royal Institution of Chartered Surveyors (RICS) wird vom Arbeitgeber nicht nur gerne gesehen, sondern in der Regel auch gefördert. Darüber hinaus stehen diverse interne Weiterbildungsangebote oder die Möglichkeit, im Zuge einer Rotation auch andere Fachbereiche kennenzulernen, zur Verfügung.

26.6 Einkommen

Bei einem Einstieg in die Beratung, insbesondere bei einer der „Big Four" Wirtschaftsprüfungsgesellschaften, bewegt sich das Einstiegsgehalt zwischen 45.000 und 50.000 € brutto pro Jahr. Darüber hinaus wird bei guter Arbeit ein erfolgsabhängiger Bonus gezahlt. Neben einem kompetitiven Gehalt werden zudem diverse Benefits wie u. a. vergünstigte Fitnessangebote, Fahrrad- und Autoleasingangebote und auch eine betriebliche Altersvorsorge zur Verfügung gestellt.

26.7 Selbstständigkeit

Grundsätzlich bietet sich das Berufsfeld der Beratung nach Erlangen fundierter Erfahrungswerte für die Selbstständigkeit an. Da Bewertungen von Hotelimmobilien größtenteils zu Finanzierungs- oder Bilanzierungszwecken oder auch für Investitionsentscheidungen benötigt werden, ist eine Selbstständigkeit auf diesem Gebiet teilweise ungeeignet. Oftmals benötigen Auftraggeber für die Bewertung aus rechtlichen Gründen die Kredibilität eines großen Beratungshauses oder einer Wirtschaftsprüfungsgesellschaft, wodurch selbstständige Bewerter für Hotelimmobilien am Markt eher selten anzutreffen sind. Somit kann es sich schwierig gestalten, eine Selbstständigkeit anzustreben, wenn der Fokus der Tätigkeit auf der Bewertung von Hotelimmobilien liegt.

Antonia Rothmund startete ihren beruflichen Weg nach dem Abitur mit einer Ausbildung zur Hotelfachfrau in einer deutschen Hotelkette. Im Anschluss ergänzte sie ihre praktischen Erfahrungen um ein Bachelorstudium an der Fakultät für Tourismus an der Hochschule München. Während des Studiums sammelte sie weitere Erfahrung in der operativen Hotellerie und hatte im Zuge eines Praktikums erste Einblicke in die Hotelberatung. Im Jahr 2022 hat Antonia Rothmund ihr Masterstudium Hospitality Management erfolgreich abgeschlossen und ist seitdem im Bereich Immobilienbewertung mit Fokus auf der Asset-Klasse Hotel bei einer Wirtschaftsprüfungsgesellschaft tätig.

Arbeiten im Gesundheitstourismus

27

Erik Lindner

Inhaltsverzeichnis

27.1	Einleitung	276
27.2	Aufgaben	278
27.3	Anforderungen	279
27.4	Arbeitszeiten	281
27.5	Weiterbildung und Karriere	282
27.6	Einkommen	284
27.7	Selbstständigkeit	285
27.8	Zukünftige Entwicklungen	287
27.9	Fazit	289
Literatur		292

Zusammenfassung

Der Gesundheitstourismus hat in den vergangenen Jahren signifikant an Relevanz innerhalb der wissenschaftlichen und praktischen Diskurse gewonnen und steht im Zentrum der Ausführungen dieses Kapitels. Im Kontext der Darstellung von Berufsfeldern innerhalb dieses Sammelbandes nimmt der Gesundheitstourismus eine bedeutende Position ein, reflektiert durch seine wachsende Präsenz in der globalen Tourismusindustrie und den damit verbundenen Auswirkungen auf die berufliche Landschaft. Dieser Beitrag betrachtet den Gesundheitstourismus nicht nur als ein expandierendes Feld innerhalb des Tourismussektors, sondern untersucht auch die beruflichen Möglichkeiten und Herausforderungen, die sich aus der zunehmenden Verflechtung von Tourismus und Gesundheitsförderung ergeben. Durch die Analyse der strukturellen

E. Lindner (✉)
ECRI Pfarrkirchen TH Deggendorf, Riemerling, Deutschland
E-Mail: erik.lindner@th-deg.de

und konzeptionellen Rahmenbedingungen des Gesundheitstourismus werden Einblicke in die spezifischen Kompetenzen und Qualifikationen ermöglicht, die für Fachkräfte in diesem Sektor relevant sind. Darüber hinaus wird erörtert, wie sich das Berufsfeld angesichts neuer gesellschaftlicher und ökonomischer Trends entwickelt und welche Implikationen dies für die Ausbildung und Weiterbildung von Fachkräften im Bereich des Gesundheitstourismus hat. Ziel ist es, ein umfassendes Bild der beruflichen Perspektiven im Gesundheitstourismus zu zeichnen und dessen Bedeutung in der heutigen Arbeitswelt zu unterstreichen.

27.1 Einleitung

Der Gesundheitstourismus stellt ein komplexes und multidimensionales Phänomen dar, das über die traditionellen Konzepte eines Wellness-Urlaubs hinausgeht. Es handelt sich um ein spezialisiertes Segment innerhalb der Tourismusindustrie, das sich auf die Förderung und Wiederherstellung der physischen und psychischen Gesundheit der Individuen durch gezielte Reiseaktivitäten und medizinische Interventionen konzentriert (Zhong et al., 2021). Diese Branche umfasst ein breites Spektrum an Dienstleistungen, von der Entspannung in hochwertigen Spa-Einrichtungen über präventive Wellness-Angebote bis hin zu zielgerichteten medizinischen Behandlungen und Rehabilitation (Hall, 2011). Hier können beispielhaft die Betriebe im bayerischen Bäderdreieck in Niederbayern genannt werden. Das Bäderdreieck weist eine hohe Konzentration sowohl an touristischen Betrieben als auch an gesundheitstouristischer Infrastruktur auf.

> **Gesundheitstourismus am Beispiel des Bayerischen Bäderdreiecks**
>
> Im bayerischen Bäderdreieck (siehe https://www.baederdreieck.net), einem der Zentren für Gesundheitstourismus in Deutschland, gibt es eine Vielzahl von Betrieben und Einrichtungen, die sich auf Gesundheits- und Wellnessangebote spezialisieren. Diese reichen von traditionellen Kurhäusern und Thermalbädern bis hin zu modernen Spa- und Wellnesshotels. Zu den möglichen Arbeitgebern in diesem Bereich gehören:
>
> - **Thermalbäder und Kurhäuser:** Einrichtungen wie die Europa Therme Bad Füssing, die Johannesbad Therme oder die Therme Eins bieten umfangreiche Wellness- und Gesundheitsdienstleistungen, einschließlich therapeutischer Bäder, Massagen und physiotherapeutischer Behandlungen.
> - **Sporthotels:** Hotels, die sich auf sportliche Aktivitäten konzentrieren und gleichzeitig Wellness- und Erholungsangebote bereitstellen, wie das Aktiv- und Wellnesshotel Jagdhof. Solche Einrichtungen bieten oft spezielle Programme zur körperlichen Fitness, Ernährungsberatung und Entspannung an, die sich an aktive Urlauber und Sportbegeisterte richten.

- **Wellness-Resorts:** Luxuriöse Resorts, die ein ganzheitliches Wellness-Erlebnis bieten, wie das Maximilian Quellness- und Golfhotel in Bad Griesbach. Diese Betriebe kombinieren hochwertige Unterkünfte mit einem breiten Spektrum an Wellness-Anwendungen, von der Spa-Behandlung bis hin zu Yoga und Meditation.
- **Rehabilitationskliniken:** Medizinische Einrichtungen, die sich auf Rehabilitation und präventive Gesundheitsprogramme spezialisieren, wie die Klinik Niederbayern in Bad Füssing. Sie bieten professionelle medizinische Betreuung und Therapien für eine Vielzahl von Beschwerden und unterstützen die Genesung und Prävention.
- **Destinationsmanagementorganisationen (DMOs):** DMOs, die sich auf den Gesundheitstourismus spezialisieren, wie der Kur- & GästeService Bad Füssing, spielen eine wichtige Rolle bei der Vermarktung der Region als Gesundheitsdestination. Sie koordinieren die Angebote der verschiedenen Dienstleister und tragen zur Entwicklung und Bewerbung des Gesundheitstourismus bei. ◄

Diese Beispiele verdeutlichen das breite Spektrum an Karrieremöglichkeiten im Gesundheitstourismussektor. Die Ausrichtung auf Gesundheitstourismus erfordert spezialisierte Kenntnisse und Fähigkeiten, die in der Hotellerie, im Spa- und Wellnessmanagement, in der medizinischen Betreuung und in der touristischen Destinationsentwicklung Anwendung finden. Die Betriebe im bayerischen Bäderdreieck und vielen weiteren ähnlichen Destinationen bieten vielfältige Chancen für Fachkräfte, die in diesem wachsenden Segment der Tourismusindustrie tätig sein möchten.

Im Zentrum des Gesundheitstourismus steht die individuelle Gesundheitsförderung, die sich in der Bereitstellung von maßgeschneiderten medizinischen Diagnosen, Therapien und präventiven Maßnahmen manifestiert. Dies unterscheidet den Gesundheitstourismus deutlich von anderen Tourismusarten, die primär auf Erholung, Freizeit und Unterhaltung ausgerichtet sind. Ein wesentliches Merkmal des Gesundheitstourismus ist die Integration der natürlichen und kulturellen Ressourcen des Reiseziels in den Heilungs- und Erholungsprozess, was die Bedeutung der geografischen und kulturellen Kontextualisierung der angebotenen Gesundheitsdienstleistungen unterstreicht.

Im Folgenden wird eine vertiefte Auseinandersetzung mit der Definition und den charakteristischen Merkmalen des Gesundheitstourismus erfolgen. Dabei werden sowohl die Vielfalt der Angebote innerhalb dieses Sektors betrachtet als auch die spezifischen Anforderungen und Erwartungen der Zielgruppen untersucht. Ziel ist es, ein differenziertes Verständnis des Gesundheitstourismus zu entwickeln und dessen Rolle und Potenzial im Kontext der globalen Tourismusindustrie zu evaluieren.

27.2 Aufgaben

Im Feld des Gesundheitstourismus offenbart sich ein breites Spektrum an beruflichen Aufgaben und persönliche Qualifikationen, die eine Vielzahl an Disziplinen und Fachkenntnissen umspannen. Neben medizinischen Dienstleistungen, die von Mediziner:innen, Pflegekräften und weiterem medizinischem Personal erbracht werden, können die nachfolgenden Bereiche aufgeführt werden:

Wellness und Spa-Bereich
Fachkräfte wie Wellness-Experten, Masseure und Therapeuten offerieren ein breites Spektrum an Behandlungen zur Entspannung und Förderung des physischen sowie psychischen Wohlergehens, einschließlich Massagen, Gesichtsbehandlungen sowie Yoga- und Meditationskursen.

Hotel- und Gastgewerbe
Der Betrieb und das Management von Hotels, Resorts und spezialisierten Gesundheitseinrichtungen erfordern kompetentes Personal in Bereichen wie Hotelmanagement, Küchen- und Restaurantdienste, Zimmerpflege und Gästebetreuung.

Reiseplanung und -beratung
Spezialisten in der Reiseberatung unterstützen Gesundheitstouristen bei der Auswahl geeigneter Ziele, organisieren Flug- und Unterkunftsreservierungen und koordinieren medizinische sowie Wellness-Termine.

Marketing und Vertrieb
Fachkräfte sind gefragt, die durch kreative Marketingstrategien und Vertriebskampagnen Gesundheitstourismusangebote effektiv bewerben sowie Zielgruppen segmentieren und gezielt ansprechen können.

Management im Gesundheitstourismus
Verantwortliche in dieser Kategorie übernehmen strategische Aufgaben, Budgetplanung und die operative Leitung von Unternehmen oder Einrichtungen im Gesundheitstourismus.

Krisenmanagement
Im Falle unvorhergesehener medizinischer Komplikationen eines Gesundheitstouristen ist effektives Krisenmanagement gefragt, um adäquat auf solche Situationen reagieren zu können.

Qualitätsmanagement und Zertifizierung
Angesichts der hohen Bedeutung von Gesundheit und Sicherheit sind Experten in der Qualitätssicherung und Zertifizierung essenziell, um die Einhaltung relevanter Standards zu gewährleisten.

Forschung und Entwicklung
Die Entwicklung neuer Therapieansätze, Technologien und Dienstleistungen zur Förderung der Attraktivität und Effektivität des Gesundheitstourismus ist ein zentrales Aufgabenfeld. Arbeitgeber wären hier sowohl private als auch öffentliche Forschungseinrichtungen u.a. in den Fachbereichen Medizin, Ernährung, Sportwissenschaften und Gesundheitstourismus.

Interkulturelle Kommunikation
Die internationale Ausrichtung des Gesundheitstourismus erfordert Fachkräfte für Sprachdienste, Übersetzungen und kulturelle Sensibilisierung, um eine effektive Kommunikation zwischen Anbietern und internationalen Kunden zu ermöglichen.

Beratung im Gesundheitstourismus
Berater:innen liefern Expertise und strategische Empfehlungen für Akteure im Gesundheitstourismus, unterstützen bei der Geschäftsentwicklung und der Ausarbeitung von Betriebskonzepten. Beispiele für spezialisierte Beratungshäuser sind ProjektM, dwif-Consulting, ift Freizeit und Tourismusberatung, IQ Projects oder die FUTOUR Umwelt-, Tourismus- und Regionalberatung. Einen Überblick über das Beratungsangebot in Deutschland bietet darüber hinaus das Online-Angebot von destinet (destinet.de).

Diese grobe Übersicht der verschiedenen Aufgabenbereiche zeigt, wie vielfältig und interdisziplinär die Arbeit im Gesundheitstourismus sein kann. Je nach Interessen, Qualifikationen und beruflichem Hintergrund gibt es zahlreiche Möglichkeiten, in dieser Branche tätig zu werden. Zahlreiche der genannten Aufgabenbereiche werden bereits in anderen Kapiteln ausführlich geschrieben, z.B. wenn es um Reiseplanung, Marketing oder um die Hotellerie geht.

27.3 Anforderungen

Die Beschäftigung im Bereich des Gesundheitstourismus stellt spezifische Anforderungen an die Mitarbeitenden, um in diesem dynamischen Sektor erfolgreich zu sein. Zu diesen Anforderungen zählen:

Ausbildung und Qualifikationen

- **Wellness- und Spa-Bereich:** Experten wie Masseure und Kosmetiker benötigen spezialisierte Zertifikate und Ausbildungen.
  - **Masseur:innen:** Die Ausbildung zum/zur Masseur:in und medizinischen Bademeister:in ist eine staatlich anerkannte Ausbildung, die in der Regel an Berufsfachschulen angeboten wird. Diese Ausbildung dauert etwa 2,5 Jahre und schließt mit einer staatlichen Prüfung ab. Nach erfolgreichem Abschluss erhalten die Absolvent:innen eine gesetzliche Zulassung zur Ausübung des Berufes, die für die Arbeit in medizinischen Einrichtungen erforderlich ist.
  - **Kosmetiker:innen:** Für Kosmetiker:innen gibt es verschiedene Ausbildungswege. Eine Möglichkeit ist die duale Ausbildung, die drei Jahre dauert und sowohl praktische Erfahrungen im Ausbildungsbetrieb als auch theoretische Grundlagen in der Berufsschule vermittelt. Diese Ausbildung endet mit einer Abschlussprüfung vor der Handwerkskammer oder der Industrie- und Handelskammer. Es gibt jedoch auch schulische Ausbildungswege an privaten Kosmetikschulen, die mit einem Zertifikat abschließen und nicht immer staatlich anerkannt sind. Für bestimmte Tätigkeiten, wie z.B. die Anwendung apparativer kosmetischer Verfahren, können zusätzliche Qualifikationen oder Zertifikate erforderlich sein.
  - **Physiotherapeut:innen:** Ähnlich wie bei Masseur:innen ist die Ausbildung zum Physiotherapeuten oder zur Physiotherapeutin staatlich geregelt und endet mit einer staatlichen Prüfung. Die Ausbildung dauert in der Regel drei Jahre und wird an spezialisierten Berufsfachschulen durchgeführt. Nach dem Abschluss sind Physiotherapeut:innen berechtigt, in ihrem Berufsfeld zu arbeiten, und können zusätzliche Spezialisierungen und Weiterbildungen, z.B. im Bereich der manuellen Lymphdrainage oder der Sportphysiotherapie, absolvieren.
- **Hotel- und Gastgewerbe:** Eine formale Ausbildung in Hotel- oder Gastgewerbemanagement ist für die Arbeit im Gesundheitstourismus erforderlich. Detaillierte Informationen zur Ausbildung und zu Qualifikationen im Hotel- und Gastgewerbe finden sich in Kap. 14 und 15. Zusätzlich sollten die Mitarbeiter:innen im Gesundheitstourismus ein Grundwissen über medizinische Themen und Interesse an Gesundheitsthemen bzw. Sport haben. Sie müssen sich mit den Gästen unterhalten können und diese zu den medizinischen Angeboten beraten können.
- **Management im Gesundheitstourismus:** Ein Studienabschluss in Betriebswirtschaft, Gesundheits- oder Tourismusmanagement ist von Vorteil.

Fachspezifisches Wissen

Medizinische Expertise ist unabdingbar für die Arbeit in medizinischen Fachbereichen. Tiefgreifendes Verständnis von Wellness- und Spa-Behandlungen ist notwendig für das Arbeiten im Bereich Wellness und Spa. Fachwissen über Gastfreundschaft, Kundenservice und Betriebsführung wird vorausgesetzt für die Arbeit im Hotel- und Gastgewerbe. Im Bereich Marketing und Vertrieb sind Kenntnisse über Marketingstrategien und Vertriebskanäle essenziell, um Gesundheitstourismusangebote erfolgreich zu vermarkten.

Kompetenzanforderungen
Fremdsprachenkenntnisse, insbesondere Englisch, sind für die Kommunikation mit internationalen Gästen entscheidend. Darüber hinaus ist ein hohes Maß an kultureller Sensibilität erforderlich, um die Vielfalt der Patient:innen und Gäste zu respektieren und angemessen mit ihnen zu interagieren.

Bei den sozialen Kompetenzen sind Kommunikationsfähigkeit, Empathie, Teamfähigkeit und Stressresistenz hervorzuheben. Klarheit in der Kommunikation ist über alle Bereiche hinweg wichtig, genauso das Vermögen, Mitgefühl zu zeigen und sich in die Lage der Gäste oder Patienten zu versetzen. Viele Tätigkeiten im Gesundheitstourismus erfordern außerdem eine enge Zusammenarbeit im Team sowie den häufigen Umgang mit unvorhersehbaren Situationen und mit hoher Verantwortung.

Organisatorische Fähigkeiten sind für die Planung und Koordination der Abläufe und Dienstleistungen im Gesundheitstourismus wichtig. Kundenorientierung im Sinne der Ausrichtung aller Aktivitäten auf die Bedürfnisse und Erwartungen der Gäste und Patient:innen spielt eine große Rolle. Auch Ethik und Diskretion, d. h. die Einhaltung hoher ethischer Standards und die Wahrung der Vertraulichkeit von Patienteninformationen, sind von großer Bedeutung.

Diese grundlegenden Kompetenzen und Fähigkeiten sind für die erfolgreiche Ausübung beruflicher Tätigkeiten im Gesundheitstourismus besonders wichtig. Fortbildungen und Weiterbildungen sind zudem oft notwendig, um aktuelle Entwicklungen und Trends zu verfolgen.

27.4 Arbeitszeiten

Die Arbeitsbedingungen variieren je nach Position und Einrichtungsart erheblich. Bei medizinischem Fachpersonal ist Schichtarbeit üblich, um eine durchgängige Betreuung zu gewährleisten, inklusive Arbeit an Wochenenden und Feiertagen. Im Wellness- und Spa-Bereich sowie Hotel- und Gastgewerbe sind flexible Arbeitszeiten, auch an Wochenenden und Feiertagen, entsprechend der Kundennachfrage und den Öffnungszeiten notwendig.

In Managementpositionen hängen die Arbeitszeiten stark von der spezifischen Rolle und den Dienstleistungen der Einrichtung ab. In leitenden Positionen ist es je nach beruflichen Anforderungen oft notwendig, auch außerhalb der üblichen Arbeitszeiten tätig oder zumindest erreichbar zu sein, einschließlich Abenden und Wochenenden, wodurch die reguläre Wochenarbeitszeit deutlich überschritten werden kann. Vor einer Karriereentscheidung im Gesundheitstourismus ist es ratsam, die spezifischen Arbeitsbedingungen und -anforderungen zu evaluieren, um eine Übereinstimmung mit persönlichen und professionellen Präferenzen sicherzustellen.

27.5 Weiterbildung und Karriere

Der Gesundheitstourismus bietet eine Vielzahl von Karrierepfaden und Weiterbildungsmöglichkeiten, die sowohl in speziellen Gesundheitstourismuseinrichtungen als auch in angrenzenden Bereichen des Tourismus- und Gesundheitssektors zu finden sind.

Medizinische Fachkräfte

- **Karrierewege:** Mediziner:innen, Pflegekräfte, Therapeut:innen und Chirurg:innen finden Beschäftigungsmöglichkeiten in spezialisierten Kliniken und Einrichtungen des Gesundheitstourismus.
- **Weiterbildung:** Medizinisches Personal kann sich durch akademische Studiengänge und Facharztausbildungen weiterbilden. Zusatzqualifikationen in Wellnessmedizin und ähnlichen Spezialisierungen erweitern das berufliche Spektrum.

Wellness- und Spa-Expert:innen

- **Karrierewege:** Tätigkeitsfelder für Masseur:innen, Spa-Therapeut:innen, Kosmetiker:innen und Wellness-Coaches bestehen vorrangig in Wellnesszentren und Spa-Einrichtungen.
- **Weiterbildung:** Relevante Zertifikatskurse und Schulungen umfassen Massage-Therapie, Kosmetologie und Wellness-Management, ergänzt durch Angebote spezialisierter Ausbildungszentren.

Hotel- und Gastgewerbe

- **Karrierewege:** Im Bereich Hotelmanagement, Gastronomie, Eventmanagement und am Empfang eröffnen sich Möglichkeiten in Gesundheitstourismusorientierten Hotels und Resorts.
- **Weiterbildung:** In gesundheitstourismusorientierten Hotels und Resorts besteht eine wachsende Nachfrage nach Mitarbeitenden, die spezialisierte Kenntnisse im Wellness- und Gesundheitsbereich mitbringen. Die Weiterbildungsmöglichkeiten für Hotelmitarbeitende in gesundheitsspezifischen Angelegenheiten sind vielfältig und umfassen u.a. Zertifikate als Diätkoch/-köchin, Ernährungsberatung oder spezialisierte Wellness-Ausbildungen wie Massagetherapie, Spa-Management oder Yoga-Lehrerausbildungen. Diese spezifischen Qualifikationen ermöglichen es Mitarbeitenden, ihr Angebot zu erweitern und den Gästen ein umfassenderes Gesundheits- und Wellness-Erlebnis zu bieten. Solche Weiterbildungen können oft berufsbegleitend absolviert werden und bieten praktische Fähigkeiten, die direkt im Betrieb angewendet werden können. Studiengänge im Hotel- und Gastronomiemanagement oder spezifische Zertifizierungsprogramme bereiten auf diese Karrieren vor.

Gesundheitstourismusmanagement

- **Karrierewege:** Führungspositionen wie die Leitung von Gesundheitstourismuseinrichtungen bieten sich für Gesundheitstourismusmanager:innen und Betriebsleiter:innen an. Während viele Hotels und Resorts im klassischen Tourismussektor oft als Kleinbetriebe oder familiengeführt organisiert sind, kann die Struktur in gesundheitstourismusorientierten Einrichtungen variieren. Große Wellness-Resorts oder spezialisierte Gesundheitstourismus-Einrichtungen verfügen häufig über ein umfangreicheres Managementteam, das spezialisierte Rollen wie Spa-Manager:in, Ernährungsberater:in oder Gesundheitsprogramm-Koordinator:innen umfassen kann.
- **Weiterbildung:** In kleineren oder familiengeführten Betrieben könnte die Möglichkeit für externe Managementpositionen tatsächlich eingeschränkter sein. Allerdings können auch hier spezialisierte Weiterbildungen für bestehende Mitarbeiter:innen einen Mehrwert schaffen, indem sie die Entwicklung neuer Gesundheits- und Wellness-Angebote ermöglichen. Angebote reichen von Studiengängen im Bereich Gesundheitstourismus- und Tourismusmanagement bis zu spezialisierten Schulungen und Zertifizierungen.

Weiterbildungsprogramme können von formalen akademischen Kursen bis zu berufsbegleitenden Zertifizierungen reichen. Es gibt hier zahlreiche Einrichtungen, die speziell auf den Gesundheitstourismus ausgerichtete Programme anbieten. Beispiele sind die Deutsche Hotelakademie (DHA) oder die IST-Hochschule für Management, die spezifische Kurse und Studiengänge im Bereich Spa- und Wellnessmanagement anbieten. International gibt es Einrichtungen wie die Cornell University School of Hotel Administration in den USA, die spezialisierte Kurse im Hospitality-Management anbietet, inklusive Fokus auf Gesundheitstourismus und Wellness. Darüber hinaus bieten zahlreiche Fachschulen und Akademien Zertifikatsprogramme in Bereichen wie Ernährungsberatung, Massagetherapie oder Fitness-Coaching an, die Mitarbeitenden in der Hotellerie ermöglichen, ihre Qualifikationen zu erweitern und sich auf die Bedürfnisse von Gesundheitstouristen einzustellen.

Zudem fördern viele Arbeitgeber durch interne Schulungen und Weiterbildungsangebote die fachliche Entwicklung ihrer Mitarbeitenden, um diese auf dem neuesten Stand der Branchentrends und -innovationen zu halten.

Die Auswahl der passenden Weiterbildung sollte sorgfältig, basierend auf den individuellen beruflichen Ambitionen und Interessen, getroffen werden. Eine umfassende Recherche und Auseinandersetzung mit den Anforderungen der angestrebten Position sind essenziell, um den optimalen Weiterbildungsweg zu identifizieren.

27.6 Einkommen

Die Vergütung von Ärzt:innen als medizinischen Fachkräften variiert mit der Spezialisierung und der Berufserfahrung. Fachärzt:innen können generell mit einem höheren Einkommen rechnen als ihre Kolleg:innen in der Allgemeinmedizin.

Im Wellness- und Spa-Bereich sind die Gehälter von Masseur:innen und Spa-Therapeut:innen regional und je nach Arbeitgeber unterschiedlich, mit einem typischen Jahresgehalt zwischen 20.000 und 40.000 € brutto.

Das Einkommen im Management oder in der Betriebsleitung von Gesundheitstourismus-Betrieben in Deutschland variiert stark und hängt von verschiedenen Faktoren ab, wie der Größe und dem Standort der Einrichtung, der Art des Betriebs (z.B. private Wellness-Resorts, öffentliche Kureinrichtungen, spezialisierte Kliniken) sowie der spezifischen Verantwortungsbereiche und der beruflichen Erfahrung der Person.

Für Führungskräfte in größeren Einrichtungen oder Ketten, die ein umfangreiches Angebot an Gesundheits- und Wellness-Dienstleistungen anbieten, kann das Jahresgehalt leicht im oberen fünfstelligen bis unteren sechsstelligen Bereich liegen. In exklusiven Resorts oder spezialisierten Kliniken, die hochpreisige Dienstleistungen anbieten und einen internationalen Kundenstamm bedienen, können die Einkommen für Top-Führungskräfte noch höher ausfallen, insbesondere, wenn Boni, Provisionen und andere Leistungsanreize hinzukommen.

Für kleinere Betriebe oder Einrichtungen in weniger touristisch erschlossenen Gebieten kann das Einkommen entsprechend niedriger sein, bleibt aber oft konkurrenzfähig im Vergleich zu anderen Sektoren, besonders, wenn man berücksichtigt, dass zusätzliche Qualifikationen im Bereich Gesundheitsmanagement oder Tourismusmanagement gefordert sind. Hier könnten die Jahresgehälter im mittleren bis oberen fünfstelligen Bereich liegen.

Detaillierte Informationen zur Vergütung im Hotel- und Gastgewerbe finden sich in Teil IV des Buches.

Zusätzlich zum Grundgehalt bieten viele Arbeitgeber in Deutschland eine Reihe von Zusatzleistungen an, darunter Urlaubs- und Weihnachtsgeld, betriebliche Altersvorsorge und diverse Mitarbeitervergünstigungen. Es ist jedoch zu beachten, dass sich Gehälter und tarifliche Regelungen im Laufe der Zeit ändern können und oft von regionalen Gegebenheiten sowie der individuellen Unternehmenspolitik beeinflusst werden.

27.7 Selbstständigkeit

Die Selbstständigkeit im Bereich des Gesundheitstourismus bietet die Möglichkeit, eigene Geschäftsideen zu verwirklichen und direkt von den aktuellen Entwicklungen in diesem Sektor zu profitieren. Eine sorgfältige Planung und Berücksichtigung verschiedener Schlüsselaspekte sind dabei entscheidend.

- **Marktforschung und Zielgruppenanalyse** ist essenziell, um Trends, Bedürfnisse und Konkurrenz zu verstehen. Ein Beispiele hierfür sind die Identifizierung einer steigenden Nachfrage nach spezialisierten Kuren oder Therapien.
- **Angebotsgestaltung und Differenzierung** müssen einzigartig sein, um sich vom Wettbewerb abzuheben. Dies kann durch die Kombination traditioneller Heilmethoden mit modernen Wellness-Angeboten oder durch evidenzbasierte Gesundheitsangebote erreicht werden.
- **Qualitätsmanagement und Zertifizierungen** sind wichtig, um die Dienstleistungsqualität sicherzustellen und Vertrauen bei den Kund:innen zu schaffen, etwa durch den Erwerb relevanter Zertifizierungen.
- **Marketing und Online-Präsenz** sind unerlässlich für die Erreichung der Zielgruppe und die Positionierung am Markt. Effektives Online-Marketing und SEO sind hierfür praktische Werkzeuge.
- **Finanzplanung und -management** bilden die finanzielle Grundlage des Unternehmens, von der Startkapitalplanung bis zur Entwicklung von Preisstrategien.

Wellness- und Spa-Zentren
Die Gründung eines eigenen Angebots, das auf Wellnessanwendungen, Massagen, Schönheitsbehandlungen und Entspannungsdienstleistungen spezialisiert ist, setzt entsprechende fachliche Qualifikationen, die Verfügbarkeit von geeigneten Räumlichkeiten und Ausstattung sowie effektive Marketingstrategien voraus, um Kund:innen anzuziehen.

Medizinischer Tourismus
Ein spezialisiertes Unternehmen im medizinischen Tourismus, das internationale Patient:innen betreut, erfordert ein fundiertes Verständnis der Gesundheitssysteme, gute Kontakte zu medizinischen Einrichtungen und ausgeprägte Fähigkeiten im Projektmanagement.

- **Kooperationsnetzwerke mit Spitzenkliniken:** Aufbau eines Netzwerks aus renommierten medizinischen Einrichtungen weltweit, um Patient:innen Zugang zu spezialisierten Behandlungen zu bieten. Dies könnte eine enge Zusammenarbeit mit Kliniken umfassen, die in bestimmten medizinischen Bereichen führend sind, wie Krebsbehandlung, Kardiologie oder kosmetische Chirurgie.

- **Gesundheits- und Wellnesshotels:** Entwicklung von Hotels, die direkt mit medizinischen Einrichtungen verbunden sind, um eine nahtlose Betreuung zu gewährleisten. Diese Hotels können spezielle Dienstleistungen anbieten, wie die Vorbereitung auf medizinische Eingriffe, postoperative Pflege oder Rehabilitationsprogramme; in einer komfortablen und erholsamen Umgebung.
- **Digitale Gesundheitsplattformen:** Einsatz von Technologie zur Erstellung personalisierter Behandlungspläne und zur Fernbetreuung von Patient:innen vor und nach ihrem Aufenthalt. Solche Plattformen könnten Telemedizin-Services, virtuelle Konsultationen mit Fachärzt:innen und digitale Gesundheitsakten umfassen, um eine kontinuierliche Betreuung zu gewährleisten.
- **Concierge-Service für medizinische Tourismus:** Ein umfassender Betreuungsservice, der nicht nur medizinische Koordination, sondern auch Visa-Unterstützung, Transport, Unterkunft und kulturelle Integration für Patient:innen und ihre Begleitpersonen bietet. Diese Services schaffen ein maßgeschneidertes Erlebnis, das die Bedürfnisse internationaler Patient:innen in allen Aspekten ihrer Reise berücksichtigt.
- **Innovative Behandlungspakete:** Entwicklung von Paketen, die traditionelle und alternative Medizin kombinieren, um eine ganzheitliche Behandlung anzubieten. Beispiele können die Kombination von chirurgischen Eingriffen mit Akupunktur, Ernährungsberatung und Yoga-Kursen umfassen, um die Genesung zu unterstützen und das Wohlbefinden zu fördern.
- **Virtuelle Realität und Augmented Reality:** Nutzung von VR und AR, um Patient:innen vorab Einblicke in die medizinischen Einrichtungen zu geben, Behandlungsverfahren zu erklären oder zur Entspannung und Ablenkung während bestimmter Prozeduren beizutragen.

Beratung im Gesundheitstourismus

Mit umfangreichem Wissen im Bereich Gesundheitstourismus können Sie Beratungsdienste anbieten, um Einrichtungen bei der Verbesserung ihres Angebots und der Anziehung internationaler Patient:innen zu unterstützen.

Reisebüro mit Fokus auf Gesundheitstourismus

Die Eröffnung eines auf Gesundheitstourismus spezialisierten Reisebüros, das individuell zugeschnittene Pakete für Gesundheitsreisen anbietet, setzt Kenntnisse über Reiseziele, medizinische Einrichtungen und das Gesundheitstourismusgeschäft voraus.

Organisation von Wellness- und Gesundheitsreisen

Spezialreiseveranstalter (vgl. Kap. 5) konzentrieren sich auf die Planung von Reisen, die Wellnessangebote und gesundheitsfördernde Aktivitäten in verschiedenen Ländern kombinieren. Dies erfordert ein gutes Verständnis für Reiseziele und Gesundheitsdienstleistungen sowie umfassende Marketingkenntnisse.

Zur erfolgreichen Umsetzung eines Geschäftsvorhabens im Gesundheitstourismus sind zudem eine solide Ausbildung und praktische Erfahrung, ein durchdachter Geschäftsplan, die notwendige Infrastruktur und Ausrüstung sowie entsprechende Genehmigungen und Lizenzen erforderlich. Diese regulatorischen Anforderungen sollen sicherstellen, dass die angebotenen Gesundheitsdienstleistungen den nationalen Standards für Qualität, Sicherheit und Professionalität entsprechen.

Im Folgenden einige Beispiele für spezielle Genehmigungen, die im Gesundheitstourismus benötigt werden könnten:

- **Betriebslizenz für medizinische Einrichtungen:** Betreiber von Kliniken oder medizinischen Spas, die medizinische Behandlungen oder operative Eingriffe anbieten, benötigen in der Regel eine spezielle Betriebslizenz. Diese Lizenz bestätigt, dass die Einrichtung die gesetzlichen Anforderungen an die medizinische Ausrüstung, Hygienestandards und Fachkompetenz des Personals erfüllt.
- **Zertifizierung für spezialisierte Behandlungen:** Für bestimmte medizinische Spezialgebiete oder Behandlungsmethoden, wie z.B. plastische Chirurgie, Zahnmedizin oder Ayurveda-Therapien, können zusätzliche Zertifizierungen erforderlich sein. Diese bestätigen, dass die Dienstleister in diesen Bereichen über die notwendigen Qualifikationen und Erfahrungen verfügen.
- **Genehmigung für die Nutzung natürlicher Ressourcen:** Einrichtungen, die natürliche Ressourcen wie Thermalwasser oder Heilschlamm nutzen, müssen möglicherweise spezielle Genehmigungen für deren Nutzung einholen. Diese Genehmigungen stellen sicher, dass die Ressourcennutzung nachhaltig erfolgt und die Umwelt geschützt wird.
- **Lizenzen für den Import medizinischer Ausrüstung:** Betriebe, die moderne medizinische Geräte für Diagnostik oder Behandlung importieren und nutzen wollen, benötigen u. U. spezielle Importlizenzen. Diese stellen sicher, dass die Geräte den lokalen Sicherheits- und Gesundheitsstandards entsprechen.

Darüber hinaus sind Marketing- und Verkaufsfähigkeiten entscheidend, um Kund:innen zu gewinnen. Es empfiehlt sich außerdem, rechtlichen und steuerlichen Rat einzuholen, um die Unternehmensführung optimal zu gestalten und alle regulatorischen Anforderungen zu erfüllen.

27.8 Zukünftige Entwicklungen

Das Berufsfeld des Gesundheitstourismus steht an der Schwelle signifikanter Transformationen, die durch diverse Treiber und potenzielle Störungen vorangetrieben werden. Obgleich die Voraussage zukünftiger Entwicklungen stets mit Unsicherheiten behaftet ist, lassen sich basierend auf aktuellen Trends und Einflussfaktoren plausible Szenarien für die Zukunft skizzieren:

- **Technologische Innovationen:** Die Integration von Telemedizin und digitalen Gesundheitslösungen kann zu grundlegenden Veränderungen in der Bereitstellung von Gesundheitstourismusdienstleistungen führen, einschließlich virtueller Konsultationen und Fernüberwachung, die zunehmend an Relevanz gewinnen.
- **Gesundheitstourismus für Remote-Arbeitende:** Die Zunahme von Telearbeit und digitalen Berufsbildern eröffnet neue Perspektiven für den Gesundheitstourismus, indem Remote-Arbeitende ihre Arbeit von attraktiven Standorten aus verrichten und dabei Gesundheits- und Wellnessangebote nutzen.
- **Nachhaltigkeit und Ökotourismus:** Ein wachsendes Umweltbewusstsein drängt den Sektor zu nachhaltigeren Betriebsmodellen, die Umweltschutz und ökologische Verantwortung betonen. Es gibt bereits zahlreiche Betriebe im Tourismussektor, die nachhaltige Betriebsmodelle erfolgreich umsetzen. Solche Modelle starten oft mit Maßnahmen zur Reduzierung des Wasserverbrauchs, beispielsweise durch den Einsatz wassersparender Technologien, die Wiederverwendung von Regenwasser für die Gartenbewässerung und den Einsatz von Durchflussbegrenzern in Sanitäranlagen. Zusätzlich kann eine solide Abfallwirtschaft durch Recyclingprogramme und die Verwendung kompostierbarer oder wiederverwendbarer Materialien den ökologischen Fußabdruck weiter reduzieren.
- **Künstliche Intelligenz und Personalisierung:** Der Einsatz von künstlicher Intelligenz (KI) und Datenanalytik könnte personalisierte Gesundheitstourismuserlebnisse ermöglichen, die individuelle Präferenzen und Bedürfnisse berücksichtigen. Im Bereich des Gesundheitstourismus gibt es bereits innovative Beispiele für die Nutzung von KI zur Personalisierung von Erlebnissen. Ein konkretes Beispiel ist die Anwendung von KI in Wellness- und Spa-Resorts, um personalisierte Behandlungspläne zu erstellen. KI-Anwendungen nutzen immer präzisere Datenanalytik, um die individuellen Gesundheitszustände, Präferenzen und bisherigen Reaktionen auf Behandlungen der Gäste zu berücksichtigen. So können etwa maßgeschneiderte Ernährungspläne, Fitnessprogramme und Wellnessbehandlungen entwickelt werden, die genau auf die Bedürfnisse jedes Gastes abgestimmt sind.
- **Politische und rechtliche Rahmenbedingungen:** Änderungen in der Gesundheitspolitik und -gesetzgebung auf internationaler Ebene könnten die globale Mobilität von Patient:innen und Fachkräften beeinflussen. So könnte der Gesetzgeber eines Landes entscheiden, seine Gesundheitspolitik zu straffen und strengere Datenschutzgesetze einzuführen, die den Austausch medizinischer Daten über Grenzen hinweg regulieren. Diese Änderungen könnten dazu führen, dass internationale Patient:innen, die in dieses Land reisen möchten, um spezielle medizinische Behandlungen zu erhalten, mit neuen bürokratischen Hürden konfrontiert werden. Gleichzeitig könnten diese Änderungen der Gesetzgebung auch die Mobilität von Fachkräften beeinträchtigen.

Ärzt:innen oder medizinisches Fachpersonal, die in internationalen Teams arbeiten oder Patient:innen aus dem Ausland behandeln möchten, könnten zusätzliche Zertifizierungen benötigen, um gestiegenen rechtlichen Anforderungen gerecht zu werden. Ebenso können Veränderungen im geopolitischen Gefüge die internationale Patienten- und Fachkräftemobilität einschränken.

- **Gesundheitskrisen und Pandemien:** Die Erfahrungen aus der Covid-19-Pandemie verdeutlichen die Vulnerabilität des Sektors gegenüber globalen Gesundheitskrisen und die Notwendigkeit robuster Sicherheits- und Gesundheitsprotokolle.
- **Wirtschaftliche Dynamiken:** Die ökonomische Situation weltweit kann die Nachfrage nach Gesundheitstourismus maßgeblich beeinflussen, wobei wirtschaftliche Aufschwünge das Wachstum begünstigen und Krisen die Nachfrage dämpfen können.
- **Soziodemografische Veränderungen:** Eine alternde Weltbevölkerung wird zu einem verstärkten Bedarf an medizinischen Tourismusleistungen und Wellnessangeboten führen.
- **Alternative Medizinansätze:** Ein zunehmendes Interesse an alternativen und ganzheitlichen Heilmethoden steigert die Nachfrage nach entsprechenden Gesundheitstourismusangeboten weiter. Als Beispiel für das wachsende Interesse an alternativen und ganzheitlichen Heilmethoden kann ein Wellness-Resort in Thailand dienen, das sich auf traditionelle Thai-Medizin (TTM) spezialisiert hat. Dieses Resort bietet ein umfassendes Programm, das von Kräuterbehandlungen und Akupunktur bis hin zu Yoga und Meditation reicht, um das körperliche, geistige und spirituelle Wohlbefinden zu fördern. Besucher:innen aus aller Welt, die nach natürlichen Heilmethoden suchen oder ergänzende Therapien zu ihrer konventionellen medizinischen Behandlung wünschen, werden von solchen Angeboten angezogen. Das Resort nutzt dabei die reiche Tradition der Medizin, kombiniert sie mit modernen Wellness-Ansätzen und zieht damit Gesundheitstourist:innen an, die eine ganzheitliche Erholung und Regeneration suchen.

Die zukünftige Entwicklung des Gesundheitstourismus wird von einer Vielzahl dieser Faktoren geprägt sein. Anpassungsfähigkeit und Flexibilität werden für Unternehmen und Fachkräfte im Sektor entscheidend sein, um sich an die wandelnden Anforderungen des Marktes anzupassen und die sich bietenden Chancen zu nutzen.

27.9 Fazit

Das Berufsfeld des Gesundheitstourismus stellt ein äußerst vielfältiges und dynamisches Arbeitsgebiet dar, in dem die Domänen Gesundheit, Medizin und Tourismus miteinander verschmelzen. Nach der Betrachtung verschiedener Dimensionen dieses Sektors lassen sich einige persönliche Reflexionen festhalten:

- **Breites Spektrum an Karrieremöglichkeiten:** Der Gesundheitstourismus eröffnet Personen mit unterschiedlichsten Interessen und Qualifikationen vielfältige berufliche Perspektiven. Das Spektrum reicht von Positionen für medizinisches Personal bis hin zu Rollen im Wellness-Bereich, Management und Beratung.
- **Globale Ausrichtung:** Die Arbeit im Gesundheitstourismus bietet die einzigartige Gelegenheit, in einem internationalen Kontext zu agieren und mit Gästen sowie Patient:innen aus aller Welt in Kontakt zu treten. Dies fördert den kulturellen Austausch und ermöglicht ein Arbeiten über kulturelle Grenzen hinweg.
- **Dynamische Herausforderungen und Innovationspotenzial:** Die Branche zeichnet sich durch ihre Schnelllebigkeit und die stetige Evolution aus, was Raum für innovative Geschäftsideen und Entwicklungen bietet, zugleich aber auch Flexibilität und Anpassungsbereitschaft erfordert.
- **Fokus auf Kundenzufriedenheit:** Im Zentrum des Gesundheitstourismus stehen die Zufriedenheit und das Wohlergehen der Patient:innen und Gäste. Eine starke Kundenorientierung und empathische Kompetenzen sind essenziell, um den vielfältigen Anforderungen und Erwartungen gerecht zu werden.
- **Kulturelle Sensibilität:** Die Interaktion mit internationalen Patient:innen verlangt ein tiefgreifendes Verständnis für und Sensibilität gegenüber unterschiedlichen kulturellen Hintergründen. Diese Fähigkeit bereichert nicht nur die berufliche Praxis, sondern trägt auch zur persönlichen Weiterentwicklung bei.
- **Möglichkeiten zur Selbstständigkeit:** Der Sektor bietet Chancen für die Selbstständigkeit, wodurch individuelle Ideen und Konzepte realisiert werden können. Eine erfolgreiche Umsetzung setzt jedoch umfassende Vorbereitung und unternehmerisches Know-how voraus.

Zusammengefasst ist der Gesundheitstourismus ein Bereich, der eine faszinierende Kombination aus Gesundheitsfürsorge, Gastfreundschaft und interkulturellem Engagement bietet. Er erfordert ein breites Spektrum an Fähigkeiten und die Bereitschaft, sich kontinuierlich weiterzuentwickeln und den vielfältigen Herausforderungen einer sich rasch wandelnden Branche zu stellen. Für diejenigen, die eine Leidenschaft für Gesundheit und Tourismus mitbringen, eröffnet der Gesundheitstourismus ein reiches Feld an Möglichkeiten und Herausforderungen.

Der Deutsche Heilbäderverband vertritt die Interessen der ca. 350 Heilbäder, Kurorte und Gesundheitsregionen in Deutschland. Sie bieten Einblicke in den Gesundheitstourismus und relevante Branchenentwicklungen. Website: https://www.deutscher-heilbaederverband.de/.

Weiterführende hilfreiche Links zu Websites
Verschiedene Fachzeitschriften wie „Sustainability", „Current Issues in Tourism" oder das „International Journal of Environmental Research and Public Health" behandeln regelmäßig Themen im Bereich Gesundheitstourismus und Wellness. Empfehlenswerte Literatur:

- Hall, C. Michael (2011): Health and medical tourism: a kill or cure for global public health? *Tourism Review, 66* (1/2),. 4–15. https://doi.org/10.1108/16605371111127198.
- Kamassi, Ahmed; Abd Manaf, Noor Hazilah; Omar, Azura (2020): The identity and role of stakeholders in the medical tourism industry: state of the art. *TR, 75*(3), 559–574. https://doi.org/10.1108/TR-01-2019-0031.
- Pessot, Elena; Spoladore, Daniele; Zangiacomi, Andrea; Sacco, Marco (2021): Natural Resources in Health Tourism: A Systematic Literature Review. *Sustainability, 13*(5), 2661. https://doi.org/10.3390/su13052661.
- Pillmayer, Markus; Scherle, Nicolai; Pforr, Christof; Locher, Cornelia; Herntrei, Marcus (2021): Transformation processes in Germany's health resorts and spas – a three case analysis. *Annals of Leisure Research, 24*(3), 310–327. https://doi.org/10.1080/11745398. 2020.1765399.
- Schmude, Jürgen; Pillmayer, Markus; Witting, Maximilian; Corradini, Philipp (2021): Geography Matters, But… Evolving Success Factors for Nature-Oriented Health Tourism within Selected Alpine Destinations. *International Journal of Environmental Research and Public Health, 18*(10). https://doi.org/10.3390/ijerph18105389.
- Steckenbauer, G. C.; Tischler, S.; Hartl, A.; Pichler, C. (Eds.) (2017): The Routledge handbook of health tourism. With assistance of László. Puczkó, Melanie Kay Smith. London, New York: Routledge. Available online at https://www.taylorfrancis.com/books/9781315693774.
- Zhong, Lina; Deng, Baolin; Morrison, Alastair M.; Coca-Stefaniak, J. Andres; Yang, Liyu (2021): Medical, health and wellness tourism research-a review of the literature (1970–2020) and Research Agenda. *International Journal of Environmental Research and Public Health, 18*(20). https://doi.org/10.3390/ijerph182010875.

Im Bereich Gesundheitstourismus bieten sowohl deutsche als auch österreichische Universitäten und Hochschulen spezialisierte Studiengänge und Forschungsprojekte an.

Deutschland

- **Hochschule Kempten:** Bietet einen Bachelor-Studiengang in Tourismus-Management an, der Module zum Gesundheitstourismus umfasst. Die Studierenden erwerben Kenntnisse in der Planung, Durchführung und Vermarktung von touristischen Angeboten, einschließlich gesundheitsorientierter Programme.
- **Technische Hochschule Deggendorf (Standort ECRI Pfarrkirchen):** Bietet einen spezialisierten Studiengang „Health and Medical Tourism" im Bereich International Tourism Management an. Dieses englischprachige Bachelor-Programm konzentriert sich auf die Schnittstellen zwischen Gesundheitswesen und Tourismusindustrie und bereitet die Studierenden auf Führungspositionen in diesem Segment vor.
- **Hochschule München:** Hier können Studierende im Rahmen des Studiengangs Tourismus-Management vertiefende Einblicke in den Gesundheitstourismus erhalten.

Der Fokus liegt auf der Entwicklung und dem Management von gesundheitsorientierten touristischen Angeboten.
- **Ludwig-Maximilians-Universität München (LMU):** Während die LMU primär für ihre medizinischen und naturwissenschaftlichen Fakultäten bekannt ist, können sich Forschungsprojekte und interdisziplinäre Initiativen auch mit Aspekten des Gesundheitstourismus beschäftigen, insbesondere im Bereich der präventiven Medizin und des Wellness-Tourismus.

Österreich

- **IMC Fachhochschule Krems:** Bietet einen Bachelor-Studiengang in Gesundheitsmanagement im Tourismus an. Dieser Studiengang fokussiert auf die Verbindung von Gesundheitswissenschaften mit Tourismusmanagement und bereitet Studierende auf die Entwicklung, Umsetzung und Vermarktung von Gesundheitstourismus-Angeboten vor.
- **FH Joanneum in Bad Gleichenberg:** Spezialisiert auf Tourismusmanagement mit der Möglichkeit, sich auf Gesundheitstourismus und Wellness zu konzentrieren. Das Curriculum deckt ein breites Spektrum von Themen ab, von der Gesundheitsförderung bis hin zum Management von Spa- und Wellness-Einrichtungen.

Diese Beispiele zeigen, dass es in Deutschland, hier mit einem Fokus auf Bayern dargestellt, und Österreich eine Vielzahl von akademischen Programmen gibt, die sich dem wachsenden Feld des Gesundheitstourismus widmen. Studierende erhalten hier nicht nur fundierte Kenntnisse in Tourismusmanagement und Gesundheitswesen, sondern auch spezialisierte Fähigkeiten, die für eine erfolgreiche Karriere in diesem Bereich erforderlich sind. Die entsprechenden Abteilungen oder Institute können weitere Informationen und Ressourcen bereitstellen.

Literatur

Hall, C. M. (2011). Health and medical tourism: A kill or cure for global public health? *Tourism Review, 66*(1/2), 4–15. https://doi.org/10.1108/16605371111127198

Zhong, L., Deng, B., Morrison, A. M., Coca-Stefaniak, J. A., & Yang, L. (2021). Medical, health and wellness tourism research-a review of the literature (1970–2020) and research agenda. *International Journal of Environmental Research and Public Health, 18*(20). https://doi.org/10.3390/ijerph182010875.

Prof. Dr. Erik Lindner ist seit 2023 Professor für Health Tourism Management am European Campus Rottal-Inn der Technischen Hochschule Deggendorf. Vor seiner aktuellen Position trug er vier Jahre lang zum Fortschritt des Bayerischen Zentrums für Tourismus in Kempten bei. Seine

Forschung widmet sich dem Tourismus als einem wesentlichen Wirtschaftsfaktor auf regionaler, nationaler und internationaler Ebene. Erik Lindner fokussiert sich dabei auf die nachhaltige Unternehmensführung im Tourismus – ein Gebiet, das für touristische Anbieter und Destinationen zunehmend an Bedeutung gewinnt. Seine Arbeit spiegelt das Engagement wider, den Tourismussektor durch innovative Konzepte und Praktiken voranzubringen, die sowohl ökologisch verantwortungsbewusst als auch wirtschaftlich vorteilhaft sind.

Arbeiten in der Lehre an Berufs-, Berufsfachschulen und Bildungsinstituten

28

Hans-Peter Sattler

Inhaltsverzeichnis

28.1 Einleitung 296
28.2 Aufgaben 296
28.3 Anforderungen 298
28.4 Arbeits- und Dienstzeit 299
28.5 Weiterbildung und Karriere 300
28.6 Einkommen 302
28.7 Zukünftige Entwicklungen 302
28.8 Fazit 302

Zusammenfassung

Im Rahmen der beruflichen Bildung kann die Arbeit mit Schülern und Studenten als eine auf beiderseitigen Erfahrungen aufbauende Beziehungsarbeit bezeichnet werden, bei der Fach- und Erfahrungswissen ausgetauscht und kooperativ vertieft wird. Die berufliche Ausbildung in touristischen Berufen basiert traditionell auf dualen Ausbildungsberufen, welche sowohl in Ausbildungsbetrieben als auch in Berufsschulen stattfindet. In Letzteren unterrichten in Deutschland unter anderem Fach(praxis)lehrerinnen und Fach(praxis)lehrer, die im Gegensatz zum klassischen Lehrpersonal kein Lehramtsstudium, sondern eine staatlich geregelte Lehrausbildung absolviert haben. Dieser Beitrag beschäftigt sich einerseits mit den Tätigkeiten als Fach(praxis)lehrer an staatlichen und kommunalen beruflichen Schulen aller Arten und

H.-P. Sattler (✉)
Städtische Berufsschule für das Hotel-, Gaststätte- und Braugewerbe, Kermess Berufsfachschule für Hotel- und Tourismusmanagement, München, Deutschland
E-Mail: Sattler@dha-akademie.de

andererseits mit den Tätigkeiten als Lehrbeauftragter bzw. Dozent an Hochschulen. Während Fach(praxis)lehrer ihre berufliche Expertise insbesondere in das fachpraktische Unterrichten bzw. die Gestaltung praxisnaher Lernfelder einbringen, ergänzen Lehrbeauftragte bzw. Dozenten berufsspezifische Handlungsfelder um wissenschaftliche Erkenntnisse und schaffen damit Zusammenhänge, die den Studierenden ein möglichst konkretes und ganzheitliches Bild vermitteln sollen. Der besondere Reiz, Auszubildende durch ihre Berufsausbildung und weiterführend als Studierende zu begleiten, als auch aus- und weiterbildend an zwei Lernorten tätig sein zu können soll deswegen in diesem Beitrag hervorgehoben werden.

28.1 Einleitung

Die Berufsbezeichnung des Fach(praxis)lehrers kennt durch das Prinzip des Föderalismus zwar viele unterschiedliche Namen bzw. Dienstbezeichnungen – dennoch arbeiten alle in Voll- oder Teilzeit sowohl in staatlichen und kommunalen beruflichen Schulen aller Arten sowie staatlichen und städtischen Berufsfachschulen und Berufsakademien und auch vergleichbaren privaten und anderen öffentlichen beruflichen Bildungsinstituten und fokussieren sich insbesondere auf fachpraktische Lerninhalte der jeweiligen Berufsbilder, Ausbildungsordnungen und Rahmenlehrpläne. Die dafür notwendige Lehrbefähigung kann durch einen einjährigen Vorbereitungsdienst bzw. ein Bewährungsjahr mit Bestehen einer Qualifikationsprüfung erreicht werden und führt in den meisten Bundesländern zu einer Beamtenlaufbahn auf Lebenszeit. Daneben gibt es aber auch die Möglichkeit, als Fach(praxis)lehrer im Angestelltenverhältnis bzw. nur auf Stundenbasis tätig sein zu können, sofern die beruflichen Voraussetzungen vorhanden sind.

28.2 Aufgaben

Fach(praxis)lehrer haben einen abwechslungsreichen beruflichen Alltag mit zahlreichen schulinternen und -externen Aufgabenfeldern.

Unterrichtsgestaltung
Fach(praxis)lehrer erteilen hauptsächlich praxisnahen berufsbezogenen Unterricht, indem sie entweder in Lernfeldteams berufliche Lernsituationen und Lernaufgaben planen, durchführen und kontrollieren, Lernerfolge in Fächerverbindungen realisieren oder in vollschulischen Bildungsgängen durch Lernaufgaben, Kundenaufträge und Projekte beruflichen Handlungssituationen gestalten und damit Berufs(fach)schüler arbeitstechnisch qualifizieren und ausbilden.

Mitwirkung in der Schulverwaltung

Ein reibungsloser organisatorischer Ablauf des Schuljahres ist das Ergebnis guter Vorarbeit im Lehrerteam und mit der Schulleitung. Fach(praxis)lehrer überwachen im Rahmen ihrer Klassenleitertätigkeiten nicht nur die länderspezifische Schulpflicht und Belange der Berufsausbildung, sondern bringen sich auch aktiv in die Schulverwaltung ein. Dazu kann die Mitwirkung bei der Stundenplanerstellung genauso gehören wie Planungen zur Verteilung der Haushaltsmittel oder das Erarbeiten von Sicherheits- und Gefährdungskonzepten. Sie schlagen Maßnahmen zur Kooperation mit Unternehmen vor und unterstützen die Schulleitung in Belangen von Öffentlichkeitsarbeit, Datenschutz und schulischer Selbstständigkeit.

Mitwirkung in Prüfungserstellungskommissionen und Prüfungsausschüssen

Durch ihre berufliche Expertise sind Fach(praxis)lehrer gern gesehene Partner in berufsspezifischen Prüfungserstellungskommissionen und Prüfungsausschüssen der Industrie- und Handels- bzw. Handwerkskammern. Sie garantieren mit ihrer Expertise nicht nur faire und praxisnahe Prüfungsinhalte, sondern steuern auch einen qualitätssichernden Aspekt zur dualen Berufsausbildung bei. Für ehrenamtliche Prüfer bieten die zuständigen Kammern vielfältige Qualifizierungsbausteine wie Schulungen zum Prüfungsrecht, Prüferworkshops und andere notwendige Schulungen bei Neuordnungen von Ausbildungsberufen und Fortbildungsprofilen an.

Nebentätigkeiten

Im Rahmen der Verbeamtung auf Lebenszeit können Fach(praxis)lehrer in den Möglichkeiten des Beamtenrechtes jederzeit genehmigungsfreie Nebentätigkeiten (z.B. schriftstellerische Betätigungen) ausüben. Handelt es sich um eine genehmigungspflichtige Nebentätigkeit, bedarf es der Beantragung und Genehmigung durch den Dienstherrn. Typische berufsspezifische Nebentätigkeiten von Fach(praxis)lehrern können sein:[1]

a. Lehrbeauftragter bzw. Dozent an berufsspezifischen privaten Schulen, Hochschulen oder vergleichbaren Akademien und Bildungsträgern
b. Nationale und internationale Experteneinsätze im Kontext der Entwicklungshilfe und/oder der Wirtschaftsförderung der Bundesländer
c. Mitarbeit in einem privatwirtschaftlichen touristischen Betrieb (z.B. als Ausbildungsbetreuer im Hotel)
d. Selbstständige Tätigkeiten als Coach, Berater o. Ä.

---

[1] Aufgrund der Komplexität unterschiedlicher Nebentätigkeiten ist im Nebentätigkeitsrecht des öffentlichen Dienstes darum detailliert geregelt, unter welchen Voraussetzungen eine Beschäftigung neben dem Hauptberuf ausgeübt werden darf und ob sie eine Genehmigung erfordert.

28.3 Anforderungen

Staatliche und städtischen Berufsschulen, Berufsfachschulen und Berufsakademien schreiben ihren Bedarf an neuem Fach(praxis)lehrpersonal auf der Schulhomepage und auf der Homepage des zuständigen Staatsministeriums aus. Diese Ausschreibungen erfolgen in einem engterminierten Zeitfenster, von ca. 4–6 Wochen, unter Angabe der Fachrichtung, der Zulassungsvoraussetzungen, der vorzulegenden Nachweise und der Meldefrist. Interessierte Bewerberinnen und Bewerber richten ihre Bewerbung direkt an die Berufsschule ihrer Wahl. Die Bewerbung ist jedoch nur an einer Schule des gewählten Bundeslandes möglich. Zum persönlichen Vorstellungsgespräch werden nur diejenigen Bewerberinnen und Bewerber eingeladen, die die erforderlichen Vorqualifikationen bereits erfolgreich abgelegt und mit ihrer Bewerbung als beglaubigte Dokumente eingereicht haben.

Vorqualifikationen und Voraussetzungen
Für die Zulassung zum staatlichen bzw. städtischen Vorbereitungsdienst müssen ausnahmslos alle nachfolgend aufgeführten Voraussetzungen erfüllt sein:

a) Erfolgreicher Abschluss der Meisterprüfung im Handwerk oder in der Industrie oder erfolgreicher und fachlich einschlägiger Abschluss einer öffentlichen oder staatlich anerkannten Fachschule oder Fachakademie oder fachlich einschlägiger Hochschulabschluss inklusive Ausbildereignung (Hotelbetriebswirt, Bachelor of …).
b) Einschlägige hauptberufliche betriebspraktische Erfahrung von mindestens zwei bis drei Jahren (je nach Bundesland) nach Abschluss der beruflichen bzw. hochschulischen Erstausbildung bzw. Erststudium (hierauf können je nach Bundesland einschlägige berufliche Aufstiegsfortbildungen mit bis zu 1,5 Jahre angerechnet werden). Erste Führungs- und Ausbildungserfahrungen sind von Vorteil.
c) Erfüllen der allgemeinen beamtenrechtlichen Voraussetzungen nach § 7 BeamtStG.
d) Das 45. Lebensjahr soll noch nicht vollendet sein.
e) Es ist zudem von Vorteil, bereits als Prüferin oder Prüfer für die beruflichen Abschlussprüfungen bei den zuständigen Industrie- und Handels- bzw. Handwerkskammern akkreditiert zu sein, um die Belange der Auszubildenden, der Ausbildungsbetriebe und auch der Berufsschulen genau verstehen zu können (vgl. Abschn. 28.2).
f) Eine wichtige Rolle spielt zudem die persönliche und charakterliche Eignung, mit individuellen Schülerbedürfnissen, heterogenen Klassen, unterschiedlichen Herkunftsmilieus, Wertvorstellungen und Lebensentwürfen umzugehen. Für das Bestehen bzw. persönliche Standing in Klassen und insbesondere in schwierigen Situationen sind darum Sach- und Handlungskompetenz, Urteils- und Einfühlungsvermögen, Herzenswärme, Eigenverantwortlichkeit und Objektivität, Verschwiegenheit, ein positives Menschenbild, menschliche Reife und pädagogisches Gespür, Kommunikationsfähigkeit, Verantwortungsbewusstsein, Zuverlässigkeit, Pünktlichkeit sowie persönliche Verbindlichkeit unabdingbar.

Eignungsprüfung
Geeignete Bewerberinnen und Bewerber müssen sich einer länderspezifischen Eignungsprüfung unterziehen. Diese wird rein bedarfsbezogen an den Schulen durchgeführt, d. h., in jedem Jahr wird sie nur dann angeboten, wenn an der jeweiligen Schule eine Stelle ausgeschrieben wurde. Die Eignungsprüfung soll zeigen, ob die sich bewerbenden Personen aufgrund ihrer Fachkenntnisse, ihrer Fähigkeiten, Eigenschaften und ihres Arbeitsverhaltens die für den Vorbereitungsdienst in der Laufbahn des Fach(praxis)lehrers geeignet sind.

Vorbereitungsdienst
Der Vorbereitungsdienst ist nach dem Prinzip des Föderalismus Ländersache und beinhaltet Seminare und Vorlesungen zu allen berufsschulrelevanten Angelegenheiten. Er findet an einer beruflichen Schule, in dem jeweils zuständigen Studienseminar und ggf. an anderen praxisrelevanten Lernorten statt. Die methodisch-didaktische sowie pädagogische Ausbildung soll die angehende Fachlehrkraft im Vorbereitungsdienst befähigen, Schülerinnen und Schüler unterschiedlicher Leistungsfähigkeit und unterschiedlicher sozialer und kultureller Herkunft anzuleiten, schulisch auszubilden, individuell intensiv zu fördern sowie Entwicklungsprozesse der Schulen mitzugestalten und allfällige Aufgaben des Erziehens, Unterrichtens, Beratens und Betreuens verantwortlich wahrzunehmen.

28.4 Arbeits- und Dienstzeit

Bei Lehrern wird gemeinhin die Arbeitszeit nicht wie sonst üblich als Wochenarbeitszeit festgelegt. Gleiches gilt auch für Fach(praxis)lehrer. Der Dienstherr legt lediglich die Zahl der wöchentlichen Unterrichtsstunden fest. Die Unterrichtszeit (Deputat oder Pflichtstunden) wird als Erlass oder Verordnung vom Dienstherrn bzw. Arbeitgeber allein entschieden. Neben dem tatsächlichen Unterricht fallen viele andere Aufgaben an, darunter Vor- und Nachbereitung des Unterrichts, Vorbereitung und Korrektur von Klassenarbeiten bzw. Klausuren und ähnlichen Leistungsnachweisen, Konferenzen, Klassenfahrten, Eltern- und Schülergespräche und vieles mehr. Oftmals müssen für diese Aufgaben unterrichtsfreie Zeiten (Abendstunden, Wochenenden und Schulferien) genutzt werden. Die Unterrichtsverpflichtung unterscheidet sich je nach Bundesland, Schul- und Beschäftigungsform (z.B. Vollzeit, Teilzeit). Hinzu kommen „Ermäßigungstatbestände" wie die Übernahme weiterer Pflichten oder Ermäßigungen wegen Alter oder Schwerbehinderung.[2] Um berufsbedingten Erkrankungen, wie Burnout, vorbeugen zu können, sollten Lehrkräfte deswegen grundsätzlich teamorientiert arbeiten und ein eigenes Zeitmanagement mit festen Regeln entwickeln.

---

[2] https://www.gew.de/beamte/arbeitszeit-und-unterrichtszeit

28.5 Weiterbildung und Karriere

In den einzelnen Schularten leisten Fach(praxis)lehrer für berufspraktische Belange große Dienste. Die meisten Schüler haben Freude am praktischen Unterricht, da die Berufsorientierung in diesen Fächern besonders hoch ist. Darum ist der Bedarf an Aktualität und Praxisnähe besonders hoch.

Schulische Fort- und Weiterbildungen
In allen Kommunen und Bundesländern bieten zuständige Dienstherren der Kommunen und Bundesländer zahlreiche pädagogische, technische sowie methodisch-didaktische Fort- und Weiterbildungen an, ebenso besteht im Rahmen der schulischen Selbstverwaltung die Möglichkeit, fachspezifische Teamfortbildungen und auch berufsspezifische betriebliche Praktika zu beantragen. Insbesondere Letztere bieten die Möglichkeit, Fachwissen aktuell zu halten, und sichern die notwendige Relevanz im praxisnahen Unterricht.

Aufstiegsfortbildungen
Beamtete Fach(praxis)lehrer für berufspraktische Belange haben vielfältige Aufstiegsmöglichkeiten. Dabei ist zu beachten, dass es keine automatischen positionellen Beförderungen gibt. Befördert werden beamtete Fachlehrer für berufspraktische Belange je nach Laufbahn z.B. aufgrund von Leistung, wenn es freie Beförderungsämter gibt, eine Beförderung innerhalb der Laufbahn in die nächste Besoldungsstufe möglich ist oder wenn eine (höher besoldete) Funktionsstelle ausgeschrieben ist. Fachlehrer im Arbeitnehmerverhältnis (nicht beamtet), welche die fachlichen und pädagogischen Voraussetzungen erfüllen, können unter bestimmten länderspezifischen Bedingungen ebenfalls befördert werden und/oder Funktionsstellen bekleiden.

Aufstiegsverfahren zum gehobenen Schuldienst
Besonders engagierte Fach(praxis)lehrer bekommen seit einigen Jahren die Möglichkeit, eine Laufbahnbefähigung für den gehobenen Schuldienst der wissenschaftlichen Lehrämter nach einer berufsbegleitenden hochschulischen Nachqualifizierung zu erwerben. Im nebenberuflichen Aufbaustudium müssen dann in einem länderspezifischen Zeitfenster wissenschaftliche Grundlagen sowohl für das Erst- wie auch das Zweitfach so nachstudiert werden, dass sie den Qualifikationen vergleichbarer Ämter entsprechen. Dabei wird jedoch die bisherige Spezialisierung berücksichtigt. Das Aufbaustudium endet mit länderspezifischen Prüfungen, Kolloquien und Lehrproben entsprechend der Fächerverbindung.

Versetzung an eine internationale Schule
Eine Unterrichtstätigkeit im Ausland stellt eine attraktive Gelegenheit auch für Fach(praxis)lehrer dar. Der pädagogische Alltag bekommt durch das Leben in einem anderen kulturellen Kontext zahlreiche bereichernde Aspekte. Für die Auslandsschularbeit stellen die einzelnen Bundesländer deshalb jährlich eine hohe Zahl erfahrener und engagierter Lehrer

aller Schularten frei. Die aus Deutschland vermittelten Lehrkräfte sind allerdings nur zeitlich begrenzt an einer Schule eingesetzt.

Internationale Experteneinsätze im kommunalen Auftrag oder im Länderauftrag
Zahlreiche Bundesländer der Bundesrepublik unterhalten spezifische geförderte Partnerschaften mit internationalen Ländern, Städten und Gemeinden. Im Rahmen dieser Kooperationen werden unterschiedlichste Entwicklungshilfprojekte initiiert, mit dem Ziel des Know-how-Austausches und Wissenstransfers. Dazu gehören auch Berufsbildungspartnerschaften, in deren Rahmen Fach(praxis)lehrer befristete Experteneinsätze absolvieren können, die zumeist über die zuständigen Ministerien, Referate oder andere involvierte Behörden oder Organe des zuständigen Bundeslandes ausgeschrieben werden. Bei den Einsätzen geht es in der Regel um die Förderung institutionell ausgerichteter Selbsthilfe bis hin zu wirtschaftlicher und nachhaltiger Entwicklung von spezifischen Gebieten oder Handlungsfeldern.

Nebenberufliches Studium und Promotion
Selbstverständlich können Fach(praxis)lehrer insbesondere an privaten Fachhochschulen nebenberuflich postgradual weiterstudieren und mit einem berufsbegleitenden Masterstudium neues Fach- und Methodenwissen erwerben, ohne auf die finanziellen Bezüge zu verzichten. Ein erfolgreicher (Master-)Abschluss hat jedoch keinen direkten Einfluss auf die schulische bzw. beamtenrechtliche Laufbahn. Gleiches gilt für eine Promotion, die extern absolviert werden kann, sofern ein promotionsberechtigter Lehrstuhlinhaber Promotionsthema und Promovierenden als promotionsfähig erachten.

Tätigkeit als Lehrbeauftragter bzw. Dozent an Hochschulen
Fach(praxis)lehrer können im Rahmen ihrer Karriereentwicklung auch als Lehrbeauftragte bzw. Dozenten an Hochschulen arbeiten, sofern sie über einen qualifizierten Abschluss einer Dualen Hochschule, Berufsakademie, Fachhochschule oder über ein erfolgreich abgeschlossenes Hochschulstudium verfügen. Sie werden an der lehrbeauftragenden Hochschule als externe, nebenberuflich tätige Spezialistinnen und Spezialisten aus der Praxis aufgefasst, die auf Honorarbasis einzelne Lehraufträge bzw. Lehrveranstaltungen übernehmen und den Studierenden Wissen und Erfahrungen über ihren professionellen Alltag und dessen Anforderungen vermitteln. Lehraufträge werden je nach Hochschulart für eine bestimmte Anzahl an Semestern, bei privaten Hochschulen auch dauerhaft erteilt. Da insbesondere private Fachhochschulen seit einigen Jahren ihre Studiengänge sowohl als Präsenz- wie auch als Fernstudiengänge anbieten, gibt es zahlreiche Möglichkeiten, als Lehrbauftragter bzw. Dozent auch remote zu arbeiten. Innerhalb des Lehrauftrags arbeiten Fach(praxis)lehrer als Lehrbeauftragte bzw. Dozenten selbstständig und gestalten die Lehrveranstaltungen inhaltlich in eigener Verantwortung. Dabei dürfen sie sich methodisch didaktisch frei entfalten,

einen eigenen Fokus setzen oder Inhalte an aktuelle Entwicklungen anpassen. Vorlesungen, Übungen, Labore oder auch Exkursionen bereichern dabei den Hochschulalltag der Studierenden.

28.6 Einkommen

Grundsätzlich muss man bei der Bezahlung von Fach(praxis)lehrern zwischen Beamten und Angestellten unterscheiden. Bei Beamtinnen und Beamten spricht man zwar im allgemeinen Sprachgebrauch oft von „Gehalt", korrekt heißt es hier aber „Besoldung", da sie rein rechtlich für die Wahrnehmung eines Amtes alimentiert werden. Beamte erhalten also eine Art Unterhaltszahlung, die ihnen und ihrer Familie eine „amtsangemessene" Lebenshaltung ermöglichen soll. So wird beispielsweise ein alleinstehender Fach(praxis)lehrer in Bayern in der Besoldungsstufe A11 mit umfassender Berufserfahrung mit einer Besoldung von ca. 57.000 € alimentiert. Die Besoldungen steigen regelmäßig, ebenso Zulagen und weitere Besoldungsbestandteile. Bei angestellten Fach(praxis)lehrern muss jedoch berücksichtigt werden, dass sie sozialversicherungspflichtig sind, d. h. Arbeitnehmeranteile zur Renten-, Kranken-, Pflege- und Arbeitslosenversicherung zu entrichten haben. Hinzu kommt der Arbeitnehmeranteil an der Zusatzversorgung des öffentlichen Dienstes.

28.7 Zukünftige Entwicklungen

Die berufliche Bildung im Tourismus und im Hotel- und Gastronomiegewerbe ist eng verknüpft mit der dualen Ausbildung. Durch die zunehmende Internationalisierung der Auszubildenden in allen gastgewerblichen Berufen müssen Lehrberufe sowie Aus-, Weiter- und Fortbildungsprogramme so transformiert werden, dass weiterhin nachhaltig branchen- und berufsspezifisches Know-how gezielt vermittelt und die individuelle Gästebetreuung im Spiegel der sich verstetigenden Digitalisierung und der Internationalisierung entsprechend weiterentwickelt werden kann.

28.8 Fazit

Grundsätzlich betrachtet, kann eine berufliche Laufbahn facettenreich, vielfältig und herausfordernd sein. In jedem Lebensjahrzehnt können sich, optimistisch gesehen, interessante und bereichernde Begegnungen, Challenges und Entwicklungsmöglichkeiten ergeben. Darum ist es auch kein Hindernis, wenn man wie ich, am Anfang der Karriere überhaupt keine Vorstellung davon hat, wohin die berufliche Reise gehen kann. Rückblickend stelle ich jedoch fest, dass dabei zwei sehr wichtige Aspekte entscheidend waren.

Es braucht auf dem Weg Menschen, die einem wertschätzend sagen, dass sie etwas in einem sehen, und auch, was dies ist. Und man muss sich kontinuierlich weiterentwickeln. Während Ersteres entscheidend für mein Selbstvertrauen war, brachte mir Letzteres nicht nur neue Erkenntnisse, sondern auch neue Netzwerke und damit auch neue Perspektiven. So war die Mitarbeit in der Neuordnung der eidgenössischen Prüfungskommission zur kompetenzorientierten Berufsprüfungsgestaltung im schweizerischen Gastgewerbe der entscheidende Impuls, die praktische Hotellaufbahn zu verlassen und mit 34 nochmals bei relativ Null zu beginnen. Dabei ist mir sehr wichtig zu betonen, dass ich immer sehr gern im Hotelgewerbe gearbeitet habe und mein Umstieg nicht als Abwendung, sondern eher als Umwendung gesehen werden soll. Nur deswegen kann ich meine mehrheitlich positiven Erfahrungen an Schüler und Studenten authentisch weitergeben. Daher rate ich Ihnen liebe Leserinnen und Leser, auch positiv und neugierig in die touristische Zukunft zu blicken, nicht verkrampft zu sein, wenn es Phasen gibt, in denen es nicht so gut läuft (kenne ich auch!) und manchmal Dinge auch auf sich zukommen zu lassen.

Dr. Hans-Peter Sattler wurde in Ostholstein geboren und begann seine touristische Laufbahn mit einer Ausbildung zum Hotelfachmann und Hotelkaufmann im Romantik Hotel Adler-Post in Titisee-Neustadt. Nach diversen Stationen in renommierten Häusern in Deutschland und der Schweiz kurbelte er seinen Aufstieg mit Fernlehrgängen zum staatlich geprüften Hotelmeister (Bachelor professional of Hotel Management), Restaurantmeister (Bachelor professional of Restaurant Management) sowie mit einem Studium zum geprüften Hotelbetriebswirt an. Nach einem nebenberuflichen Masterstudium promovierte er am Lehrstuhl für Dienstleistungsmanagement der Universität Leipzig. Zurzeit arbeitet er als beamteter Fachoberlehrer an der Berufsschule für das Hotel-, Gaststätten- und Braugewerbe in München sowie als Fachbetreuer und Praktikumskoordinator an der Kermess Berufsfachschule für Hotel- & Tourismusmanagement. Als Lehrbeauftragter an verschiedenen Fernhochschulen entwickelt und verantwortet er hotel- und gastronomiespezifische Module in Bachelor- und Masterstudiengängen und begleitet entsprechende Abschlussarbeiten. Dr. Hans-Peter Sattler absolviert seit 2012 als Kurzzeitexperte zahlreiche Einsätze in touristischen Ländern und war bisher in Tansania, Griechenland und Brasilien eingesetzt. Zu den Beauftragungen vor Ort geht es jeweils um die Entwicklung von Konzepten für einen nachhaltigen, wirtschaftlichen und professionalisierten Tourismus, insbesondere auch durch angepasste touristische Ausbildungsmodelle, die Jugendlichen und angelernten Kräften Chancen in der Hospitality-Branche ermöglichen sollen.

Teil VII
Hilfreiche Themen rund um den Berufseinstieg

Die Tourismusbranche befindet sich im Wandel, wie die vorherigen Kapitel zu den vielfältigen Berufsfeldern und Tätigkeiten zeigen. Dabei gewinnt auch das Konzept New Work an Bedeutung, auch wenn es im Tourismus noch weniger relevant und sichtbar ist als in anderen Branchen.

In Kap. 29 beschäftigen wir uns deshalb mit innovativen Ansätzen von **New Work im Tourismus** sowie mit Gehaltstransparenz, fairer Entlohnung und New Pay. Wir betrachten dabei auch die kulturelle Passung zwischen Unternehmen und Mitarbeitenden, die den Einstieg in ein Unternehmen erleichtert und Zufriedenheit auf beiden Seiten fördert. Anschließend bietet Sophia Frei wertvolle Einblicke aus der Praxis und konkrete **Tipps für den Bewerbungsprozess**, die Bewerbende auf dem Weg zum erfolgreichen Berufseinstieg oder bei der beruflichen Neuorientierung unterstützen sollen (Kap. 30). Zum Schluss sprechen wir in einem Interview mit Laura Schmidt, die uns von ihrem **Weg in die Selbständigkeit** berichtet und was man davon lernen kann (Kap. 31).

New Work im Tourismus

Simon Werther und Sabine Bösl

Inhaltsverzeichnis

29.1 Gehaltstransparenz, faire Entlohnung und New Pay 308
29.2 Kulturelle Passung und Authentizität und Transparenz im Bewerbungsprozess 310
Literatur 312

Zusammenfassung

In diesem Beitrag werden neue Entwicklungen rund um das Arbeiten im Tourismus vorgestellt. New Work, Gehaltstransparenz und die faire Gestaltung von Bewerbungsprozessen sind dabei Themen, die aufgegriffen werden. Denn die Attraktivität von Arbeitgebern im Tourismus ist bereits jetzt maßgeblich davon abhängig, wie zeitgemäß sich Unternehmen präsentieren und wie sehr sie Mitarbeitenden auf Augenhöhe begegnen. Durch den anhaltenden Fach- und Arbeitskräftemangel gewinnen diese Aspekte weiter an Bedeutung, sodass New Work im Tourismus in Zukunft keine Seltenheit mehr darstellen wird, wenn Unternehmen Mitarbeitende finden und binden möchten.

S. Werther (✉)
Hochschule München University of Applied Sciences, München, Deutschland
E-Mail: simon.werther@hm.edu

S. Bösl
Universität Innsbruck, Innsbruck, Österreich
E-Mail: sabine.boesl@uibk.ac.at

© Der/die Autor(en), exklusiv lizenziert an Springer Fachmedien Wiesbaden GmbH, ein Teil von Springer Nature 2024
S. Bösl und S. Werther (Hrsg.), *Berufsfelder und Perspektiven im Tourismus*,
https://doi.org/10.1007/978-3-658-44933-9_29

New Work ist alles andere als ein neues Konzept, sondern wird seit Jahrzehnten mit verschiedenen inhaltlichen Schwerpunkten diskutiert. Allerdings hat das Konzept im deutschsprachigen Raum in den letzten Jahren an Bedeutung gewonnen, sicherlich auch aufgrund der zunehmenden Flexibilisierung der Arbeit und den veränderten Bedürfnissen und Erwartungen von Berufseinsteiger:innen und Mitarbeitenden. New Work repräsentiert als Konzept sowohl die persönliche Arbeitsgestaltung als auch eine Unternehmenskultur, die sich häufig durch zunehmende Flexibilität in zeitlicher, räumlicher und inhaltlicher Hinsicht sowohl in der eigentlichen Arbeitsausführung als auch in der Arbeitsorganisation auszeichnet. Dieser Ansatz ist geprägt von den Kernwerten Partizipation, Wertschätzung und Sinnhaftigkeit der Arbeit bei umfassender Autonomie (Werther & Brenning, 2024).

New Work hat bereits in vielen Branchen Einzug gehalten, doch ist die Verbreitung dieses Konzept in der Tourismusbranche noch nicht so fortgeschritten. Von einigen Branchenvertreter:innen wird insbesondere die fehlende örtliche Flexibilität bei vielen Tätigkeiten im Tourismus als Argument herangezogen, warum New Work beispielsweise in der Hotellerie und Gastronomie eben nicht möglich sei. Die zahlreichen Praxisbeispiele von Destinationsmanagementorganisationen über Freizeitparks bis hin zur Hotellerie und zu Reiseveranstaltern im Herausgeberband „New Work, Leadership und Human Resources Management im Tourismus" (Chang et al., 2024) belegen jedoch, dass sich New Work in allen Teilbranchen des Tourismus genauso umsetzen lässt. So kann auf der Ebene der zeitlichen Flexibilität (z.B. Vier-Tage-Woche, selbstgesteuerte Dienstplangestaltung), der inhaltlichen Flexibilität (z.B. Job Rotation und kontinuierliche Weiterbildungen) sowie allgemein einer wertebasierten mitarbeiterorientierten Unternehmenskultur mit Führung auf Augenhöhe New Work auch bei fehlender örtlicher Flexibilität in umfassender Hinsicht umgesetzt werden. Vielmehr kann in der Tourismusbranche ein Festhalten an „altbewährten" Branchenrezepten beobachtet werden (Maric & Schüßler, 2022). Das ist erstmal nichts Ungewöhnliches für etablierte und erfahrene – sogenannte „reife Branchen"–, darf jedoch nicht als Ausrede gelten, um keine Veränderungen herbeizuführen. Auch bei den folgenden Betrachtungen von transparenten Gehältern, fairer Entlohnung, New Pay sowie realistischen Erwartungen und der kulturellen Passung können touristische Unternehmen genauso Vorreiter sein wie Organisationen anderer Branchen.

29.1 Gehaltstransparenz, faire Entlohnung und New Pay

Uns ist bei der Tätigkeit als Herausgeber:innen für dieses Buch aufgefallen, dass Gehaltstransparenz teilweise ein herausforderndes Thema ist und nicht immer die Bereitschaft besteht, offen mit diesem Thema umzugehen. Der transparente Umgang mit dem eigenen Gehalt ist auf individueller Ebene immer noch ein Tabu-Thema, und man spricht teilweise nicht einmal mit engen Freunden und im Familienkreis über das eigene Gehalt. Doch auf organisationaler Ebene sollten wir hier bereits einige Schritte weiter sein, sodass Unternehmen für konkrete Berufsfelder und Tätigkeiten zumindest Gehaltsbänder kommunizieren. Natürlich können Plattformen wie Gehalt.de, kununu, Stepstone und Indeed einen ersten Anhaltspunkt bieten, doch sind diese Angaben immer auch mit einer gewissen Vorsicht zu betrachten, da die Datenbasis selten transparent und nachvollziehbar dargestellt wird. Aus diesem Grund haben wir uns dazu entschieden, den Themen Gehaltstransparenz, faire Entlohnung und New Pay einen eigenen Abschnitt in diesem Buch zu widmen.

Gehaltstransparenz und faire Entlohnung sind zentrale Bausteine einer modernen und mitarbeiterorientierten Unternehmenskultur, die besonders in Zeiten des Fachkräftemangels weiter an Bedeutung gewinnen werden. Auch Gesetze in diese Richtung wie die Entgelttransparenzgesetze in Deutschland und Österreich oder die 2023 in Kraft getretene EU-Lohntransparenzrichtlinie deuten eine Entwicklung hin zu mehr Transparenz an, auch wenn kleinere und mittlere Unternehmen wie im Tourismus häufig davon ausgenommen sind. In Österreich gibt es seit 2011 die Verpflichtung, Angaben zum Mindestentgelt in Stellenanzeigen zu machen – unabhängig von der Unternehmensgröße. Unternehmen, die freiwillig eine Bandbreite statt eines Mindestentgelts angeben, profitieren von erhöhter Arbeitgeber-Attraktivität, wie eine Studie an der Universität Innsbruck herausfand (Köttritsch, 2023). Gehaltstransparenz und faire Entlohnung spielen also eine entscheidende Rolle bei der Gewinnung von qualifizierten Fachkräften sowie bei der Förderung der Motivation und Zufriedenheit von Mitarbeitenden und deren Bindung (von Hülsen et al., 2020). Gleichzeitig muss bei vollständiger Gehaltstransparenz berücksichtigt werden, dass diese auch zu negativen Effekten und einer geringeren Zufriedenheit der Mitarbeitenden führen kann, wenn diese das Gehalt relativ zu anderen als ungerecht empfinden (Card et al., 2012). Konkrete Beispiele für die Bedeutung von Gehaltstransparenz und fairer Entlohnung im Tourismus liefern die Preisträger des Hospitality HR Awards, die sich mit zahlreichen Konzepten in diese Richtung von anderen Branchenvertretern hervorheben (Chang & Werther, 2021).

Durch transparente Gehaltsstrukturen wissen Bewerberinnen und Bewerber sowie Mitarbeiter:innen, was sie erwarten können und wie ihre Leistung entlohnt wird. Diese Transparenz kann zur Vertrauensbildung beitragen, da sie Fairness und Offenheit signalisiert und die Basis für eine gleichberechtigte Behandlung aller Angestellten bildet (Brown et al., 2022). Ein klares, nachvollziehbares und gerechtes Vergütungssystem kann auch Missverständnisse vermeiden und Konfliktpotenzial reduzieren. Gerade im Bewerbungsprozess ist es deshalb ein sehr positives Signal, wenn transparent mit dem Thema Gehalt umgegangen wird und wenn auch bzgl. damit verbundener Aufstiegsmöglichkeiten konkrete Anhaltspunkte genannt werden.

Faire Entlohnung bedeutet dabei nicht nur, dass die Bezahlung den Marktbedingungen und der Qualifikation der Angestellten entspricht, sondern auch, dass weitere Aspekte wie Erfahrung, Verantwortung und Lebenshaltungskosten berücksichtigt werden. Ein faires Gehalt ist ein wesentlicher Faktor für die Zufriedenheit im Beruf und kann dazu beitragen, dass Fachkräfte langfristig an eine Organisation gebunden werden. Gerade im

Tourismus spielt das insofern eine besondere Rolle, da die Gehälter in vielen Teilbranchen eher gering sind. Eine faire Entlohnung kann dabei beispielsweise in der Hotellerie und Gastronomie auch bedeuten, dass es zusätzlich zum regulären Gehalt weitere Benefits für Mitarbeitende wie günstige Wohnungen oder ähnliche Angebote gibt. Gerade in Regionen mit sehr hoher Lebensqualität und dementsprechend hohen Mieten sind solche Benefits oftmals attraktiver als die ausschließliche Fokussierung auf die Höhe des Gehalts.

New Pay geht noch einen Schritt weiter und beschreibt innovative Vergütungsmodelle, die flexibler und individueller auf die Bedürfnisse der Angestellten und die dynamischen Marktbedingungen eingehen (Franke et al., 2019). Solche Modelle beinhalten oft variable Komponenten wie eine Gewinnbeteiligung am unternehmerischen Erfolg sowie eine stärkere Partizipation der Mitarbeitenden bei der Entwicklung und Umsetzung der Vergütungsmodelle. Sie sollen die traditionellen, oft starren und hierarchisch gestalteten Gehaltssysteme ersetzen und somit die Motivation und Leistung der Mitarbeitenden erhöhen. In Zeiten des Fachkräftemangels kann New Pay einen entscheidenden Wettbewerbsvorteil darstellen. Unternehmen, die bereit sind, neue Vergütungsansätze zu verfolgen und in ihre Entlohnungsstrukturen zu investieren, können sich von der Konkurrenz abheben und leichter qualifiziertes Personal gewinnen und halten. Ein Beispiel dafür sind die Ruby Hotels, die seit 2023 die eigenen Mitarbeitenden, und zwar nicht nur solche auf höheren Hierarchieebenen, am Gewinn beteiligen (Ruby Hotels, 2022). Durch die Anpassung der Lohnsysteme an zeitgemäße Arbeitsmodelle und -werte zeigen Unternehmen außerdem eine Innovationsbereitschaft, die besonders für die jüngere Arbeitnehmer:innen attraktiv ist.

Insgesamt ist die Kombination aus Gehaltstransparenz, fairer Entlohnung und New-Pay-Elementen ein wesentlicher Aspekt für die nachhaltige Sicherung des benötigten Fachkräftepotenzials und trägt zur Schaffung einer positiven Arbeitsumgebung bei, in der sich Mitarbeiter:innen wertgeschätzt und fair behandelt fühlen. Fordern Sie die Unternehmen in Bewerbungsprozessen an dieser Stelle also durchaus heraus, auch wenn unrealistische Forderungen natürlich nicht erfolgversprechend sind. Doch Transparenz und Fairness bei der Entlohnung und Elemente von New Pay deuten zweifellos darauf hin, dass ein touristisches Unternehmen eine moderne und zeitgemäße Personalpolitik verfolgt und dass Mitarbeitenden dort auf Augenhöhe begegnet wird.

29.2 Kulturelle Passung und Authentizität und Transparenz im Bewerbungsprozess

Mit kultureller Passung („Cultural Fit") ist die Übereinstimmung der Einstellungen, Überzeugungen und Verhaltensweisen von Mitarbeitenden mit denen eines Unternehmens gemeint. Oftmals wird beim Cultural Fit zwischen der kognitiven Ebene (Werte, Überzeugungen, Einstellungen) und der Verhaltensebene unterschieden (Mobasseri et al., 2019).

Die kulturelle Passung auf beiden Ebenen bestimmt maßgeblich, wie gut sich neue Mitarbeiterinnen und Mitarbeiter im Unternehmen einfinden, integrieren und wie zufrieden und gebunden sie im Unternehmen sind (Testa et al., 2003).

Für Bewerber:innen empfiehlt es sich also, neugierig zu sein in Bezug auf die Werte, die Kultur und die Haltung des Unternehmens und aufmerksam und umfassend nachzufragen. Können Sie sich mit dem Unternehmen, wie es sich darstellt, wirklich identifizieren? Wie zuverlässig und wertschätzend begegnet Ihnen das Unternehmen im Bewerbungsprozess? Gerade diese „weichen" Themen können maßgeblich darüber entscheiden, wie wohl Sie sich an Ihrem neuen Arbeitsplatz fühlen und wie zufrieden Sie gerade auch mittel- und langfristig sein werden. Für Unternehmen bedeutet dies, dass sie bei der Personalsuche über die fachliche Qualifikation hinaus zunehmend „weiche" Faktoren berücksichtigen (müssen) und gleichzeitig eine realistische Darstellung der eigenen Werte, Kultur und Haltung vermitteln. Sie sollten diese authentische und ehrliche Darstellung ihrer Unternehmenswerte und -kultur gewährleisten, um passende Talente anzuziehen. Eine realistische und ungeschönte Kommunikation, was zukünftige Mitarbeitende erwartet, hilft dabei, Missverständnisse zu vermeiden und langfristige Passungen zu sichern. Die authentische Darstellung des Unternehmens bildet zudem eine schnellere Vertrauensbasis und verhindert das schnelle Bedauern eines Jobeinstiegs oder -wechsels seitens der neuen Angestellten, weil die kommunizierten Erwartungen nicht mit der Realität im Unternehmen übereinstimmen.

Diese Aspekte werden auch bei den Preisträgern des Hospitality HR Awards deutlich, die sich beispielsweise mit einer wertebasierten Positionierung als Arbeitgeber:innen und einer klaren Employer Value Proposition hervorheben (Chang & Werther, 2021). Die Employer Value Proposition beschreibt die Werte, die ein Unternehmen für die Mitarbeiter:innen schafft, z.B. im Hinblick auf Kultur, Karriereperspektiven und Entwicklungsmöglichkeiten, Arbeitsumgebung oder Vergütung. Eine hohe kulturelle Passung zwischen dem Unternehmen und den (zukünftigen) Mitarbeitenden spielt bei vielen dieser Hospitality-Unternehmen eine große Rolle, um von vornherein ein realistisches Erwartungsmanagement zu betreiben und die Grundlage für ein langfristiges Vertrauensverhältnis zu schaffen.

In der gegenwärtigen Arbeitswelt im Tourismus, die von einem ausgeprägten Fachkräftemangel und zunehmender Disruption durch Technologie geprägt ist, wird die kulturelle Eingliederung zum entscheidenden Faktor für nachhaltigen Unternehmenserfolg. Die Förderung der kulturellen Passung ist somit nicht nur für das Personalmarketing essenziell, sondern bildet auch einen Grundpfeiler für alle Phasen der Personalauswahl sowie für die Personalentwicklung und Unternehmens- sowie Mitarbeitendenführung. Für Sie als Bewerber:innen bietet die Fokussierung auf die kulturelle Passung zwischen Ihrem zukünftigen Arbeitgeber und Ihnen selbst die Chance, dass Sie sich auch auf einer tieferen Ebene der Werte und darüber hinaus mit dem Unternehmen identifizieren können.

Literatur

Brown, M., Nyberg, A. J., Weller, I., & Striver, S. D. (2022). Pay information disclosure: Review and recommendations for research spanning the pay secrecy-pay transparency continuum. *Journal of Management, 48*(6), 1661–1694. https://doi.org/10.1177/01492063221079249.

Card, D., Mas, A., Moretti, E., & Saez, E. (2012). Inequality at work: The effect of peer salaries on job satisfaction. *American Economic Review, 102*(6), 2981–3003.

Chang, C., & Werther, S. (2021). Talent management innovations in the hospitality industry: Insights from the winners of the hospitality HR award. In S. Jooss, R. Burbach, & H. Ruël (Hrsg.), *Talent management innovations in the international hospitality industry* (S. 125–150). UK: Emerald Publishing.

Chang, C., Gardini, Marco A., & Werther, S. (2024). *New Work, leadership und human resources management im tourismus*. Springer Gabler.

Franke, S., Hornung, S., & Nobile, N. (2019). *New Pay- alternative Arbeits- und Entlohnungsmodelle*. Haufe.

Köttrisch, M. (2023). Mindestgehalt im Stelleninserat: Unternehmen schaden sich selbst. https://www.diepresse.com/14429293/mindestgehalt-im-stelleninserat-unternehmen-schaden-sich-selbst. Zugegriffen: 05. Mai. 2024.

Maric, S., & Schüßler, E. (2022). Digitale Plattformen: Ein neues Rezept für die Gastronomiebranche? *Austrian Management Review, 12,* 24–39.

Mobasseri, S., Goldberg, A., & Srivastava, S. B. (2019). What Is Cultural Fit? from cognition to behavior (and back). In Brekhus, W. H. & Ignatow G. (eds), *The Oxford Handbook of Cognitive Sociology*, Oxford Handbooks. https://doi-org.ezproxy.bib.hm.edu/10.1093/oxfordhb/9780190273385.013.17.

Ruby Hotels. (2022). Ruby Hotels führen 35-Stunden-Arbeitswoche und Gewinnbeteiligung ein. Pressemitteilung. https://www.ruby-hotels.com/de/presse/ruby-hotels-fuehren-35-stunden-arbeitswoche-ein. Zugegriffen: 05. Mai. 2024.

Testa, M. R., Mueller, S. L., & Thomas, A. S. (2003). Cultural fit and job satisfaction in a global service environment. *MIR: Management International Review, 40,* 129–148.

von Hülsen, H. C., Feldkamp, T., & Koll, P. (2020). Vergütungstransparenz strategisch nutzen. *Controlling & Management Review, 64*(8), 34–41.

Werther, S., & Brenning, S. (2024). New Work – ein konzeptioneller Überblick. In C. Chang, M. A. Gardini, & S. Werther (Hrsg.), *New work, leadership und human resources management im tourismus* (S. 3–22). Springer Gabler.

Prof. Dr. Simon Werther (Dipl.-Psych.) ist Professor für Leadership an der Hochschule München. Darüber hinaus ist er Mitgründer und wissenschaftlicher Beirat des People Tech Startups HRinstruments und Co-Vorsitzender der Jury des HR Innovation Awards. Er publiziert regelmäßig und ist als Senior Berater und Keynote Speaker zu Themen rund um New Work, Leadership, Kulturwandel, Organisationsentwicklung sowie People Analytics und HR Tech tätig.

Sabine Bösl ist Universitätsassistentin am Arbeitsbereich Human Resource Management und Employment Relations an der Universität Innsbruck. Sie studierte Tourismusmanagement an der Hochschule München, ist ausgebildete Hotelfachfrau und arbeitete mehrere Jahre in der Individual- und Kettenhotellerie.

30 Praxistipps für die Bewerbung bis zum Vorstellungsgespräch

Sophia Frei

Inhaltsverzeichnis

30.1	Einleitung	314
30.2	Die Bewerbungsphase	314
30.3	Die Bewerbungsunterlagen	316
30.4	Das Bewerbungsgespräch	317
30.5	Fazit	320

Zusammenfassung

Dieses Kapitel soll Berufseinsteiger:innen in der Tourismusbranche durch Praxistipps beim Start in den Arbeitsalltag unterstützen. Dabei hat es keinen Anspruch auf Vollständigkeit oder Innovationsgeist. Meist sind es schon Kleinigkeiten, die den Unterschied machen, und diese können im ersten Moment noch so trivial erscheinen. Mit Tipps zur Bewerbungsphase, den Bewerbungsunterlagen sowie dem Vorstellungsgespräch können sich Bewerber:innen intensiv vorbereiten, um selbstbewusst aufzutreten. Das nimmt Zeit in Anspruch, ist aber einer der entscheidenden Faktoren, um sich von anderen Bewerber:innen abzuheben.

S. Frei (✉)
München, Deutschland

© Der/die Autor(en), exklusiv lizenziert an Springer Fachmedien Wiesbaden GmbH, ein Teil von Springer Nature 2024
S. Bösl und S. Werther (Hrsg.), *Berufsfelder und Perspektiven im Tourismus*,
https://doi.org/10.1007/978-3-658-44933-9_30

30.1 Einleitung

Die Tourismusbranche ist vielfältig, und ebenso vielfältig sind die Jobs sowie deren Voraussetzungen. Stehen Berufseinsteiger:innen vor der Entscheidung, welcher Sektor zu ihnen passt, kann u.a. zwischen der Hotellerie, dem Destinationsmanagement, dem Transportbereich und der Freizeitwirtschaft gewählt werden, wie die Kapitel in diesem Buch zeigen.

Die große Auswahl an Möglichkeiten macht die Entscheidungsfindung nicht leicht; heutzutage legt man sich mit der ersten Wahl jedoch nicht fest. Man darf und soll ausprobieren, an Aufgaben wachsen, Herausforderungen annehmen, unterschiedliche Bereiche und Jobs kennenlernen. Es gibt kein Richtig und kein Falsch, Jede:r wählt für sich und Lebensläufe variieren (vgl. Kap. 4 zur Gestaltung der eigenen Karriere).

Was die meisten Sparten der Tourismusbranche jedoch gemein haben, ist der Dienstleistungsgedanke, das Arbeiten mit und für Menschen. Das sollte sich in den Bewerbungsunterlagen und in der Selbstpräsentation widerspiegeln.

30.2 Die Bewerbungsphase

Beim Start in das Berufsleben steht zuerst einmal die Bewerbungsphase an. Offene Positionen recherchieren, Bewerbungsunterlagen erstellen, auf Vorstellungsgespräche vorbereiten und diese durchführen.

Das nimmt Zeit in Anspruch, ist aber einer der entscheidenden Faktoren, um sich von anderen Bewerber:innen klar abzuheben. Es geht dabei um Selbstmarketing. Das umfasst sowohl, die eigene Person und die eigenen Fähigkeiten genau zu erkennen, als auch, benennen zu können, was man will oder eben auch nicht will. Kurzum: Was macht einen aus und wofür steht man ein? Hierfür eine Auswahl an Fragen, über die man sich im Vorfeld Gedanken machen sollte:

- Was kann ich besser als andere?
- Was zeichnet mich aus?
- Was hebt mich ab?
- Wofür stehe ich (ein)?
- Wie möchte ich mich positionieren?

Unterstützend zur Beantwortung dieser und weiterer Fragen kann ein Persönlichkeitstest durchgeführt werden. Es gibt eine Reihe von kostenfreien Tools, die einen ersten Einblick in bspw. Charaktereigenschaften gewähren und somit beim Einstieg in das Berufsleben helfen können.

Wenn man sich seiner selbst und der eigenen Werte bewusst ist, wählt man entsprechende Arbeitgeber aus, zeichnet ein authentisches Bild in den Bewerbungsunterlagen und kann im Vorstellungsgespräch selbstbewusst auftreten.

Gleichzeitig sollten sich Berufseinsteiger:innen innerhalb dieser Phase auch Gedanken darüber machen, was der optimale Arbeitgeber vorweisen sollte:

- Welche Rahmenbedingungen brauche ich bzw. wünsche ich mir?
- Welche Benefits sind mir wichtig?
- Kann ich mich dort fachlich (und persönlich) weiterentwickeln?
- Gibt es eine gelebte Feedbackkultur?

Das ist keine einfache Aufgabe, weshalb es hilfreich sein kann, vor dem Interview für den vermeintlichen Traumjob einige andere Bewerbungen zu absolvieren. Die Fragen und Antworten der Recruiter, die Aufgaben eines Assessment Centers, die neue Umgebung – mit der Übung gewinnt man Sicherheit und noch mehr Vertrauen in das eigene Können.

> **Praxistipp**
> Auch wenn es im ersten Moment nicht um den vermeintlichen Traumjob geht, lohnt es sich, offen zu bleiben. Vielleicht überrascht das Gespräch, die Aufgaben klingen spannend, die Kommunikation findet auf Augenhöhe statt und der Bewerbungsprozess ist schnell und wertschätzend.

Soft Facts wie das Betriebsklima und Unternehmenswerte werden von vielen Firmen bereits auf der Website kommuniziert. Ehrlich abbilden lassen sich diese aber oftmals erst im persönlichen Gespräch oder in der Art und Weise, wie miteinander kommuniziert und umgegangen wird. Dabei ist es zwar notwendig, sich auf das eigene Bauchgefühl zu verlassen, doch hilft es, wenn man für sich Antworten auf die folgenden Fragen findet:

- Wie war die Kommunikation während des gesamten Bewerbungsprozesses?
- Habe ich mich wahrgenommen gefühlt?
- Kann ich mir vorstellen, mit dieser Person/diesen Personen zu arbeiten?
- Kann ich hinter der Unternehmenskultur/den Werten/dem Klima stehen?

Wenn die Fragen positiv beantwortet werden können, lohnt es sich, tiefer einzusteigen und das zweite Gespräch oder einen Kennenlerntag zu vereinbaren. Bei einem Kennenlerntag kann man potenzielle Kolleg:innen, die Unternehmensphilosophie, das Miteinander sowie den Aufgabenbereich im Alltag erleben und besser einschätzen.

▶ **Praxistipp**
Ein Probetag ist eine gute Möglichkeit abzuschätzen, ob man sich eine Zusammenarbeit vorstellen kann. Wenn ein Probetag nicht aktiv angeboten wird, kann dieser von Bewerber:innen erfragt werden. Das zeigt Interesse und Engagement. Gleichzeitig verrät die Reaktion darauf auch etwas über das Unternehmen und dessen Offenheit.

Dass heutzutage ein Arbeits- und Fachkräftemangel herrscht und somit ein Arbeitnehmermarkt vorliegt, ist nichts Neues. Vielen Unternehmen ist das inzwischen auch bewusst und entsprechend kümmert man sich dort um Bewerber:innen und Arbeitnehmer:innen.

Schon in der Bewerbungsphase zeigt sich, ob Wertschätzung gegenüber den Mitarbeiter:innen ehrlich gelebt wird. Eine Antwort innerhalb von zwei bis drei Werktagen auf eine Bewerbung ist fair, zwei Wochen darauf warten müssen hingegen ein No-Go. Gerade beim Einstieg in das Berufsleben können solche Situationen entmutigen, aber es gibt viele herausragende Arbeitgeber – dann ist das vielleicht einfach noch nicht der richtige.

30.3 Die Bewerbungsunterlagen

Geht man nochmal einen Schritt zurück, stehen die Bewerbungsunterlagen im Fokus. Was gefordert wird und ob ein Motivationsschreiben noch zeitgemäß ist – vor allem auch hinsichtlich der Möglichkeiten, sich sein Motivationsschreiben mithilfe von künstlicher Intelligenz (KI) innerhalb weniger Sekunden generieren zu lassen – darüber gehen die Meinungen auseinander. Viele Unternehmen kommunizieren jedoch klar, was gewünscht ist. Daran kann man sich als Bewerber:in orientieren. Und wenn es aus der Stellenausschreibung nicht deutlich hervorgeht, liegt man mit den folgenden Unterlagen nicht falsch:

- Lebenslauf
- Motivationsschreiben
- Zeugnisse

Auch ob man in der Bewerbung siezen oder duzen sollte, stellt Bewerber:innen vor eine Entscheidungsfrage. Wenn in der Stellenausschreibung gesiezt wird, sollte man dies auf jeden Fall auch bei der Erstellung der Unterlagen berücksichtigen. Wenn jedoch geduzt wird, kann das adaptiert werden. Wichtig ist, dass man sich damit wohlfühlt. Während das *Du* in manchen Branchen und bei lang bestehenden Unternehmen gerade erst Einzug hält, gehen viele Start-ups von vornherein mit der Du-Kultur „an den Markt". Mit einem förmlichen *Sie* macht man in der Regel nichts falsch; Ausnahme: Das *Du* wird explizit durch bspw. einen Hashtag #gerneperdu kommuniziert.

Wie zu Beginn des Kapitels bereits angesprochen, geht es in der Tourismusbranche überwiegend um Menschen. Es handelt sich um einen Dienstleistungssektor und daher ist es bei einer Bewerbung wichtig, neben der Ausbildung, den Qualifikationen und vorherigen Berufserfahrungen auch die eigene Persönlichkeit hervorzuheben. Das kann mithilfe eines Motivationsschreibens, eines kurzen Videos oder ein paar Fragen inklusive Antworten (bspw. Was zeichnet mich aus? Worauf lege ich wert? Wie würde ich meine Arbeitsweise beschreiben?) geschehen.

Wichtig: Personaler:innen kennen die Vorlagen und Formulierungen, die im Internet zu finden sind, wenn man Lebenslauf und Motivationsschreiben recherchiert. Interessiert man sich ehrlich für eine Position, sollte die eigene Darstellung individueller gestaltet sein. Es ist auch nicht zielführend, unzusammenhängend eine Reihe von Eigenschaften aufzuführen. Man sollte Hard Skills und Soft Skills kurz und knapp auf die eigene Person beziehen, die Verbindung zum Unternehmen herstellen und den persönlichen USP (von engl. „unique selling proposition" = Alleinstellungsmerkmal) herausarbeiten. Ob auf einer Din-A4-Seite oder in einem kurzen Video (ca. 60 Sekunden) – weniger ist oftmals mehr.

▶ **Praxistipp**
Die Bewerbung (Anschreiben, Motivationsschreiben, E-Mail) immer an eine Person richten und damit die allgemeine Ansprache „Sehr geehrte Damen und Herren, …" vermeiden. In der Regel ist die Kontaktperson direkt in der Stellenausschreibung benannt. Alternativ lässt sie sich auf der Website oder bspw. LinkedIn recherchieren.

30.4 Das Bewerbungsgespräch

Wenn es zum Bewerbungsgespräch kommt, sind zwei große Aufgaben bereits geschafft: die Recherche sowie das Erstellen der Bewerbungsunterlagen.

Vor dem Vorstellungsgespräch geht es noch einmal darum, sich intensiv mit dem Unternehmen zu beschäftigen. Die Website, Social Media Accounts oder aber auch Arbeitgeberbewertungen auf Portalen wie beispielsweise kununu können dafür herangezogen werden.

Auch über die Wahl des Outfits sollte man sich im Voraus Gedanken machen. Eher klassisch, Business Casual oder etwas ausgefallener? In einigen Sektoren der Tourismusbranche, wie bspw. der Hotellerie, gibt es teilweise noch einen Grooming-Standard, welcher das äußere Erscheinungsbild der Mitarbeiter:innen klar definiert. Als Bewerber:in bekommt man ein Gefühl dafür, was passend ist und was nicht, wenn man Unternehmenstexte sowie -bilder studiert und die Philosophie versteht. Das mag im ersten Moment oberflächlich oder nebensächlich erscheinen, kann aber erfolgsentscheidend sein, weil nicht zu unterschätzen ist, was man damit unbewusst kommuniziert.

Wenn es dann so weit ist, ist es ganz normal, dass Bewerber:innen etwas nervös sind. Gerade dann, wenn man am Anfang der Karriere steht und die ersten Gespräche führt. Gute und wertschätzende Personaler:innen und Recruiter wissen das, bemühen sich um eine angenehme Atmosphäre und lassen einen erst einmal ankommen.

Beim Vorstellungsgespräch gibt es eine Vielzahl an Möglichkeiten, Fragen zu stellen und sich so besser kennenzulernen. Dabei greifen einige Recruiter auch heutzutage noch auf die eher typischen Fragen zurück, weshalb es sich lohnt, vorbereitet zu sein.

Mögliche „Standard"-Fragen sind:

- Wie sind Sie auf uns aufmerksam geworden?
- Warum haben Sie sich bei uns beworben? / Warum haben Sie sich auf diese Stelle beworben?
- Welche Stärken bringen Sie mit?
- Was würden Sie als Ihre Schwächen bezeichnen?
- Warum möchten Sie Ihren Arbeitgeber wechseln? / Bei Berufseinsteiger:innen: Warum steigen Sie nach Ihrem Studium nicht in dem Unternehmen ein, bei dem Sie derzeit als Werkstudent:in tätig sind?

> **Praxistipp**
> Auch als Bewerber:in sollte man immer ein paar Fragen vorbereitet haben, die Interesse an dem Job und dem Unternehmen beweisen. Wenn die Fragen abwechslungsreich und herausfordernd sind, wenn es dabei nicht nur um das Gehalt, das Startdatum oder die Benefits geht, erkennen Recruiter, dass echtes Interesse besteht.

Mit diesen Fragen kann man im Vorstellungsgespräch beispielsweise überraschen:

- Was muss ich als Bewerber:in mitbringen, um perfekt in Ihr Unternehmen / zu Ihrer Unternehmenskultur zu passen?
- Wie viel Gestaltungsfreiraum ist in dieser Position / im Unternehmen möglich?
- Wie würden Sie Ihren Führungsstil bzw. den meiner Führungskraft beschreiben?
- Was macht das Unternehmen für Sie aus, dass Sie dort gerne arbeiten?
- Woran messen Sie, dass die Position erfolgreich besetzt wurde?

Jede:r kann Fragen finden, die zu einem selbst und der Position passen, es bedarf jedoch Vorbereitung!

In Tab. 30.1 sind einige Praxistipps zusammengefasst, die die Kennenlernphase sowie den Einstieg in die Branche erleichtern können.

Tab. 30.1 Dos and Dont's im Bewerbungsprozess

Damit begeistert man als Bewerber:in	Das sollte man als Bewerber:in vermeiden
Lebenslauf in antichronologischer Reihenfolge erstellen	Rechtschreibfehler in den Bewerbungsunterlagen sowie E-Mails
Schnell auf E-Mails antworten	Falsche Anrede oder Anschrift bei der Bewerbung
Pünktliches Erscheinen zum Vorstellungsgespräch (5 bis 10 min vor Gesprächsbeginn sind optimal)	Während des Gesprächs abgelenkt sein durch z.B. durch das Smartphone
Vorbereitet und ehrlich interessiert sein, Fragen stellen	Direkt mit der Frage nach dem Gehalt, Benefits etc. einsteigen – das ist zwar absolut wichtig, sollte aber nicht gleich zu Beginn des Gesprächs angesprochen werden
Auf das äußere Erscheinungsbild achten	Beim Vorstellungsgespräch Kaugummi kauen

▶ **Praxistipp**
Wenn das erste Kennenlernen virtuell stattfindet und die Technik nicht auf Anhieb funktioniert, ruhig bleiben, denn das kann auch bei ausreichender Vorbereitung (vorheriger Test, Herunterladen der aktuellen Tool-Version, Check der Kamera und des Mikrofons etc.) passieren. Und wenn gar nichts hilft, dann per Telefon informieren und darüber sprechen. Wer bereits bei Problemen im Bewerbungsprozess Lösungsorientierung beweist, kann damit nur punkten.

Auch bezüglich der Gehaltsvorstellung sollte man sich bereits vor dem Bewerbungsgespräch Gedanken machen, denn die Frage wird früher oder später gestellt; am besten erst einmal abwarten, ob das Thema vom Recruiter angesprochen wird. Wenn nicht, gerne aktiv nachhaken. Es empfiehlt sich, ein Bruttojahresgehalt zu nennen und sich mit den branchenüblichen Gehaltsspannen zu beschäftigen. Wie zu Beginn des Kapitels bereits hervorgehoben, hilft es, wenn man sich und seine Stärken sowie Fähigkeiten kennt. Selbstbewusstsein und gleichzeitig Realismus helfen bei der Gehaltsverhandlung und geben Sicherheit beim Einstieg in das Berufsleben. Wenn man sich bzgl. des Bruttojahresgehalts nicht vollständig einig wird, können auch weitere Aspekte verhandelt werden, wie beispielsweise:

- Anzahl Urlaubstage
- Weihnachtsgeld, Urlaubsgeld
- Fahrtkostenzuschuss, Übernahme Bahnticket, Job-Rad
- Übernahme der Kosten für eine Weiterbildung / ein Studium
- Sonn- und Feiertagszuschläge
- Entwicklungsplan (bspw. erste Gehaltserhöhung nach sechs oder 12 Monaten)
- Etc.

30.5 Fazit

Nachdem ich schon viele Bewerbungsunterlagen gesichtet und Vorstellungsgespräche sowie Gehaltsverhandlungen geführt habe, möchte ich Berufseinsteiger:innen mit diesem Kapitel etwas die „Angst" nehmen. Im Recruiting geht es um Menschen. Ihr sitzt im Vorstellungsgespräch Personen gegenüber, die sich bewusst für diesen Beruf entschieden und Freude daran haben. Ich kann mich sehr gut in mein Gegenüber hineinversetzen und verstehe, wie sich die Situation anfühlen muss. Die Atmosphäre so angenehm wie möglich zu gestalten, ist eine meiner Aufgaben. Und aus Erfahrung darf ich berichten, dass die besten Gespräche diejenigen sind, bei denen gelacht wird, bei denen man sich auf einer herzlichen Ebene kennenlernt, bei denen ein toller Austausch stattfindet und bei denen man versteht, was die jeweilige Person ausmacht; vielleicht schon weitere Möglichkeiten besprochen werden. Kein Verstellen, sondern Authentizität – das zählt für mich und viele Recruiter (vor allem) im Dienstleistungssektor.

Sophia Frei absolvierte von 2013 bis 2017 ihr Bachelorstudium an der Fakultät für Tourismus der Hochschule München. Ihr Praxissemester in der HR-Abteilung der Platzl Hotel Inselkammer KG war eine wertvolle Erfahrung, was letztendlich auch zu ihrer festen Übernahme nach Abschluss des Studiums führte. Nach rund zweieinhalb Jahren Einblick in die Marketingabteilung entschied sie sich im November 2019 als Training & Quality Manager wieder in den HR-Bereich zu wechseln. Seit Juni 2024 ist Sophia Frei als Head of People & Culture für die Themen Employer Branding, Learning und Development verantwortlich. Ihr Aufgabenbereich erstreckt sich zusätzlich über das Recruiting von Fach- und Führungskräften bis hin zur Talent- und Organisationsentwicklung sowie der Betreuung von Auszubildenden und Studierenden. Mit den Platzl Hotels hat Sophia Frei bereits drei Hospitality HR Awards gewonnen. Parallel zu ihrer beruflichen Tätigkeit startete sie im Jahr 2021 ein Fernstudium an der IU im Masterstudiengang „Personalmanagement", was ihr eine zusätzliche Qualifikation in diesem Bereich verleiht.

Interview: Praxistipps zur Selbstständigkeit im Tourismus

31

Laura Schmidt

Zusammenfassung

In vielen vorangegangen Kapiteln sind die Autor:innen bereits darauf eingegangen, inwieweit sich ein Berufsfeld für die Selbstständigkeit anbietet. In diesem Kapitel wird noch einmal vertieft auf die Potenziale und die Herausforderungen von selbstständigen Tätigkeiten eingegangen. Laura Schmidt, eine Gründerin, ist hier im Gespräch mit Sabine Bösl und Simon Werther.

Was hat dich dazu bewegt, den Schritt in die Selbstständigkeit zu gehen, und wie sah dein beruflicher Werdegang bis dahin aus?

Die Selbstständigkeit stand offen gesagt nie auf meiner persönlichen beruflichen Agenda. Nicht, weil ich mich ihr verwehrt hätte, sondern einfach, weil ich nie über sie und mich nachgedacht hatte. Ein wesentlicher Grund hierfür ist sicherlich die Tatsache, dass ich aus keinem unternehmerisch geprägten familiären Umfeld stamme.

Nach Abitur, Ausbildung, Bachelor- und Masterstudium bot sich die Gelegenheit, ein Promotionsstudium aufzunehmen – (m)ein ultimativer akademischer Traum, den zu verwirklichen ich nun also die Chance bekommen sollte. Von Abitur bis Promotion – 15 Jahre lang hatte ich stets ein klares Ziel vor Augen, nämlich den Abschluss meines jeweiligen Ausbildungsabschnitts. Meine praktische Tätigkeit in der Hospitality-Branche während all dieser Jahre war geprägt von meiner Freude am Umgang mit anderen Menschen und Kulturen sowie von meiner Begeisterungsfähigkeit für besondere Erlebnisse. Weniger geprägt war diese Zeit von dem Drang, einen vorhandenen, verbesserungswürdigen Sachverhalt durch

L. Schmidt (✉)
elevatr / Hospitality Ne(x)twork GmbH, München, Deutschland
E-Mail: laura@elevatr.com

© Der/die Autor(en), exklusiv lizenziert an Springer Fachmedien Wiesbaden GmbH, ein Teil von Springer Nature 2024
S. Bösl und S. Werther (Hrsg.), *Berufsfelder und Perspektiven im Tourismus*,
https://doi.org/10.1007/978-3-658-44933-9_31

eine eigene Lösung oder „Business-Idee" zu verändern. Was also hat mich letztlich dazu bewegt, den Schritt in die Selbstständigkeit zu gehen?

Retrospektiv betrachtet ist es ein Mix aus externen und intrinsischen Einflussfaktoren. De facto war der Schritt in die Selbstständigkeit zum damaligen Zeitpunkt die einzige Option, die ich hatte. Im März 2020 hatte ich geplant, eine neue Tätigkeit als operative Teilzeitkraft in einem kurz vor der Eröffnung stehenden Hotel aufzunehmen. Ich hatte meine Management-Position im Januar 2020 gekündigt, um mich – frei von Führungs-, Projektverantwortung und dergleichen – gedanklich stärker auf meine Dissertation fokussieren zu können. Besagtes Hotel wurde Covid-19-bedingt jedoch nie eröffnet. Über mein Netzwerk tat sich die Möglichkeit auf, freiberuflich für ein B2B-Medium in der Hotellerie tätig zu werden. Erstmals verdiente ich meinen Lebensunterhalt somit auf selbstständiger Basis. Bildlich gesprochen entsprach der Wechsel von der Anstellung in die Freiberuflichkeit einem Sprung vom Einer. Ich war dankbar für die Chance, weiterhin in der Branche tätig sein zu können, die ich liebe und die seinerzeit vor nie dagewesene existenzielle Herausforderungen gestellt wurde. Zudem bereitete mir der (mediale) Blick auf das Gastgewerbe aus der Vogelperspektive große Freude und ich fand Gefallen an meiner neuen Tätigkeit. Dies bemerkte auch meine damalige Auftraggeberin und Chefredakteurin des besagten B2B-Mediums und kam nach einigen Monaten der Zusammenarbeit mit ihrer Vision vom Fachjournalismus der Zukunft auf mich zu.

Die Gründung unseres eigenen Unternehmens, das aus der initialen Vision meiner heutigen Mitgründerin vom Fachjournalismus der Zukunft erwuchs, glich dann einem Sprung vom Zehner – obwohl ich nicht alleine gründete, sondern sogar mit drei erfahrenen Persönlichkeiten, zwei davon selbst Unternehmer. Und so wurde ich mir einerseits der einmaligen Möglichkeit bewusst, mit vereinten Kräften etwas aufzubauen, für dessen Ausgestaltung mir und uns keine kreativen Grenzen gesetzt sind. Die intrinsische Motivation war also durchaus geweckt. Doch andererseits trug ich die Mammutaufgabe „Dissertation" in meinem gedanklichen Rucksack, der ohnehin schon alles andere als ein Leichtgewicht war.

Das Zünglein an der Waage waren wohl schließlich die externen Faktoren. Erstens: Das B2B-Medium, für das ich freiberuflich tätig war, bot mir die Aufnahme eines Volontariats an. Allerdings zu monetären Konditionen, die mir das Bestreiten meines Lebensunterhalts zu einer weiteren Mammutaufgabe gemacht hätten. Zweitens: Meine damalige Auftraggeberin und Chefredakteurin glaubte so sehr an die Vision, Fachjournalismus gemeinsam – mit einem journalistischen und einem fachlichen Blick – neu denken zu können. Und drittens: Die Aussicht auf eine neuerliche Tätigkeit in der Hotellerie bestand zum damaligen Zeitpunkt noch immer nicht. Und so ließ ich mich auf das „Abenteuer Selbstständigkeit" ein.

Welche Vorteile und Herausforderungen siehst du in der Selbstständigkeit im Vergleich zur Arbeitnehmer:innenrolle?
Als Vorzüge der Selbstständigkeit sehe ich auf Basis meiner persönlichen Erfahrung vor allem die gestalterische Freiheit und die zeitliche Flexibilität. Letztere spielt insbesondere in den ersten Jahren der Selbstständigkeit aufgrund des hohen Workloads oftmals sicherlich

noch eine untergeordnete Rolle – die Tage am Rechner oder bei der Arbeit sind lang, Zeit für Unternehmungen bleibt oftmals nur wenig. Kommt man aus einer Arbeitnehmer:innenrolle, nimmt man sich zudem oft weniger zeitliche Freiheiten, da man noch auf das klassische Muster eines Arbeitstages „konditioniert" ist. Mit der Zeit lernt man allerdings, sich auch einmal länger als die übliche halbe oder dreiviertel Stunde Pause aus der Arbeit herausziehen zu können, ohne dass jemand dies hinterfragen würde.

Der gedankliche Switch von Arbeitnehmer:innenrolle in Unternehmer:innenrolle braucht jedoch in vielen Bereichen oft Zeit. Und darin liegt auch die erste Herausforderung: unternehmerisch zu denken und die Zusammenhänge weit über eine spezifische Rolle hinaus, die man als Arbeitnehmer:in im Kontext einer Stellenbeschreibung oft innehat, zu verstehen und Entwicklungen zu antizipieren. Man muss zudem mit Unsicherheit umgehen können. Es landet nicht (mehr) automatisch jeden Monat ein fester Betrag auf dem Konto. In manchen Monaten landet womöglich gar kein Geld auf dem persönlichen Konto. Die typischen Absicherungen, die man als Arbeitnehmer:in genießt, müssen anders abgebildet werden (z.B. durch den Abschluss von Versicherungen auf freiwilliger Basis wie etwa dem freiwilligen Anschluss an eine Berufsgenossenschaft anstelle der gesetzlichen Unfallversicherung). Es bedarf eines hohen Maßes an persönlicher Risikobereitschaft und Resilienz. Vielleicht wird nicht jede:r Akteur:in dich und dein Tun mit offenen Armen empfangen. Vielleicht dringst du mit deiner Geschäftsidee in Komfortzonen ein und stößt auf Gegenwind. Den eigenen Weg unbeirrt weiterzugehen, ist nicht immer einfach; oftmals unbequemer als in einem Arbeitnehmer:innenverhältnis. Doch an jeder Challenge wächst man ungemein, seien es Herausforderungen fachlicher oder menschlicher Natur. Dies als Chance zu begreifen, zählt wiederum zu den größten Vorzügen der Selbstständigkeit.

Welche konkreten Schritte oder Überlegungen sind notwendig, um so vorbereitet wie möglich eine selbstständige Tätigkeit aufzunehmen?
An erster Stelle steht die hundertprozentige Überzeugung von der eigenen Idee oder vom eigenen Geschäftsmodell. Auf die Überzeugung folgt die Vorbereitung. Ich muss mein Business von A bis Z durchdekliniert haben, muss seinen Nutzen eindeutig darlegen können, muss in der Lage sein, auch kritische Fragen zu beantworten, bevor ich erstmals auf externe Stakeholder:innen zugehe. Damit einher geht die Ausarbeitung eines fundierten Businessplans. Hierfür gibt es zahlreiche hilfreiche Quellen im Internet. Oftmals geht der Start in die Selbstständigkeit mit der Aufnahme eines Kredits einher (siehe dazu auch die übernächste Frage). Das Finden geeigneter Finanzierungspartner kann herausfordernd und nicht selten langwierig sein, deshalb bedarf es ganz klar formulierter Ziele.

Wer früh in seinem Leben weiß, dass er oder sie ein eigenes Business aufbauen will, sollte jede Gelegenheit ergreifen, wichtiges Wissen zur Selbstständigkeit zu sammeln, etwa durch das Belegen entsprechender Kurse (z.B. im Rahmen des Studiums). Auch die Industrie- und Handelskammern, Start-up-Center von Universitäten oder Steuerberater:innen können hier wertvolle Wissensquellen sein. Zudem liefert der Austausch mit anderen Gründer:innen oder Selbstständigen wertvolle Impulse und sollte deshalb proaktiv gesucht werden. Letzten

Endes wird man sich aber nie an dem Punkt ankommen, an dem man sich vollends vorbereitet fühlt, um in die Selbstständigkeit einzutreten.

Ein wenig anders verhält es sich sicherlich bei der Übernahme eines elterlichen Betriebs. Hier gibt es viel Potenzial für einen „behüteten" Eintritt in die Selbstständigkeit. Andererseits lauern in der Nachfolge aber auch viele Herausforderungen. Die Unternehmensnachfolge in Familienbetrieben verdient deshalb eine gesonderte Betrachtung.

Welche persönlichen Kompetenzen oder Fähigkeiten sind deiner Meinung nach besonders wichtig für den Erfolg in der Selbstständigkeit?

Ganz generell bin ich davon überzeugt, dass das Ausleben individueller Stärken (Fähigkeiten) im beruflichen Kontext ein Leistungsgarant ist, unabhängig ob in einer Arbeitnehmer:innen- oder Unternehmer:innenrolle. Die persönlichen Stärken zu kennen, ist somit ein erster wichtiger Aspekt. Hier gibt es zahlreiche unterstützende Tools wie beispielsweise CliftonStrengths von Gallup – ein Test, bei dem man mithilfe von knapp 180 Fragen die eigenen natürlichen Stärken kennenlernt und darüber hinaus erfährt, wie sich individuelle Talente in Stärken verwandeln lassen. Auch die Analyse der eigenen Persönlichkeit kann wichtige Hinweise für den späteren Erfolg in der Selbstständigkeit liefern. Wird etwa klar, dass ich ein wenig analytischer Persönlichkeitstyp bin, brauche ich ggf. für all jene Aufgaben, die der analytischen Stärke bedürfen, eine:n Sparringspartner:in, also eine Person, die mich wachsen lässt, indem sie mir Handlungsalternativen aufzeigt, mich berät und zugleich fordert. Allgemein gesprochen zeichnet ein hohes Maß an Begeisterungsfähigkeit, Selbstdisziplin und Durchhaltevermögen sicherlich alle erfolgreichen Selbstständigen aus.

Mit Blick auf Fertigkeiten, Wissen und Qualifikationen (als Teil der Kompetenzen), spielen betriebswirtschaftliches Know-how, branchenspezifisches Wissen und soziale sowie Führungskompetenz zweifelsohne eine maßgebliche Rolle für den Erfolg.

Welche finanziellen Aspekte sollten bei der Selbstständigkeit berücksichtigt werden, insbesondere in der Anfangsphase, aber auch langfristig?

Was die finanziellen Aspekte im Rahmen der Selbstständigkeit angeht, so gilt es zu unterscheiden, mit welchem Produkt oder welcher Leistung und in welchem Umfang und in welcher Rechtsform man in die Selbstständigkeit startet. Baue ich mir mit Beratungs- oder anderen Dienstleistungen als Kleinunternehmer:in ein zweites Standbein auf, während ich vielleicht noch in Voll- oder Teilzeit in meinem erlernten Beruf arbeite? Oder entscheide ich mich, „aufs Ganze zur gehen" und von Anfang an 100 % meiner Arbeitsleistung in meine Selbstständigkeit zu investieren? Bedarf es für das Produkt oder die Leistung meines Unternehmens großer finanzieller Investitionen? Kann ich als „Solopreneur:in" starten oder will/muss ich von Anfang an Mitarbeitende einstellen und Gehälter (plus Lohnnebenkosten) zahlen? Welche Rechtsform wähle ich?

Wenn es größerer Investitionen bedarf, beispielsweise für die Programmierung einer State-of-the-Art-Website mit Shop, den Kauf einer Wunsch-URL, die Anschaffung von

Sachanlagen, sollte ich mir vorher im Klaren darüber sein, mit welchen Mitteln ich diese Investitionen tätigen kann. Bei Gründung einer Kapitalgesellschaft (z.B. GmbH) kommen zudem Notarkosten, die Einlage des Stammkapitals (25.000 €) etc. hinzu. Viele Gründer:innen nehmen daher Kredite bei der KfW (z. B. ERP-Gründerkredit – StartGeld) auf. Sind wenige Sicherheiten vorhanden, ist mit hohen Zinssätzen zu rechnen. Der Start in die Selbstständigkeit ist somit ggf. mit hohen Kosten verbunden. Es lohnt sich daher, zu prüfen, ob man Fördermittel für Gründer:innen in Anspruch nehmen kann. Findet man Investor:innen für die eigene Geschäftsidee, bedarf es womöglich keiner Kreditaufnahme. Doch je nach Art und Interesse des Investors oder der Investorin können hohe Renditeerwartungen oder Verzinsungen zur finanziellen Belastung werden.

Langfristig gesehen ist die Liquidität eine der wichtigsten Kennzahlen in Bezug auf die finanziellen Aspekte der Selbstständigkeit. Um die Liquidität zu berechnen, ist eine entsprechende Liquiditätsplanung erforderlich, die zu keiner Zeit vernachlässigt werden darf – egal wie sehr man ins tägliche, operative Geschäft eingebunden ist.

Wie hast du deine Krankenversicherung und andere soziale Absicherungen geregelt?
Beim Start in die Selbstständigkeit muss die eigene gesundheitliche und soziale Absicherung oftmals neu gedacht werden. Beziehungsweise muss sie überhaupt gedacht werden, wenn man etwa aus der Arbeitnehmer:innen- in die Unternehmer:innenrolle wechselt. Mit Blick auf die Krankenversicherung ist eine freiwillige gesetzliche Krankenversicherung zwar möglich, kommt einen aber in der Regel teurer als der Wechsel in die private Krankenversicherung. Es lohnt sich also, den Wechsel zu einem privaten Anbieter zu prüfen, nicht zuletzt, da man als Privatpatient:in viele Vorteile gegenüber Kassenpatient:innen genießt, insbesondere in den bevölkerungsstarken Metropolen. Zu beachten ist in jedem Fall der Wegfall der Lohnfortzahlung für Selbstständige im Krankheitsfall. Ein (ggf. einhundertprozentiger) Verdienstausfall tritt in der Regel direkt ab dem ersten Tag einer Krankheit oder eines Unfalls ein und kann etwa über eine private Versicherung für das Krankentagegeld abgesichert werden.

In Bezug auf die soziale Absicherung ist zu überlegen, ob ich weiterhin auf die staatliche Absicherung zähle – denn auch als Selbstständige:r kann ich in die gesetzliche Rentenversicherung einzahlen, eine freiwillige Arbeitslosenversicherung abschließen und dergleichen – oder ob ich eine private Absicherung vorziehe. Das Gespräch mit Versicherungsmakler:innen, Anlageberater:innen etc. zu suchen, ist hier hilfreich.

Wie gehst du mit Herausforderungen und Unsicherheiten in der Selbstständigkeit um? Hast du Tipps zu Resilienz und Stressbewältigung?
Auf Herausforderungen und Unsicherheiten trifft man in der Selbstständigkeit natürlich nahezu täglich. Gleiches gilt aber natürlich auch für viele Berufe und Positionen in Angestelltenverhältnissen. Eine einfache Frage, die einem helfen kann, mit der besonderen Unsicherheit der Selbstständigkeit besser umzugehen, ist aus meiner Erfahrung die folgende: Was ist das Schlimmste, was passieren kann? Und was würde ich dann tun? Diese

simpel klingende Frage vermag viel von dem mulmigen Gefühl zu nehmen, mit dem man bisweilen abends zu Bett geht und morgens aufwacht. Im schlimmsten Fall suche ich mir (wieder) eine Anstellung, zahle meinen Kredit zurück und erzähle vielleicht eine Geschichte des Scheiterns (Stichwort „Fuckup Nights"). Doch das ist ja nur das ultimative Ergebnis eines Worst-Case-Szenarios.

Um die persönliche Resilienz zu stärken und mit Stress besser umgehen zu können, kann z.B. das Bild des Lebensbaums zur Hand genommen werden – ein metaphorisches Werkzeug aus dem Coaching zur Reflexion, Potenzialanalyse, Erkundung von Ressourcen und Stärken. Die Wurzeln dieses Lebensbaums sind das, woraus ich meine (Widerstands-) Kraft (Resilienz) schöpfe. Das können beispielsweise Hobbys sein. Diesen Wurzeln sollte man stets genug Raum geben, sprich: sich bewusst die Zeit für sich nehmen, auch wenn sich die To-dos auf dem Schreibtisch stapeln. Der Einklang von Körper, Geist und Seele (= Wellness) sieht bei jedem Menschen anders aus. Die Begleitung durch eine:n Coach:in kann helfen, diese ganz individuelle Balance zu finden. Coaching kann aber auch im Fall von akuten Stresssituationen ein unheimlich wirkungsstarkes Tool sein.

Gab es während deiner Selbstständigkeit ein Ereignis oder eine Erfahrung, die dich besonders geprägt hat und von der andere möglicherweise lernen können?
Die erste Gründung oder Selbstständigkeit ist sicherlich für jede:n wahnsinnig aufregend und automatisch mit vielen prägenden Momenten verbunden, die für erfahrenere Selbstständige vielleicht schon nicht mehr einen derart prägenden Charakter hätten.

Zu den Erfahrungen, die für mich ganz persönlich prägend waren, zählt sicherlich die Erkenntnis, dass sich täglich alles ändern kann und es deshalb gilt, sich an Gegebenheiten anzupassen – denn bekanntermaßen wird der oder die Anpassungsfähigste das Rennen machen und nicht notgedrungen der oder die Stärkste. Eine weitere Erkenntnis ist die Tatsache, dass viele der Täler, durch die man bisweilen schreitet, gar nicht *so* dunkel sind, wie man es im jeweiligen Moment vielleicht empfinden mag. Die Selbstständigkeit ist mit einer Achterbahnfahrt vergleichbar und nicht selten mit einem Wechselbad der Gefühle verbunden. Dies sollte man so annehmen. Doch mit den richtigen Partner:innen an seiner Seite – seien es Mitgesellschafter:innen oder externe Partner:innen, findet man für jede Herausforderung eine Lösung. Und gerade herausfordernde Situationen oder Ereignisse schweißen erst so richtig zusammen. Weil man sich erst dann richtig kennenlernt. Im Grunde ist es nicht viel anders als in einer Beziehung oder Ehe. Solche herausfordernden Ereignisse können etwa der unerwartete Austritt von Gründungsmitgliedern, die Kündigung von Mitarbeitenden, Liquiditätsengpässe oder die Nachahmung der eigenen Leistung oder des eigenen Produkts durch Wettbewerber:innen sein.

Auf der anderen Seite sind positive Ereignisse und Erfahrungen genauso prägend und zahlen in die eigene Lebensgeschichte ein, wie es sonst vielleicht nur Freundschaften oder Familien tun. Sich genügend Zeit zu nehmen für die Würdigung der eigenen Erfolge, aber auch derjenigen Dinge, die man noch besser machen kann, ist zweifelsohne ein Learning, das jede:r Selbstständige im Laufe der Zeit macht. Selbstliebe und Selbstkritik liegen in der

Selbstständigkeit sehr nah beieinander und weder das eine noch das andere sollte zu kurz kommen.

Dr. Laura Schmidt begann ihre berufliche Karriere in der Tourismusbranche mit ihrer Ausbildung zur Hotelfachfrau bei den Hilton Hotels. Ihren Bachelor of Arts in Tourismus-Management erlangte sie an der Hochschule München. Im Anschluss an ihren konsekutiven Master in Hospitality Management, ebenfalls an der Hochschule München, promovierte sie an der Fakultät für Wirtschaft, Management und Tourismus der Universidad de Las Palmas de Gran Canaria. Im Rahmen ihrer Dissertation erforschte sie die Karriereorientierungen von (Nachwuchs-)Führungskräften in der Tourismus- und Hospitality-Branche. Sie ist Lehrbeauftragte an der Fakultät für Tourismus der Hochschule München und Co-Autorin mehrerer Fachbücher und Beiträge in internationalen Fachzeitschriften. Laura Schmidt ist Co-Gründerin der B2B Plattform elevatr, die sich an Hospitality Professionals im deutschsprachigen Raum richtet. Unter dem Claim „Thinking Hospitality Forward" kuratiert und teilt elevatr Inspiration, schafft Wissenstransfer über die Branche hinaus und gestaltet Netzwerke.

Teil VIII
Fazit und Ausblick

Tourismus im Wandel

32

Sabine Bösl und Simon Werther

Zusammenfassung

In diesem Kapitel wird kurz zusammengefasst, welche Schritte Leser:innen als Nächstes vornehmen können, um ihre Berufsziele im Tourismus weiter zu konkretisieren. Das Abschlusskapitel des Herausgeberbands richtet dabei den Blick auch auf die Zukunft des Tourismus aus Perspektive der Mitarbeitenden. Die Autor:innen heben die Bedeutung der Digitalisierung und Nachhaltigkeit für die Zukunft des Tourismus hervor. Es wird auf die Herausforderungen hinsichtlich Arbeitsbedingungen, Vergütung und Umweltauswirkungen des Tourismus hingewiesen, aber gleichzeitig die Bedeutung des Sektors für eine erfüllte Karriere und für die gesellschaftliche Entwicklung betont.

Liebe Leser:innen,

unsere Entdeckungstour durch die Vielfalt touristischer Berufsfelder endet an dieser Stelle. Unser Ziel war es, Ihnen mit diesem Herausgeberband einen fundierten und authentischen Überblick über die Fülle der Möglichkeiten in der „Arbeitswelt Tourismus" zu geben. Wir hoffen, dass uns dies ein Stück weit gelungen ist. Durch ihren Querschnittscharakter sind die Tourismusbranche und die Vielfalt der möglichen Berufs-

---

S. Bösl (✉)
Universität Innsbruck, München, Deutschland
E-Mail: sabine.boesl@uibk.ac.at

S. Werther
Hochschule München University of Applied Sciences, München, Österreich
E-Mail: simon.werther@hm.edu

und Tätigkeitsfelder nicht leicht zu fassen, und es gibt noch eine Menge zu entdecken. Wir möchten Sie daher dazu einladen, Ihre persönliche Erkundungstour an dieser Stelle fortzusetzen. Holen Sie sich weitere Informationen ein zu den Berufsfeldern, die Ihr Interesse geweckt haben. Tauschen Sie sich mit anderen aus, stellen Sie Fragen und bleiben Sie neugierig. An vielen Stellen im Buch finden Sie Informationen zu branchenrelevanten Organisationen (eine gute Übersicht bietet auch unser Abkürzungsverzeichnis), die sich über Ihre Kontaktaufnahme freuen und Ihnen weitere Einblicke bieten können. Die Verbände und Institutionen, die Sie im Vorwort des Buches finden, sind ebenfalls als Anlaufstellen zu nennen. Sie finden dort die Gewerkschaften Nahrung-Genuss-Gaststätten (NGG) und Vereinte Dienstleistungsgewerkschaft (ver.di) sowie Vertreter:innen der Deutschen Industrie- und Handelskammer (DIHK) und des Deutschen Hotel- und Gaststättenverbands (DEHOGA). Leser:innen aus Österreich können sich beispielsweise an die Verkehrs- und Dienstleistungsgewerkschaft (vida) oder die Wirtschaftskammer Österreich (WKO) und die entsprechenden Landesverbände wenden.

Wir möchten zum Schluss des Buches noch einen Ausblick auf die Zukunft geben, auch wenn diese natürlich nie verlässlich vorhersagbar ist. Wir haben in den einzelnen Kapiteln gesehen, dass viele Teilbranchen des Tourismus häufig von ähnlichen Trends beeinflusst werden. Als zwei große Stichworte seien hier die Themen Digitalisierung und Nachhaltigkeit zu nennen. Dieser Wandel wird auch als Twin Transformation (von engl. „doppelter Wandel") bezeichnet. Mit beiden Themen wird sich der Tourismus künftig vermehrt auseinandersetzen (müssen), auch wenn dies noch nicht immer konsequent sichtbar ist. Gleichzeitig möchten wir nicht den Eindruck erwecken, dass wir als Akteure im Tourismus diesen Veränderungen einfach so ausgeliefert sind. Vielmehr ist die aktive Gestaltung des Tourismus eine zentrale Botschaft unseres Herausgeberbandes. Ob als Mitarbeiter:innen, Reisende oder als Bürger:innen – viele kleine Handlungen können in Summe große Veränderungen hervorbringen. Der Tourismus hat – mehr noch in Deutschland als in Österreich – an vielen Stellen einen schlechten Ruf, z.B. was Arbeitsbedingungen und Vergütung anbelangt. Auch die tourismusinduzierten Auswirkungen des Tourismus auf die Klimakrise führen zu Recht bei vielen Menschen zu Sorgen. Statt dem Tourismus als Arbeitgeber den Rücken zu kehren, ermutigen wir Sie, bestimmte Standards und Werte bei Unternehmen einzufordern, vielleicht auch gemeinsam mit anderen, und aktiv dazu beizutragen, den Tourismus zu gestalten. Oder wer weiß, vielleicht gründen Sie eine Organisation oder ein Unternehmen, um sich für die Lösung von Problemen einzusetzen?

Wir sind davon überzeugt, dass der Tourismus vielfältige Möglichkeiten für eine erfüllte Karriere auf individueller Ebene bieten kann. Er bietet zudem Möglichkeiten für intensive Begegnung und tiefgehenden Austausch zwischen Menschen und Kulturen und schafft damit nicht nur finanziellen und wirtschaftlichen Wert, sondern ist in der gegenwärtigen Zeit nationaler und internationaler Krisen und Veränderungen auch gesellschaftlich von allergrößter Bedeutung. Gerade in ländlichen Räumen kann Tourimus darüber hinaus dazu beitragen, Infrastruktur zu erhalten und auszubauen, lokale Betriebe zu stärken und so zur Steigerung von Lebensqualität beitragen. Mit diesen lobenden Worten beenden wir dieses Buch und wünschen Ihnen für Ihren beruflichen Weg im Tourismus und auch darüber hinaus viel Freude und Erfolg!

Sabine Bösl und Simon Werther

Sabine Bösl ist Universitätsassistentin am Arbeitsbereich Human Resource Management und Employment Relations an der Universität Innsbruck. Sie studierte Tourismusmanagement an der Hochschule München, ist ausgebildete Hotelfachfrau und arbeitete mehrere Jahre in der Individual- und Kettenhotellerie.

Prof. Dr. Simon Werther (Dipl.-Psych.) ist Professor für Leadership an der Hochschule München. Darüber hinaus ist er Mitgründer und wissenschaftlicher Beirat des People Tech Startups HRinstruments und Co-Vorsitzender der Jury des HR Innovation Awards. Er publiziert regelmäßig und ist als Senior Berater und Keynote Speaker zu Themen rund um New Work, Leadership, Kulturwandel, Organisationsentwicklung sowie People Analytics und HR Tech tätig.

SPRINGER NATURE

GPSR Compliance

The European Union's (EU) General Product Safety Regulation (GPSR) is a set of rules that requires consumer products to be safe and our obligations to ensure this.

If you have any concerns about our products, you can contact us on ProductSafety@springernature.com

In case Publisher is established outside the EU, the EU authorized representative is:

Springer Nature Customer Service Center GmbH
Europaplatz 3
69115 Heidelberg, Germany

The manufacturer's authorised representative in the EU is Springer Nature Customer Service Centre GmbH, Europaplatz 3, 69115 Heidelberg, Germany. If you have any concerns regarding our products, please contact ProductSafety@springernature.com

Printed and bound by CPI Group (UK) Ltd, Croydon, CR0 4YY

26/03/2026

02078968-0009